中国社会科学院　学者文选

朱庭光集

中国社会科学院科研局组织编选

中国社会科学出版社

图书在版编目（CIP）数据

朱庭光集／中国社会科学院科研局组织编选. —北京：中国社会
科学出版社，2005.12（2018.8 重印）
（中国社会科学院学者文选）
ISBN 978-7-5004-5336-9

Ⅰ.①朱…　Ⅱ.①中…　Ⅲ.①朱庭光—文集②史学—世界—文集
Ⅳ.①K107-53

中国版本图书馆 CIP 数据核字（2005）第 139924 号

出　版　人	赵剑英	
责任编辑	丁玉灵	
责任校对	修广平	
责任印制	郝美娜	

出　　版　中国社会科学出版社
社　　址　北京鼓楼西大街甲 158 号
邮　　编　100720
网　　址　http://www.csspw.cn
发 行 部　010 - 84083685
门 市 部　010 - 84029450
经　　销　新华书店及其他书店

印刷装订　北京市十月印刷有限公司
版　　次　2005 年 12 月第 1 版
印　　次　2018 年 8 月第 2 次印刷

开　　本　880×1230　1/32
印　　张　13.625
字　　数　328 千字
定　　价　79.00 元

出 版 说 明

一、《中国社会科学院学者文选》是根据李铁映院长的倡议和院务会议的决定，由科研局组织编选的大型学术性丛书。它的出版，旨在积累本院学者的重要学术成果，展示他们具有代表性的学术成就。

二、《文选》的作者都是中国社会科学院具有正高级专业技术职称的资深专家、学者。他们在长期的学术生涯中，对于人文社会科学的发展作出了贡献。

三、《文选》中所收学术论文，以作者在社科院工作期间的作品为主，同时也兼顾了作者在院外工作期间的代表作；对少数在建国前成名的学者，文章选收的时间范围更宽。

中国社会科学院

科研局

1999 年 11 月 14 日

目　录

序　一

　　朱庭光同志是一位出色的学术工作组织者，又是一位有成就的学者。我同他虽然不在一个单位工作，但有过许多业务交往，相知有年，故愿在他的文集即将出版之际，就我所了解的他治所治学的情况，略述一二，虽非全貌，亦可从点滴见其精神。

　　朱庭光同志在担任中国社会科学院世界历史研究所所长期间，把世界历史研究所办得有声有色，成绩卓著。他十分重视中青年研究人员的培养，想方设法帮助他们在业务上成长起来。就我个人的经历而言，他曾让学意大利语文出身的陈祥超同志问业于我；让武寅同志投考我的博士研究生。在他的关怀下，一批中青年学者日益成熟，今天已成为我国世界史学界的骨干了。庭光同志坚持开门办所的方针，广泛联系国内各大专院校的世界史工作者。他很尊重吴于廑先生这些老学者，曾计划请他们主持编写多卷本世界通史的工作，后虽未果，但足以反映出他的远见卓识。在他的赞助下，华东师范大学历史系成立了专门研究第二次世界大战的机构。类似的例子还有不少。

　　庭光同志在担任《世界历史》杂志主编期间，勇于解放思想，打破禁区。在他的大力支持下，《世界历史》于1984年第4

期发表了郑异凡所写的《论布哈林社会主义经济建设思想》一文。当年，重评布哈林这个被斯大林定为叛徒的人物，是要冒相当风险的，但庭光同志毅然发表郑文，体现了一位老共产党员追求真理、不计个人得失的品质。庭光为此还写了一篇短评：《没有必要作茧自缚》，认为马克思主义必须随时代的推移和实践的积累而发展。历史科学也不例外，要勇于并且善于开拓新的研究领域，选择新的历史课题，对多年争论不休或者不敢问津的老问题提出新的答案。在这篇短评中有这样一段话："当我们在崎岖陡峭的山径攀登的时候，走过某些弯路，出现一些失误，这是不可避免的。谁也不能保证进行一项新的研究能够从一开始就百分之百的正确。谁也无权自命为一贯正确的马克思主义的历史学家。要研究新问题，就要允许出点差错。千万不要重蹈以往轻易就对某种新的观点新的学科视为异端邪说的覆辙了。原地踏步看起来循规蹈矩，但也不会前进，无所以称之为科学研究。"我认为，这段话说得非常好，在今天仍有其现实意义。

朱庭光同志服膺马克思主义，他以马克思主义为指导原则，主编了《法西斯主义与第二次世界大战》、《法西斯新论》和《法西斯体制研究》三部著作，对法西斯主义进行了系统的研究。这三部著作史料扎实，观点鲜明，颇具新意，《法西斯体制》一书，在我国尤其具有开拓性的价值。庭光同志也十分重视普及工作，他邀集所内外的同志，编写了多卷本的《外国历史名人传》和《外国历史大事集》，这两套书总的说来写得深入浅出，对普及外国史知识起了相当大的作用。

朱庭光同志出身革命家庭，他的父亲朱镜我是一位老革命文艺工作者（应是"宣传工作者"）、老党员，早年参加创造社，是后期创造社的主要骨干，后加入新四军任政治部宣传教育部部长，在皖南事变中壮烈牺牲。庭光同志幼承家学，早受革命教育，于 1938 年参加新四军，在党的宣传工作岗位上辛勤工作多年。他在戎马倥偬之际，不废书卷，在薛暮桥等老同志的指导下，终于成长为一个文武兼备的革命干部。他既熟习马克思主义理论，又有丰富的革命经验和广博的学识，故能兼具革命工作者和学者的素质于一身。他有极强的事业心，抱着促进科学事业的决心去办好世界历史研究所，而不是把办所当作炫耀个人、"升官晋爵"的工具。时至今日，我们看到不少华而不实、浮光掠影、纯属"作秀"的"政绩工程"，相比之下，庭光同志这样具有高度革命责任感、踏踏实实工作的老同志就显得更难能可贵了。庭光长我两岁，我平日以兄事之，从他身上学习到不少东西。为他的文集作序，实不敢当，聊表我对他的敬意而已。

齐世荣

2005 年 10 月 17 日

序　二

　　奉献在读者面前的这部文集，记录了朱庭光研究员为中国世界史学科建设呕心沥血的艰难历程。朱庭光是一名学者，也是一名战士，或从某种意义上说，他首先是一名战士。这不仅因为他曾经是人民解放军大家庭中的一名"红小鬼"，为中国人民的自由、独立、解放转战南北，而且在中国世界史学科的建设中，也同样冲锋在前，只要一息尚存，就战斗不止，为中国世界史学科的发展做出了不可替代的重要贡献。

　　党的十一届三中全会后，中国人民开始了社会主义现代化建设的新的伟大历程。邓小平科学地总结了我国社会主义革命和建设的历史经验，并借鉴其他社会主义国家兴衰成败历史教训，提出了建设有中国特色的社会主义理论，改革开放成为不可抗拒的历史潮流。这迫切需要加强对外国的了解，也包括对外国历史的了解。改革开放的中国这个大环境，为我国世界史研究的发展提供了历史的机遇，加强世界史研究是当代中国社会发展的客观需求，是时代呼唤。正是在这不平凡的80年代，朱庭光主持了世界历史研究所的工作。"70年代末80年代初是我国研究世界史的专业机构蓬勃发展，世界史教学与科研人员增加最快最多的时期，也是我国学者从新的角度探索世界史学科的体系以及就一些重要问题展开争鸣的重要时期。与国外学术界交流的迅速发展，为中国的世界史研究工作创造了有利的条件。从 80 年代中期起，世界史所的工作重心便日益转向以开展专题研究为主，包括承担了多项国家重点和社科院重点科研项目，迄今已经取得了显著的成绩。"① 这一切不仅为世界历史研究所未来的发展奠定了坚实的基础，而且对全国世界史学科的建设都有重要的推动作用和示范意义，至今不少世界史学者仍满怀深情地怀念 80 年代，将其称作中国世界史研究的"黄金时期"，不无道理。

　　党的十一届三中全会后，重新确立了解放思想、实事求是的辩证唯物主义思想路线，历史研究打破了"左"倾思潮影响下盛行的种种精神枷锁，恢复了马克思主义实事求是、一切从实际出发、理论联系实际的科学精神。朱庭光克服种种阻力，坚定不移地执行新时期党的基本路线，他身体力行，鼓励广大世界史工作者要解放思想，要有所作为。1984 年，他在题为《没有必要作茧自缚》的短评中指出：马克思主义必须随时代的推移和实践的积累而发展。历史科学也不例外。要勇于并且善于开拓新的研究领域，选择新的历史课题，对多年争论不休或者不敢问津的老问题提出新的答案。"拨乱反正"不仅需要学识，更需要理论勇气。他十分珍惜学者们的研究成果，对学者们的创新精神满腔热情地给予支持。1985 年，他在一部专著的《代绪言》中写道："植树成林需要多年辛勤栽培抚育，毁坏幼苗新株却易如反掌。我衷心地希望，对于现在初步的收获，不要挑剔，而应该给予支

---

① 林甘泉：《世纪之交的中国历史学与我们的研究工作》，见《新时期社会科学的回顾与前瞻——中国社会科学院建院 20 周年纪念文集》，社会科学文献出版社 1998 年版，第 87 页。

持、鼓励。"① 在"解放思想、实事求是"的思想路线指导下，广大世界史研究人员的学习、研究热情空前高涨。"文化大革命"结束后不久，世界史所的科研工作即得到全面恢复，我国第一部《巴黎公社史》、第一部《第二次世界大战史》、第一部《托洛茨基评传》、第一部《日本近代史》等，正是这一时期先后在世界史所问世的。

20世纪80年代，朱庭光主编有8卷本《外国历史名人传》和10卷本《外国历史大事集》（张椿年副主编）出版。在中国世界史学科建设中，这两部著作的重要意义，不单纯是历史知识的传播，更为重要的是在新的历史条件下，中国世界史研究力量的整合、人才的培养，以及在全国范围内世界史学者的协调和合作。这两部著作撰写的同时，一支前所未有的世界史研究和教学队伍开始形成，从而为我国世界史学科的建设奠定了坚实的基础，并为后来从整体上提高世界历史研究的科学水平，开辟了现实的宽广道路。

《外国历史名人传》是一部兼有工具书性质的世界史读物。它概述了不同时代600多位历史人物，包括政治家、思想家、社会活动家、科学家和军事家等。在阐述这些历史人物的传略时，重视结合他们所处的时代背景加以概述，侧重介绍他们的社会政治活动、政治主张、思想观点，以及重要著述；同时坚持马克思主义的理论指导，正确评价历史人物。《外国历史大事集》是"《外国历史名人传》的姊妹篇，从阐述、剖析、评价历史事件的角度，考察和反映世界历史的演变。也可以说，它是一套集纳记述世界历史上占有一定地位的各国重大历史事件的系列化的文集汇编"。编写《外国历史大事集》的目的，不仅是为了推动世

---

① 李显荣：《托洛茨基评传》，中国社会科学出版社1986年版，第5页。

界史研究为我国的社会主义现代化建设事业服务，同时也是"为了促进世界史学科的基础建设，开拓选题，锻炼队伍"，同时将其"作为编纂我国多卷本世界通史的准备工作的一个环节，一项阶段性的成果"。① 令人欣慰的是，在20年后的今天，已有多部《世界通史》问世，这些著作的编者或作者，不少都参加了当年《外国历史名人传》和《外国历史大事集》的撰写工作，不少当年的年轻人，都已成长为世界史研究或教学的骨干。

朱庭光是我国第二次世界大战史研究的奠基人之一。他在揭示法西斯专政的本质及其规律等方面的研究，至今仍居全国领先地位。研究第二次世界大战史，离不开对法西斯主义的研究。20世纪80年代以来，朱庭光主编的《法西斯主义与第二次世界大战》（华夏出版社1988年版）、《法西斯新论》（重庆出版社1991年版）、《法西斯体制研究》（上海人民出版社1995年版）三部专著先后问世。《法西斯新论》分析了种种法西斯主义现象，并进行了新的理论解释；《法西斯体制研究》分别探讨了德、意、日的法西斯体制。这些研究在一定程度上揭示了法西斯专政和二战期间许多历史现象的本质及其规律，为深化法西斯主义的研究开辟了广阔的道路。

本文集出版，有助于系统总结朱庭光的史学思想，这不仅是世界历史研究所，而且也是中国世界史学界的宝贵财富。今天，学习、继承和弘扬朱庭光的史学思想，对于坚持世界史研究的马克思主义理论指导，在科学研究中反对"西化"和反对僵化；对于在哲学社会科学研究中全面贯彻党的路线、方针、政策，落实中央关于繁荣发展哲学社会科学的意见；对于不断扩大世界历

---

① 朱庭光：《外国历史大事集·前言》，见朱庭光主编《外国历史大事集》近代部分第一分册，重庆出版社1985年版，第4—6页。

史研究的视野，努力做到理论创新、学术观点创新、方法创新，繁荣发展我国的世界历史研究，都具有重要的现实意义。

于　沛

2005 年 11 月

近年中国的第二次世界大战史研究[*]

不久前，中国人民刚刚同欧洲和世界各国人民一起，以激动的心情纪念欧洲反法西斯战争胜利40周年。世界反法西斯战争最重要的战场——欧洲战场的全面胜利，不仅意味着欧洲各国人民彻底摆脱了法西斯主义的统治和奴役，以及德国人民的解放，而且意味着反法西斯联盟国家得以集中力量在亚洲和太平洋地区给予日本法西斯侵略者以致命的打击，夺取世界反法西斯战争的最后胜利。

中国人民历来认为，在与法西斯主义这个人类共同敌人的斗争中，世界各国人民，尤其是处在战火直接笼罩下的各国人民，都是休戚相关，患难与共，相互支持，相互援助的。我们不会忘记，在中国抗日战争时期，世界各国人民、首先是当年唯一的社会主义国家苏联所给予的多方面的支持和援助。我们同样感到欣慰的是，德国共产党人和进步人士从20年代开始就一直在进行

──────────

＊ 此文系作者1985年六七月间率中国社会科学院历史学家代表团访问德意志民主共和国期间向民德科学院中央历史研究所提供的论文。其中概述了近年来我国世界史工作者研究德意志法西斯主义问题的轮廓及主要观点。选自《法西斯主义与第二次世界大战》，华夏出版社1988年版。

的各种方式的反法西斯斗争，特别是恩斯特·台尔曼在法西斯监狱中坚贞不屈的光辉事迹，曾经给了正在浴血奋战的中国共产党人和中国人民以很大的鼓舞。我们中国人民，对于争取世界反法西斯战争的共同胜利，也做出了自己的一份贡献。

一

世界反法西斯战争胜利结束之后，我国学术界虽然一向有人从事这方面的研究工作，但整个说来，我国关于第二次世界大战历史的研究，基础是非常薄弱的。在1966—1976年的10年动乱时期，学术研究几乎完全陷于停顿；只是在1978年中国共产党十一届三中全会以后才重新得到恢复和发展。经过有关研究机构、高等学校、军事院校的共同努力，这几年来，我国关于第二次世界大战史的研究刚刚初具规模，正在世界史领域中逐步形成为相对独立的一门分支学科。

第二次世界大战不仅是人类历史上规模空前、祸害最大的一次战争，而且是世界从资本主义向社会主义过渡的历史进程中一个具有阶段性的历史事件。正确阐明第二次世界大战的历史并总结其经验教训，包含着多方面的丰富内容，对当前防止新的世界战争、维护和平也有很大的现实意义。所以，它至今仍然强烈地吸引着我国的历史学家，而且有越来越多的人对它怀有浓厚的兴趣。几年来，我国招收世界史的研究生，二战史是报考人数比较多的专业之一。有关二战史的各种书籍，往往供不应求。这种客观的社会需要，使它在世界现代史以至各国现代史的学术研究和高等学校教学中占有重要地位。

1980年，全国性的学术团体中国第二次世界大战史研究会正式成立，现有会员二百二十余人。自1979年以来，平均每年

至少举行一次全国性的关于二战史的学术讨论会,由二战史研究
会或中国社会科学院世界历史研究所召集,有时也由军事院校举
办。武汉大学和华东师范大学的历史系各自成立了二战史研究
室。据不完全统计,1980年以来,我国已出版一卷本的二战史
七种①,二战史专题论文集一种②,在各种学术刊物上公开发表
的二战史学术论文两百余篇。我国还出版了相当一批有关二战史
的译著和回忆录。我国学者出席1980年在布加勒斯特举行的第
15届国际历史科学大会期间,参加了国际二战史委员会的讨论。
迄今我国学者已先后分赴八个国家对二战史的研究作了学术考
察,并且同许多外国学者进行了学术交流。1983年,关于第二
次世界大战起源问题的研究已列为全国哲学社会科学近期发展规
划中的重点科研项目之一。

　　上述成果,从我国进行社会主义物质文明和精神文明建设的
需要来看,显然是不相适应的。同世界上许多国家已经出版有关
二战史的大量著述相比,也存在着很大的差距。然而,我们是八
年前几乎从零重新开始的,有理由认为现在已奠定了初步的基
础。我们对于继续取得进展是满怀信心的。

　　近年来我国二战史研究的一个特点,是坚持以历史唯物主义
的基本原理为指南,实行百家争鸣的方针,力求克服由于"左"
的影响而产生的教条主义和简单化的倾向。

---

　　① 朱贵生、王振德、张椿年等:《第二次世界大战史》,人民出版社;张继平、
胡德坤等:《第二次世界大战史》,甘肃人民出版社;黄玉章、唐志纲等:《第二次世
界大战》,世界知识出版社;陈漫远:《第二次世界大战史》,湖南人民出版社;罗荣
渠:《伟大的反法西斯战争——第二次世界大战》,商务印书馆;于振武:《第二次世
界大战史》,黑龙江人民出版社;蔡祖铭:《第二次世界大战史简编》,军事科学出版
社。
　　② 《第二次世界大战史论文集》,中国第二次世界大战史研究会编,生活·读
书·新知三联书店。

实现百家争鸣是根据我国具体条件而确定的促进科学事业繁荣昌盛的根本方针，也是在学术领域中清除"左"倾顽症的有效途径。我们主张，学术问题允许进行不同的探索，提倡和鼓励不同观点的自由讨论。几年来，关于战争的性质和起点问题，关于绥靖主义的实质和范围，关于纳粹集团与垄断资本的关系，关于某些国际谈判和协定的评价，都有过热烈的争论。在相互尊重的前提下，经过不受拘束的自由讨论，可以集思广益，启发思路，互相补充，弥补漏缺；确实具有学术价值的真知灼见将会得到发挥和完善，而站不住脚的论点将被驳倒。在学术问题上，研究者只是阐发个人见解，它不同于党和国家的文件那样要求令行禁止，统一行动。既然是个人意见而并不对他人具有约束力，也就无需强求一致，允许各自保留不同的观点。对待学术问题借助于行政手段，动辄进行所谓批判，给予舆论压力，后果很不好。我们有过很深刻的教训。在我国目前的情况下，实行百家争鸣，既有利于充分发挥研究人员的聪明才智，又有益于真理的探求和学术的繁荣。

近年来我国二战史研究的另一个特点，是根据我国的具体条件，也考虑到当代科学研究的发展趋势，比较重视那些对于第二次世界大战来说带有整体性、全局性和战略重要性的课题，开展宏观的研究。

就全局而言，第二次世界大战与第一次世界大战具有完全不同的性质。它是世界反法西斯联盟国家和世界各国人民同德、意、日法西斯侵略集团之间一场关系到生死存亡的全面的较量和决战。尽管这次大战分别在若干地域上不相连接的战场进行，但它们都是统一整体的各个组成部分。反法西斯联盟国家和各国人民面对的是共同的敌人，在战争中互相援助，各个战场之间有着不很紧密然而大致协调的配合，赢得了反法西斯战争的共同胜利。

二战的上述状况决定了研究二战史这门学科势必涉及多层次、多方面的内容。它不能仅仅局限于六年战争期间，而必然要研究战争的起因和根源，追溯到俄国十月社会主义革命的胜利和第一次世界大战的结束，甚至更早一些；其下限则要研究二战结局对战后世界的影响。在时间跨度上，它长达约三十年。在地域上，既要研究大战爆发之后各个战场的变迁，还应研究从几次局部战争发展到全面战争的历史演变。研究这次大战，还关系到社会生活的各个领域，既有军事方面的一连串课题，又需要研究经济、政治、外交，以至意识形态和文化各个领域中的相关事件或思潮。正因为它包含着非常广泛的内容，几十年来二战史研究长盛不衰，各国公布的文献档案和有关史料浩如烟海，这方面的著述汗牛充栋。我国的研究工作不可能面面俱到，而必须根据实际条件，具有自身的特色。

我们认为，历史研究应该为我国社会主义建设的现实服务，加强二战史的研究可以对争取社会主义建设的和平国际环境，维护世界和平的事业提供一定的历史借鉴。所以，近年来我国二战史研究的侧重点逐步转向二战前史方面，其中主要是关于战争的起源，因而需要深入研究法西斯主义的崛起和战争策源地的形成，关于二战前的几次局部战争和武力兼并，关于英法统治集团所推行的绥靖政策，以及苏联的外交斗争和国际反法西斯统一战线等等。除此以外，我国的研究者比较注重研究那些从二战全局来看具有战略意义但过去我们并未认真研究的课题。例如，法西斯侵略集团的军事战略和反法西斯联盟国家战争初期失利的原因，第二战场的开辟及其作用的评价，民族解放战争和人民解放战争，反法西斯的游击战争、人民起义和抵抗运动。这是因为我们过去的二战史研究比较注重苏德战场，充分肯定苏联军队和人民的艰苦奋战及其对于夺取整个反法西斯战争胜利所起的具有决定性的作用，这无疑是正确的；但对其他诸方面的问题有所忽略，或者估计不足，有的则由于"左"的影响而简单地予以否定，这就出现了有所偏颇的缺点。现时对后者进行较多的探讨是很自然的。有些研究者还对过去很长一段时间无人敢于问津的某些国际谈判和协定作了一些探索的尝试，但见解还很不成熟，众说纷纭，各抒己见而已。

近年我国的二战史研究还有一个特点，是在我国开放政策所带来的总的形势影响下，正在逐渐地由过去的封闭式研究转向开放型的研究。

过去我国的二战史研究，大致是只有少数人在书斋案头进行个人钻研，大多结合课堂教学而较少发表论述。现在是对内对外都趋向开放。在国内，研究会工作的开展，学术讨论会的经常举行，集体研究撰写的著述相继出版，各种学术刊物发表的论文接踵而来，时有论争。随着重点研究课题的深入展开，正在进一步出现活跃的学术气氛。

对外学术交流同样展现出新的前景。除了前面提到的各项活动，我们注意到尽可能地引进国外公布的文献资料和最新的学术成果。在今年八月即将举行的第16届国际历史科学大会期间，我国的第二次世界大战史研究会拟正式申请参加国际二战史委员会。对于外国史学界同行以严肃态度写作的二战史著述，我们一概表示尊敬。无论是马克思主义的历史学家还是非马克思主义的历史学家，对他们的学术著作首先是要研究其中有所教益的内容；对那些不能赞同的部分可以正面阐述我们的观点，对其置而不论。我们希望了解和吸取外国同行一切有价值的研究成果，而无意于把我们的看法强加于人。如果有人在自己的论著中间提到不赞同哪一位外国学者的某些观点，那仅仅是表明个人的见解。在二战史著述中针对今人而指桑骂槐，意在抨击现实国际政治关系而采取影射手法，都超越了学术研究的范围，对于社会主义国家的历史学家来说是不足取的。在各国学者之间，有必要随着国际交往的增加而建立起友好的合作关系，相互了解，彼此尊重，进而愿意推心置腹地交换学术见解。这肯定对于大家的学术研究都将会是有利的。

二

最近两年，随着关于二战起源问题研究的逐步深入，我国世界史工作者加强了对法西斯主义，首先是对纳粹主义的研究。为此，中国社会科学院世界历史研究所在1984年召开了关于德、意法西斯主义问题的学术讨论会。目前对于这方面的研究，侧重于战前时期，即与二战起源相关联的课题。概括地说，主要是法西斯主义产生的时代背景和纳粹党攫取政权的历史条件，纳粹党的社会基础及其阶级性质，纳粹执政初期扩军备战步伐，以及阿道夫·希特勒世界观的核心，等等。

第一次世界大战之后，法西斯主义首先在意大利，随后在德国相继攫取政权，并在其他一些国家孳生，这是世界资本主义过渡到帝国主义阶段以后发生的、由于全球性的帝国主义战争而急剧发展的危机和革命年代的产物，是一种国际范围的历史现象。它表明，在资产阶级的统治基础相对薄弱，封建主义、军国主义传统影响较为强烈的某些后起的资本帝国主义国家里，资产阶级中最富于侵略扩张要求和专制主义倾向的集团，为了对抗由俄国伟大十月革命开始的无产阶级革命和社会主义运动的高潮，挽救濒临崩溃的资产阶级统治，为了争夺市场、领土和霸权，重新瓜分世界，终于摒弃资产阶级议会制度的统治形式，而走上法西斯主义的赤裸裸的恐怖专政的道路。

纳粹在德国得以攫取政权，是在1929—1933年资本主义世界严重经济危机的冲击、执政党派争夺权力和内阁更迭引起政治危机的情况下，利用德国处于战败国地位蒙受屈辱而郁结愤懑的民族感情，利用广大中间阶层群众对于魏玛共和国的极度失望和渴求摆脱经济困境的心理，利用无产阶级政党和工人运动的分裂状态，一面进行复仇主义、沙文主义和假社会主义的蛊惑宣传，一面通过修改纲领、进行游说等活动，以博取垄断巨头的信任，以及容克地主、军官团和其他权势集团的支持，最后由资产阶级代表人物联名推荐，将希特勒从后门送上总理宝座。纳粹政权一旦确立，伴随着对于无产阶级政党和革命人民的血腥镇压，对于广大人民民主权利的摧残和践踏，很快就采取了一连串重整军备和侵略扩张的行动，在短短几年之内使德国成为欧洲最主要的战争策源地。从根本上说，1933年共产国际执委会第十三次全会和1935年季米特洛夫在共产国际第七次代表大会上关于法西斯主义所作的论断，已为历史证明是正确的①。

针对西方国家一些学者所谓纳粹党是代表中间阶层的党，小资产阶级政党，以至"超阶级"政党的说法，我国世界史研究工作者注意探讨了纳粹党及其政权的社会基础和阶级性质。

我们认为，1930年和1932年魏玛时期国会选举中纳粹党获得的选票数量，纳粹党的党员成分构成，以及纳粹政权建立初期中间阶层的欢迎态度，主要是反映了德国广大的中间阶层以至一部分工人群众对于魏玛共和国后期经济政治状况的强烈不满，他们指望产生一个强有力的、足以实现社会稳定的政权，能够采取有效措施渡过严重危机，改善人们经济窘迫的处境；而纳粹党在

---

① 我国有的学者著文认为，"德国法西斯专政的实质是纳粹头子、大资本家、大地主、军国主义的独裁统治"，仅仅概括为"金融资本"，在概念上似嫌不够完善。

其制定纲领，进行宣传鼓动，推行社会经济政策的时候，在相当程度上考虑到了争取中间阶层群众支持的必要性，在某些问题上提出了迎合他们上述要求的口号和策略，采取了若干安定人心的步骤。因此，纳粹运动的兴起及其政权的建立，在中间阶层当中拥有一定的社会基础。这是它的具有欺骗性的一面。然而，一个政党、一个政权的阶级性质，不取决于其党员的社会成分及其拥有的选票数量，而要看它的领导集团体现了哪个阶级的意志，它的社会实践代表了哪个阶级的利益。毫无疑问，纳粹党及其政权的全部实践表明，它们正是代表了德国资产阶级，同时也代表了容克地主、军官团和其他权势集团的利益，它们是资产阶级政党和国家垄断资本主义的政权。

纳粹集团与垄断资本的结合，有一个逐步发展的历史过程。对纳粹集团来说，其纲领和行动是逐步趋向于抑制、削弱原先反映小资产阶级利益和愿望的因素，直至使用激烈手段从其领导成员中清除较多地反映小资产阶级要求的分子；与此同时，它愈来愈致力于迎合垄断集团的要求，期待获得大资产阶级、大地主、军官团和其他权势集团广泛的全面的支持，为此而修改纲领，调整政策，游说表白，并提供保证。

从垄断巨头和其他头面人物来说，对纳粹及其领袖人物有一个观察、了解和选择的过程。如果说，在 20 年代，只有较少的垄断巨头和权势人物对纳粹表示赞赏并提供少量支持，更多的人有所怀疑观望，甚至还没有把它看作一支重要的政治力量，那么，到了面临 1929—1933 年严重经济危机的时候，当纳粹运动有了适宜的土壤、气候而迅速壮大起来之后，垄断巨头们很自然地要在几种可能的选择中作一抉择，由同时支持几个资产阶级政党转向集中支持希特勒的纳粹党。考察纳粹攫取政权前与垄断资本的结合，不能仅仅着眼于那一年对纳粹提供资助的资本家人数和金额多少，而要分析其演变，全面估计经济上和政治上给予支持的作用，尤其是在决定性时刻的态度。

纳粹政权建立以后，开始了纳粹集团与垄断资本新的结合。在纳粹方面，是吸收垄断集团的头面人物参加纳粹政权，参与经济管理，推行扶持和便利垄断资本的经济政策，实行国家对经济的大规模干预。垄断集团则从给予纳粹政权的支持中获取超额利润和政治权力。随后不久，纳粹集团的主要成员，从戈林起，一身二任，既是党政要人，又成了新的垄断巨头。在这样的基础上，新老垄断企业一概纳入纳粹政权的国家控制的经济管理体制之下，迅速转向战争经济的轨道。这就是由国家全面干预和控制的、以国民经济军事化为其特征的、以发动并服务于侵略战争为目标的法西斯类型的国家垄断资本主义。

关于纳粹政权的扩军备战，中国史学家过去一般比较注重它的军事方面和外交方面，近来开始触及一些经济方面的问题。一些史学工作者研究了纳粹政权怎样在几年之内把德国从和平经济拉上战时经济的轨道。他们对于纳粹政权举办大规模公共工程，解决就业问题，筹集资金的财政金融手段，围绕1936年开始的四年计划而在军备速度问题上激化的希特勒与沙赫特等人的经济政策分歧，以及经济实力对纳粹军事战略的影响等等，做了初步的探索。我个人觉得，如果能够深入研究这方面的有关问题，不仅对剖析纳粹史是十分必要的，而且对于研究资本主义世界整个国家垄断资本主义的发展史都是很有意义的。

我国史学工作者研究纳粹史近来较为注意的另一课题，是纳粹意识形态的思想基础，或者说，希特勒世界观的核心。法西斯德国在30年代成为欧洲和世界战争的策源地，当然是帝国主义制度的产物，归根结底取决于德国垄断资产阶级的地位、实力和阶级利益。然而，它是以纳粹主义为标记的，带有希特勒及其法西斯集团深深的烙印。探索这方面的课题，将有助于揭示纳粹党何以具有极大的疯狂性、冒险性和残酷性。所谓纳粹主义，它标榜的"社会主义"纯属蛊惑人心，民族主义才是真实的信条。纳粹主义的民族主义是一种极端反动的以沙文主义和种族主义为其核心的民族主义。它不仅与共产主义相敌对，而且与民主主义、人道主义如同水火。它与容克贵族长期封建统治下极力培育的军国主义的普鲁士精神有着历史的渊源。由这种狂热的民族沙文主义和种族主义出发，纳粹党发动了夺取"生存空间"的侵略战争，进行骇人听闻的消灭犹太人和屠杀和平居民的暴行；它把欧洲的大部分地区投入火海之中。全世界人民和德国人民付出了极其沉重的代价才争得了世界反法西斯战争的胜利。

三

　　我国二战史研究者曾经就二战的性质和起点问题进行过论争。本来，这些争论时断时续，并没有充分展开；各种不同意见亦未全面而系统地在报刊上发表。如前所述，我们认为，可以各自保留意见，而不必强求一致。考虑到国外有的学者反应强烈，顺便对这两个问题的争论作一简要的概述。

　　比较而言，关于二战的性质问题具有更大的重要性。正如列宁所说，"弄清战争的性质是马克思主义者解决自己对战争态度问题的必要前提。"① 正确判明战争的性质，关系到对于整个战争期间一系列事件、决策和人物的评价。

　　总的来说，认为二战与一战的性质根本不同，反法西斯联盟

---

① 《列宁全集》第36卷，第291页。

国家所进行的是一场正义战争，这一点，所有的研究者都是一致同意的。有分歧之点在于战争初期，大战爆发以后到苏德战争开始以前，英、法所进行的战争是什么性质的。一种意见认为，英法这时对德宣战属于帝国主义国家之间为争夺欧洲和世界霸权而进行的帝国主义战争。"奇怪的战争"则是帝国主义对法西斯侵略者实行绥靖政策的继续。另一种意见认为，英、法参战后具有帝国主义因素的一面，即争夺霸权和力图把战火引向苏联；但同时又有维护资产阶级民主自由，反对法西斯侵略扩张的一面。英法对德宣战表明，张伯伦政府终于放弃绥靖政策而不惜诉诸战争，因此，后者是主要的方面。英、法参战具有反对法西斯侵略的、正义的性质。还有一种意见认为，"奇怪的战争"期间英、法所实行的政策仍然是绥靖政策的继续；到了 1940 年 5 月张伯伦政府垮台，英法军队抗击德国军队向低地国家进攻以后，它们所进行的战争，性质发生了变化，转变为反对法西斯侵略、维护国家独立、民族生存和民主制度的正义战争。很显然，无论持有上述哪一种意见，其目的都是为了探求客观真理，寻找能被自己接受的、认为满意的答案，丝毫没有责难别人之意。

这是一个较为复杂的问题。我个人认为，列宁的有关教导可以作为帮助我们寻求正确答案的钥匙。列宁在《社会主义与战争》一文中说，"必须历史地（根据马克思的辩证唯物主义观点）研究各个战争。历史上常常有这样的战争，它们虽然像一切战争一样不可避免地带来种种惨祸、暴行、灾难和痛苦，但是它们仍然是进步的战争，也就是说，它们有利于人类的发展，有助于破坏特别有害的和反动的制度（如专制制度和农奴制），破坏欧洲最野蛮的专制政体……"①

_____

① 《列宁选集》第 2 卷，第 668、669 页。

　　列宁接着以法国大革命后的历次革命战争和普法战争为例来进一步阐明他的这一论点。他指出："在法国的历次革命战争中，法国人掠夺过和侵占过他国领土。但是这丝毫没有改变这些战争的根本历史意义，因为这些战争破坏和动摇了整个旧农奴制欧洲的封建制度和专制制度。在普法战争中，德国掠夺过法国，但是这没有改变这个战争的根本历史意义，因为这次战争把数千万德国人民从封建割据状况、从俄国沙皇和拿破仑第三这两个暴君的压迫下解放了出来。"[①]

　　希特勒德国进攻波兰以后英法对德宣战，当然是被迫采取的对策。这是由于推行绥靖政策的结果，既未能以牺牲小国换取所谓的和平，而绥靖主义者以对德妥协诱使其矛头东向进行反苏战争的指望也因苏德互不侵犯条约的签订而落空。英法政府不甘心于坐视希特勒德国得陇望蜀，直接威胁它们自身的生存，才不得不以宣战相威慑。

　　仅就英国来说，不论是哪一届政府，其实在统治集团中始终存在两种对立的倾向。一种是绥靖主义，演变为宣而不战，此后便是在第二战场的选择和时间上节外生枝，以至战争后期表现为恢复和扩大势力范围的倾向。另一种是较为强硬的反法西斯的倾向，同样是为了维护英国垄断资本的利益，但更多地着眼于大局，在维护资产阶级传统的民主制，联合苏联，对待希特勒德国方面，采取较有远见的政策。这两种对立倾向此消彼长，在不同时期分别占有主导地位。英国统治集团中不仅是这一部分人持有这种倾向，那一部分人持有那种倾向；即使在一个人身上，也会时而主要表现这种倾向，时而主要表现为另一种倾向；或者在这个那个问题上分别表现出两种不同的倾向。如果按照列宁所说的

---

①　《列宁选集》第 2 卷，第 668、669 页。

那样，按照对立面的统一与斗争的规律去观察事物的两重性①，这是容易理解的。不论哪种倾向，也不论出自何种原因或动机，到了德国大举进攻波兰，张伯伦政府的绥靖主义再也不能照原样维持下去。宣战本身就意味着在和战之间作了最后的抉择。在这个意义上，作为二战史研究者不能对英法宣战一事作出否定的评价而予以谴责。

从英法宣战经过"奇怪的战争"到后来在西欧的抗击，仍然贯串着两种对立倾向的斗争，最后以绥靖主义的破产和张伯伦政府的垮台而告一段落。还是用列宁的话来说，这是"从量到质和从质到量的转化"。②

自然，历史的论证不像哲学的概括那么简洁。归根到底，不能根据人们的主观意志去判别事件的性质，而要依据这个事件的客观作用和影响作出判断。如果说，正当事态发展过程之中，许多扑朔迷离的表面现象尚未澄清，因而难以作出准确判断的话，那么，时过境迁之后再来观察，难道不能肯定英、法对德宣战，尽管其中包含许多消极因素，终究是这两个国家的统治集团跨出了进行反法西斯战争的第一个重大步骤吗？

我国有些研究者对世界公认的大战爆发于1939年9月1日的说法持有不同意见，因而引起了争论。二战起点问题容易引发议论，却并未作为我国二战史研究者所要着力研究的课题。这个问题在一定程度上带有政治判断的因素，但论争纯粹是在学术领域，各自进行了学术上的阐述论证。这种论争，有助于我国研究者加深与二战相关的若干问题的认识，例如，世界大战与局部战

---

① 列宁："统一物之分为两个互相排斥的对立面以及它们之间的相互关联"，《列宁选集》第2卷，第712页。
② 《列宁选集》第2卷，第608页。

争，第二次世界大战的特点，中国抗日战争与第二次世界大战，等等，因而多少对我国的二战史研究起了一些推动作用。

世界大战是世界资本主义进入帝国主义阶段后，在 20 世纪才出现的历史现象。它渊源于资本帝国主义的经济政治的全面危机，而同帝国主义大国的侵略扩张本性和谋求世界霸权的角逐密切关联；也是世界历史的发展到了其各个部分之间的相互联系日趋密切和相互影响日益加强，以致愈来愈趋向于联结成为一个整体的历史条件下发生的。它是世界现代史上各种基本矛盾交织在一起，尤其是特定时期世界主要矛盾急剧激化的结果。说世界大战之具有世界规模，只是相对而言，不仅两次世界大战都是由点而面地逐步展开，而且两次世界大战的战火都没有直接燃烧到地球上的每一个国家。然而，这两次战争的各种危害和后果及其深刻的历史影响，却扩展到了全世界的每一个角落。这是任何局部战争所无法比拟的。

世界大战的起点，作为一种历史标记，意味着事态发展开始了重大的质的变化。人们普遍地接受以希特勒德国开始全面进攻波兰那一天为第二次世界大战的起点，是由于它标志着世界主要矛盾的激化到了处在焦点的斗争双方最终关闭了和平的大门而不惜一战，因而它立即在世界范围内引起连锁反应，产生强烈的影响。到了那种时刻，第二次世界大战无可挽回地发生，成了客观的现实。相比之下，中日战争的开始只是世界主要矛盾激化的一个侧面，它主要表现为中日两国之间的侵略反侵略战争，其影响在相当一段时间内局限于亚洲东部；只是欧洲反法西斯战争展开以后，中国反法西斯战争才汇入世界反法西斯战争的洪流。

经过关于战争起点的争论，我们更加深刻地理解了二战由局部战争发展为世界战争的特点。这是它与一战又一个重大的不同之处。在二战全面爆发以前，法西斯国家发动过一系列局部战争和军事侵略。除了中国抗日战争一直延续到世界反法西斯战争的最后胜利，其他各次局部战争并不同世界大战直接相连接，有的持续了几年，有的则是短时间的地方性的军事冲突，或者是主要经过外交谈判而实现的武力兼并和军事行动。但每一次这样的局部战争和军事侵略，都是法西斯侵略集团在通向世界战争的道路上发起冲击。它们每闯过一座关隘，其战争机器就得到一次磨炼和扩展，侵略气焰也随之而更加高涨。必须利用一切可能，堵塞通向世界战争道路上的每一座关隘，在每一次局部战争中打击它的气焰，绝不允许姑息纵容侵略者而实行绥靖政策，这是第二次世界大战所提供的最重要的历史教训之一。

这一争论反映了我国一些史学工作者对各国关于二战史的部分著作无视或者低估中国战场在世界反法西斯战争中的地位和作用有所不满。其实，造成这种状况的原因很多，有的出于偏见，有的囿于视野，也还是由于史料不足，因此，主要责任在于中国的史学工作者没有很好地从世界反法西斯战争的全局来考察中国抗日战争的地位和作用，予以充分的阐述论证。中国抗日战争是世界反法西斯战争的一个组成部分。中国战场是亚洲太平洋地区的一个重要战场。中国人民坚持了八年反法西斯战争，对打败日本法西斯，夺取世界反法西斯战争的全面胜利做出了自己的贡献。这些都是无可否认，也很少有人公然否认的。

中国抗日战争的地位和作用，有的可以用一定的数字来表述，例如，毙伤俘敌人的人数，日本对华侵略战争的物资消耗和战争费用，在中国战场的军队人数，中国受降日本军队的人数，以及中国军队和人民为争取胜利而付出的可以计算和估算的沉重代价。还有一部分作用，尽管难以精确计算，却确确实实是存在的，例如，中国在法西斯集团首先是日本的战争计划和世界战略中是一个必须面对的因素，也是反法西斯联盟国家在作出反法西斯战争的决策时可以指靠的一种力量；中国抗日战争在阻滞、牵制、消耗日本法西斯，打乱它的战争计划方面，在对欧洲国家反法西斯战争的配合和阻止德意法西斯同日本法西斯在军事上联合行动方面，起着战略上的作用；中国人民民族解放斗争的高涨和抗日游击战争的实践具有国际影响和世界历史地位等等。

我们的态度是严格尊重历史实际，尊重客观真理，既不赞成贬低，也不提倡夸大我国的作用和贡献。一部全面论述二战史的学术著作，理应适度地叙述和评价全世界所有反法西斯的国家和人民以各种斗争方式为争取世界反法西斯战争的共同胜利而做出的努力，并且科学地总结和论证第二次世界大战的历史经验。

中国人民即将在八九月间隆重纪念抗日战争和世界反法西斯战争胜利40周年。在今年有关反法西斯战争的一系列纪念活动中，中国人民同世界各国人民一起重新回顾了这一场触目惊心的战争，为正义终于战胜邪恶，世界赢得和平与进步而感到庆幸和欢乐。同时，我们深切地感到牢记历史教训的重要性，感到二战史研究者肩负的历史责任。

中华人民共和国和德意志民主共和国都是在战争废墟上创建的新国家。我们两国是同年同月仅仅相隔五天诞生，现时又同在进行社会主义建设和以马克思主义作为自己的指导思想。我们两国的历史学家理应有更加密切的交往和学术上的交流。

谨借此机会向民主德国的同行致以问候，并衷心地期望得到指教。

《法西斯主义与第二次世界大战》前言*

近几年来，我国的世界史工作者加强了关于法西斯主义问题的研究，把它作为世界现代史，尤其是第二次世界大战史的一个重要课题。《法西斯主义与第二次世界大战》一书，就是围绕德意法西斯的崛起与第二次世界大战而撰写的论文专集。由于它论述了这一专题的各个侧面，在一定程度上带有系统性，因而也可以把它看做是一部专题学术著作。

我国的世界史学科，大体上从 1981 年起，开始强调并逐步加强各个重大课题的专题研究。在二战史方面，最早选择的重点课题之一是关于二战起源的研究，其中就包括法西斯主义问题。经 1982 年提出酝酿，1983 年正式批准，确定撰写一部关于二战起源问题的文集，作为国家重点科研题目列入我国第六个五年计划期间哲学社会科学发展规划。这本文集由上海华东师范大学历史系李巨廉、王斯德等几位同志承担，他们汇编的《第二次世界大战起源历史文件资料集（1937.7—1939.8）》已在 1985 年出版。

* 选自《法西斯主义与第二次世界大战》，华夏出版社 1988 年版。

1983 年 11 月，华东师范大学历史系在上海举行了一次关于第二次世界大战起源的专题学术讨论。全国各有关单位的研究者大多应邀与会。这次讨论，交流了国内外研究二战起源问题的学术动态，就 1929—1933 年世界经济危机与二战爆发的关系、局部战争与世界大战的关系、中国抗日战争与二战全面爆发的关系等若干问题交换了看法；会议主持者介绍了撰写文集的粗略设想，并征询意见。会议是有收获的，对二战起源的专题研究起了促进作用和咨询作用。同时，讨论的情况表明，我国世界史工作者对二战的起源还不能说真正进行了深入、周密的研究。其中关于法西斯主义的崛起及其与第二次世界大战的关系，大致还停留在希特勒攫取政权和欧亚两个战争策源地的形成等一般历史过程的记叙评述，而缺乏充分的、细致的分析论证，对意大利法西斯主义的产生和发展更是不甚了了。

有鉴于此，中国社会科学院世界历史研究所邀请全国从事二战史、世界现代史、德国史和意大利史的有关研究者，于 1984 年 11 月在烟台举行了欧洲法西斯主义问题的专题学术讨论。重点是探讨德意两国法西斯政党为什么能够攫取政权，法西斯政权的阶级性质，它们的内外政策与扩军备战等问题。本来还打算 1985 年召开一次关于日本法西斯主义问题的专题学术讨论会，后因故未能举行，仅在日本史学会现代史分会的年会上，做了重点讨论。提交烟台会议的论文有一部分内容比较充实。经过讨论，认识又有深化。当时商定，挑选一批较好的论文汇编成书，作为这次学术讨论的主要成果，也希望它成为我国世界史工作者开展二战起源专题研究的一种阶段性成果。

1985 年是世界反法西斯战争和抗日战争胜利四十周年，中国人民和世界各国都隆重地举行了各种形式的纪念活动。我们初选确定收入本书的烟台会议论文的作者们，又在加深研究的基础上对论文作了认真的、有些是反复的补充修改。我们还选择了1985 年 8 月在北京召开的第二次世界大战史研究会年会和同月在青岛召开的德国史研究会年会上的某些有关成果，另外又增加了几个附录。这样，终于在纪念世界反法西斯战争胜利的热潮中完成全书的定稿。

关于法西斯主义的研究，首先当然是第二次世界大战史的一个重要组成部分。二战正是由法西斯执政的德日意三国先后挑动而全面爆发的。正是因为有法西斯侵略者，才使得二战具有与一战根本不同的性质，提供了截然不同的历史教训。研究法西斯主义在什么样的历史条件下产生和崛起，它的纲领和思想观点，它的政权的群众基础和阶级性质，它在政治、经济、军事及外交等方面进行战争准备的策略和步骤，以及在反对法西斯战争危险的斗争过程中的是非得失，将有助于深刻揭示二战发生和发展的规律，帮助人们汲取丰富的历史经验。这对当前防止新的世界战争、维护世界和平的事业，仍具有一定的借鉴作用。

开展法西斯主义问题的研究，还关系到对于从资本主义向社会主义过渡的现代世界历史进程的研究。资本主义在其历史发展中经历了从自由资本主义到帝国主义的演变，而在帝国主义阶段又经历了从一般垄断资本主义到国家垄断资本主义的发展。国家垄断资本主义这一经济现象虽然早已出现，但形成一种经济制度，由国家以极大力量予以实施和推广则肇始于 20 世纪 30 年代。美国从罗斯福实行新政开始对经济领域实行了大规模的国家干预。法西斯统治的德国和意大利同样如此。只是由于资本主义发展水平和其他历史条件的不同，在美国，是资产阶级的国家为了资产阶级的根本利益，在一段时间内和一定程度上，采取缓和阶级矛盾的步骤，大力推行国家垄断资本主义的措施，来摆脱经济上的严重困境，挽救资产阶级摇摇欲坠的统治；而在封建主义影响和军国主义传统较深的德国、意大利，则是以恢复经济、扩张军备、准备战争为目标，把扶植私人垄断资本与发展国家垄断资本紧密地结合在一起，转向国民经济军事化，以至到后来新老垄断巨头与国家机器几乎融为一体，驱动其战争经济。国家垄断资本主义有不同的类型。研究法西斯执政的军事国家垄断资本主义类型的特征，它的发生、发展的历史演变，理应成为研究资本主义发展史的一个重要课题。

从世界向社会主义过渡的角度来观察，法西斯主义是一战后特定历史条件下的产物。它是国际范围的一种历史现象。一方面，世界资本主义陷入全面的经济政治危机。尽管有过几年资本主义暂时的相对稳定，整个说来，二三十年代是世界资本主义动荡不安的时期。尤其是1929—1933年世界经济危机的严重打击，更使得许多资本主义国家的资产阶级统治处于风雨飘摇之中。另一方面，伟大十月革命的胜利，不仅在俄国这样一个大国建立了社会主义国家，其影响所及还推动了欧洲各国工人运动和无产阶级革命运动的高涨，促进了亚非拉国家民族解放运动的发展。法西斯主义及其运动就是在这种基本的历史背景下产生，作为一柄具有两面锋刃的剑而起作用。它的一面对着无产阶级和各国革命人民，对抗十月革命的影响，对抗各国革命运动，被资产阶级用来维护和稳定本国的资产阶级统治；另一方面对着一战获胜后吞噬最大部分战争果实的老牌帝国主义国家，被不满于一战后世界格局的帝国主义国家中的资产阶级用以实行侵略扩张，争夺世界霸权。因此，一旦法西斯攫取国家权力，它必然对内实行专制独裁的法西斯统治而废除民主制；对外发动侵略战争而破坏世界和平。法西斯与和平、民主是水火不相容的。相反，在这两个方面，老牌帝国主义国家的资产阶级同世界各国人民和社会主义国家倒是有着共同的利益和要求。这样，在一定历史时期，实行法西斯专政的德、日、意三国成为各国人民、社会主义苏联和西方民主国家的共同敌人；而从争取社会主义在世界范围的胜利来说，执政的法西斯同样成为人类进步的最大障碍，它们是各国革命的最凶恶的敌人。

尽管当今的世界绝不会再像过去那样听任法西斯在德、日、意三国掌握政权、危害世界的局面重演，然而，这些或那些国家，它的思想影响，它的统治手段，仍然会泛滥或被采用，新的法西斯运动和组织也曾喧嚣一时。凡此等等表明，研究法西斯主义在国际及各国阶级斗争历史舞台上所起的作用，回顾和总结各国无产阶级政党和社会主义国家同法西斯斗争的历史经验，对于深刻理解世界向社会主义过渡的发展规律，认识判断各国无产阶级政党的革命策略和社会主义国家的对外政策，将会有所裨益。

现在奉献给世界史工作者和读者的这一本书，其内容远没有上述那么广泛，但在所论述的问题上引用了较多的史实和资料，做了比较深入的分析，提出了若干令人注意的见解，还是值得一读的。全书各篇大致可分为三组：

第一组，希特勒纳粹党攫取政权及其阶级实质，有九篇。这一部分主要论述纳粹主义在德国产生的社会历史条件，纳粹党崛起的历史发展，纳粹党因何得以取得政权，纳粹党与垄断资本、封建势力和其他权势集团的关系，纳粹党与城乡小资产阶级的关系，纳粹意识形态及其核心，等等。有一篇分析1935年以前德国共产党在反法西斯斗争中失误的文章，其内容与对纳粹运动的性质和当时国际国内形势的认识相关联，也列在这一组。纳粹一词的中文意译，过去很长时间一般沿用最初的译法，即"国家社会主义"。近年来世界史工作者，特别是德国史研究者经过反复推敲和讨论，一致认为改译"民族社会主义"比较贴切，其含义表达更为准确。本书凡用这个词的中文意译之处已一概改译。

第二组，纳粹党执政后的内外政策和第二次世界大战，共七篇。这一部分着重论证从希特勒上台直到第二次世界大战全面爆发这一期间纳粹党及其政权一切政策的根本目的在于准备战争，阐述纳粹政权建立的法西斯专政的独裁统治制度和种族主义、民族沙文主义、反共主义的暴行，纳粹政治领导集团与垄断资本集团的进一步结合及国家垄断资本主义的形式，纳粹德国经济和军备的迅速增长及其根本弱点，纳粹德国纵横捭阖的外交策略，纳粹德国的军事战略和战争准备，也就是从政治、经济、思想、文化、外交、军事等各个方面揭示纳粹统治的本质以及法西斯与战争的关系。有些文章论述的时限追溯到纳粹党执政以前，纳粹党农业政策的演变及其特点一文则延伸到分析纳粹德国在其占领区的农业政策。

第三组，意大利法西斯的攫取政权及其参战，共四篇。这一部分主要阐述意大利法西斯主义产生的历史条件和历史渊源，法西斯夺权的过程与法西斯独裁统治的确立，法西斯党与垄断资本、封建王室及军方的关系，以及意大利参加二战较迟的原因。意大利是法西斯主义的发源地，而我国世界史学界很长时间以来几乎无人进行这方面的研究。本书收入两位作者的四篇论文，在某种程度上具有填补空白的作用。

本书还收入我在1985年六七月份访问民主德国期间向民主德国科学院中央历史研究所提交的一篇学术交流论文。其中勾画了我国二战史研究状况的轮廓，概述了研究法西斯主义的几个重点课题和主要观点，也算是提供全书各篇论文产生背景的总的注释。

此外，本书的附录，编选了三份大事记，以便利读者参考查阅。全书有三篇论文曾在《世界历史》杂志上发表。

　　如前所述，本书论及的内容，近几年来在不同场合的学术活动中多次经过讨论或交换意见。尽管如此，整个说来，目前取得的成果还是初步的探讨，许多问题有待继续深入进行研究。收入本书的各篇论文，大的方面观点一致，涉及具体评述不免小有歧义，间或存在不同看法。我们本着实行百家争鸣的方针，认为无需强求一致，反而希望对某些具有较大学术价值和现实意义的争议能够引起进一步的讨论。同时，本书由各篇论文汇编而成，其优点是各自独立成篇，各有侧重，互为补充；但叙事引述屡见重复，为顾及保持各篇本身论述的完整性又不便尽行删节；行文繁简不一，而为增加资料容量，有些不免冗长拖沓，这些均是缺陷。

　　本书的编辑工作，开始阶段由肖辉英、李兰琴、邸文三位同志与我合作。后来，李、邸两位另有对外学术交流任务，编辑事宜大多由肖辉英、陈祥超同志和我处理。唐枢同志也对本书作了核阅。书中实有不少粗糙疏漏，此事由我负责，在此一并说明，并表示歉意。

法西斯主义与第二次世界大战的爆发[*]

第二次世界大战全面爆发，已经整整半个世纪。这场由德、日、意法西斯发动一连串局部战争而扩展成为全面战争的世界大战，给人类带来极大的灾难。世界反法西斯国家和人民，经过协力奋战，付出巨大代价，终于赢得了和平、赢得了进步。当着这次大战全面爆发五十周年到来之际，人们理应回顾过去这段历史，考察法西斯主义在什么样的历史条件下发生、发展，走上发动第二次世界大战的道路，以重温历史的教训。现就这个范围，阐述一些很不成熟的看法。

帝国主义制度全面危机的产物

法西斯主义是 20 世纪上半叶发生、发展直至灭亡的一种国际范围的历史现象，是帝国主义制度全面危机的产物。法西斯主义的侵略扩张，是第二次世界大战的直接根源。

———————

 ＊ 原载军事科学院军事历史研究部世界军事历史研究室编：《三十年代世界主要国家的战略与军事》，军事科学出版社 1990 年版。

　　近年我国的研究者趋向于从总体上，从其各个部分及它们的相互联结上，剖析法西斯主义。大多认为法西斯主义是一种特定历史现象所形成的总的概念，它包括法西斯思潮、法西斯运动和法西斯政权等相互联系而又有所区别的几个组成部分。法西斯政权部分包括它的建立和性质，政治体制和统治方式，内外政策和侵略扩张，与第二次世界大战的发生及其历史进程直接相关。

　　关于什么是法西斯主义，建议作如下表述：法西斯主义是帝国主义制度处于全面危机期间，主要在一些封建主义和军国主义传统影响深厚的帝国主义国家，为了克服危机、对抗革命、争霸世界而出现的反动社会思潮、政治运动和政权形式。当然，正如列宁说过的那样，"所有的定义都只有有条件的、相对的意义，永远也不能包括充分发展的现象的各方面的联系"。① 这里只是从法西斯主义作为一个总概念的角度，试图对它产生的历史环境及其内涵作出一般性的概括。

　　进入 20 世纪以后，资本帝国主义各种固有矛盾趋于激化。整个世界几十年内都为危机、动荡、战争与革命所笼罩。资本主义各国内部不时出现经济、政治和社会危机，同时，各国之间的各种战争、国际冲突和地区危机连绵不绝。这些矛盾的集中爆发，就是第一次世界大战和俄国十月革命的发生。它标志着帝国主义陷入全面的危机。前者意味着帝国主义之间的矛盾尖锐化，到了形成两个帝国主义国家集团间的相互厮杀。这种矛盾只是经过战争暂时被武力所强行遏止，并没有根本消除，不仅孕育着新的国际冲突，还加剧了帝国主义各国的内部危机。后者表明无产阶级革命运动有可能突破帝国主义链条上的薄弱环节而取得一国胜利，极大地鼓舞、推动了欧

---

　　① 列宁：《帝国主义是资本主义的最高阶段》，《列宁选集》第 2 卷，人民出版社 1972 年版，第 808 页。

洲各国无产阶级革命运动和亚洲的民族解放运动。

第一次世界大战严重削弱和动摇了帝国主义的统治。大约十五亿人口的 33 个国家①被卷入这次战争。16 个国家军队参战，动员兵力 7400 万人，约一千万人死亡，2000 万人受伤。交战国支付直接间接军费 3321 亿美元。主要战败国德国战死 180 万人，连同被俘、受伤者共 667 万人②，工业生产下降 50%。战争结束前后，中欧和东欧一些国家相继发生资产阶级民主革命和无产阶级革命。战火刚刚停息，资本主义各国于 1920—1921 年再次发生严重经济危机。主要战胜国英国的工业生产下降 46%，超过以往任何一次危机。这表明，一战后帝国主义的全面危机进一步加深。

列宁在一战初期曾经深刻地总结了关于革命形势的三个基本特征。这就是："（1）统治阶级不可能照旧不变地维持自己的统治：'上层'的某种危机，即统治阶级的政治危机，给被压迫阶级的愤怒和不满造成一个爆破的缺口。""（2）被压迫阶级的贫困和灾难超乎寻常的加剧。""（3）由于上述原因，群众积极性大大提高，这些群众在'和平'时期忍气吞声地受人掠夺，而在动荡时期，整个危机形势和'上层'本身都迫使他们去进行独立的历史性的发动。"列宁说，"这些客观变化总起来说就叫做革命形势。""不是任何革命形势都会引起革命，只有在上述客观变化加上主观变化的条件下才会产生革命，这种主观变化就是：革命阶级能够发动足以打倒（或摧毁）旧政府的强大的群众革命行动。"③

---

① 包含战后新建立的波兰、捷克斯洛伐克、南斯拉夫 3 国。

② 威廉·兰格主编：《世界史编年手册》现代部分，生活·读书·新知三联书店 1978 年版，第 57 页。

③ 列宁：《第二国际的破产》，《列宁选集》第 2 卷，人民出版社 1972 年版，第 620、621 页。

　　列宁这里所说的革命形势，在临近一战结束和战后初期，在法西斯主义的孳生地意大利和德国确实存在。德国发生了1918年十一月革命，无产阶级多次举行了武装起义。但是，德国实行无产阶级革命的主观条件没有成熟。结果是无产阶级中在斯巴达克同盟基础上建立起来的德国共产党所领导的革命的一翼被淹没在血泊之中；较为强大的另一翼在社会民主党右派领导人率领下与资产阶级达成妥协，完成了一次推翻帝制的资产阶级民主革命。无产阶级与资产阶级两个阶级，在资产阶级议会制的范围内，维持着一种暂时的力量均衡。在意大利，出现了工农群众革命运动的高涨，1920年掀起了声势浩大的60万工人占领工厂和百万农民夺取土地的斗争。但这些斗争很大程度上是群众自发的运动，无产阶级并没有强大到"足以打倒（或摧毁）旧政府"，革命群众运动遭到严重挫折。

　　在日本，也出现了经济、政治、社会的全面危机，1918年发生了有数百万人参加的米骚动。然而，日本统治阶级与被压迫阶级之间的力量对比过于悬殊，不存在革命形势。战后初期很快兴起基于危机感而要求实行"国家改造"的民间法西斯运动和军队法西斯运动。

　　由于革命的主观条件不具备或不成熟，而"被压迫阶级的愤怒和不满"继续增长，这些国家出现了另一种性质的变化。这就是从社会中下层涌现一股以城乡小资产阶级为主体的具有反资本主义倾向的力量，以及它们发展演变为法西斯运动。

　　这些国家都有一个主要由城乡小资产阶级构成的庞大的中间阶层。经过一战和战后危机，他们之中的大多数经济状况和社会地位日益恶化，深感贫困、匮乏、失业和破产的威胁，为社会两极分化的加剧而惴惴不安。其中有一大批退伍军人，职业没有保障，土地要求没有着落，感到被社会冷落、歧视而极度愤懑　中间阶层的广大群众，甚至也包括一部分工人群众，他们不能接受科学社会主义和无产阶级专政，同正在兴起的无产阶级革命运动保持着距离；但是他们对现存社会制度，对现政权强烈不满，要求改变现状，希望维护自身的利益。其中的激进分子要求抑制大资本，实行某些社会改革，解决土地问题。然而，他们更多的是怀念过去，并不主张触犯私有制。他们寄予希望的也是不能实现的乌托邦式的空想，属于小资产阶级社会主义的范畴。这种小资产阶级社会主义当然是行不通的。这支力量很快被一批具有极端民族主义思想的右翼分子所吸引和控制，转化成为以后者居于主导地位的法西斯运动。

在国际范围，先后掀起两次法西斯运动的浪潮。第一次是战后初期，即1919—1923年间。意大利、德国和日本大致同时成立了法西斯党派或社团，标志着以它们为代表的国际范围法西斯运动的兴起。1919年3月，墨索里尼首先在意大利建立世界上第一个法西斯政党，起初取名战斗的意大利法西斯，1921年11月改名意大利国家法西斯党。1919年8月，日本民间法西斯运动的第一个社团犹存社成立。1921年10月，日本永田铁山等三名少佐在德国巴登巴登聚会，商定"巴登巴登密约"，是为日本军队法西斯运动的开端①。1920年2月，希特勒宣布德意志工人党更名民族社会主义德意志工人党（简称纳粹党），肇始了德国的法西斯运动。这一时期最引人注目的事件，就是意大利法西斯党在1922年10月夺取全国政权；希特勒纳粹党1923年11月慕尼黑啤酒馆暴动的失败。

---

① 1921年11月27日，日本驻欧洲国家武官或出差欧洲的三名少佐永田铁山、小畑敏四郎、冈村宁次在莱茵河畔巴登巴登聚会，商讨日本国内外政治形势，约定致力于"消除派阀，刷新人事、改革军制，建立总动员态势"。这就是所谓"巴登巴登密约"。第二天，东条英机到会加入密约。

在德国和意大利，都曾有过短暂的无产阶级与资产阶级力量相对均衡的状态。整个说来，无产阶级虽然处于劣势，但还保持着相当强大的力量。法西斯运动是在两大对立阶级之外兴起的政治力量，然而，它要完全独立于两大对立阶级而谋求自身的发展，显然是很困难的。最终它不是联合无产阶级，就必然要同资产阶级相勾结。意大利的墨索里尼起初站到左翼一边，但它又要与社会党相抗衡，非但不能赢得较多群众的支持，反而因"左"的言辞引起统治阶级权势集团的疑虑，在大选中惨败。墨索里尼急忙将法西斯党转到右翼，积极充当资产阶级政府镇压工农革命运动的急先锋。这才博得统治阶级的青睐，与权势集团结成政治联盟，从而上台执政。希特勒要左右开弓，既反共反社会主义，又反魏玛共和国，企图暴力夺权，结果遭到严重挫败。后来转而极力接近、拉拢、联合统治阶级各种权势集团，才为上台执政创造了基本条件。

第二次浪潮开始于1929—1933年资本主义世界最严重的经济危机期间，这是法西斯运动的大发展时期。德国纳粹党由1928年10月的10万人猛增到1932年3月的100万人。它在国会选举中所获选票，由1928年5月的81万票增加到1932年7月的1374.5万票。1933年1月，希特勒就任德国总理。日本由1931年制造侵占中国东北的"九一八"事变，开始走上法西斯化的历程。1933年底，日本有法西斯、半法西斯社团501个，成员28万余人。1934年10月，日本军部实现法西斯化。1936年3月广田内阁成立，日本国家政权初步实现法西斯化。此前于1925年即已全面确立法西斯极权制统治的意大利，在1935年10月发动侵略埃塞俄比亚战争。三个法西斯国家在进行局部战争和侵略扩张过程中相互接近。1936年10月，德意签订柏林秘密议定书，形成柏林—罗马轴心。同年11月，德日签订反共产国际协定，意大利于1937年11月参加这一协定。德、日、意法西斯自此开始结成侵略阵线，大步踏上通向世界大战之途。

当法西斯运动兴起的时候，欧洲、亚洲和美洲不少国家出现了名目繁多的法西斯组织，一些国家建立了法西斯政权。其中真正足以发动侵略战争，挑起世界大战的，只有德、日、意三国的法西斯。正是它们的侵略扩张，导致了第二次世界大战。

法西斯主义在这三国获胜，绝不是偶然的。这些具有深厚封建主义和军国主义传统影响的后起的帝国主义国家，为法西斯主义的滋生提供了最适宜的土壤。德国是一战的战败国。意大利和日本在协约国中属于次要角色，它们的扩张要求在凡尔赛分赃和会上远未得到满足。这些国家战后初期的经济政治危机和社会动荡又特别严重。各阶层普遍存在强烈的民族主义情绪。统治阶级中占有主导地位的垄断集团，一方面扩张野心有增无减，一方面又因自身的软弱性，苦于无力摆脱危机。他们不仅需要统治阶级中的其他部分——资产阶级化了的王公贵族、地主阶级和军国主义势力的支持，而且需要在原有统治集团之外物色和培植能够帮助他们笼络群众，抵消无产阶级革命运动的影响，克服严重危机，维护资产阶级统治的政治势力。

这些国家缺乏议会民主的传统，老式的资产阶级政党没有雄厚的群众基础和政治实力。他们没有能力应付和摆脱严重的经济、政治危机，既使人民极度不满，也使统治阶级的权势集团不得不在老式资产阶级政党之外另作选择。这些国家的权势集团，包括政界、军方、宫廷和经济界的首要人物，是统治阶级中的真正掌权者，在国家政治生活中起着重要作用。他们赞赏法西斯的极端民族主义和极权主义的政治纲领，看中法西斯党派具有广泛的群众基础，并自认为可以驾驭与控制法西斯党派的首脑，转而选择了法西斯主义势力来挽救他们的统治，实现侵略扩张的梦想。这种支持，为法西斯运动的存在和发展提供了便利条件，并在最后决定任命法西斯首脑执政的时刻起着关键的作用。

军国主义在这些国家，尤其是德国和日本有着根深蒂固的影响。它们不仅存在着强大的军国主义势力，而且在各阶层中军国主义思想有很大市场。军国主义分子有着好战的传统。军国主义是法西斯主义孳生的温床。法西斯骨干分子及其首要人物大多是前军人或军国主义分子，军国主义的影响使那些对社会现状不满的人们非常容易接受法西斯的极端民族主义的纲领，习惯于法西斯党派严格军事化的组织形式和管理制度，热衷于采取暴力恐怖的活动方式，特别是煽起侵略和战争狂热。在日本，是军国主义的中枢军部自身法西斯化，转化成为直接支配、控制政权的法西斯政治军事集团，起着近似德、意两国法西斯党派所起的作用。军方的支持，无疑对于德意法西斯执政至关重要。军国主义势力与法西斯运动的合流，更加强了法西斯政权的侵略性和好战性，使得这三个法西斯国家成为第二次世界大战的策源地。

总起来说，帝国主义制度发生全面危机是法西斯主义产生的历史前提。法西斯运动伴随着帝国主义战争、战后的经济政治危机和社会动荡而发生、发展。德、日、意三国新老统治集团选择法西斯这种政权形式以维护、强化其统治，意味着它们将对外发动侵略和战争。

战争是法西斯主义的根本属性

1935 年 8 月，季米特洛夫在共产国际第七次代表大会的报告中，关于法西斯主义有两个经典性的论断。一个是就整个法西

斯主义的基本特征而言。另一个则专指法西斯政权，重申 1933
年 12 月共产国际执行委员会第十三次全会关于执政的法西斯的
定义。

季米特洛夫指出："无论法西斯戴的是哪些假面具，无论它
是以哪些形式出现，无论它用哪些方法获得政权——

法西斯是资本家对劳动人民大众的最猖狂的进攻；

法西斯是肆无忌惮的沙文主义和侵略战争；

法西斯是疯狂的反动和反革命；

法西斯是工人阶级和全体劳动人民最恶毒的敌人。"①

他还说，"执政的法西斯是金融资本的极端反动、极端沙文
主义、极端帝国主义分子的公开恐怖独裁"。②

历史已经证明了季米特洛夫上述论断和定义的正确性。它之
所以在历史上起了重要的作用，是因为共产国际正是依据对于法
西斯本质特征的这些分析，做出了建立广泛的国际反法西斯统一
战线的决策。这标志着共产国际指导方针的重要转折。它们指明
了世界人民的主要敌人，正确地决定了革命力量的打击方向。如
果始终如一地坚持这样的正确方针，世界人民无疑将会取得更加
光辉的成就和胜利。

我们今天重述季米特洛夫关于法西斯主义论断的正确性，因
为正如列宁所说，"在分析任何一个社会问题时，马克思主义理
论的绝对要求，就是要把问题提到一定的历史范围之内"。③ 我
们应当历史地看问题，充分估计上述论断的历史作用，而不宜过
多地强调以至夸大它的不足之处。季米特洛夫是在法西斯主义这

———————————

　　① 季米特洛夫：《在共产国际第七次代表大会上》，《季米特洛夫选集》，人民
出版社 1953 年版，第 46、47 页。

　　② 同上书，第 41 页。

　　③ 列宁：《论民族自决权》，《列宁选集》第 2 卷，第 512 页。

一历史现象正在展开的时候作出的分析，这个历史过程还远没有完结。当时面临的任务主要是对法西斯主义最本质的属性进行正确概括，以便共产国际和各国共产党人制定正确的战略策略。这些论断抓住了并突出了法西斯主义的最本质的特征或属性，便是解决了统一人们思想的主要任务。这并不妨碍后人在此基础上进行更深入的论证和阐发。当着法西斯猖獗的历史过程业已终结，研究者拥有大量史料的时候，人们对它的认识必然会有所深化，概括也将更加充实和完善。

近年我国的研究者，在研究史料、学术讨论、交换意见的过程中，关于执政的法西斯的基本特征逐渐形成了一些新的看法。现在试图做出如下的表述，以期引起讨论。

第一，法西斯主义是崛起于社会中下层的右翼狂热运动，在摆脱危机、遏制革命、实行扩张的共同目标下，同原有统治阶级权势集团结成政治联盟所建立的反动政权。它代表以垄断资产阶级为主体的新老统治集团的利益。

第二，法西斯主义是以极端民族主义为纲领核心，以侵略扩张、发动战争、争霸世界为一切政策根本出发点的最野蛮凶残的帝国主义国家政权。

第三，法西斯主义是以极权制取代民主制的反共、反社会主义、反民主主义的恐怖独裁统治。它是资产阶级专政的极端形式。

上述第一点是揭示法西斯主义的历史发展及其阶级性质。第二点指明法西斯政权纲领，政策的核心及其侵略和扩张的本质。第三点是概括法西斯政治体制和政权形式，表明它是帝国主义制度全面危机期间出现的极端形态。执政的法西斯的这些基本特征，与发动第二次世界大战密切相关。镇压革命，对外扩张，发动战争，争霸世界，是法西斯国家新老统治集团的共同要求和法西斯政权的根本属性。极权制则是法西斯政权最大限度地集中一切人力、财力、物力投入战争的统治手段。

极端民族主义是法西斯主义政治纲领的核心。在德国，它表现为煽动复仇主义和扩张主义，要求废除凡尔赛和约，鼓吹建立大德意志帝国，并立足于种族主义基础之上狂妄地宣扬所谓由日耳曼人主宰世界。在这方面，最能充分表达希特勒极端民族主义思想实质的，就是他所津津乐道的夺取"生存空间"的谬论。希特勒多次强调说，"保证德国的生存空间是我们的最高原则"。[1] 曾经做过希特勒指定继承人的赫斯解释说，"生存空间政策"是纳粹运动"最深刻的任务"，而其他的一切"只能看成达到这一目的的准备和手段"。[2]

早在1920年2月纳粹党公布的《二十五点纲领》中，前面三点就直截了当地提出了极端民族主义的主张。"第一点，'我们要求'一切德意志人在民族自决权的基础上联合成为一个大德意志帝国。""第二点，我们要求废除凡尔赛和约和圣日耳曼和约。"第三点，"我们要求得到领土和土地（殖民地）来养活我国人民和迁移我国过剩的人口"。1923年4月13日，希特勒在慕尼黑的一次演说中对此回顾道：凡尔赛和约"要使2000万德国人走向死亡，并葬送德意志民族……我们的运动在它创始之初就提出了三个要求：1. 取消和约。2. 联合所有的德意志人。3. 要求获得土地以养活我们的民族"。[3] 这里虽然还未使用"生存空间"的字样，其内容已明确地提出了获得"生存空间"的要求。

---

① 《希特勒的演说和声明》，第1185页。
② 雅可布森：《民族社会主义外交政策，1933—1938》，第3、6页。
③ 施泰尼格尔编：《纽伦堡审判》（上卷），商务印书馆1985年版，第134页。

在《我的奋斗》一书中，希特勒对"生存空间"谬论大放厥词。他说，"只有在这个地球上有足够大的空间，才能保证一个民族的生存自由"，纳粹运动"必须敢于团结我国人民及其力量走上这条能够引导我国人民从目前有限的生存空间走向新土地的道路"，"必须努力消灭我国人口与我国面积之间的不平衡状态，把后者不仅视为强权政治的基础，而且也视为粮食的来源"。①

从什么地方取得"生存空间"？用什么手段取得"生存空间"？希特勒说，"领土政策是不能在喀麦隆实现的，今天几乎完全只能在欧洲实现"。纳粹党人"要继承我们（指日耳曼人）在六百年以前中断了的事业"，"把我们的目光转向东方的土地。今天我们来说欧洲的土地，我们指的首先只能是俄国和它的藩国"。他振振有辞地说，"大自然并没有为任何民族或种族保留这片土地的未来所有权；相反，这片土地是为有力量占有它的人民而存在的"，"不能用和平方法取得的东西，就用拳头来取"。②

希特勒这时已在侈谈他的夺取"生存空间"的计划，也可以说是一种战略构想。他说，首先"对法国来一次总算账"，"当然，首先要假定，德国实际上不过是把灭亡法国当作一种手段而已，其目的是在将来能够为我国人民在其他地方扩张"。他说，"如果要在欧洲取得领土，只有在主要是牺牲俄国的情况下才有可能，这就是说，新帝国必须再一次沿着古代条顿武士的道路向前进军，用德国的剑为德国的犁取得土地，为德国人民取得

---

① 希特勒：《我的奋斗》第 1 卷，转引自夏伊勒《第三帝国的兴亡》（一），生活·读书·新知三联书店 1974 年版，第 121 页。

② 希特勒：《我的奋斗》第 1、2 卷，转引自夏伊勒《第三帝国的兴亡》（一），第 120、121 页。

每天的面包"。①

　　希特勒的所谓"生存空间"论的含义，这几段话是讲得再明白不过了。希特勒不仅宣告了将通过战争手段来夺取"生存空间"，而且也大致勾画了将要发动的战争的战略方向和战略步骤。后来的事实证明，纳粹德国在第二次世界大战期间的战略方针和实际行动，正是大致按照上述构想去实施的。

　　希特勒纳粹党的极端民族主义与种族主义和社会达尔文主义交织在一起，后者是："生存空间"论的思想根源和精神支柱。在希特勒看来，世界不过是一个"弱肉强食，优胜劣败"的世界，"强者必须统治弱者"。希特勒自封他的世界观为"人民的哲学"，说"它绝不相信种族的平等，而是根据种族的不同，承认各种不同种族的价值有高有低，认为有义务促进优者和强者的胜利，要求劣者和弱者按照支配宇宙一切事物的永恒意志服从优者和强者"。亚利安人，即当代的日耳曼人，是"地球上最高级的人种"，上苍赋予"主宰权力"的种族；而犹太人、斯拉夫人等都是劣等种族、低级民族。"最初的文化产生于亚利安人在遇到低级民族后征服低级民族并迫使他们服从自己的意志"，"只要他继续无情地维持他的主人态度，他就不但可以继续当主人，而且也可以继续做文化的保存者和发展者。"据说日耳曼人"被剥夺了称霸世界的机会。如果日耳曼民族也有其他民族兽群般的统一，德国今天无疑已成了地球的主人"。② 由此可见，纳粹党人脑海里支配着他们行动的，净是征服别的民族，统治弱者，主宰世界，做地球的主人等等，把这些视为日耳曼人这个地球上最高级人种的"天赋"权力。无怪乎侵略扩张，发动战争，实行

---

① 希特勒：《我的奋斗》，转引自夏伊勒《第三帝国的兴亡》（一），第120页。
② 同上书，第126—130页。

种族灭绝，妄想征服世界，成为法西斯主义的根本属性。

意大利法西斯虽然论实力远远不如纳粹德国，但在扩张主义野心方面同出一辙，并不逊色。所不同的是每当意大利法西斯叫嚷扩张，总忘不了晃动古罗马帝国的光环。英、法、美操纵的凡尔赛和会，背弃了为争取意大利参战而在 1915 年 4 月伦敦秘密条约对其作出的领土许诺。意大利在意奥接壤地区、亚得里亚海和巴尔干半岛以及非洲等地的扩张要求均未得到满足。墨索里尼也同希特勒一样，坚持反对凡尔赛和约。他发誓要建立一个囊括红海、地中海和巴尔干的法西斯大帝国，号召青年"要保持罗马子孙的好战精神"。①

1921 年 11 月，意大利国家法西斯党罗马代表大会通过的新纲领，宣扬意大利"要恢复古代的光辉业绩"，"实现自己历史上和地理上的完全统一"，"行使地中海拉丁文明堡垒之职能"，"重视地中海和海外的意大利殖民地"。② 墨索里尼为了给法西斯主义增添几分理论色彩，自己给意大利百科全书撰写了长篇的《法西斯主义》词条。其中写道，"法西斯国家是一种权势和绝对权力的意志，在这里古罗马的传统是一种力量的概念"，"对法西斯主义来说，帝国的倾向，即各民族扩张的倾向，是一种生命力的表现；而其反面，或守在家里，则是一种没落的标志。新兴的或复兴的民族是帝国主义者，正在死亡的民族是放弃自己利益的民族"。这已经是在不加掩饰地歌颂帝国主义扩张了。

至于日本，本来就是靠着发动战争、对外侵略，才在短短几十年内由一个闭关锁国的封建弱国迅速崛起成为后起的帝国主义强国的。进入 30 年代，日本军队法西斯运动两个主要派别统制

---

① 1980 年 4 月 19 日米兰《晚邮报》。
② 阿拉尔迪：《黑祖队走进蒙特齐托里奥》，第 131—137 页。

派与皇道派之争，不在于要不要侵略扩张、发动战争，而是如何侵略扩张，何时发动战争，实际上，是关于战略思想与战略方针之争。统制派强调以准备和建立总体战体制为中心，主张所谓满蒙第一主义，国内第二主义，即以扩大侵略战争带动国内的法西斯化进程，先外后内，由上而下，经过合法途径，建立军部独裁。皇道派强调"精神主义"，鼓吹皇道，主张"国内第一主义"，即以推进国内的法西斯化进程，为扩大侵略战争创造条件，实行先内后外，由下而上的方针，支持法西斯青年军官策划政变，实行"国家改造"。

1933 年 6—8 月，日本参谋本部和陆军省联合讨论战略问题，对南进还是北进争论激烈。统制派主张首先解决中国问题，实现总动员计划，建立高度国防国家，以增强国力，作好长期战争准备，暂时与苏联妥协，而以南进与美英争夺中国为战略目标。皇道派则主张立即北进，与苏联作战，以速决战取胜。由此导致两派决裂。随着 1934 年统制派确立在军部的统治地位，日本的扩张战略大致按统制派的方针实施。

综上所述，德、日、意这三个法西斯政权无一不与扩张和战争紧密相联结。扩张版图、称霸世界是它们的目标，达到目标的主要手段就是战争。从这个意义上说，法西斯主义就是战争。

法西斯与三角斗争的战略格局

法西斯党在德、意执政和日本的法西斯化，它们相互勾结，以至形成侵略阵线，遥相呼应，引起了世界形势和国际范围战略格局的巨大变化。

毛泽东关于主要矛盾的著名论断指出，"在复杂的事物的发展过程中，有许多的矛盾存在，其中必有一种是主要的矛盾，由于它的存在和发展，规定或影响着其他矛盾的存在和发展"。①
法西斯侵略阵线的出现，明显地改变了世界的主要矛盾以及各种
基本矛盾的内涵。

世界的主要矛盾，在一战前夕是协约国与同盟国两个帝国主
义国家集团之间的矛盾；在一战结束和战后初期，是国际帝国主
义与新生的苏维埃国家及各国无产阶级革命运动的矛盾。进入
30 年代之后，逐步改变为法西斯侵略者同被侵略国、西方民主
国家、社会主义苏联和被压迫民族、被压迫人民的矛盾，简而言
之，是法西斯与反法西斯的矛盾。斗争的焦点是侵略与反侵略，
破坏和平与维护和平。这种局面是由三个法西斯国家一连串的侵
略扩张行动，并挑起局部战争所造成的。法西斯国家是与全世界
为敌，它们不仅以武力吞并或征服别国，而且贪欲极大，妄图击
败以至灭亡它们所有的对手，消灭社会主义制度，废除西方民主
制，统治全世界。这就必然导致破坏世界和平，成为发动第二次
世界大战的罪魁。

由于主要矛盾的变化，相应地影响到帝国主义国家之间矛盾
的内涵发生变化。帝国主义国家间分化组合，形成以英法美民主
制国家为一方，德、日、意法西斯为另一方之间的对立。西方民
主制国家在与法西斯侵略阵线对立和斗争中，从一开始便具有两
重性。即既有出于帝国主义目的、维护自身霸权。而以退让谋求
同法西斯国家妥协、嫁祸于人的非正义性的一面；又有不满、抵
制和一定程度上反对法西斯侵略扩张、要求维持和平、客观上与
世界各国人民利害一致的一面。当着它们推行遏制或反对法西斯
侵略的对外政策，例如 1934 年法国巴都外交，建议建立一系列

---

① 毛泽东：《矛盾论》，《毛泽东选集》（合订本），人民出版社 1964 年版，第
308 页。

欧洲国家之间对付侵略的互助体系，这种利害的一致性便比较明显。反之，当着英国张伯伦政府和法国达拉第政府推行绥靖政策，企图以牺牲弱国他国利益以求苟安，保持自身既得利益之时，这种客观利害的一致性便被抹煞和抛弃，它们的行动表现为非正义性。

社会主义国家同帝国主义国家间的矛盾也发生了变化。社会主义苏联所面对的不是统一的帝国主义阵线，而是既有民主制国家，又有法西斯国家。两军对垒转化为鼎足而三，从而形成一种新的战略格局。三方之间的联合和敌对关系的发展演变，在很大程度上影响着世界历史的进程。

从根本上说，在社会主义国家与法西斯国家之间并没有任何共同的利益。法西斯主义就是作为社会主义的对立物而产生的。除了社会制度根本不同，对外政策根本不同之外，苏联还是法西斯国家垂涎已久的掠取"生存空间"的主要对象。苏联与西方民主制国家之间的矛盾具有两重性。一方面是不同社会制度的对立，西方国家的统治阶级始终没有放弃扼杀苏联的野心；另一方面，在现实的国际关系中，在反对法西斯侵略、维护世界和平的问题上，又有共同的利害关系。尽管这些共同点时隐时现，时强时弱，但它毕竟是客观存在。如果苏联与美英法都承认并把握这种共同点，结成反法西斯统一战线，共同制止法西斯的侵略，那么，正如后来的历史所证明的那样，反法西斯联盟将会赢得胜利。反过来，如果双方相互猜忌，各有打算，只见局部得失，无视全局利害，那就不但不可能建立反法西斯统一战线，反而会在三角斗争中出现另一种联合的前景。不论法西斯国家与哪一方联合以反对第三方，其结果必然有利于法西斯国家，而使社会主义苏联和美、英、法民主制国家遭到严重的挫败。

法西斯国家，首先是纳粹德国，对待国际关系中三角斗争的战略格局，在二战爆发之前与战争初期，采取了灵活有效的策略，获得相当成功；而在随后的发展中走到了反面，遭到覆灭的结局。

希特勒在大战前夕的策略运用，最突出的有两点，第一是采取了逐步推进、各个击破的方针。每次侵略扩张行动选定一个有限的目标，在"和平"辞令与反苏烟幕的掩护下，采取突然袭击的方式造成既成事实；然后向英法等国作出和解姿态，予以安抚，以麻痹对手，伺机再举。希特勒一上台执政，从重整德国军备，到派出军队进入莱茵兰非军事区，武装干涉西班牙，吞并奥地利，占领苏台德区，肢解捷克斯洛伐克，直到制造波兰危机，大都是抓住有利时机，进行政治讹诈和战争恫吓，伴之以有限的军事行动，尽管带有极大的冒险性，还是一次又一次地取得了进展。纳粹德国打开通向全面战争的道路，总共只花了六年多时间，行动是很快速而短促的。其中重要因素之一就是一连串侵略扩张行动得逞，使希特勒获得了多方面的收获。首先是扩大了纳粹德国的侵略气焰，壮大了侵略者的声势；其次是大大提高了希特勒这个冒险家在德国各阶层和军队中的威望，激发了极端民族主义的侵略狂热，每次都为加紧扩军备战注入了新的动力；更重要的是检验、锻炼、加强了纳粹德国的军事机器，推动了国民经济向战时经济的转变，使军队适应实战要求，大大提高了战斗力。希特勒这套策略一直到发动侵苏战争以前大体都沿用下来，并且得到更为引人注目的胜利。

第二是破坏两个主要对手的联合尝试，孤立将要首先打击的英、法。纳粹德国要在大规模争霸世界的侵略战争中取胜，一个根本前提就是要避免东西两线作战。这是德国在一战中军事上失败的主要教训之一，也是近百年来德国军界人士制定战略计划时所要极力避免的局面。1939 年 3 月，德军占领捷克斯洛伐克，对波兰提出领土要求，国际局势面临严重战争威胁。就在英法与纳粹德国逐渐转向对峙状态之时，出现英、法、苏谋求联合的动向。4月16日，苏联正式建议三国订立互助条约及军事协定，联合对付纳粹德国的侵略。由于英、法缺乏诚意，三国政治、军事谈判旷日持久，毫无结果，于8月21日最后破裂。纳粹德国对于苏、英、法三国接近的任何迹象都非常敏感。它一面在7月中旬派出德国经济代表团到伦敦访问，传出英国将对德国大量贷款的谣言①，并在幕后就德英签订的政治经济协定进行一系列会谈，以牵制英法苏三国谈判；一方面迅速伸出外交触角，向苏联进行试探，终于在8月23日签订了德苏互不侵犯条约及秘密附加议定书。这样，纳粹德国取得了极为有利的战略态势，解除了两线作战的后顾之忧，孤立了英法，便于它集中力量首先打击这两个对手。

　　三角斗争中的苏联一方选择与德国改善关系的策略，虽然使它得以暂时置身于纳粹德国与西方民主制国家的战事之外，但是，将英法作为主要打击对象，在全世界面前混淆了侵略和反侵略的界限，模糊了谁是发动世界大战的罪魁祸首，客观上削弱了世界反法西斯斗争。事实上，苏联也未能真正免于战争之外，它所建立的所谓东方战线并未起到有效阻遏纳粹德国进攻的作用。签订苏德互不侵犯条约时所附秘密议定书，实行划分势力范围的强权政治，显然不足为训。英法在与苏联谈判中采取应付拖延策略，放弃了与苏联在大战前夕建立统一战线的最后机会，仍然是继续执行绥靖政策作祟，它们企图利用德苏矛盾，祸水东引的打算完全落空，反而使自己被孤立而暴露在纳粹德国的军事进攻面

---

　　① 布莱克、赫尔姆赖克：《二十世纪欧洲史》上册，人民出版社1984年版，第723页。

前。这使英法成为三角斗争中处于最不利的一方。

一旦处在世界形势发展漩涡中心的三角斗争的战略格局，形成上述的组合，世界大战的全面爆发也就屈指可数了。希特勒果然按照他的计划在 9 月 1 日发动了对波兰的进攻，开始了全面战争。但是，事态的发展，归根到底将走向法西斯侵略者愿望的反面。如果说，大战前夕和战争初期，希特勒的战略策略大体运用得当因而取得一系列胜利，那么，当他踌躇满志，趾高气扬的时候，就铸下了致命的战略错误。尽管希特勒极力避免两线作战，他在 1939 年 11 月还在向他的将领们保证，说他不想重犯德国历届统治者的错误，将努力保证陆军一次只在一条战线上作战①，他仍然要这样做。这是法西斯侵略本性决定的。1940 年 7 月，法国刚刚败降，英国退守英伦三岛之时，希特勒即已认定英国即将崩溃，迫不及待要转向东方，甚至一度打算"1940 年秋天就开始对苏联作战"。② 这样。希特勒再次重蹈他以前德国历届统治者的覆辙，走向必然灭亡的结局。

反法西斯国家的战时关系，在 1941 年苏德战争爆发以后有了很大改善。经过 1942 年 1 月由 26 个国家签署《联合国家宣言》，以苏、美、英、中为核心的世界反法西斯联盟正式形成。反法西斯战争的几个战场逐步在战略上协同一致。几经推迟，终于 1944 年 6 月在西欧开辟了欧洲第二战场，东西两线战略配合，取得欧洲反法西斯战争的胜利。最后在亚洲太平洋地区，同盟国从四面八方围歼日军，夺取了世界反法西斯战争的最后胜利。总的说来，在大战中后期，反法西斯国家之间实现了较好的战略上

---

① 《哈尔德日记》，转引自《第三帝国的兴亡》（三），第 1098 页。
② 瓦尔利蒙的供词，《纽伦堡审讯纪录》第 6 部分，第 237 页，转引自艾伦·布洛克：《大独裁者希特勒〔暴政研究〕》下册，北京出版社 1986 年版，第 615 页。

的协调与配合，保障了胜利。

与之相对照，法西斯国家建立在极端民族主义基础上所形成的侵略集团，主要是纳粹德国和日本，出于各自的自身利害，并没有形成真正有效的战略配合。1940年9月27日，德日意签订三国同盟条约，正式结成军事集团。条约规定，缔约国中任何一国与目前尚非交战国的某个国家发生战争时，彼此保证相互全力援助。1941年4月13日，日苏缔结中立条约。几个月后，当德军兵临莫斯科城郊，克里姆林宫尖顶在望的时候，日本正全神贯注于准备发动太平洋战争。苏联正是由于免除了两线作战之忧，才能从西伯利亚调来大批生力军，挡住德军进攻。12月6日，日军偷袭珍珠港前一天，苏军在莫斯科发起反攻，并在全线展开强大的冬季攻势，粉碎了希特勒灭亡苏联的迷梦。在一定的意义上，正是法西斯德国和日本这种各打各的状况，决定了它们的必然失败。

我们回顾第二次世界大战全面爆发的历程，很自然地会再次探讨半个世纪之前这场全球规模的大战能否避免的问题。20世纪上半叶帝国主义制度陷入全面危机，法西斯主义在几个后起帝国主义国家先后掌权，国际反法西斯统一战线迟迟不能组成，力量对比不利于要求世界和平的国家和人民。从这些世界形势的基本特点来看，由于资本主义经济政治发展不平衡规律的作用，也由于法西斯主义的侵略扩张本性，在当时的历史条件下，还没有避免二战发生的现实可能。但是，如果在法西斯国家通向世界战争的道路上每一个重要的环节都受到强大的抵抗和沉重的打击，情况就会大不相同。我们可以设想，1936年3月纳粹德国进军莱茵兰非军事区，如果那三营越过莱茵河并且事前奉命遇到法军阻拦立即撤退的德军真的碰到了法军的攻击，事态的发展显然会与实际发生的状况大不一样。而法军出动，依当时的政治军事条件而言，并不是非常困难的事情。还可以设想，当日本关东军在中国东北地区于 1938 年七八月间制造张鼓峰事件（哈桑湖事件），1939 年 5—8 月间制造诺蒙坎事件（哈拉哈河事件），向苏联进行战争挑衅（直接参战兵力最多时高达 10 万人），如果不是苏联军队给以坚决打击，日苏之间能够缔结中立条约，并在几年内相安无事吗？

　　不言而喻，如果有反法西斯国家的坚决抗击，有反法西斯力量的强大联合，给予法西斯侵略者的战争步骤以有力的制止和回击，那么，第二次世界大战完全可能推迟爆发；即使发生大战，战争的时间和规模，人类为此所付出的代价，都将会小得多。现今虽然出现了避免新的世界大战的现实可能，但并没有完全排除世界大战的可能，而且，由帝国主义、霸权主义所策动的各种局部战争连续不断，因此，加强国防，提高警惕，为制止各种类型的侵略战争，为维护世界和平而奋斗，仍然是中国人民及中国人民解放军庄严而崇高的使命。

《法西斯新论》序论*

　　法西斯主义是一个令人憎恶的字眼。人们一提到它，往往会联想到德、日、意法西斯侵略者发动第二次世界大战给人类带来的浩劫。在 20 世纪大部分时间里，在人们日常用语中，法西斯成了暴政和恶行的同义词。然而，人们对它的理解却不尽相同。在学术界，作为第二次世界大战史和世界现代史的组成部分，世界各国学者发表的有关法西斯主义的论著和史料浩如烟海，至今新的研究成果还在不断涌现。同样，围绕法西斯主义有一连串的问题，国内外学者争论了大半个世纪，众说纷纭，各执己见。

　　在当今现实生活中，法西斯政权虽然早已覆没，但法西斯余孽和法西斯思想并未根除。几十年来，尤其是进入 80 年代以后，老的法西斯分子和新的法西斯主义信奉者们，一直力图借尸还魂，卷土重来。目前在一些西方国家，新法西斯主义重新抬头，开始形成一股政治势力，以至于进入各级议会，发展到了相当猖獗的程度。

---

　　* 原载作者主编：《法西斯新论》，重庆出版社 1991 年版。本文系该书序论。

正是因为法西斯主义在历史上肆虐至烈，危害极大，而人们对它的认识各不相同；现在又面临着它重新构成现实威胁的前景，所以，仍然需要人们加强对它的研究，在新的历史条件下对法西斯主义加以再认识，以便真正吸取历史的教训。毫无疑问，中国的马克思主义世界史研究者有责任进一步深化关于法西斯主义的认识，尤其是对一系列有争论的问题阐明中国学者的观点。这也就是我们希望将这一部《法西斯新论》奉献给读者，借此向世界史同行，向关注世界史的广大读者请教的主要目的。

一

我们把这部书稿取名《法西斯新论》，大体说来，不外乎三层意思。

第一，是认为书中扩大了法西斯主义的研究范围，从若干新的角度对它进行了考察。

我们已不满足于仅仅将德、日、意法西斯政权作为第二次世界大战的一方予以评述，而是将法西斯主义作为20世纪上半叶国际范围的一种历史现象，从总体上，从帝国主义制度的全面危机和资产阶级专政的极端形式，以及它的各个侧面，分别进行专题的研究。我国以往的有关研究着重于揭露法西斯国家策划和发动第二次世界大战的侵略步骤，阐述它们从发动局部战争到全面战争，从战略进攻到全面溃败的历程，分析它们的军事战略和外交策略，以及它们企图获胜而实行的经济政策和政治措施；历数它们的战争罪行，声讨它们的种族灭绝和大规模屠杀，等等。这些都是非常必要的，也还做得很不够，有待于进一步论证阐述。但是，为什么世界上会出现法西斯这个怪物？法西斯主义为什么能在一些国家里吸引如此规模的广大群众并进而夺取政权？以至究竟什么是法西斯主义，它有哪些特征，等等，也都是人们需要了解，而且是二战史研究深入中需要明确回答的问题。所以，我们尝试着把研究的视野拓宽些，展开些。本书各章分别论述各国的法西斯运动，尽量注意把握从总体上，从各个部分的相互联结上，阐述和回答上述有关法西斯主义共性的一些问题。在这篇序论的第二部分，还将对此做些概括性的综述。

以法西斯研究的各个具体课题来说，本书论述了一些国家法西斯运动内部的派别分野，特别是德国纳粹党和日本军队法西斯运动的内部斗争。纳粹党有小资产阶级激进派与希特勒主流派的对抗。日本军队内部有皇道派与统制派的斗争，在意大利也有极端法西斯主义派与民族法西斯主义派的对立。这种分歧和对抗，甚至发展到很剧烈的程度。它不仅影响着这些国家法西斯党派、运动、政权的政治倾向、内外政策和策略，而且在一定程度上影响着法西斯政党性质的演变。深入地考察这个问题，使得我们在探讨法西斯政党的性质时，可以不仅分析它们的外部关系，即法西斯政党与社会各阶级阶层的关系；而且能够分析它们的内部关系，即是反映和代表不同社会阶级阶层利益的不同派别。这样，就能全面地从各法西斯政党、集团的历史演变中判别它的性质。

再如，学术界通常把墨索里尼、希特勒先后就任意大利和德国政府总理之日，作为这两个国家法西斯统治开始之时。本书有关章节表明，这个提法，从法西斯党夺取政权，成为执政党，在中央政府中占据主导地位来说，是可以成立的；但它仅仅是一个历史阶段的开端，只能严格限制在法西斯统治开始建立的含义上使用。墨索里尼、希特勒受命组阁，不仅未曾废除议会民主制，连他们的政府本身也还是通过议会民主制的程序和形式而组成的。他们组织的内阁是以法西斯党为首的联合政府，还不是法西斯一党专政。原有统治阶级的权势集团在授予墨索里尼、希特勒组阁权力的同时，极力设法在内阁中保持他们所信任的人物以进行牵制，企图把法西斯党为主的政府引导到他们所期望的轨道。

从法西斯政权开始建立，到极权制的法西斯体制的全面确立，有一个历史的发展过程。本书以相当篇幅阐述了德意法西斯体制的全面确立，指出这个过渡期的时限，在意大利是1922年10月到1926年12月，在德国是1933年1月到1934年8月。在此期间，法西斯党交替使用暴力恐怖和合法手段，打击、排除政治上的异己势力，加紧制定实施极权制的立法。它们不仅镇压工人阶级政党和一切民主进步力量，还要取缔传统资产阶级政党，迫害所有不甘心驯顺听命于它的政界人物。它们强使行将就木的议会民主制机构授予全权，又利用这种权力制定一系列极权制立法，从而彻底埋葬民主制，实现全面的法西斯恐怖专政。

本书有一章专门评述法国、西班牙、葡萄牙和巴西的法西斯运动。其中关于法国的一节着重论述法西斯运动为什么失败，对说明在具有长期议会制传统的发达资本主义国家，法西斯运动未能横行无阻的原因，有一定的代表性，论证也有一定深度。关于巴西一节，主要阐述德国法西斯主义的影响及巴西法西斯运动与瓦加斯政权关系的演变。西班牙和葡萄牙的两节则是评介法西斯统治的确立。这些虽然只是初步的成果，但在我国，也还是拓宽了法西斯主义研究的范围。

第二，书中针对国内外学术界关于法西斯主义的主要争论，给予了系统的回答，对若干现象做出了新的解释。

以日本是否有过法西斯主义统治的问题为例，西方很多学者认为，二战以前和战时的日本，属于军国主义范畴而不是法西斯主义。在日本学术界，长期存在法西斯主义肯定论和否定论之争。虽然认为日本有过法西斯运动和法西斯体制的肯定论在学术界是主流，但不承认日本有过法西斯运动和体制，只有所谓"复古一革新"派、军国主义和战时体制的否定论也大有人在。

本书关于日本法西斯的论述，可以说是集中地全面地回答了这个问题。书中以史实叙述和史论分析相结合，具体阐述了日本民国法西斯运动和军队法西斯运动的产生及其纲领和派别，日本军部的法西斯化和近代天皇制向法西斯主义体制的演变，日本法西斯的形态和特点，并逐个批驳了关于法西斯主义否定论的主要论点。其中，关于法西斯主义与传统右翼的联系和区别，法西斯主义与军国主义的联系和区别，近代天皇制的两重性，军部法西斯化的纲领《国防之本义及其强化》，日本没有出现德意类型群众性法西斯政党的原因，日本法西斯主义的主要特点，日本法西斯主义应概括称为天皇制法西斯主义，等等，都有比较深刻地论述，提出了新颖的有说服力的见解。

研究日本的法西斯运动，一个关键性的问题是要正确把握日本军部在法西斯化过程中的主导作用。书中指出，日本军部是近代天皇制的主要机构之一，历来在日本统治机构中具有特殊的地位和作用。它不仅拥有实际的统帅权（帷幄上奏权），而且通过军部大臣现役武官专任制，可以在是否推荐陆海军大臣、辞职或留任等方式，影响内阁的组成或迫使内阁辞职。作为军国主义、专制主义势力的主要代表者日本军部，与代表议会民主政治的资产阶级政党存在着尖锐的矛盾。在二三十年代，日本军部实现了政治化和法西斯化，经历了由军事指挥机关逐步转变为全面干预政治的法西斯政治军事集团的过程。

1931年，军方法西斯分子策划制造了侵占中国东北的"九一八"事变，日本开始走上法西斯化的道路。1932年，扼杀政党政治。1934年，法西斯统制派在军部取得统治地位，提出了系统的政治纲领，实现军部的法西斯化。1936年"二·二六"事件之后，军部确立了对内阁的政治支配地位，初步实现日本政权的法西斯化。日本军部通过控制全国军训以及操纵成员达到二三百万人的在乡军人会等各种组织，在全国范围拥有很大的影响力和社会基础。它既是日本法西斯化的主要决策者和推动者，又是国民舆论的操纵者，成为一个具有政治纲领、严密组织、凌驾于政府之上的，以推行准备总体战的极权主义体制为目标的法西斯政治军事集团，在很大程度上起着德意法西斯政党所起的作用。

第三，书中对论述的一系列问题提出了新的见解，足以反映我国世界史工作者关于法西斯主义研究所达到的新的水平。

我国史学界，大体上是步入80年代之后才开始将法西斯主义作为一个重要的研究课题。最初是结合二战起源的研究，继后发展成为一个相对独立的专题。十年来研究逐步深入，发表了不少有学术价值的论文和译作，充实了二战史和世界现代史研究内容。1988年，由华夏出版社出版了我国关于法西斯主义的第一本论文专集《法西斯主义与第二次世界大战》。此书主要是围绕德意法西斯的崛起与第二次世界大战，论述了德意法西斯主义产生的社会历史条件、与各阶级的关系、如何攫取政权及其内外政策，大致反映了我国研究者80年代中期所达到的水平。

现在这本《法西斯新论》是我国关于法西斯主义研究的第一部学术专著，反映了我国研究者80年代末所达到的新的水平。这不仅是指掌握了更加丰富翔实的史料，参阅和吸取国内外许多学者有益的研究成果，而且指研究的广度和深度，阐述、论证了许多新的观点和提法。总起来说，对法西斯主义和法西斯运动的历史背景、基本特征、主要类型、阶级关系、内部派别、政纲核心、运动性质、夺权过程、极权体制、扩张本性、理论基础、思想渊源等一系列问题的论述，都在不同程度上取得了进展，有所突破。

　　仍以举例说明。关于德、意法西斯运动和政党的性质，也是国内外学者历来争论不休的问题。许多西方学者认为，法西斯运动是中间阶层的运动，法西斯政党是小资产阶级的政党。社会主义国家学者以往大多认为法西斯政党从一开始就是垄断资产阶级的工具或代理人，属于资产阶级反动政党；由这个政党领导的运动，当然是资产阶级性质的运动。本书肯定了上述两种观点的合理成分，同时认为它们没有全面地准确把握和反映法西斯运动和政党的本质。不论是意大利国家法西斯党，还是德国纳粹党，都经历了一个由小资产阶级政党转化为资产阶级政党的演变过程。在意大利，这种转折发生在1920年5月战斗的意大利法西斯第二次代表大会。在德国，决定性的转折是在1925年2月希特勒重建纳粹党。书中具体分析了意大利法西斯党的三个纲领和纳粹党的《二十五点纲领》，论述了它们同各社会阶级、阶层关系的演变，揭示了它们在国内阶级斗争中实际地位的改变和转化过程。

　　这里有一个要点需要着重予以说明。归根结底，分析一个政党或运动的阶级性质，必须坚持实事求是，从实际出发的原则，要以它们在阶级斗争中的实际行动来检验和鉴别。

　　"判断一个人当然不是看他的声明，而是看他的行为；不是看它自称如何如何，而是看他做些什么和实际是怎样一个人。"① 这是恩格斯指出，并为列宁多次反复强调的真理。判断一个政党，也只能是这样。列宁写道："要辨明政党斗争中的是非，就不要相信言辞，而要研究各政党真实的历史，主要不是研究各政党关于自己所说的话，而是研究它们的行动，研究他们是怎样解决各种政治问题的，是怎样处理与社会各阶级即与地主、资本

---

　　①　恩格斯：《德国的革命与反革命》，《马克思恩格斯选集》第1卷，人民出版社1972年版，第579页。

家、农民和工人等的切身利益有关的事情的。"①

　　意大利法西斯党和德国纳粹党，在它们成立之初，不仅在纲领中列入许多"反资本"的政治要求，而且在行动上都是现政权的反对者，要以暴力手段从统治阶级手中夺取政权。它们既不是从统治阶级中分化出来的派别，也不是由统治阶级成员纠合建立的组织，并没有与垄断资本和权势集团人物有多少数得上的交往。与此相反，它们是被统治阶级视为异端而不屑一顾的。这样的情况，与其说他们维护统治阶级的利益，毋宁说是在损害、破坏统治阶级的利益。正如阶级的划分只能依据人们对生产资料的占有关系而不能以思想如何为标准，判定一个政党的性质也不能仅仅以其领袖人物的思想、言论推导出它的阶级属性，而只能是以其在阶级斗争中的客观地位为尺度。

　　战斗的意大利法西斯在 1920 年 5 月修改纲领，声明它"对目前的（国家）制度不抱任何成见"，扬言面对工人斗争"它有义务持坚决反对态度"，从而表明它改变了在阶级斗争中的立场。本书详细阐述了此后它在农村和城市相继建立武装行动队，吸收政府分派的大批退伍军官，在各地配合军警宪兵，以极其残酷的暴力恐怖手段对社会党及其领导的工农团体、市政机构进行的血腥镇压，揭露了意大利法西斯党蜕变为资产阶级反动政党的过程和实质。

　　同样，书中也揭露了德国纳粹党的这种蜕变过程。1925 年 2 月希特勒重建纳粹党，以合法夺权取代暴力夺权，不仅是策略的改变，同时也改变了它在阶级斗争中的地位。因为合法夺权，以承认魏玛共和国现行体制，并在魏玛议会民主制的范围内活动为

---

　　① 列宁：《论俄国各政党》，《列宁全集》第 18 卷，人民出版社 1959 年版，第 30 页。

前提。以后，希特勒一面有计划地利用一切机会接近垄断资本和其他权势集团人物，扩大联系，进行游说；谋求支持；一面对党内小资产阶级激进派加紧分化瓦解，压制打击，直至将他们清除出党。纳粹党蜕变为资产阶级反动政党的"真实的历史"，应该说是本书中着重论述的章节。

二

本书的体系是按国别分章论述意、德、日三国及其他一些国家的法西斯运动。各国的法西斯运动各有自己的发展历程和特点，按国别阐述便于包容较为充分的史料，进行细致的剖析，比较具体而深入地再现各国法西斯运动的重要关节。同时，在为撰写本书而举行的学术座谈、讨论中，为了从总体上，从它的各个部分的相互联结上把握法西斯主义，对涉及它的若干共同性问题，也交换过意见，形成一些新的看法。

（1）关于什么是法西斯主义：季米特洛夫在1935年8月共产国际第七次代表大会的报告中有两段重要的论述，他说："无论法西斯戴的是哪些假面具，无论它是以哪些形式出现，无论它用哪些方法获得政权——

法西斯是资本家对劳动人民大众的最猖狂的进攻；

法西斯是肆无忌惮的沙文主义和侵略战争；

法西斯是疯狂的反动和反革命；

法西斯是工人阶级和全体劳动人民最恶毒的敌人。"[1]

他还说："执政的法西斯是金融资本的极端反动、极端沙文

---

[1]　季米特洛夫：《在共产国际第七次代表大会上》，《季米特洛夫选集》，人民出版社1953年版，第46、47页。

主义，极端帝国主义分子的公开恐怖独裁。"

这两段论述，概括了整个法西斯主义的基本特征，并对执政的法西斯给予定义，重申他在1933年12月共产国际执行委员会第十三次全会上即已提出的观点。这些无疑是正确的，经受了历史的检验。季米特洛夫是在法西斯主义这一历史现象方兴未艾、过程远未完结的时候，抓住法西斯主义的反动本质，指明世界人民所面临的主要威胁。共产国际正是依据对于法西斯主义的这些分析，正确地决定了无产阶级革命政党的主要打击方向，做出建立广泛的反法西斯统一战线的决策。它标志着国际共产主义运动一次重大的战略性的转变。如果始终如一地贯彻执行这个方针，各国共产党人将会取得更大的成就和胜利。

充分肯定季米特洛夫关于法西斯主义的上述论断的正确性及其历史作用，并不影响今天对什么是法西斯主义作出有所不同的回答。后人不能仅仅复述前人的观点，而是应在前人的基础上有所前进，有所深化。当然，这里说的是同样以马克思列宁主义观察问题，并不是任意否定前人的正确认识，而是予以适当的充实和完善。作为一种历史现象，法西斯主义的发生、发展以至灭亡的全过程早已完结。今天不仅有当时无从获得的丰富史料，历史的视野也有很大变化和扩展。它已不再是为了革命政党制定战略策略而提供正确的政治判断，而是要全面深入地考察这种历史现象会在什么样的历史条件下出现及其如何演变，探索历史上对待这种现象所有过的成功失败及利害得失，吸取深刻的历史教训。

法西斯主义是20世纪上半叶第一次世界大战结束以后首先发源于意大利的一种国际范围的反动的历史现象。作为政治概念的法西斯主义，实际上是反映、表述这种历史现象的一个总概念，它包括法西斯主义思潮、法西斯运动、法西斯政权等相互联系的几个不同的组成部分。本书论述的范围，兼顾上述三个方面，而以法西斯运动的兴起与演变为重点；关于法西斯政权，主要论述从它开始建立到全面确立极权制的历史过程。至于它的内外政策和统治手段，侵略扩张和发动二战等问题，前已另有专论，本书未再涉及。

我们认为，关于什么是法西斯主义，可以做如下表述：

法西斯主义是在帝国主义陷入全面危机期间①，主要在一些封建主义和军国主义传统影响浓厚的帝国主义国家出现的，以克服危机、对抗革命、实行扩张为目标的反动社会思潮、政治运动和政权形式。

执政的法西斯主义的基本特征是：

第一，它是崛起于社会中下层的右翼狂热运动，同原有统治阶级权势集团结成政治联盟所建立的反动政权，代表以垄断资产阶级为主体的新老统治集团的利益。

第二，它是以极端民族主义为政纲核心，以侵略扩张、发动战争、争霸世界为其一切重大政策根本出发点的最野蛮凶残的帝国主义国家政权。

第三，它是以极权制取代民主制的反共，反社会主义、反民主主义的恐怖独裁统治，是资产阶级专政的极端形式。

对法西斯主义这种定义性质的概括，包含其历史背景、孳生土壤、政治目标和组成部分等几个要素，指明了法西斯主义是特定历史条件下的产物，同时也界定了它的内涵。关于执政的法西斯主义基本特征的表述，第一点指明了法西斯政权的组成及其阶级实质，第二点揭示了法西斯政权的帝国主义侵略本性，第三点是概括法西斯政权的政治体制，即统治形式。

---

① 帝国主义全面危机，按照作者的观点，是指第一次世界大战和十月革命爆发至 50 年代中期这样一个历史时期。

（2）帝国主义的全面危机是法西斯主义产生的历史前提。

第一次世界大战和俄国十月革命的发生，标志着帝国主义陷入全面危机。大战结束后的战后危机和欧亚国家革命运动的高涨，加剧了帝国主义的全面危机。所谓帝国主义的全面危机，就是由于频繁的社会、经济、政治危机，国际冲突和战争，在一些帝国主义国家造成一种极度动荡，濒临崩溃的局势，即资产阶级的统治危机。由俄国十月革命打开缺口的帝国主义链条出现大段断裂的前景，无产阶级革命和社会主义有可能蔓延扩展而在其他一些国家取得胜利。危机期间，不仅"被压迫阶级的贫困和灾难超乎寻常的加剧"，而且统治阶级"也不能照旧不变地维护自己的统治"；被压迫阶级的"群众在和平时期忍气吞声地受人掠夺，而在动荡时期，整个危机形势和上层本身都迫使他们去进行独立的历史性的发动"。① 这就形成了革命的客观形势，一旦具备必要的主观条件，就会发生革命。在德国和意大利，都出现了这种形势。在日本，虽然远没有达到出现革命形势的程度，但危机同样存在，也发生过大规模的群众性的骚动。

在全面危机的形势下，各阶级阶层的人们都在政治上活跃起来。无产阶级政党领导的革命运动，是冲击资本主义统治的主流；同时也还有各种支流。在广大的社会中下层民众中，以城乡小资产阶级为主体，产生了对现实强烈不满的各种政治势力。其中最突出的是极端民族主义和小资产阶级社会主义两股思潮所形成的集团。极端民族主义，在德国，主要表现为复仇主义和扩张主义，反对凡尔赛和约，反对十一月革命，反对社会主义；在意大利和日本，也对凡尔赛和约怀有强烈不满，表现为领土要求及

---

① 列宁：《第二国际的破产》，《列宁选集》第 2 卷，人民出版社 1972 年版，第 620、621 页。

企图依靠对外扩张来缓解国内危机。小资产阶级社会主义影响下的人们，具有两重性，即反对垄断，反对大资本，反对社会急剧的两极分化，要求改变社会现状，摆脱贫困和匮乏，免于失业和破产的威胁；但又担心触动私有制，不能接受科学社会主义和无产阶级革命，而宁愿在现存社会制度下获得一些改善。他们期望一个强有力的政权或铁腕人物来稳定局势，实现他们的乌托邦式的"理想"，进行某些社会改革；同时，具有强烈的民族主义、种族主义情绪，易于受到右翼势力的影响。

当着无产阶级同资产阶级之间两大阶级的剧烈对抗正在展开，胜负未定或暂时处于僵持状态之时，这些具有极端民族主义倾向或小资产阶级社会主义倾向的人们纷纷组成社团，谋求发展自己的势力。德国的纳粹党就是由具有小资产阶级社会主义倾向的人们，同具有极端民族主义倾向的、反对革命的右翼狂热分子的组合，而由后者逐步取得了主导地位。意大利法西斯则是自身从左翼转化为反对革命运动的右翼。总之，由帝国主义全面危机而引发的小资产阶级运动是法西斯主义兴起的主要来源，这是不容否认的客观事实。

法西斯运动伴随着帝国主义全面危机的发生而发生，在危机加剧的条件下获得发展。在国际范围内，先后掀起两次法西斯运动的浪潮。第一次在战后初期（1919—1923），可以说是法西斯运动的孳生期。1919年3月，墨索里尼在意大利建立世界上第一个法西斯政党——战斗的意大利法西斯（1921年11月改名意大利国家法西斯党）。1919年8月，日本民间法西斯运动的第一个社团犹存社成立。1920年2月，希特勒宣布德意志工人党更名民族社会主义德意志工人党（简称纳粹党）。意大利、德国、日本的法西斯党派大致同时产生，标志着以它们为代表的国际范围法西斯运动的兴起。整个说来，法西斯运动犹如一把具有两面锋刃的剑，它既对所处的社会现实强烈不满，要求部分变换资产阶级地主统治的政体和手段；又要与社会主义和无产阶级革命相抗衡，力图冲淡抵消十月革命的影响，削弱和打击工农革命力量，从而扩展自己的势力。除了意大利法西斯先声夺人，以暴力恐怖反社会党起家，夺取了全国政权之外，各国的法西斯运动在这一时期并没有取得令人瞩目的进展。

第二次浪潮开始于 1929—1933 年资本主义世界严重经济危机期间，是法西斯运动的发展泛滥时期。德国纳粹党由 1928 年 10 月的 10 万人猛增到 1932 年 3 月的 100 万人。它在国会选举中获得的选票，由 1928 年 5 月的 81 万票增加到 1932 年 7 月的 1374.5 万票。希特勒在 1933 年 1 月上台执政。在日本，1931 年开始走上法西斯化的历程。经过一系列冲突和斗争，日本军部在 1934 年实现法西斯化；日本国家政权自 1936 年 3 月广田内阁成立初步实现法西斯化。前已全面确立法西斯极权制的意大利，在 1935 年 10 月发动侵略埃塞俄比亚战争。三个法西斯国家在进行局部战争和侵略扩张的过程中相互接近。1936 年 10 月结成柏林—罗马轴心，德意共同武装干涉西班牙。到 1937 年 11 月意大利参加德国在 1936 年 10 月签订的反共产国际协定，法西斯国家就在国际范围结成侵略阵线，大步走向全面发动第二次世界大战。

（3）法西斯主义得以在德、意、日三国执政，绝不是偶然的。正是这些具有浓厚封建主义和军国主义传统影响的后起帝国主义国家，为法西斯主义的孳生提供了最适宜的土壤。

德国和意大利都是进入 19 世纪 70 年代才最终实现全国统一，日本则在 1868 年开始实行资产阶级改革性质的明治维新。它们走上迅速发展资本主义的道路不久，就在 19 世纪末 20 世纪初进入垄断资本主义阶段。垄断资产阶级虽已形成，然而具有先天的软弱性。以王室为首的封建势力或资产阶级化了的地主贵族阶级，有着很大的势力与影响，并且参与政治事务。国家政权实际上在一段时间内处于垄断资产阶级同地主贵族阶级联合专政的状态。在德国，是经过 1918 年 11 月革命，建立魏玛共和国，才确立了资产阶级在国家政权中的主导地位。因此，这些国家没有长期的民主主义传统，而有着悠久的专制主义的传统；在德国和日本，还有着深厚的军国主义传统。

在这些国家，老式的资产阶级政党大都没有强大的政治实力，没有雄厚的群众基础，尤其是对以城乡小资产阶级为主体的广大中下层民众缺乏吸引力和号召力。它们面对严重的经济、政治和社会危机，既不可能依靠议会民主的正常程序，采取有效的措施，扭转局势；也抵挡不住法西斯主义的咄咄逼人的攻势，以致在合法的以及其他形式的较量中遭到失败。统治阶级中的权势集团对资产阶级政党这种软弱无力感到不满，不得不在老式政党之外另作选择，以摆脱危机。相反，如同本书中分析的像法国那样的具有长期议会民主制传统的国家，法西斯势力尽管也曾一度发展得相当猖狂，但它们终究缺乏牢固的群众基础。有些法西斯团体甚至回避公开打出法西斯的旗号。在强大的捍卫议会民主制的各个反法西斯政党组成人民阵线的坚决斗争下，法西斯运动终于败下阵来。

在这些国家，尤其是德国和日本，军国主义根深蒂固；意大利也在一定程度上存在军国主义传统，作为穷兵黩武的政策体系，军国主义历来构成这些国家统治集团的基本国策。军队首脑机关在统治机构中拥有特殊的权力和地位。从上到下广泛存在着军国主义势力。军国主义思想对各阶层民众都有深刻的影响。特别是在一战后的德国，大量复员军人回到城乡，职业无着，生活毫无保障，社会地位骤然下降，郁结满腔怨愤，更涌现出一大批狂热分子，非常容易接受法西斯的极端民族主义纲领。他们崇尚武力，渴望扩张，习惯于纳粹党那种军事化的组织管理，热衷于暴力恐怖的活动方式，并强烈要求对外进行侵略战争。在日本，还通过天皇制意识形态，宣扬武士道精神，灌输法西斯主义。所以，军国主义是培育法西斯主义的温床；军方的支持对法西斯政权的建立起着关键性的作用。军国主义与法西斯主义的合流，极大地增强了法西斯主义的侵略性。

（4）在这些国家，原有统治阶级中的各种权势集团对国家事务居于举足轻重的地位。所谓权势集团，是指政界、军方、宫廷、经济界以及其他方面的一批首要人物，他们是统治阶级中真正的掌权者。他们的赞赏和支持，为法西斯运动的存在和发展提供了必要的条件，并在确定授权法西斯党魁组阁的关键时刻起了决定性的作用。

权势集团与法西斯运动的关系，是建筑在共同利害基础上的结合。这就是在维护资本帝国主义制度的前提下，摆脱危机，扭转局势，对内镇压革命运动和民主进步力量；对外实行扩张，夺取世界或地区霸权。它们的结合是两种不同源流的政治势力互有需要、互相利用而结成的政治联盟。在法西斯政党方面，它们只有取得原有统治阶级权势集团的承认、谅解，进而给予支持和资助，才能获得进一步的发展，并通过合法途径顺利地接管国家权力。在原有统治阶级权势集团方面，则需要借重法西斯党在群众中的影响，依靠它们交替施行广泛的暴力恐怖和政治欺骗，实现老式资产阶级政党所不能实现的政治目标。按照权势集团的设想，他们完全有能力驾驭、引导和控制法西斯党魁组成的政府。事实上，法西斯党执政后，经过新的分化组合，法西斯领导集团作为一种新的统治势力，在上述政治联盟中很快取得主导地位。但它们仍然需要原有权势集团的支持和合作，二者共同代表着以垄断资产阶级为主体的新老统治集团的利益。

（5）极端民族主义是一种资产阶级思潮，本来是帝国主义国家不同程度上普遍存在的现象。作为法西斯主义政治纲领核心的极端民族主义，有它自身的特点。

首先，它主要发生在德、意、日这三个后起的帝国主义国家，突出地反映了这些国家垄断资产阶级渴望向老牌帝国主义国家夺取销售市场、原料产地和资本输出场所。尤其在陷于严重经济政治危机困境期间，它们的扩张要求更是特别强烈，特别急切。这种要求的集中表现，就是公然宣扬所谓"生存空间"、"生命线"一类谬论，将其作为全力追逐的根本目标。希特勒抓住德国地理学家、人种史学者弗·拉采尔在《生存空间论》（1901）一文中提出的这个概念，殚精竭虑地予以发挥，宣称"保证德国的生存空间是我们的最高原则"。[①] 赫斯解释说，"生存空间"政策是纳粹运动"最深刻的任务，而其他一切只能看成达到这一目的的准备和手段"。[②] 墨索里尼也宣扬"对法西斯主义来说，帝国的倾向，即各民族扩张的倾向，是一种生命力的表现"。[③]

其次，它发生于对第一次世界大战的结局极度不满的德意日三国，表明它们绝不甘心忍受英美法构筑的凡尔赛—华盛顿体系的束缚，力图冲破或撕毁这些条约和协定，进而摧毁主要维护英美法既得利益的国际关系格局，建立由它们称霸世界的新格局。它们的极端民族主义必然导致动用武力，挑起战争，危及整个世

---

① 《希特勒的演说和声明》，第1185页。慕尼黑1965年版。

② 雅可布森：《民族社会主义外交政策（1933—1938）》，第3页，①、②两注转引自该书第六章第二节"生存空间"一目。

③ 墨索里尼：《法西斯主义》，《意大利百科全书》第14卷，载《世界史研究动态》1980年第10期，第29页。

界和平。事实上，德、意、日三国先后成为第二次世界大战的战争策源地。

再次，法西斯国家的极端民族主义同极权主义紧密地结合在一起。法西斯政权的根本目标是要通过战争以夺取"生存空间"和世界霸权，需要一个与此相适应的政治体制，即以极权制取代民主制，来保障把国内所有人力、物力、财力严密控制起来，使用于战争。这是法西斯主义不同于一般传统右翼的一个重大区别。有些传统的极右派，也反对议会民主，主张独裁统治；而极权制则是要把政治、经济和社会生活的一切领域都置于法西斯党派和法西斯政权的绝对控制之下，这是一般右翼所无法望其项背的。

最后，法西斯主义的极端民族主义以种族主义、社会达尔文主义为其思想理论基础。希特勒是伪科学社会达尔文主义的忠实信徒，在他看来，人类社会处在一种永恒的生存斗争之中。"世界不过是个适者生存、强者统治的丛林，一个弱肉强食、优胜劣败的世界"；弱者服从强者，劣者服从优者，是"支配宇宙一切事物的永恒意志"和法则[1]。就此基本观点而论，不仅纳粹德国，也是意大利和日本法西斯共同的思想理论基础。而在纳粹德国，特别突出的表现，是它的极端民族主义深深植根于种族主义。后者是前者重要的思想根源和精神支柱；前者则是后者在政治上的具体体现。在纳粹党人那里，二者往往混同而很难区分，都被用以作为进行侵略扩张，实行种族灭绝的借口。纳粹党人的种族主义，认为世界的历史是种族斗争的历史，雅利安人是世界文明的创造者，"一切高级人类的创始者"；作为雅利安人后代

---

[1]　威廉·夏伊勒：《第三帝国的兴亡》（一），生活·读书·新知三联书店1974年版，第125、128页。

的日耳曼人是"地球上最高级的人"，是"主宰种族"，应由它行使"主宰的权利"，统治世界①；犹太人、斯拉夫人等都是劣等种族，犹太人种下的最坏的祸根就是民主主义、马克思主义和苏维埃国家，所以对犹太人，对马克思主义的工人运动等等，不仅要反对，而且要加以消灭。这显然是一种蛊惑人心的无稽之谈。

（6）极权主义是墨索里尼在 20 年代首先提出的。他曾经写道："在法西斯主义者看来，一切都存在于国家之中，在国家之外不存在任何有人性或精神的东西"，"从这个意义上来说，法西斯主义是极权主义的。"② 由此可见，极权主义是一种国家观。它宣扬国家至高无上，所谓"国家是一种权势和绝对权力的意志"；国家包容一切，所谓"整个民族参加相应组织的一切政治、经济、精神力量，都能在国家内进行活动"；③ "在国家之外既没有个人，也没有集团（政党、团体、工会、阶级）"，"对法西斯主义来说，国家是绝对的，在它的面前，个人和集团都是相对的"。④ 这里所说的国家"绝对权力的意志"，当然也就是法西斯统治集团或者首脑个人的意志⑤。西方不少学者认为社会主义国家实行极权主义，这至少是一种误解。在马克思主义看来，国家是阶级统治的机关，是统治阶级意志的体现；社会主义国家是人民当家作主，体现以工人阶级为领导阶级的人民大众的意志，

---

① 威廉·夏伊勒：《第三帝国的兴亡》（一），生活·读书·新知三联书店 1974 年版，第 125、128 页。

② 墨索里尼：《法西斯主义》，《意大利百科全书》第 14 卷，载《世界史研究动态》第 9、10 期。

③ 墨索里尼：《法西斯主义》。

④ 同上。

⑤ 准确地说，在德、意是法西斯首脑的个人意志；在日本，是法西斯统治集团的意志。

而在涉及利益分配上实行国家、集体、个人利益统筹兼顾的原则。这与法西斯主义的国家至上（也就是法西斯统治集团或首脑至高无上），根本否定个人和集团（照墨索里尼的说法包括政党、团体、工会、阶级）在国家之外的存在，完全是两种截然相反的国家观。把二者等同起来显然是不符合实际的。

作为一种政治体制，极权制是与民主制对立的。墨索里尼宣称："民主制度是一种不立国王、但有许许多多国王的制度，这许许多多国王比起哪怕是一个暴君的国王来，有时更不容异见，更暴虐和更有害。"① 在帝国主义处于全面危机期间，法西斯主义者认为议会民主制的政治体制弊端丛生，不能摆脱危机，更不能遏止革命、实现扩张，因而要以极权制取代民主制。极权制是资产阶级专政的极端形式，它的实质在于，由法西斯统治集团或首脑个人掌握主宰一切的无限权力，严密控制政治、经济、社会生活以至个人生活的一切领域，采取各种极端手段镇压革命力量、民主力量和其他异己力量，实行阶级压迫和种族灭绝的血腥恐怖统治。

法西斯主义极权制在政治上实行以领袖原则为依据的元首独裁制。希特勒说，"绝不能实行多数决定的制度……必须要由一个人单独地作出决定"，"这一原则是绝对责任和绝对权威的无条件结合"。② 极权制剥夺议会的一切政治权力，使其名存实亡，从而废除议会民主制。这种体制与社会主义国家以人民代表大会为国家最高权力机关，实行民主集中制和集体领导的原则根本对立。

它在经济上推行国家垄断资本主义，对私人企业实行统制经

---

① 墨索里尼：《法西斯主义》。
② 希特勒：《我的奋斗》，转引自夏伊勒《第三帝国的兴亡》（一），第130页。

济。按各行各业建立各级经济组织，将所有企业以不同形式置于政府控制之下实行垄断资本与国家机关相融合，由垄断巨头出任主管各经济部门和经济组织的国家机构要职，以扩军备战为中心实行国民经济军事化。

它在组织上以推行职团制，民众共同体①和家族国家等形式，将各阶层居民按职业、年龄、性别多层次多系统地组织起来，形成一个严密的统治网络，实行准军事化的管理；建立并强化从事暴力恐怖活动的军事、准军事组织；剥夺人民的基本自由和政治权利。

（7）总起来说，执政的法西斯存在着两种基本类型。一种是德意类型，由意大利率先发端而经纳粹德国发展到登峰造极的地步。其主要特点是有一个由强有力的党魁领导的群众性的法西斯政党；由这个政党发动具有广泛群众基础的法西斯运动；采取自下而上和自上而下相结合，但以自下而上为主要方式，与统治阶级权势集团结成政治联盟，取得全国政权；进而废除议会民主制，全面确立法西斯极权制。这就是说，这种类型是通过内部的较量，对国家政权另起炉灶，在政治体制上有了彻底的改变。

另一种类型是日本，其主要特点是通过近代天皇制自上而下地逐步实现国家的法西斯化。日本也有一定规模而且众多流派的法西斯运动，但军部是法西斯化的核心力量，很大程度上起着德意法西斯政党的作用；在军部自身法西斯化之后，作为一个法西斯主义的政治军事集团与宫廷、官僚、财阀等其他权势集团相结合，依靠发动战争等外部事件的刺激，取得对国家政权的支配地位，逐步推进近代天皇制向法西斯体制演变。这就是说，日本经历了先外后内，即首先发动对外侵略战争；上下结合，即利用了

---

① 民众共同体，一译民族共同体。

下层激进法西斯运动暴力事件的压力，并借助于天皇制意识形态，自上而下实现法西斯化。其政治体制以渐进的形式逐步从居于君主立宪范畴的近代天皇制转向天皇制法西斯主义体制，保留了较多传统形式和特征。

当然，这种划分只是就其基本的方向和主要的形态加以分析。具体来说，各个国家都有各自的特点，德国的纳粹运动就同意大利的法西斯运动有许多不同之处。即以本书予以评述的西班牙和葡萄牙的法西斯政权而论，即各自分别具有两种类型的某些不同的特点。西班牙经过激烈的战争建立法西斯统治。葡萄牙主要是现存政权的躯壳之中逐渐蜕变为法西斯政体，就某一角度来说同日本的法西斯化有些相似之处。但是，西班牙和葡萄牙都是接受了意大利和德国法西斯主义的强烈影响，并在它们直接间接支持下实现法西斯化。如果一定要把它们归入哪一种类型，那么，还是同意、德法西斯具有更多的共同点。

三

《法西斯新论》是一部集体著作，共九章及四篇附录。现将各章结构安排、论述重点和作者分工做一简述。

第一、二两章论述意大利法西斯运动的兴起和法西斯极权统治的确立，作者陈祥超。其中第一章阐述法西斯运动产生的历史条件，分析意大利法西斯运动从一个小资产阶级运动，逐步与统治阶级合流，镇压工农革命运动，摧残社会党地方政权，进而夺取全国政权的历史过程。第二章阐述法西斯党击破反抗，全面建立法西斯体制的曲折历程，并扼要地评介了法西斯党的主要政治理论观点。书中着重分析论证的关于意大利法西斯党早期发展阶段的划分、法西斯党夺权过程的全貌、围绕马泰奥蒂事件的斗争、法西斯极权制的立法以及法西斯主义的思想历史渊源等问题，反映了关于意大利法西斯主义研究的新进展。

第三至第六共四章论述德国纳粹党的内外关系及其性质、法西斯政权的建立及纳粹意识形态。其中第三章剖析纳粹党的纲领，阐述纳粹党内的派别斗争，作者第一节郑寅达、李巨廉，第二、三节邸文。第四章分别阐述纳粹党与以城乡小资产阶级为主体的社会中下层民众的关系，以及同垄断资产阶级和容克军国主义势力的关系，论述纳粹党的性质演变，作者第一、三节郑寅达、李巨廉，第二节郑寅达、李巨廉、邸文，第四节邸文。第五章阐述德国法西斯政权和法西斯极权体制的确立，作者第一节肖辉英，第三、三节邸文。第六章分析纳粹主义的核心思想、理论基础及其来源，作者第一节秦声德，第二节秦声德、宋仲璜、邸文，第三节邸文、秦声德，前述第三、四两章经李巨廉统一修改。书中着重论述而有所突破的，主要有纳粹党与城乡小资产阶级为主体的中下层民众的关系，纳粹党内小资产阶级激进派与希特勒主流派的对抗和较量，纳粹党性质的演变过程及其根本转折，纳粹党与统治阶级权势集团的结盟，纳粹党执政后清洗冲锋队事件的实质，纳粹政权初期新老统治集团间的斗争，法西斯极权体制的全面确立，纳粹主义的极端民族主义、种族主义与"生存空间"论的剖析。

第七、八两章论述日本法西斯主义。如前所述，第七章勾画日本法西斯运动的产生及军部和国家政权法西斯化的历史过程，作者第一节侯振彤，第二节徐勇、孙仁宗，第三节徐勇，第四节孙仁宗。第八章剖析日本法西斯主义的形态。从论证日本法西斯的特点的角度比较法西斯主义两种基本形态的异同，批驳了法西斯主义否定论，作者孙仁宗。

第九章论述法国、西班牙、葡萄牙和巴西的法西斯运动，主要阐述四国法西斯运动的概况。其中分析了法国法西斯运动失败的原因、德意法西斯对西班牙的武装干涉，以及德国法西斯对巴西的影响。作者第一节周以光，第二节游长江，第三节张翠薇，第四节金计初。

书中辑录四篇附录。一、《早期纳粹党和纳粹运动的性质》，作者周希奋。在为撰写本书而举行的学术讨论中，对纳粹党的性质持有不同看法。此文基本上是维护我国世界史工作者传统的观点，作了系统的论证，可供读者对照、参阅，以便理解争论之所在，从贯彻百家争鸣的方针中深化认识。二、《战后各国的新法西斯主义》，综述欧洲国家，尤其是联邦德国新法西斯主义日趋猖獗的现象，新法西斯主义的主要观点，并简介了反对新法西斯主义斗争的若干情况、作者邸文。三、《德意日法西斯运动重要人物简况》。四、《参考书目》。后两篇德国部分由邸文、意大利部分由陈祥超、日本部分由吕永和分别执笔。

关于法西斯主义的研究，经全国哲学社会科学规划领导小组批准，列为第七个五年计划期间世界史学科的重点研究课题。中国社会科学院世界历史研究所设置了这项研究的课题组。这部《法西斯新论》，作为国家科研项目，得到国家社会科学基金的资助。它不仅是直接参与写作的十几位作者辛勤劳动的果实，而且可以说是我国世界史工作者共同的研究成果。

我们开始着手进行这个项目之初，为集思广益，于1986年12月在天津举行了法西斯主义研究学术情报交流会，1987年10月在桂林举行了法西斯主义问题学术讨论会。我国从事世界现代史，二战史，德、意、日、法国别史的部分学者参加了会议。中国世界现代史研究会会长齐世荣教授在这两次学术会议上作了总结发言。中国德国史研究会也召开了以讨论法西斯主义问题为中心内容的年会。从这些会议上，挑选出一批较有深度的论文，经作者修改补充，形成本书最初的骨架。原先打算先出论文集，然后撰写专著。但出版方面遇到困难，因而决定在论文集的基础上充实内容，芟除重复，改写成为一部专著。其间，对第三、四章和第七、八章召开了小型的审稿会，除本书作者外，邀请德国史和日本史的有关研究者陆世澄、胡德坤、汤重南、李玉、武寅等同志出席，聆听了他们的宝贵意见。会后又请各个章节的作者作了大幅度的修改，并请李巨廉、孙仁宗两位分别就德国和日本的各两章作了统一修改，再由我把各章串连成书。所以，准确地说，书中的每一个论点，每一个章节，都不仅是哪一位个人的见解和成果。我认为，这是社会主义协作精神的体现，大大提高了本书的质量。

我们这部《法西斯新论》，也是在开展对外学术交流的条件下写作的。在此期间，课题组有些成员先后对两个德国进行了学术访问，不仅搜集了有关法西斯主义的大量史料和论著，而且与众多的学者交谈，了解他们的研究状况，就某些问题或论点交换了各自的看法。我有机会同民主德国科学院世界通史研究所所长卡·德莱克斯勒（Karl Drechsler）教授多次会晤，在他近年两次访华及我去民主德国访问期间，就法西斯主义的有关问题进行了广泛的讨论，得益匪浅。我们还同民主德国的著名学者约·佩措尔德（Joachim Petzold）教授、迪·艾希霍尔茨（Dietrich Eichholtz）教授和康·戈斯魏勒博士（Kurt Gossweiler）举行了座谈。1988 年我与邸文访问联邦德国期间，会晤了许多研究纳粹主义的著名学者。其中，与马堡大学的莱·库恩尔（Reinlard Kühnl）教授，波鸿大学的汉·莫姆森（H. Mommsen）教授、特·贝齐纳（D. Petzina）教授，弗莱堡大学的海·温克勒（H. A. Winker）教授和贝·马丁（B. Martin）教授，以及在埃森大学会见的即将赴任的汉堡民族社会主义研究所所长特·鲍以克特（D. Peukert）博士，都作了比较深入的讨论，对于我们开拓思路、深化认识很有裨益。

《法西斯新论》能够早日与读者见面，还由于重庆出版社的大力支持，将此书列入该社学术著作出版基金给予资助的著作。出版社文史编辑室主任冯克焕及责任编辑温传纪两位同志与著作者通力合作，以很高的效率编审了书稿。所以，在全书交稿后的几个月内就能迅速出书。唐枢同志对本书的出版也给予了帮助。作为法西斯主义研究课题组组长的陈祥超同志在组织工作方面花费了大量劳动。谨在此向所有对《法西斯新论》的撰写出版提供支持、帮助的同志和国外的朋友，一并表示衷心的感谢。

由于这部著作系十几位作者分头执笔，尽管经过多次修改，统一体例，删除重复，但相互交错之处在所难免。书中提出的若干论点属于新的探索，其中论述不够充分或观点不妥之处，期待着世界史的同行和读者批评指教。

（1990 年 3 月）

第一次世界大战加剧了帝国主义的全面危机[*]

　　第一次世界大战是同盟国与协约国两个军事集团为重新瓜分殖民地和势力范围、争夺世界霸权，而进行的一场全球规模的战争。这场帝国主义战争，以 1914 年 6 月 28 日奥匈帝国王储弗·斐迪南大公被塞尔维亚民族主义分子在萨拉热窝刺杀为导火线，从 1914 年 7 月 28 日爆发至 1918 年 11 月 11 日结束，历时 4 年又 3 个月。大战的主要战场在欧洲，波及亚洲、非洲以及大西洋、太平洋等海域，先后有 35 个国家和地区参战，约占当时世界人口 2/3 的 15 亿人被卷入战争。双方动员军队达 6503 万余人，战争中损失 3750 万余人，其中阵亡 853 万余人；另外平民死亡 1261.8 万人。双方直接用于战争的费用达 1863 亿多美元[①]，各交战国经济损失总计约 2700 亿美元[②]。其战场之大、参战国

　　* 本文选自《第二次世界大战史》第一卷，军事科学出版社 1995 年版。

　　① 《中国大百科全书·军事》第 1 卷，中国大百科全书出版社 1989 年版，第 169 页。

　　② 樊亢主编：《资本主义兴衰史》（修订本），北京出版社 1991 年版，第 201 页。

之多、人员伤亡之重，战争费用和物资损失之巨，远远超过此前任何一次战争。

这次大战是帝国主义给人类带来的一场浩劫。正如列宁所说：资本主义的百万富翁和亿万富翁"推动各国人民进行屠杀，来解决帝国主义赃物、殖民统治权、财政'势力范围'或'委任统治权'等等应当归德国强盗集团所有还是归英法强盗集团所有的问题。在1914—1918年大战期间，千百万人正是由于这个原因而且只是这个原因死亡了，残废了"。① 战争的结局是同盟国集团的彻底失败，协约国集团付出极大代价而获胜，这两者都意味着帝国主义的衰落，更深地陷入全面危机。

一 同盟国战败

以德国为首的同盟国集团由德意志帝国、奥匈帝国、土耳其奥斯曼帝国和保加利亚王国所组成。德国和奥匈帝国从大战一开始就是交战一方。土耳其于1914年10月正式参战。保加利亚在1915年10月参战②。

德国是后起的帝国主义国家。由于资本主义经济发展不平衡规律的作用，它的工业产量在1910年即已超过英法两个老牌帝国主义国家而居世界第二位，仅次于美国。它在世界工业总产量中的比重，从1870年的13.2%上升到1913年的15.7%；同期在世界贸易总额中的比重从9.7%上升到12.6%，仅次于英国，

---

① 《列宁全集》第29卷，人民出版社1956年版，第473页。
② 本节所列参战国家和地区及其参战年月均据吴于廑：《大学世界历史地图》，人民出版社1938年版，第49页。

也居世界第二位①。随着经济的迅速发展和向帝国主义过渡，德国从 19 世纪 80 年代起疯狂进行对外扩张。1914 年，德国殖民地面积达到 290 万平方公里，人口 1230 万人②，但还不及英国殖民地面积的 1/11 和法国殖民地面积的 1/3。它不惜诉诸战争，以武力重新瓜分世界，夺取世界霸权。

第一次世界大战进入 1918 年，交战双方经过 3 年多激战，人员伤亡和物资消耗极大。战局互有胜负，相持不下。此时，苏维埃俄国退出战争，美国远征军尚在大量组建训练之中。德军统帅部力图抓住摆脱两线作战困境和大批增援美军尚未到达欧洲的时机，在西线发动决定性的进攻，在 1918 年夏季之前打败英法联军，夺取战争胜利。德军在西线共集结 194 个师，编成 4 个集团军群，总兵力约 400 万人，拥有火炮 5000 余门，飞机 3000 架，坦克近 200 辆。与之相对抗的西线协约国军队，有 186 个师，分属于法国和比利时的 4 个集团军群及英国远征军，总兵力 500 万人，火炮 1.6 万余门，飞机 3800 多架，坦克 800 辆。稍后美国远征军大批抵达欧洲，有 14 个师 55 万人参加夏季作战③。自 3 月至 9 月，双方进行了第一次世界大战期间规模最大的一系列进攻和反攻战役。

德军从 1918 年 3 月 21 日至 7 月 17 日，先后发起 5 次大规模进攻战役。这几次战役虽然给了英法联军以沉重打击，攻占大片土地，再度迫近巴黎，但德军并未实现各次战役的预期目标，在协约国军顽强抵抗下被迫停止进攻。其新占领地区形成 3 个巨

---

①　樊亢等主编：《外国经济史（近代现代）》第 2 册，人民出版社 1991 年版，第 112、123、125 页。本节所引经济数字，未专门注明出处者均引自该书。

②　同上书，第 125 页。

③　张海麟等：《公理战胜强权的神话——第一次世界大战》，国防大学出版社 1993 年版，第 235、236 页。

大突出部，使战线拉长，给协约国军队实施反攻提供了条件。经过这5次进攻，德军折兵百万，兵源枯竭。1918年夏季每月需要补充16万兵员，实际只能拼凑到6万人[①]。它再也无力发动新的攻势了。

另一方面，增援美军大批到达，双方兵力对比发生了更加有利于协约国军的变化。从7月18日起，协约国军队转入反攻，接连发动3次战役。至9月15日，已消除3个突出部，将德军逐回其春季攻势出发地，牢牢掌握了战略主动权。1918年9月26日，协约国军队在西线向德军发起总攻。德军全线溃退，败局已定。

与此同时，在巴尔干战场，协约国军队于9月15日向保加利亚军发动进攻。保加利亚在9月29日投降。在中近东战场，英军在10月1日占领大马士革，大败土耳其军，相继占领巴勒斯坦、叙利亚全境和美索不达米亚，迫使土耳其于10月30日在停战协定上签字。在意大利战场，意军于10月24日向奥军发起进攻。几天后奥军全面崩溃。奥匈政府于27日向协约国求和。10月28日，奥匈境内各被压迫民族掀起民族革命浪潮。维也纳爆发总罢工和游行示威，要求奥皇退位。11月3日，已经瓦解的奥匈帝国投降，与意大利签订停战协定。

同日，德国开始了"十一月革命"。德皇威廉于9日被迫退位。11月11日，德国投降，德国政府代表与协约国联军总司令福煦在法国东北部贡比涅森林的雷道车站签署停战协定。同盟国集团彻底战败，第一次世界大战结束。

---

① 丁建弘等主编：《德国通史简编》，人民出版社1991年版，第545页。

德意志帝国在1913年拥有6690万人口①。第一次世界大战期间，其军事人员死亡177.3万人，连同负伤和被俘失踪者共714万人②；因饥饿、贫困、瘟疫、战争而死亡的人数高达630多万人③，接近全国人口总数的9.5%。它的直接军费支出约800亿马克（按1914年不变价格计算，折合190.4亿美元），相当于同期国民收入的40%以上。整个工业生产下降43%。在贡比涅森林签署停战协定时，德方除承诺从所有侵占领土撤出军队，遣返所有协约国战俘以外，还要交出大量战争物资，包括5000门大炮、2.5万挺机枪、3000门迫击炮、1700架飞机以及5000台机车、1.5万节车皮和5000辆卡车④，交出公海舰队的全部舰艇和150艘潜艇。加上此前被美国夺得的五十余万吨德国船只，以及其他被夺去的海外资产，德国可以说是一败涂地，倾家荡产。

奥匈帝国在第一次世界大战以前也是欧洲强国。其疆域包括现今奥地利、匈牙利、捷克、斯洛伐克、斯洛文尼亚、克罗地亚、波斯尼亚—黑塞哥维那等国全境，波兰、罗马尼亚、塞尔维亚和意大利各一部。1910年人口为5139万人⑤。在第一次世界大战中，它的军事人员伤亡和被俘失踪共计702万。土耳其军事人员的伤亡和被俘失踪人数达到97.5万；保加利亚为26.7万。

伴随军事上的失败，这四国在战争结束前后都引发了严重的政治危机。德意志、奥匈、奥斯曼三个帝国先后为革命倾覆。保加利亚国王则因士兵起义而被迫退位。

---

① 〔德〕卡尔·迪特利希·埃尔德曼：《德意志史》第4卷，上册，商务印书馆1986年版，第14页。此系其1913年领土范围内的人口数。

② 同上书，第120页。

③ 樊亢等主编：《外国经济史（近代现代）》第2册，人民出版社1991年版，第134页。

④ 萨那等：《第一次世界大战史》，人民出版社1979年版，第275页。

⑤ 〔奥〕埃·策尔纳：《奥地利史》，商务印书馆1981年版，第558页。

二 英法意"惨胜"

协约国集团形成于 1904—1907 年间的英法俄"三国协约"。英法、英俄分别签订协定，在相互承认各自势力范围的基础上建立军事集团，与同盟国集团相对峙。第一次世界大战期间，站在协约国方面参战的有 31 个国家和地区，其中日本于 1914 年、意大利于 1915 年、美国于 1917 年参战。中国也在 1917 年站在协约国一方对德奥宣战。

协约国集团为取得大战的胜利付出了极大的代价。除了美国攫得很多实际利益，日本掠获不少以外，其他国家大多失大于得。尤其是它的主要成员英法两国，实际上只是一种"惨胜"。至于俄国的罗曼诺夫王朝，更在大战结束一年以前即被革命所推翻。

从一开始就卷入战争，肩负协约国主要战争重担的英、法两国，不仅损失惨重，而且整个国力遭到严重削弱，使它们在战后帝国主义列强的角逐中处于相当孱弱的地位。

首先是战争直接损失巨大。1913 年英国本土人口 4586 万人，法国本土人口 3979 万人①。战争期间，它们的军事人员死亡分别为 90.8 万人和 153.7 万人；负伤被俘失踪者分别为 22.8 万人和 480.3 万人。英国 1913—1918 年国家预算从 1.97 亿英镑增加到 25.79 亿英镑，5 年中增长 12 倍。整个战争支出达 124.54 亿英镑，相当于同期国家收入的 44%②。法国战时所受

---

① 〔意〕卡·奇波拉：《欧洲经济史》第 5 卷下册，商务印书馆 1991 年版，第 84 页。

② 哈钦森：《英国资本主义的衰落与崩溃》，纽约 1950 年版，第 134 页。1914 年 1 英镑折合 4.89 美元。

物资损失，达 2000 亿法郎。其东北部 10 个省开战不久即被德军占领，被占区原为重要采矿、冶金和纺织中心，主要产品在全国产量中的比重，钢为 63%、铁 81%、煤 74%、毛织品 81%、砂糖 76%[①]；沦陷 4 年，与法国经济生活相隔绝，工业品完全丧失。

其次是生产下降。大战期间，尽管军事工业有所扩展，但英法整个工农业生产趋向衰退。英国工业指数，以 1913 年为 100，至 1918 年降至 80.8。1913—1918 年间，生产资料生产下降 14.3%，消费品生产下降 23.9%。法国工业生产在战争的头两年急剧下降，1916 年后有所回升，至 1919 年才达到 1913 年水平的 57%。1913—1918 年间，棉花消费量减少近 50%，羊毛消费量减少 80%。小麦产量从 1913 年的 8690 万公担降至 1917 年的 3660 万公担。牲畜总数由 1914 年的 250 万头减少到 17.5 万头。

再次是对外贸易和国际收支状况恶化。战争期间，英国丧失原有船只的 70%，造船业由 1913 年建造船只总吨位 120 万吨降至 1918 年的 77 万吨。[②] 德国的封锁，商船的减少，民用工业的衰落，使英国的对外贸易受到严重的影响。1913—1918 年间，按实物量计算，出口贸易减少一半；贸易逆差由 1914 年的 1.39 亿英镑增加到 7.84 亿英镑。为平衡国际收支，英国变卖 10% 的海外资产，并从美国的主要债权国降为它的债务国。1919 年英国欠美国债务 8.5 亿英镑，占美国对协约国贷款的 45%[③]。英国

---

①　樊亢等主编：《外国经济史（近代现代）》第 2 册，人民出版社 1991 年版，第 165 页。1914 年 1 法郎折合 0.193 美元，按此折算，相当于 386 亿美元。

②　特鲁汉诺夫斯基：《英国现代史》，三联书店 1979 年版，第 9 页。

③　徐蓝：《英国与中日战争（1931—1941）》，北京师范学院出版社 1991 年版，第 9 页。

同时失去了世界主要金融中心地位，世界贸易中的优势地位，以及控制二百五十余年的海运垄断地位。1919 年，英国商船吨位低于战前 14%；同期边界商船拥有量却增加 2 倍，主要是美日两国造船业的增长。法国对外贸易入超总额，5 年内达到 600 亿法郎以上，远远超过其支付能力。它同样沦为美国的债务国，至战争结束时共欠美国 40 亿美元。

最后便是国内阶级矛盾的发展。战争的苦难主要落在劳动大众身上，他们不但要承受失去亲人的创痛，而且生活水平更加下降，劳动条件愈益恶劣。由于大量工人应征入伍，广大妇女儿童到工厂从事繁重劳动，工作时间很长，工资却很微薄。各种生活必需品实行严格配给，使人们大多处于半饥饿状态。英国工人实际工资在战争期间降低 24%，而每个居民的税额从 1913 年的 5.4 英镑增加到 1919 年的 19 英镑。法国工人的实际购买力仅为战前的 1/3。政府还将战争费用的重担转嫁给全体人民，依靠提高税收，发行公债和货币，来弥补巨额财政亏空。其公债发行，1914 年为 7 亿法郎，1918 年增加到 29 亿法郎。货币流通量在 1914—1918 年间，从 73.25 亿法郎增加到 275.36 亿法郎，使通货膨胀长时间困扰人民。

与此相反，垄断资本家却大发战争横财。英国垄断资本在战争中获得利润 40 亿英镑。其矿场全部投资仅 1.35 亿英镑，而利润达到 1.6 亿英镑[①]。英伊石油公司 1914 年纯利 2.7 万英镑，1917 年为 34.4 万英镑，1918 年达到 110 万英镑。法兰西银行发行公债的佣金和利息，1914 年第一季度收益 1523 万法郎，1917 年第一季度增加到 3362 万法郎。

不同阶级、阶层人们的境遇有天壤之别，这种情况加剧了阶

---

①　特鲁汉诺夫斯基：《英国现代史》，三联书店 1979 年版，第 8 页。

级矛盾。英国工人阶级争取改善经济生活和民主权利的斗争，规模逐年增大。1914 年参加罢工人数 44.8 万人，1918 年达到111.6 万人。绝大多数罢工是普通工人违反工会领袖的意愿发动的，不仅提出经济要求，还提出政治要求。工会运动有所发展，会员从 1913 年的 413.5 万人增加到 1918 年的 653.3 万人[1]。法国工人罢工同样不仅要求改善生活条件，而且还明确要求法国政府公布其战争目的。在军队中，士兵拒绝开赴前线，违反军令的事件不时发生。1917 年士兵开小差者增加到 2.1 万余人，甚至发生了哗变起义。

协约国在大战中失大于得的还有意大利。它在国力上远逊于其他欧美列强。1870—1913 年间，美、英、德、法等国经济每10 年平均增长率分别为 52.7%、24.4%、33.2% 和 16.9%，意大利只有 15%。它的工业生产在世界总额中的比重，1913 年只有 3%[2]，但它亦已发展到帝国主义阶段，渴求扩张领土和市场，野心勃勃。

意大利原本是德、奥、意三国同盟一员，进入 20 世纪后逐渐分化出来。大战一爆发，交战双方都积极争取意大利。它暂时保持中立，与双方同时进行谈判，以争取在对它最为有利的条件下参战。1915 年 4 月 26 日，英、法、意、俄四国在伦敦签订秘密条约，许诺意大利将在战后从奥匈帝国取得南蒂罗尔、特伦蒂诺、的里雅斯特、伊斯特里亚、达尔马提亚的部分地区和所属岛屿，阿尔巴尼亚的发罗拉地区，土耳其的安塔利亚和伊兹密尔两省，并在瓜分德国非洲殖民地时得到它将得到

---

① 特鲁汉诺夫斯基：《英国现代史》，三联书店 1979 年版，第 9 页。

② 戎殿新等：《意大利经济政治概论》，经济日报出版社 1988 年版，第 67 页。

的一份。英国还同意向意大利提供 5000 万英镑贷款[①]。5 月，意对奥匈宣战。

在战争中，意军伤亡极大。它的主要作战方向在威尼斯湾北端通往的里雅斯特的伊松佐河地区。自 1915 年 6 月至 1917 年 9 月，意军在 100 公里宽的战线上对奥匈军队发动了 11 次进攻战役，损兵一百余万，推进不超过 16 公里。1917 年 10 月至 12 月，获得德军 6 个师增援的德奥联军在伊松佐河上游发起卡波雷托战役，在 300 公里宽的战线上推近一百多公里。意军大败，死伤 4 万人，被俘 26.5 万人，溃散 30 余万人。意大利在 1913 年有 3519 万人口，大战中军人阵亡 65 万人，负伤被俘失踪 154.7 万人，合计 220 万人[②]，占人口总数的 6.25%。

意大利总共支出军费 650 亿里拉，而它每年的国民收入仅 200 亿里拉。为此，共借外债 200 亿里拉，内债 350 亿里拉[③]。工人实际工资降低 40%—50%，生活费用 1920 年比战前提高 402.8%[④]。大战结束后，伦敦密约的许诺大多未曾兑现，在意大利激起了强大的民族主义运动。

三　美日趁火打劫

与英法意等国的情形大不相同，美国和日本在第一次世界大战中趁火打劫，肆意掠夺扩张，大发横财。特别是美国，参战时

①　美国《世界史百科全书》，三联书店 1978 年中文版，第 16 页。
②　张海麟等：《公理战胜强权的神话——第一次世界大战》，国防大学出版社 1993 年版，第 227、345 页。
③　朱庭光主编：《法西斯新论》，重庆出版社 1991 年版，第 6、7 页。
④　勒·安德洛尼科夫：《资本主义总危机时期的意大利》，高等教育出版社 1957 年版，第 2 页。

间短，战场远离本国，又是协约国军需供应的"兵工厂"和总后方。它的损失轻微，获利最大。到大战结束时，美国远征军的兵力共 197 万人[1]，军人死亡 12.6 万人，负伤被俘失踪 23.85 万人，合计 36.48 万人[2]。美军人员损失只相当于法军人员损失的 5.92%，英军人员损失的 11.76%。美国支付战费共 335 亿美元，其中 105 亿来自税收，230 亿来自发行长期债券[3]。按 1913 年比价折算，美国支付的战费仅为英国的 55%。

欧洲交战国对军需物资的需求及它们在世界市场上竞争能力的削弱，为美国提供了增加工业生产和扩大商品输出的极好机会。1914—1918 年间，美国加工工业增长 32%，钢年产量从 2351 万吨增加到 4446 万吨，增长 89.1%；生铁年产量从 2333 万吨增加到 3900 万吨，增长 67.1%；汽车年产量从 57 万辆增加到 117 万辆，增长超过 1 倍[4]。尽管 1916 年、1917 年农业歉收，美国在 1917—1919 年仍能输出粮食 3100 万吨，平均每年输出 1000 万吨，而战前 3 年平均每年输出只有 695.9 万吨。[5]

大战结束时，整个世界的国际贸易缩减到战前的 60%，美国对外贸易却大量增长。与战前相比，美国出口总值增加两倍，

①〔美〕阿·林克等：《1900 年以来的美国史》（上），中国社会科学出版社 1983 年版，第 222 页。

②　张海麟等：《公理战胜强权的神话——第一次世界大战》，国防大学出版社 1993 年版，第 345 页。

③〔美〕阿·林克等：《1900 年以来的美国史》（上），中国社会科学出版社 1983 年版，第 228 页。

④　樊亢等主编：《外国经济史（近代现代）》第 2 册，人民出版社 1991 年版，第 69 页。

⑤　阿·林克等：《1900 年以来的美国史》（上），中国社会科学出版 1983 年版，第 232 页。

进口增加 80%，贸易顺差累计达 116 亿美元[①]。大战以前，美国是从欧洲输入资本的国家，积欠欧洲诸国 60 亿美元债务。战争期间，美国供应物资和军火，对英、法贷款，不仅偿清原先所欠债务，还借给协约国欧洲参战国 103.38 亿美元。1913—1924 年间，美国掌握的黄金总额，从 19.24 亿美元增至 44.99 亿美元，占世界黄金储备总量的 1/2[②]。

美国参战后，英国首相劳合·乔治对一群在伦敦的美国人说："要确保战争胜利，第一必须有船，第二是船，第三还是船。"[③] 因为 1917 年 4 月德军潜艇创下击沉协约国船舶 88 万吨的惊人记录。在 1917 年内，德国潜艇共击毁 650 多万吨船舶，而美国、协约国欧洲列强及中立国所有造船厂的造船总吨位只有 270 万吨。德国海军部估计，如果每月击沉 60 万吨船只，6 个月就会使英国屈服。美国靠夺取停泊在美国港口的共五十多万吨位的 97 艘德国船，没收在美国港口的五十多万吨荷兰船，以及征收私营造船厂正在建造的 300 万吨、431 艘船舶，建立庞大的远洋运输队，加强护航，大量运送远征军和各种物资，保证了战争的胜利[④]。1914—1919 年，美国商船总吨位增加 10 倍，大大加强了它对外扩张的实力。

美国除影响欧洲以外，其扩张首先是加强对拉丁美洲国家的经济控制和政治支配。1917 年美国在拉丁美洲 20 个国家的进出口贸易中的比重，都已达到一半以上，分别占 51.7%—54.8%。

① 樊亢等主编：《外国经济史（近代现代）》第 2 册，人民出版社 1991 年版，第 71 页。

② 黄绍湘：《美国通史简编》，人民出版社 1979 年版，第 443 页。

③ 〔美〕阿·林克等：《1900 年以来的美国史》（上），中国社会科学出版社 1983 年版，第 233 页。

④ 同上书，第 226、232—234 页。

它对南美的资本输出，从 1913 年的 13 亿美元增加到 1919 年的 24 亿美元。战前它在南美洲没有一家银行，到 1921 年初已开设 50 家银行分行。美国资本还进一步侵入中国。美国对华出口额，从 1913 年的 3500 万海关两增加到 1919 年的 1.08 亿海关两，增长两倍以上。美国向中国政府贷款 1300 万美元，攫取了在华修建 1500 里铁路的权利和其他权益。

日本在第一次世界大战中，攫取的利益仅次于美国。日本元老重臣井上馨给元老、内阁讨论日本是否参战的联席会议写信说："这次欧洲大祸乱，对于日本发展国运，乃大正时代之天佑良机"，必须抓住时机，"确立日本对东洋之利权"。①

毛泽东指出："第一次世界大战曾经在一个时期内给了日本帝国主义以独霸中国的机会。但是中国人民反对日本帝国主义的斗争，以及其他帝国主义的干涉，使得经过那时的卖国头子袁世凯签了字的对日屈服投降的条约二十一条，不得不宣告无效。"②日本迫不及待地站在协约国方面参战，其目的就是要接管德国在中国的"势力范围"，独霸中国，进而攫取德国的太平洋属地。向南扩张。

日本在 1914 年 8 月对德宣战，9 月 2 日即占领我国山东龙口，随即相继占领潍县、济南，控制胶济铁路，并在 11 月 7 日攻占青岛。所到之处，杀人放火，奸淫掳掠，无恶不作。与此同时，日本海军南下掠取德国在太平洋的殖民地马绍尔、马里亚纳和加罗林诸群岛。1915 年 1 月 18 日，由日本驻华公使向袁世凯秘密提出妄图灭亡中国的"二十一条要求"。5 月 7 日，日本发出最后通牒，限 48 小时答复。袁世凯政府除对其中第五条（中

---

① 赵建民等主编：《日本通史》，复旦大学出版社 1989 年版，第 235 页。
② 《毛泽东选集》第 1 卷，人民出版社 1991 年第 2 版，第 143 页。

国政府须聘用日人为政治、财政、军事顾问；中国警政及兵工厂由中日合办；武昌到南昌，南昌至杭州、潮州间的铁路修筑权等）声明"容日后协商"外，其他各项均于5月9日答复予以承认，并与日方签订《关于南满洲及东部内蒙古之条约》、《关于山东之条约》等卖国条约及13个换文。但在中国人民强烈反对，以及英美关于不得损害它们在华利益的表示之下，未能全部实际生效。

协约国多次要求日本派遣军队到欧洲作战，日本政府均以种种借口拒绝出兵。至1917年3月，才以英法承认它对德属太平洋岛屿的占领为交换条件，派3艘军舰去印度洋和地中海。在整个大战期间，日本仅以其军人死亡300人、负伤失踪910人的轻微代价，夺取了德国在远东和太平洋的"势力范围"，扩大了对中国的侵略和占领，而且大发战争横财，增强了它在帝国主义列强角逐中的实力。

1914—1919年，日本企业实缴资本金额从22.18亿日元增加到61.23亿日元，工业生产力增加4倍以上[①]。它的实际工业产量增加1.8倍，出现了以出口工业和造船工业为中心的新建扩建企业高潮。造船工业1914年建造79艘，计8.2万吨，1918年激增至443艘，计54.05万吨，从战前占世界第六位上升到第三位。同期生铁和钢产量均增加1倍，自给率达到48%和73%[②]。当然，与欧美资本主义国家相比，其工业水平还是很低的。

---

① 万峰：《日本资本主义史研究》，湖南人民出版社1984年版，第220、231页。其中企业实缴资本金额引自《日本经济的成本和结构》，东京大学出版会1979年版，第46页。

② 樊亢等主编：《外国经济史（近代现代）》第2册，人民出版社1991年版，第265页。

日本在远东的扩张和来自欧洲的军事订货，使它在1914—1919年间的进出口贸易增加3倍以上，从战前长期入超一跃而为出超，总额累计13.2亿日元。日本成为主要海运国之一，还取得18.9亿日元的贸易外收入。1919年，日本从战前负债17亿日元的债务国成为借出5亿日元的债权国[①]。

日本战时经济的繁荣，其主要因素是对中国的扩张和掠夺。它扩大了对中国的商品倾销，并加紧掠夺中国的资源。1913—1918年间，日本在中国对外贸易总额的比重，从18.9%增长到38.6%。其中，在中国进口贸易中所占比重，从20.9%增长到43.5%，超过英国所占17.7%和美国所占16.7%的总和；在中国出口贸易中所占比重，从15%增加到33%。它在中国东北和汉冶萍公司输入的煤铁成倍增加，控制了中国全部冶金工业和大部采煤工业。同时，向纺织业大量输出资本，打击中国的民族工业。它在华经营的纺织厂，1913年有6个，17.4万纱锭，2648台织机；大战中新增厂8个，18.65万纱锭，2352台织机[②]。它在中国境内设置27家银行，信贷业务遍及各主要经济部门，控制了中国的经济命脉。1917年、1918年，日本向段祺瑞政府提供巨额贷款，为数在5亿日元以上，所有贷款都附有各种各样的政治条件。当时日本总理大臣寺内正毅曾自夸说，日本从这种巨额投资中所得利益，"何止十倍于二十一条"。[③]

---

① 樊亢等主编：《外国经济史（近代现代）》第2册，人民出版社1991年版，第267页。1914年日元与美元比价为1：0.499美元。

② 同上。

③ 胡绳：《从鸦片战争到五四运动》下册，人民出版社1982年版，第1175页。

四　帝国主义全面危机的深化

第一次世界大战结束带来的最具根本性的结果之一，便是帝国主义制度各种基本矛盾的扩大和加深，世界帝国主义体系进一步陷入全面危机之中。主要帝国主义国家之间的矛盾，非但没有真正获得解决，反而变得更加错综复杂。原有的突出矛盾暂时被强行抑止，某些新的矛盾产生并发展起来，另一些矛盾又逐步趋于激化。无论是在国际关系中，还是在帝国主义各国内部，都爆发了或孕育着新的危机和冲突。

第一次世界大战结束和战后初期，帝国主义面对的各种基本矛盾的主要表现，概括地说，有以下几个方面：

第一，由于沙皇俄国的倾覆，在世界1/6土地上诞生了社会主义国家，在世界范围内增加了一组基本矛盾，即帝国主义国家与社会主义国家之间的矛盾。这一矛盾双方的展开和力量的消长，长时间影响着战后国际关系的格局和各国内部的发展。

第二，帝国主义国家之间的矛盾有多方面的扩展和深化。不仅在战胜国与战败国之间，存在控制与反控制、掠取与反掠取的矛盾，而且在战胜国列强之间，为着瓜分胜利果实，占据战后争霸世界的有利地位，明争暗斗，纵横捭阖，展开了激烈的斗争。

第三，帝国主义与殖民地半殖民地国家和被压迫民族之间的矛盾加剧。站在协约国方面参加第一次世界大战的，除英、法、俄、意、美、日等6个强国外，还有英国自治领和直辖殖民地（印度）5个，欧洲国家7个，亚洲国家3个，非洲国家2个，拉丁美洲国家8个。欧洲参战国家大多处于战区或被占领状态，山河破碎，苦难深重。英国自治领和其他殖民地付出大量人力、物力、财力，其实是在为英国的利益而战。战争期间，各自治领和其他殖民地对英国的经济依赖有所减弱，在一定程度上发展了民族资本主义工业，加强了完全摆脱殖民枷锁、建立民族独立国家的要求。还有一些半殖民地国家，如中国，为协约国作战提供大量粮食和人力，被招募当劳工或当炮灰的青壮年达数十万人之多。他们被残酷剥削虐待，处境悲惨，许多人死于异国他乡。然而，中国在整个大战中的遭遇是备受欺凌和屈辱。帝国主义列强的侵略和掠夺，它们损人利己，驱使弱小国家和被压迫民族为其火中取栗的行径，凡此等等，都加深了二者之间的矛盾，反过来促进了被压迫民族的觉醒。

第四，帝国主义国家国内阶级矛盾趋向激化。无产阶级和广大中下层民众是战争重负及苦难的主要承受者。他们饱经忧患，颠沛流离，物资匮乏，生活艰辛。垄断资本有国家大力扶植，企业扩大，利润剧增。一批大发战争横财的暴发户更是骄奢淫逸，趾高气扬。广大民众对于这种种不同境遇本来就郁结愤懑，只是为严格的战时管制所约束，这种情绪在很大程度上被强行抑制。一旦战争结束，大笔军事订货消失，大量军人复员，从战时经济转入平时经济，立即带来一系列新的经济、政治和社会问题，社会动荡，生产下降。中小企业纷纷破产倒闭，失业人数与日俱增，农民要求土地，物价居高不下，很快就在1920—1921年间发生了战后第一次世界性的经济危机，各阶层人们改善自身境遇的渴望再度落空。许多人开始踏上斗争和反抗之路。反对物价上涨的斗争，工人的罢工斗争，农民的夺地斗争，以及各种社会政治思潮的兴起和政治力量的重新组合，都从各个侧面冲击着资本主义的统治秩序。

帝国主义体系的各种基本矛盾，既有它本身所固有的，也有它作为矛盾一方面所面对的。由于帝国主义在世界范围占据着主导地位，困扰和冲击它的各种基本矛盾也就是第一次世界大战结束前后世界的基本矛盾。这些矛盾的扩展和激化，标志着帝国主义全面危机的继续深化。第一次世界大战结束了，另一次世界大战又在孕育之中。

凡尔赛—华盛顿体系的形成[*]

　　第一次世界大战结束以后,战胜国列强通过召开巴黎分赃和会,与战败国分别签订和约,建立国际联盟,以及举行华盛顿会议,缔结《九国公约》等举措,构筑了所谓凡尔赛—华盛顿体系。这个体系,是按照帝国主义战胜国的意志,重新瓜分领土和势力范围,强加于世界各国的。目的是在列强新的力量对比的基础上,确立战后的国际关系格局,以稳定资本主义世界的统治秩序,缓和各国的内部危机,压制十月革命后兴起的无产阶级革命和民族民主革命。其间,充满帝国主义列强争霸世界的激烈争斗,也包含若干暂时的相互妥协。但是,凡尔赛—华盛顿体系不可能保障帝国主义的长治久安,不可能消除帝国主义的全面危机。帝国主义国家所面对的各种基本矛盾始终存在,尤其是帝国主义国家之间的矛盾正以新的形式表现并发展起来。

---

* 本文选自《第二次世界大战史》第一卷。

一 巴黎分赃和会

1919 年 1 月 18 日至 6 月 28 日，第一次世界大战的战胜国在巴黎召开和平会议，讨论与战败国签订和平条约，建立国际联盟，并策划武装干涉苏俄和匈牙利革命。巴黎和会是帝国主义战胜国列强分配战争赃物的会议，是它们继续争夺世界霸权的会议，也是损害殖民地半殖民地国家权益、镇压无产阶级革命运动的会议。整个会议的进程，充分反映了帝国主义国家之间的矛盾。

巴黎和会始终贯串着强权政治，由战胜国列强控制和决定一切。实际上，主要是在英国首相劳合·乔治、法国总理克利孟梭和美国总统威尔逊的操纵之下，参加会议的 32 个国家和地区代表团①，其名额和权利都是不平等的。德奥等战败国不允许出席和会。苏俄被排斥在外。和会的会议分为最高会议，专门委员会会议和全体会议三种。帝国主义五大国首脑及其外长组成"十人会议"，即最高会议，决定和会进程与重大问题。为了便于列强首脑讨价还价，迅速作出决定，在 3 月下旬成立由美、英、法、意首脑组成的"四巨头会议"，并在它之下设立五国外长组成的"五人会议"，以取代十人会议。至于全体会议，整个和会期间只开过 7 次，不过是走走过场而已。

帝国主义战胜国对和会各有打算，都想最大限度地实现自己

---

① 32 个代表团，包括 27 个独立国家及英国的加拿大、澳大利亚、新西兰、南非 4 个自治领和印度。和会准备会议期间，同意英国自治领可派代表参加和会，有权单独在和约上签字。和会期间，同意自治领以独立成员国身份参加国联。但在英国法律上，它们还不算独立国家。1931 年英国议会通过《威斯敏斯特法》，最终确认自治领获得完全独立。

的掠夺野心，而又抑制对手。法国是第一次世界大战的主要战场，又曾遭受1870年普法战争战败的屈辱，它处心积虑设法削弱和肢解德国，防止其东山再起，并确立它自身在欧洲大陆的霸权地位。英国仍持传统的"大陆均势"策略，既要大大削弱德国的竞争能力，以利维护自身在世界范围的霸权地位；又不愿德国被肢解或过分屠弱，以利于抗衡法国，制约苏俄。美国谋求进一步扩大在国际事务中的影响，企图以威尔逊的"十四点"原则为基石，左右和会议程和决定。它指望控制国际联盟，使之成为它的争霸工具；还要保存德国的一定实力，以抑制英法，对抗苏俄；并要削弱日本在远东的影响。日本和意大利也各有自己的如意算盘。

所谓"十四点"原则是美国总统威尔逊1918年1月8日在国会演说中提出，并在以后的声明中予以阐述的"世界和平纲领"。德国战败前夕，于10月4日向美国表示，愿在"十四点"基础上进行停战谈判及和平谈判。同年10月底，协约国就停战条款举行预备性会谈。英法意首脑都对"十四点"持谨慎态度，不愿承担条约义务。劳合·乔治问道："难道我们不应该对德国政府声明，我们不赞成以'十四点'的和平为基础？"但美方威胁说，如果拒绝以"十四点"为基础，美国将抛开它的盟友，单独与敌人缔结一个和约①。在这之后，英法才有条件地同意以"十四点"为和谈的基础。

"十四点"原则的主要内容，前五点是一般原则，有很强的针对性：（1）以公开方式缔结和平条约；（2）公海绝对航行自由；（3）拆除一切经济壁垒；（4）缩减军备；（5）公平调整一

---

① 查·西摩：《豪斯上校私人文件》，引自《新编剑桥世界近代史》第12卷，中国社会科学出版社1987年版，第289页。

切殖民地所有权要求。其后各点是关于一些国家主权、疆界问题的处理方针。第 14 点被认为最重要，即"组织一个普遍性的国际联盟"。① 威尔逊给他的心腹豪斯上校的信中说："国际联盟和公海航行的绝对自由是和平纲领的基础。"② 所以，这"十四点"原则是美国企图凭借在战争中增长的实力，削弱主要竞争对手英法的地位，保证美国充当世界盟主的纲领。它不仅是结束第一次世界大战的条件，也反映了它敌视苏维埃俄国，限制被压迫民族独立要求的立场。

和会一开始就为议程顺序展开激烈争吵。威尔逊主张首先讨论国际联盟问题，坚持国际联盟应与和约共同构成统一的整体，盟约是和约不可分割的组成部分。对所有国家都具有约束力。英法主张盟约与和约分开，先讨论瓜分殖民地和领土问题。"十人会议"就此争论了 4 天，最后决定国联问题与其他问题同时平行讨论。

关于国联盟约及对德和约的讨论，几乎每一条款都引起争执。威尔逊、劳合·乔治和克利孟梭甚至先后威胁要退出和会③，可见其激烈程度。对国联盟约的主要争执是：英国反对盟约中列入海上自由条款，以维护它的海洋优势和贸易地位；美国则力图在海上自由的名义下向世界海洋扩张。美国坚持将德国殖民地和奥斯曼帝国领地交由国际联盟处理，实行委任统治制，以反对英法殖民地独占政策；英法等国反对委任统治原则，纷纷提出各自瓜分殖民地的方案。英国提出其自治领主张，认为，各自

① 〔美〕布莱克·赫尔姆赖克：《二十世纪欧洲史》（下），人民出版社 1984 年版，第 1184—1186 页。

② 王绳祖主编：《国际关系史》上册，武汉大学出版社 1983 年版，第 315 页。

③ 〔苏〕葛罗米柯等主编：《外交史》（增订第二版）第 5 卷（上），三联书店 1979 年版，第 210、211 页。

治领战时所占领土应划归各自治领的版图。

最终达成妥协是由于威尔逊因国内反对派攻击他致力于建立国际联盟背离门罗主义传统，为了不给反对派以口实，他力图在盟约中加上一段盟约与门罗主义不相抵触的说明，不得不对英法作出某些让步。4月14日，克利孟梭提出萨尔区由法国实行委任统治及英法驻军莱茵河左岸15年等建议，并表示同意将门罗主义写入盟约。与此同时，美国向英国作出口头保证，放弃海上竞争，以换取英国支持。经过三方秘密交易而达成谅解①。至于接受委任统治原则，据美国国务卿兰辛透露，起决定性作用的论据是：如果德国殖民地被吞并，德国人势必要求将这些殖民地的价值折算为补偿；而委任统治可以保证毫无补偿地夺取德国的殖民地②。

《国联盟约》于1919年4月28日在巴黎和会全体会议通过。国联的权力机构是会员国全体会议及行政院；后者由9国代表组成，美、英、法、意、日为常任理事国，另有4个非常任理事国。盟约确立殖民地委任统治制，将原属德国和土耳其的殖民地（领地）分别交由英、法、比、日等战胜国实行委任统治，实际上不过是殖民统治的另一种形式。

威尔逊满以为美国将能操纵由他倡议建立的国际联盟，结果出乎他的意料，国际联盟的实际控制权却被英法所掌握。尽管英法之间也有矛盾，但它们在维护原有霸权地位，攫取战争赃物。抑制美国控制国际事务等等方面，有着共同的利害关系。国联的表决制度，全体会议是一国一票，程序问题可以多数决定，英国

---

①　〔苏〕葛罗米柯等主编：《外交史》（增订第二版）第5卷（上），三联书店1979年版，第215、216页。
②　同上书，第206页。

连同其自治领和印度即拥有6票。在行政院，英法也容易形成多数，足以遏止美国操纵的图谋。殖民地的再瓜分，主要利益落入英、法手中，美国一无所得。美国虽软硬兼施，费尽心机，但到头来，通过的国联盟约，对它来说，只是赢得一纸空文。由此引起美国统治阶级内部的广泛不满。由于国联盟约是凡尔赛和约的组成部分，美国参议院在1919年11月19日以53∶38的多数拒绝批准和约。国联的创议者美国，因而没有加入国际联盟。

在巴黎和会上，还有一项并非会议正式议程却始终在明里暗里进行策划的内容，就是对苏维埃俄国和匈牙利革命的武装干涉。就像美国学者所承认的那样，"如人们常常说的，布尔什维主义是笼罩着和会的幽灵"。①

列强对扼杀苏俄在目标上是一致的，但策略上有不同考虑。协约国联军总司令、法国元帅福煦，在和会预备会上公然要求组织200万反对苏俄的远征军，并建议主要由美国提供军队。此前，美军已有1.5万人被派往苏俄北部和远东地区，参与武装干涉。威尔逊拒绝增派军队。劳合·乔治认为："俄国这个国家虽然很容易攻入却很难征服。这个国家是进去容易，出来难。"②他们主张采取谈判策略，以掩护武装进攻的准备。整个和会期间，列强多次讨论武装干涉苏俄问题，批准对俄经济封锁，在波罗的海沿岸各国组成"防疫地带"，抑制俄国革命影响的扩展。"四人会议"还接见俄国各种反革命组织的代表，派遣协约国军事代表团，提供武器装备，并讨论利用苏俄邻国的军队进行武装干涉的计划。

---

① 〔美〕阿·林克等：《1900年以来的美国史》（上），中国社会科学出版社1983年版，第251页。

② 王绳祖：《国际关系史》（上），武汉大学出版社1983年版，第223页。

巴黎和会还是策动武装干涉匈牙利革命的指挥部。1919 年 3 月 21 日匈牙利苏维埃共和国宣告成立。巴黎和会立即召开紧急会议。协约国总部下令禁止同匈牙利贸易，实行经济封锁。自 4 月 16 日起，罗马尼亚、塞尔维亚、法国、捷克斯洛伐克军队先后从东线、南线、北线展开全面进攻。干涉军在巴尔干协约国军总指挥、法军将领的统率下，总兵力达到 20 万—22 万人。① 匈牙利红军在 5 月间转入反攻。克利孟梭代表巴黎和会两次向匈牙利政府发出最后通牒，以罗马尼亚撤军和邀请匈参加和会为交换条件，要求匈牙利红军停止进攻，撤至 1918 年停战协定规定的分界线内。7 月 5 日，和会作出进一步武装干涉匈牙利的决议，终于在 8 月初颠覆了匈牙利苏维埃共和国。

巴黎和会在对待中国山东问题上的态度，最明显地暴露了欺凌弱国的丑恶面目。和会讨论殖民地分配时，日本代表无理要求将德国在中国山东的"权利"全部转交日本，并搬出"二十一条"和 1917 年日本与欧洲列强签订的密约作为根据。中国代表据理力争。消息传出，舆论哗然，全国人民纷纷致电声援中国代表。但是，和会的"十人会议"对中方关于废弃势力范围、撤退外国军队、巡警及取消"二十一条"要求的两次提案，均以与和会无关为由予以拒绝。4 月下旬，美英法意三次首脑会议讨论中国山东问题，中国代表被拒之门外，连会议记录也不准看。4 月 30 日，美英法"三巨头"召开最后一次关于山东问题的会议，只邀日本代表参加，再次排斥中国代表。会议决定，德国侵占的中国胶州地区、铁路、矿山、工厂等等及一切附属权利，"均为日本获得并继续为其所有"，并将这一严重损害中国主权

---

① 阚思静：《1919 年匈牙利苏维埃共和国》，载《外 历史大事集》现代部分，第 1 分册，重庆出版社 1987 年版，第 324 页。

的决定列入《凡尔赛和约》。这就是威尔逊所鼓吹的"公正"、"正义"的本质。北洋军阀政府屈服于帝国主义压力，密令中国代表签字，由此激起了中国轰轰烈烈的反帝反封建的"五四"爱国运动。中国代表最后拒绝在《凡尔赛和约》上签字。

二　掠夺性的和约

1919 年 6 月 28 日，《协约及参战各国对德和约》签订，因签字仪式在凡尔赛宫镜厅举行，通称《凡尔赛和约》。同年 9 月 10 日，在巴黎附近的圣日耳曼宫签订对奥和约，称为《圣日耳曼条约》。11 月 27 日，在巴黎近郊纳伊签订对保和约，称为《纳伊条约》。协约国扼杀匈牙利苏维埃共和国后，于 1920 年 6 月 4 日在凡尔赛的特里亚农宫签订对匈和约，称为《特里亚农条约》。1920 年 8 月 10 日，在巴黎附近的色佛尔签订对土和约，称为《色佛尔条约》。以《凡尔赛和约》为主的这一系列条约，基本构成战后国际关系、主要是欧洲国际关系的新体系，通常称为凡尔赛体系。这一系列条约的条款是极为苛刻的，是对战败国人民肆无忌惮的掠夺。正如列宁所说，"凡尔赛条约不过是强盗和掠夺者的条约"。①

对德和约条款是战胜国列强在巴黎和会期间争吵最激烈的问题。法国极力主张肢解德国，最大限度地压榨德国，索取赔偿。它力图将边界推进到莱茵河，先后提出沿莱茵河划定战略边界，在莱茵河左岸成立一个依附于法国的共和国作为缓冲，以及莱茵河左岸由协约国军队占领 30 年并在右岸 50 公里以内划定不设防地带，等等方案。它坚持夺取萨尔地区，以便利用洛林的铁和萨

①　《列宁全集》第 31 卷，人民出版社 1958 年版，第 291 页。

尔的煤为基础构成一个工业基地。它还主张在德国东面建立包括波兹南、但泽在内的大波兰，以牵制德国和苏俄。英美认为，过分削弱德国，将使法国过于强大，因而表示反对，围绕莱茵地区边界问题同法国展开了激烈争吵。

3 月 25 日，劳合·乔治就此向美法提交一份备忘录（因文件起草地而得名为《枫丹白露文件》），主张莱茵区仍归德国，实行非军事化；法国除收回阿尔萨斯—洛林外，将获得萨尔煤矿开采权 10 年。同时，由英美向法国提供军事保证，以防止可能来自德国的侵略。波兰可获得但泽走廊。尽管法国对《枫丹白露文件》强烈不满，但慑于英美两国的压力，在作了小的调整以后达成妥协。

引起激烈争吵的另一个焦点是德国赔偿问题。法国要求德国赔偿战胜国的全部战费和全部损失，以此作为削弱德国的重要手段。它提出德国赔款总额为 6000 亿—8000 亿金马克（折合 150 亿—200 亿美元）。巴黎和会专门委员会建议的赔款总额为 4800 亿金马克（120 亿美元）。英美主张赔偿数额应与德国支付能力相适应。

至于赔款分配的份额，英国主张按军事开支分配赔款的原则，提议法国得 50%，英国得 30%，其他国家 20%。法国强调它遭受战争损失最大，坚持它应得 58%，英国得 25%。美国试图折中，主张法国 56%，英国 28%，但反对英法把偿还美国债务同赔款问题联系在一起。最后商定和约不确定赔款总额，交由一个特别赔偿委员会研究，至迟在 1921 年 5 月 1 日以前向德国政府提出确切的要求。

整个对德和约的起草和讨论是在排除德国参与的情况下进行的。1919 年 5 月 7 日，和会主席克利孟梭将和约文本交给德方，通知德国代表不得进行任何口头辩论，可在 15 天内用书面陈述意见。德方力图利用协约国列强之间的矛盾，接连发出备忘录，要求放宽某些条件，声称"这个条约的条款之苛刻，是德国人民所无法忍受的"。[①] 5 月 29 日，德方向和会主席提交答复，其中包括一整套的反建议。

6 月 16 日，和会将和约最后文本交给德方，仅做了个别不重要的改动，如原拟将上西里西亚割让给波兰改为举行公民投票。克利孟梭在照会中宣称，对于"今天这一条约文本，要么完全接受，要么完全拒绝"，要求在 5 天（后改为 7 天）内答复；如到期还未答复，列强将宣布停战期终止，"采取它们认为有利于强制执行和约有关条款的步骤"。[②] 协约国军为此集结 39 个师，福煦受权在"停战终止时，立即开始前进"。[③]

德国方面对是否接受和约发生重大分歧，内阁辞职，组成新政府。国民议会主张在不承认德国是大战发动者，不接受追究战争罪责条款的前提下批准签署和约，但协约国拒绝接受任何保留意见。在停战期限终止前 1 小时 30 分，德方才被迫宣布无保留接受和约。6 月 28 日，即弗·斐迪南大公遇害 5 周年，举行对德和约签署仪式。中国反对和约有关中国山东的一些条款，拒绝签字。美国参议院拒绝批准此项和约。1921 年 7 月，美国国会两院通过共同决议，宣布结束对德战争，同年 8 月 25 日美德签订和约。

凡尔赛对德和约共 15 部分，440 条。其第一部分是国联盟约，第二部分以后是对德和约。主要内容是：

---

① 豪斯：《美国对外关系文件：1919 年的巴黎和会》第 6 卷，华盛顿 1942 年版，第 795 页。

② 《英国和外国政府文件》第 112 卷，第 253 页。

③ 《新编剑桥世界近代史》第 12 卷，中国社会科学出版社 1987 年版，第 302 页。

（一）重新确定德国的疆界。阿尔萨斯—洛林归还法国。萨尔煤矿归法国所有，萨尔区行政管理由国联负责，15 年后举行全民投票决定其归属。莱茵河右岸 50—60 公里内划为非军事区，德国无权设防。莱茵河左岸由协约国占领 15 年，划分为三个占领区，分别在满 5 年、10 年、15 年后撤军。有三小块面积为 384 平方英里的地区归属比利时。石勒苏益格—荷尔斯泰因经过公民投票，其拥有 1538 平方英里的北部地区归属丹麦。在东部，将波兹南、西普鲁士大部和西里西亚一部交给波兰；但泽（格但斯克）作为自由市，由国联管理，波兰有权控制但泽走廊。德国还放弃梅梅尔（克来彼达，属立陶宛），并将上西里西亚南部划归捷克斯洛伐克。根据和约，德国领土共减少 13.5%，人口减少 10% 强（700 万人左右）。

（二）瓜分德国的全部殖民地。按委任统治制，德国的非洲属地由英、法、比利时和英国自治领南非统治。所属太平洋岛屿，赤道以北诸岛归日本统治，赤道以南由英国自治领澳大利亚、新西兰统治。和约还规定，取消德国在中国、埃及、摩洛哥、利比里亚等国的特权。

（三）限制德国军备。废除普遍义务兵役制，限定德国陆军不得超过 10 万人，海军兵员不得超过 1.5 万人，撤销总参谋部。规定德国拥有军舰的最多限额，禁止拥有舰艇及军用飞机。禁止生产和输入坦克、装甲车等重型武器。

（四）规定赔偿原则和附加的经济条款。德国及其同盟国需赔偿协约国因战争所受的一切损失。由协约国赔偿委员会在 1921 年 5 月 1 日以前决定德国应在 30 年内付清的赔款总额，此前德国应交付协约国 50 亿美元赔款。和约还规定德国必须交出并归入赔款账内的实物清单，以船只为例，所有超过 1600 万吨的商船、半数 1000—1600 吨的船只和 1/4 的渔船、内河航运总吨位 20% 的船只，均作为赔偿交出。还规定 10 年以内，每年交付协约国 4000 万吨煤等等。和约附加的经济条款，包括将德国最重要的河流交由国际专门委员会控制，法国免税向德国出口一定数量货物，而德国出口货物必须付税等非互惠措施。英国代表团成员、财政经济专家凯恩斯评论说："凡尔赛条约有关经济的条文的内容是包罗万象的，对可以使德国目前陷于穷困或者可以阻挠德国将来发展的措施，几乎都不曾被忽略。"①

三　华盛顿体系的确立

巴黎和会以后，帝国主义列强争霸世界的重点转到远东及太平洋区域。经美国发起，于 1921 年 11 月 12 日至 1922 年 2 月 6 日举行了九国华盛顿会议。华盛顿会议实质上是巴黎和会的继续，其直接目的是要解决《凡尔赛和约》未能解决的帝国主义列强海军的力量对比，调整它们之间在远东及太平洋区域特别是在中国的利害冲突，完善第一次世界大战后的帝国主义和平体系。会议期间签订的美英法日《四国条约》，美英法意日《五国海军条约》和《九国公约》及会议通过的有关决议，构成所谓华盛顿体系。如果说，巴黎和会期间，英法攫取了战胜国盟国的最大利益，并实际控制了国际联盟，使美国在外交上遭到挫折，那么，美国在华盛顿会议期间占了上风。华盛顿体系作为凡尔赛体系的补充是在承认美国占优势的基础上确定远东及太平洋区域的国际关系体系。凡尔赛—华盛顿体系的形成，全面体现了第一次世界大战后帝国主义列强间的力量对比，构成了新的国际关系

---

① 布莱克·赫尔姆赖克：《20 世纪欧洲史》（上），人民出版社 1984 年版，第 135 页。

总体格局。

　　帝国主义列强对霸权的争夺，在打败德国以后，就世界范围而言，主要是英美之争；在远东及太平洋区域，则日美矛盾日益发展并趋于尖锐。1921 年，自 1902 年签订的《英日同盟条约》，经 1911 年续约 10 年后，将再次届满。日本于 5 月派皇太子访英，希望延长盟约。美国认为，英日同盟在第一次世界大战以前主要是对付俄国和德国，在战后将主要针对美国，有利于日本的扩张，因而极力阻挠英日续订盟约。美国参议员洛奇说："英日同盟是在我们对远东的关系中和在太平洋上的一个最危险的因素……它正在鼓励日本穷兵黩武和准备在海上、陆上挑起新的冲突。"①

　　美国亟欲改变它在巴黎和会以后的不利处境，首先是要夺取远东和太平洋区域的霸权，特别是对中国进行扩张，其主要障碍来自日本。第一次世界大战结束后，日本在华投资已接近英国，并几乎掌握中国对外贸易的一半，超过英美而居第一位。《凡尔赛和约》确认日本获得德国侵略中国的全部权益及赤道以北太平洋殖民地，加强了日本在远东的地位。美日两国争相扩建海军。美国海军经费从 1914 年的 1.36 亿美元增加到 1921 年的 4.33 亿美元；海军军舰吨位同期由 91.7 万吨增加到 300 万吨。1919 年和 1921 年两次批准造船计划，建造主力舰 13 艘、巡洋舰 6 艘，要使美国拥有"世界上最强大的舰队"。日本海军经费由 1917 年的 0.85 亿美元增至 1921 年的 2.45 亿美元，占全部国防预算的 1/3。它从 1920 年起，实施建造主力舰与巡洋舰各 8 艘为核心的"八八计划"。英、法、意等国也被卷入海军军备竞赛之中。

---

　　①　王绳祖：《国际关系史》（上），武汉大学出版社 1983 年版，第 333 页。

正是在上述背景下，美国于 1921 年 7 月 10 日向英、日、中、法、意等国建议，在华盛顿召开国际会议，讨论限制军备及太平洋和远东问题。荷兰、比利时、葡萄牙在远东或太平洋拥有属地，要求参加会议。华盛顿会议共有上述 9 国代表及英国 4 个自治领和印度代表与会。

1921 年 12 月 13 日签订的《美英法日关于太平洋区域岛屿属地和领地的条约》，通称《四国条约》，有效期 10 年。条约规定，"互相尊重它们在太平洋区域内岛屿属地和岛屿领地的权利"，"缔约国之间发生有关太平洋某一问题的争端"，应召开缔约国会议解决。缔约国在太平洋区域的权利遭受任何国家威胁时，应协商采取有效措施。1911 年英国和日本在伦敦续订的同盟条约应予终止。《四国条约》是以美国为主角的新集团取代英日同盟。尽管签约同日，四国发表共同声明指出不能认为缔约表示美国同意委任统治条款，但毕竟是无异于承认了战后瓜分太平洋区域殖民地和势力范围的既成事实，承认日本所攫取的权益，使美英日之间的冲突得到短暂的延缓。

1922 年 2 月 6 日签订的《美英法意日五国关于限制海军军备条约》，通称《五国海军条约》。条约规定美、英、日、法、意主力舰总吨位的比例依次为：5∶5∶3∶1.75∶1.75，禁止建造排水量超过 3.5 万吨的主力舰；五国航空母舰总吨位的比例依次为：13.5∶13.5∶8.1∶6.6∶6.6 万吨。这一条约使英国被迫承认英美两国海军实力相等的原则，意味着英国海军优势开始丧失。条约对日本作了一定限制，但美国放弃在菲律宾、关岛和阿留申群岛建筑海军基地的权利，英国放弃在香港以及东经 110 度以东太平洋岛屿建筑海军基地的权利，作为对日本的补偿，仍于日本有利。条约对主力舰和航空母舰以外的其他舰种和陆空军军备均无限制，因而并不能真正缓和列强的海上竞争与军备竞赛。

　　同日签订的《九国公约》，全称《九国关于中国事件应适用各原则及政策之条约》，是华盛顿会议讨论远东及太平洋问题的主要文件。公约全文共9条，其中第一条系美方代表起草的四点决议草案，也是条约的核心。它形式上宣称，"尊重中国的主权与独立以及领土与行政的完整"，但并没有任何保证。美国代表解释时说，这只是适用于中国的18个省，而不包括南满、内蒙与西藏，仍然维护日本、英国对中国侵略扩张的特权。九国公约的实质在于肯定美国提出的所谓"门户开放、机会均等"原则，为美国排挤各国在华势力，进行扩张和夺取霸权创造有利条件。美国代表团团长说："我们认为，由于有了这个公约，'门户开放'才在中国终于变成事实。"[①]

　　《九国公约》完全漠视中国的愿望。出席华盛顿会议的中国代表顾维钧在他的回忆录中写道，当时中国最关心的问题是："马上解决山东问题，立即废除那些不平等条约，废除不平等条约在当时尤其是针对日本，要免受日本在中国大陆推行领土扩张和经济渗透政策之害。"[②] 中国代表向会议提出的有关中国问题的"十项原则"中，尽管有些不恰当的提法和缺乏明确的具体要求，还是列举了废除过去中国给予各国在华的一切特权；撤销各国对华各种政治上、司法上、行政上的限制；现有的对华条约应有期限规定；凡涉及让予权的解释应有利于让与国，等等主张。在随后的讨论中，又明确提出将以前德国在中国的一切权利归还中国；日本放弃二十一条，取消外国在中国境内的一切特权，废止外国在华租借地和"势力范围"，撤销外国人的领事裁

---

　　① 鹤云深：《华盛顿会议的召开与九国公约的签订》，载《外国历史大事集》现代部分，第1分册，重庆出版社1987年版，第348页。

　　② 《顾维钧回忆录》第1分册第2卷，中华书局1983年版，第220页。

判权，撤退外国在华军警，关税自主等等要求。帝国主义列强均以种种借口予以拒绝，仅就山东问题，由英美出面进行斡旋，促成中国与日本直接谈判，英美代表以观察员身份参加。1922年2月4日，中日代表签订《解决山东悬案条约及其附约》。条约规定，日本将德国旧租借地胶州湾交还中国，撤退日军，中国将胶州湾德国旧租借地全部开为商埠；胶济铁路路权归属中国，中国偿付日本3200万银元铁路产值，未偿清前车务长与会计长职务仍由日本人担任。日本在山东仍然保存相当大的经济、政治势力。这一条约修改了凡尔赛和约关于山东问题的决议，为签订《九国公约》铺平了道路。

总起来看，华盛顿会议暂时在一定程度上缓和了帝国主义列强之间的关系，同时孕育着新的冲突。帝国主义战胜国完成了结束第一次世界大战的最终分赃，在新的力量对比的基础上奠定了战后国际关系的新格局。它们之间的矛盾与争斗随之进入一个新的时期。

四　矛盾和争斗的继续

凡尔赛—华盛顿体系是按照战胜国列强统治集团的意志强加于战败国及世界各国的。它建立在重重矛盾的基础之上，因而是极不稳固的。战胜国与战败国之间，战胜国列强相互之间，帝国主义列强与弱小国家和被压迫民族之间，充满着矛盾。一些矛盾被强行抑制了，一些矛盾暂时取得某种妥协，另一些矛盾又产生或激化起来。明里暗里，到处存在着激烈的争斗，随时可能爆发新的危机，出现新的事件，危及国际关系的稳定，破坏帝国主义列强的和平秩序。战后初期国际关系中发生的一连串事件，足以证明凡尔赛—华盛顿体系的脆弱性。

1919 年 9 月 12 日，意大利诗人邓南遮率领一支由退伍军人和民族主义狂热分子组成的义勇军占领阜姆城，宣布阜姆城并入意大利。这一事件从一个侧面反映了帝国主义战胜国之间的矛盾。同年 4 月 23 日，意大利首相奥兰多即因在巴黎会议四巨头会议上要求兑现伦敦密约给予意大利的领土许诺，要求将在亚得里亚海处于枢纽地位的阜姆城划归意大利，遭到美英法三国首脑拒绝而暂时退出巴黎会议，至临近签署对德和约时，才于 5 月 10 日重新与会。意大利是战胜国的五强之一，在战争中付出巨大代价，然而，它在战后仅分得约 1.5 万平方公里土地，对其领土许诺大多并未兑现。意大利朝野广泛认为受了欺骗，曾发起反对《凡尔赛和约》的政治运动。邓南遮占领阜姆城是将民族主义狂热推向了极端。阜姆城问题后由意大利与南斯拉夫直接谈判，至 1924 年才基本解决。由此，意大利对美、英、法深怀不满，其极端民族民主主义思潮的泛滥成为意大利法西斯主义得以迅速崛起的重要因素之一。

1922 年 4 月 10 日至 5 月 19 日，在意大利热那亚举行了有 34 个国家和地区代表参加的国际经济会议。这次会议名为讨论复兴欧洲经济问题，实质上是帝国主义列强在对苏俄进行武装干涉失败以后，转向在外交、经济上施加压力，企图尽可能多地迫使苏俄作出让步，以解决沙俄旧债问题，废除国有化法令，签订奴役性条约，作为外交承认的先决条件，进而在俄国恢复旧制度。会议起初出于苏俄的建议。1921 年 10 月 28 日，苏维埃政府致英、法、美、日、意等国照会中建议召开国际会议，研究有关建立欧洲和平与经济合作问题。照会表示，只要各国正式承认苏维埃政府并向它提供贷款，苏俄愿意承担沙皇政府所借外债。这表明苏俄希望通过作出适当让步，与西方缔结全面的和平条约。1922 年 1 月 6 日，英、法、意、比、日等国代表在法国戛纳举行协约国最高委员会会议，讨论召开包括苏俄在内的欧洲各国经济会议。由于英国首相劳合·乔治与法国总理白里安事先经过磋商，戛纳会议当即通过决议在热那亚召开此会，并"要求各国总理尽可能亲自参加"。作为观察员列席戛纳会议的美国代表声明，美国政府不同苏维埃政府打交道，拒绝参加热那亚会议。但它仍派观察员出席。

热那亚会议期间，协约国方面向苏俄提交《复兴欧洲和俄国经济备忘录》，要求苏维埃政府偿还沙皇和临时政府以及地方当局总计 184.96 亿金卢布的债务（其中战前旧债 96.5 亿、战债 88.46 亿），发还或赔偿被收归国有的外国人在俄财产，取消对外贸易垄断制，允许外国人在苏俄享有治外法权，由协约国监督苏俄财政。苏俄坚决反对以该备忘录作为协议的基础，并向协约国提出反要求，指出协约国对武装干涉和内战给俄国造成的损失负有不可推卸的责任，应赔偿已经计算出来的损失 390.497 亿金卢布。结果双方未能达成任何协议。

热那亚会议是苏维埃政府成立后第一次参加的国际会议，协约国以苏俄为谈判对象意味着资本主义大国对新生的社会主义国家事实上的承认。苏俄不仅宣传了它的外交政策，而且在会前与拉脱维亚、爱沙尼亚、波兰达成在会上一致行动的协议，并与德国就建立两国正常政治、经济关系进行谈判，在外交上取得了重大成就。

相反，协约国方面则公开暴露了内部矛盾。还在戛纳会议期间，列席会议的德国代表即要求热那亚会议讨论减轻德国赔款问题。戛纳会议后，法国总统和陆军、财政等部部长对戛纳决议大为不满，反对邀请苏俄和德国参加热那亚会议，尤其反对讨论德国赔款问题。法国议会大多数议员对总理白里安猛烈攻击，导致白里安辞职，代之以普恩加莱。后者立即向英国发出照会，要求会期至少推迟 3 个月；如苏俄不预先承认戛纳会议提出的一切条件，法国将不派代表团参加会议。英法两国首脑为此举行会谈，英方以放弃讨论德国赔款和修改和约问题换得法方同意如期召开热那亚会议。会议期间，在同苏俄谈判过程中，协约国曾起草一个答复苏俄的 5 月 2 日备忘录。法国反对应英国要求，将那些颁布国有化法令前在俄国拥有产业的公司和个人宣布为有权取得赔偿的"原业主"的内容写进备忘录，并拒绝签字。美国公开反对"原业主"问题上的解释，原来此时英美公司争夺苏俄油田租让权的斗争已趋向白热化，英荷壳牌石油公司革命前在俄国拥有大油田，如作为"原业主"将在争夺租让权中占优先地位。美国出席会议的观察员奉命声明："决不容忍同俄国缔结任何损害门户开放政策或我们所要求于俄国的财产权利的协定。"

热那亚会议结束以前，在国际关系中发生了另一个重大事件。1922 年 4 月 16 日，苏俄和德国在热那亚近郊的拉巴洛谈判成功，签订《德国和俄罗斯苏维埃联邦社会主义共和国间的协定》。通称《拉巴洛条约》。两国决定在法律上相互承认，恢复外交关系。规定相互放弃赔偿要求，根据最惠国待遇原则发展贸易，进行经济合作。苏俄突破了帝国主义列强图谋建立的反苏统一战线，加强了自己的国际地位。德国也摆脱了它在战后的孤立处境，开始挣脱《凡尔赛和约》的束缚，从东方寻找经济出路。苏德两国自此经历了长达 10 年（1922—1932）的合作时期，提供了不同社会制度国家实行和平共处的实例。拉巴洛条约给协约国集团各国以很大冲击，它们除了发出照会抗议，实行无关紧要的报复之外，别无他法。此后，在 1924—1925 年间，英、意、法、中、日等国相继在法律上承认苏俄。这一事件表明，不同社会制度国家间的矛盾并不是完全不可调和的，而帝国主义国家之间矛盾的存在，则使它们往往从各自的利害考虑而分道扬镳。

1923 年 1 月 11 日，法国伙同比利时出兵鲁尔，几乎囊括德国工业心脏地区整个鲁尔盆地。德法矛盾及英美与法国的矛盾迅速激化。鲁尔事件一时成为战后初期欧洲国际矛盾的焦点。

法国出兵鲁尔，以德国未能履行赔偿义务为借口。1921 年 1 月，协约国英、法、意、日、比等国代表向德国提出赔偿方案，在 42 年内偿付总共为 2260 亿金马克（折合 565 亿美元）的固定赔偿及每年交付年出口值 12%的不固定赔偿，为德国政府所拒绝。协约国军于 3 月 8 日占领杜塞尔多夫等鲁尔地区 3 个城镇，实施制裁。4 月 27 日，协约国赔偿委员会规定赔偿总额为 1320 亿金马克（330 亿美元），分为每年支付 20 亿金马克的固定赔偿和交付年出口值 26%的不固定赔偿。德国被迫接受，但在支付 1921 年赔款后表示财政困难，请求延期支付。1922 年 3 月起，马克汇率大幅度下降，至同年 8 月，与英镑比价降至 1921 年 5 月的 5%。英国建议将赔款总额降至 500 亿金马克，延缓 4 年偿付。法国、比利时反对削减赔款，只同意延缓偿还期 2 年，在此期间德国应负担占领军费用。1923 年 1 月 11 日，法国出动 3 个师，由比利时军一支分遣队随同，以德国有意不履行木材、煤炭赔偿交付，对其实行制裁为名，侵占鲁尔。

法比军队占领鲁尔，在德国引起极大愤慨。德国政府除提出严重抗议外，鼓励并支持鲁尔地区居民开展"消极抵抗"运动。政府明令禁止向占领当局纳税，禁止与法比贸易。居民拒绝同占领者合作，拒不服从占领当局的任何命令。反抗占领者的破坏行动层出不穷，一些场合发展为流血冲突。埃森的克鲁伯工厂职工即遭法军枪击，死伤 65 人。斗争焦点在煤炭交付和铁路运输。占领当局接管煤矿，从法比境内招募矿工，并动用万余人的工兵部队直接经营铁路，均收效不大。1924 年 1 月，法军又利用美国撤军机会开进莱茵河左岸原美国占领区，扩大莱茵河右岸桥头堡的占领。

鲁尔被占领，使德国丧失钢铁产量的80％，煤产量的85％，铁路运输和矿山交通的70％，对外贸易急剧减少，经济陷于崩溃。实行"消极抵抗"运动的一年间，近15万德国居民被逐出鲁尔。为"消极抵抗"运动提供财政支持，使德国政府增加了难以承受的负担。马克跌到无异于废币的地步。绝大多数德国人的生活遭到近似毁灭性的打击。经济政治危机愈益深化，社会动荡。德国政府被迫于9月间撤销支持"消极抵抗"运动的一切条令。到1924年初，鲁尔和莱茵地区的"消极抵抗"运动全部结束。

对于法国来说，出兵鲁尔实际上得不偿失。它不仅在政治上非常孤立，经济上也没有获得预期的利益。它从鲁尔掠夺所得，除去占领军费用，纯收益仅5亿法郎。占领鲁尔导致德国停止支付赔偿，而法国在赔偿总额中的份额达一半以上，反过来又严重损害其财政信用。1923年间，法郎在国内外金融市场的价值下跌25％。它要面对英美大量抛售法郎和有价证券的压力，财政状况急剧恶化。连原先支持法国占领鲁尔的意大利也被英美拉拢，一同要求停止占领鲁尔，重新审议德国赔偿问题。

英美对法国占领鲁尔极为不满。英国政府不仅关心从德国索取赔偿，而且希望德国恢复经济，以此推动有利于英国垄断资产阶级的欧洲经济"复兴"。它在政治上开始扶持德国，借以制约法国，包围苏俄。美国虽然在战后实行"孤立主义"政策，仍以有利于自己的方式干预欧洲事务，特别是影响欧洲经济。它认为鲁尔事件造成德国经济崩溃，严重阻碍欧洲经济"复兴"，对美国的经济利益极为有害。鲁尔问题和德国赔偿问题能否解决，还关系到美国能否收回欧洲协约国所欠100余亿美元的战争债务。英美更担心德国局势继续恶化，有使魏玛议会民主制被倾覆的危险，并使欧洲大陆现存社会政治结构和帝国主义国际体系遭到严重破坏。结束鲁尔事件，成为美英在外交上最紧迫的事务。

1924 年 5 月，法国狂热的霸权主义分子普恩加莱因在大选中失败而下台，这标志着法国对德国政策的破产。8 月 16 日，有美国和德国代表参加的协约国伦敦会议，通过由美国金融专家查·道威斯主持起草的新的赔偿计划，通称"道威斯计划"。它规定在提供外国贷款和改组德国财政的基础上，按德国偿付能力重新确定年度赔偿额，恢复赔偿交付，结束法国、比利时对鲁尔的占领，立即恢复德国在鲁尔的行政和经济控制。从 9 月 1 日起，开始实施道威斯计划。11 月 18 日，最后一批占领军撤出鲁尔。在 1929—1931 年实施道威斯计划期间，美国私人资本主要以短期贷款形式共同向德国提供 22.5 亿美元贷款，同期德国向各协约国偿付 27.54 亿美元赔偿，美国则从各协约国收回约 20 亿美元战债本息，德国经济得以迅速恢复。

鲁尔事件充分反映出在帝国主义陷入全面危机的历史环境下，列强构筑的凡尔赛—华盛顿体系的脆弱性。战后初期欧洲国际关系又经历一次重要改组。法国开始丧失先前依恃英法合作而维持的优势地位。德国在英美扶持下渡过第一次世界大战结束以来最严重的经济、政治和外交危机，逐渐恢复经济实力及其大国地位。资本主义经济政治发展不平衡的规律再一次显现其作用。战争结束以来协约国列强对德国的凌辱和掠夺，特别是《凡尔赛和约》和鲁尔事件给予德国经济和政治上的严重打击，在德国各阶层民众中激起强烈的复仇主义情绪，极端民族主义思潮迅速泛滥。这正是希特勒和纳粹党在德国得势的重要的社会思想根源。

十月革命的胜利及国际共运的发展

俄国十月社会主义革命是在国际帝国主义开始陷入全面危机的历史环境下发生的。十月革命的胜利在资本主义世界体系中打开一个缺口，建立了世界上第一个社会主义国家，开始了人类社会由资本主义向社会主义过渡的世界历史进程。它促进了各国无产阶级革命运动和民族解放运动的高涨，推动了国际共产主义运动的发展，同时也在第一次世界大战后的世界格局中增长了新的因素，加剧了国际斗争的尖锐性和复杂性。所以，十月革命的成功及其影响加深了帝国主义的危机，人们通常将它看作是帝国主义全面危机的主要标志之一。

一　苏维埃国家的诞生

1917 年 11 月 7 日（俄历 10 月 25 日），在布尔什维克党领导下，彼得格勒的武装起义获得胜利，推翻了俄国资产阶级的统治。11 月 7—9 日举行的第二次全俄工兵代表苏维埃代表大会，选举产生新的苏维埃中央执行委员会，组成以列宁为主席的管理国家的政府机关——人民委员会，宣告了苏维埃国家的诞生。

随即，莫斯科起义在几经曲折后于 11 月 15 日取得胜利。俄罗斯出现了列宁所说的苏维埃政权凯歌行进时期。它的工业发达地区莫斯科周围中部各省，至 1917 年 12 月初已几乎全部建立苏维埃政权。1918 年 4 月，欧俄 90% 以上的市有了苏维埃。西伯利亚和远东在 1917 年底以前，大部分少数民族地区在 1918 年春季以前。相继建立苏维埃政权。

十月革命的成功，一个根本的历史条件就是由于沙皇俄国卷入第一次世界大战，加剧了严重的经济、政治和社会危机，导致社会矛盾和阶级矛盾极度激化，发展为革命危机。在这种有利形势下，革命的领导力量俄国布尔什维克党实行列宁的正确路线和策略，不失时机地率领广大工农兵群众发动武装起义，才一步步地夺取革命的胜利。

俄国投入世界大战，以一个 1.8 亿人口的国家，将军队从和平时期的 142 万人猛增到战争结束前的 700 万人，总共动员 1580 万人入伍[①]，军人伤亡、被俘和失踪高达 915 万人[②]。俄军在大多数战役中损兵折将，节节败退，武器弹药严重不足，补给极差。尤其是士兵更是苦不堪言，逐渐滋长厌战情绪，仅 1916 年，开小差的就达 150 万人。不少士兵参加反战运动，同情或倾向革命。

沙俄从参战至 1917 年初，直接军费支出 145 亿卢布，整个财政支出高达 305 亿卢布。[③] 财政入不敷出，靠滥发货币和大量

----

①　《苏联军事百科全书·军事历史》下卷，解放军出版社 1986 年版，第 272 页。人口系 1914 年统计，军队人数及伤亡数字截至 1917 年 10 月。

②　张海麟等：《公理战胜强权的神话——第一次世界大战》，国防大学出版社 1993 年版，第 345 页。

③　孙成木等主编：《俄国通史简编》（下），人民出版社 1986 年版，第 415 页。1914 年一卢布折合 0.515 美元。

举债维持，引起严重通货膨胀。1917年俄国所欠外债已增至150亿卢布，每年仅支付利息即需12亿卢布。除军事工业外，民用工业和农业产量大幅度下降。1916年钢产量比1914年减少16%。农村丧失47.4%的劳动力和被征用的二百余万马匹，土地大片荒芜，广大城市的民众处于饥饿、半饥饿状态。彼得格勒在1917年1月，仅有10天存粮、3天食油，随时有断粮危险。

帝国主义战争和严重经济危机促进了人民的觉醒。1916年全俄罢工总人数超过100万，许多人在"打倒战争"、"打倒专制制度"的口号下展开斗争。不少农民起来抗租，夺回地主攫取的粮食和生产资料，撵走地主。在严酷的民族压迫和战争动员之下，中亚细亚被压迫民族在1916年7月发动起义，从费尔干省的霍占城开始，发展到塔什干、哈萨克斯坦和吉尔吉斯等地，一直坚持到二月革命以后。在一些地方，大批士兵开展反战斗争，出现整团甚至整师军队拒绝执行进攻命令的事件。布尔什维克党在军队中的影响日益扩大。

不仅工农兵群众迅速趋向革命化，俄国统治集团内部也频频发生统治危机。沙皇尼古拉二世及皇后寄托于迷信、宠信骗子拉斯普廷，听任他控制皇室大部分权力，并在1916年初任命亲德派人物为大臣会议主席兼外交大臣，引起统治集团内部斗争激化。嗣后，沙皇被迫再次更换大臣会议主席，拉斯普廷亦遭暗杀。资产阶级头面人物一度策划挟持尼古拉二世，迫其退位，另立沙皇。这一宫廷政变图谋虽未实现，但它充分表明俄国专制统治已经穷途末路。

革命风暴终于来临。1917年3月10日，列宁格勒25万工人举行反对饥饿、反对帝国主义战争、反对沙皇制度的政治总罢工。沙皇政府下令开枪镇压示威群众，激起更加剧烈的反抗。11日，布尔什维克党维堡区委决定将罢工变为武装起义。12日

（俄历2月27日）起义席卷全城，士兵大批转到革命方向，沙皇大臣和将军纷纷被起义者逮捕。革命在全俄迅猛展开。3月15日，尼古拉二世被迫退位。统治俄国三百余年的罗曼诺夫王朝就此覆灭。因此次革命发生在俄历二月，通称二月革命。

二月革命是一次资产阶级民主革命。革命期间，彼得格勒建立新的政权机构工兵代表苏维埃，但资产阶级在孟什维克和社会革命党的支持下成立俄国临时政府，形成两个政权并存的局面。临时政府对内镇压革命力量，对外继续进行帝国主义战争，是一个反人民、反革命的政权。无产阶级与资产阶级的矛盾发展成为俄国社会的主要矛盾，从民主革命向社会主义革命转变已是斗争发展的必然趋势。

1917年5月和7月，在布尔什维克党领导下，彼得格勒工人和士兵多次举行10万人至50万人的抗议活动，主张"全部政权归苏维埃"，"打倒战争"。7月14日，临时政府在西南战线的进攻失败，阵亡6万人，激起彼得格勒工人和士兵在16—17日举行大规模抗议示威。临时政府悍然出动军队屠杀示威群众，搜捕和杀害革命党人，在全俄实行白色恐怖。布尔什维克党着手组织推翻临时政府的武装起义。9月7日，彼得格勒工人和士兵迅速平定由临时政府策划、得到帝国主义列强支持的俄军总司令科尔尼洛夫叛乱。革命与反革命的力量对比发生了重大变化。十月革命正是在这种形势演变的基础上发动并取得胜利的。

二　苏俄粉碎外国武装干涉

十月革命以在全俄建立苏维埃政权而赢得完全胜利，但保卫革命胜利果实，巩固苏维埃政权，还经历了三年严酷的国内战争和反对帝国主义列强武装干涉的斗争。

　　苏维埃国家建立后的首要任务，就是退出帝国主义战争，实现和平。11 月 8 日，在第二次全俄工兵代表苏维埃代表大会会议上通过了《和平法令》，宣布苏维埃政权"向一切交战国的人民及其政府建议，立即就缔结公正的民主的和约开始谈判"。①协约国拒绝苏维埃政府的和谈建议。同盟国为改善两线作战的不利处境，同意进行和约谈判。从 1917 年 11 月 20 日苏俄与德奥代表开始进行停战谈判，至 1918 年 3 月布列斯特—立托夫斯克和约字，其间经过布尔什维克党内克服尖锐分歧，德方提出苛刻条件及发动全线进攻，苏维埃政权终于以沉重代价换得短暂的"喘息"时机，与同盟国集团各国媾和，退出世界大战。德国爆发十一月革命后，苏俄于当年 11 月 13 日宣布废止屈辱性的布列斯特和约。

　　帝国主义者蓄意要将新生的苏维埃政权扼杀在摇篮里。协约国列强策动和支持俄国自卫势力举行反革命叛乱，并直接出兵武装干涉，指望颠覆和铲除苏维埃国家。1918 年 3 月，英、法、美等国派出军舰和干涉军入侵苏俄北部的摩尔曼斯克。4 月，日本海军陆战队及随后美英军队在远东的符拉迪沃斯托克（海参崴）登陆。5 月，列强策动由战俘组成的捷克斯洛伐克军团举行叛乱，占领西伯利亚、乌拉尔和伏尔加河流域的广大地区。

　　俄国国内的反革命力量，在帝国主义列强的支持下，先后形成三支最危险的白卫势力。在东部和中部，有沙俄海军上将、前黑海舰队司令高尔察克在鄂木斯克建立的伪军事独裁政权。其反革命武装得到捷克军团的配合，盘踞在西伯利亚、乌拉尔和伏尔加河流域一带，在 1919 年底始被红军消灭。在南俄和乌克兰，有沙俄将军、哥萨克骑兵军军长克拉斯诺夫的哥萨克白卫军和沙

---

①　《列宁全集》第 33 卷，人民出版社 1989 年版，第 9 页。

俄将军、二月革命后任最高统帅参谋长、方面军司令的邓尼金所统率的"南俄武装力量"。克拉斯诺夫 1918 年曾两次进攻察里津，失败后逃往德国。邓尼金的白军在 1919 年占领整个乌克兰，从南面向莫斯科进逼，同年 10 月被红军彻底击溃。在西北部有沙俄步兵上将、高加索集团军司令尤登尼奇率领的白卫军。他就任高尔察克匪帮的西北军司令，所部在 1919 年两次进攻列宁格勒，于同年底被红军彻底消灭。

如上所述，一段时间内，苏维埃俄国处于国内外敌对武装力量的四面包围之中。在 1918 年夏季最危急的时刻，苏维埃政权只能控制全国领土的 1/4。外国武装干涉的高峰则在 1919 年春夏，由协约国组织的 14 国联合进攻，其兵力多达 130 万人，内有英、法、美、日军约 31 万人，白卫部队 37 万人[①]。在高尔察克和邓尼金所部两次进攻失败以后，协约国又策动波兰军队于 1920 年 4 月对苏俄发动战争，5 月初占领基辅。双方互易攻守后在同年 10 月停战，1921 年 3 月签订确定两国边界的《里加条约》。

苏维埃国家经受了严峻的考验。在极端困难的条件下，英勇的红军经过 3 年艰苦奋战，终于粉碎了干涉军和白卫军的多次进攻，保卫了苏维埃国家。1920 年 11 月，红军攻入克里木半岛，歼灭白军南俄总司令弗兰克尔所部，国内战争基本结束。1922 年 10 月 25 日，最后一批日本干涉军被逐出符拉迪沃斯托克（海参崴），远东滨海地区全部解放，最终结束了这场战争。

在列宁指导下，苏俄自 1921 年 3 月起实施新经济政策。经过几年努力，在克服种种困难和危机之后，苏维埃国家稳定了局势，加强了工农联盟，工农业生产在 1925 年底基本上恢复到第一次世界大战前的水平。工业总产值以 1913 年为 100，1920 年

---

① 苏联科学院历史研究所：《苏联史》第 7 卷，第 497、498 页。

降至 14.1，1925 年为 75.5，1926 年上升到 108.1。粮食总产量 1920 年比战前的 1913 年减少 40.9%，1913 年产量 39.79 亿普特，1921 年为 22.13 亿普特，1925 年回升到 44.24 亿普特[①]。苏维埃国家的民族关系也有极大变化。俄罗斯是拥有一百多个大小民族的多民族国家。沙皇俄国的对外扩张，建立了一个地跨欧亚两洲的庞大殖民帝国。19 世纪末，它的主体民族俄罗斯族人口为 5566.75 万人，占全国人口的 44.3%；非俄罗斯族人口占 55.7%，却均处于被奴役的境地。苏维埃政府在 1917 年 11 月 15 日发布《俄国各族人民权利宣言》，承认各族人民平等和自主权。国内战争时期，俄罗斯同新建立的乌克兰、白俄罗斯等苏维埃共和国结成军事联盟和经济联盟。内战结束后，各苏维埃共和国签订了军事经济联盟条约。1922 年 3 月，亚美尼亚、格鲁吉亚和阿塞拜疆三国建立南高加索苏维埃社会主义共和国联盟。同年 12 月 30 日，苏维埃社会主义共和国联盟宣告成立，俄罗斯、乌克兰、白俄罗斯和南高加索联盟成为它的首批加盟共和国。

1924 年 1 月，苏联苏维埃第二次代表大会批准苏联第一部宪法，完成建立苏维埃联盟国家的立法手续。这部宪法的制定和通过，意味着十月革命胜利以来，苏维埃国家恢复国民经济，医治战争创伤，已经巩固了革命成果，进入稳定发展时期，对世界局势和国际关系发挥着重大影响。

三 欧洲国家的革命浪潮

十月革命的胜利，促进了欧洲国家工人运动、无产阶级革命

---

① 周尚文等：《苏联兴亡史》，上海人民出版社 1993 年版，第 103、105、109、213 页。

运动以及民族民主革命运动的高涨。1918—1923 年间，欧洲一些国家和地区出现革命浪潮，震撼着各国资产阶级的统治。

战后初期欧洲各国无产阶级的革命运动，主要有三种形态。第一种是在革命左派或共产党人领导下夺取政权，建立无产阶级专政的苏维埃国家。这主要发生在原沙俄所属国家以及战败后爆发革命的原奥匈帝国所属国家。

俄国十月革命后最早发生革命的是芬兰。它在 1917 年 11 月 13 日爆发同盟大罢工，迅即在受布尔什维克影响的俄国军队帮助下发展为武装起义。但社会民主党右翼领袖拒绝夺取政权。资产阶级组成政府，于 12 月 6 日经由议会宣布独立。苏俄在 12 月 18 日承认芬兰独立。1918 年 1 月，资产阶级政府企图解除工人赤卫队武装。工人赤卫队在原驻芬俄军士兵支持下，于 1 月 28 日推翻资产阶级政府，解散议会，成立革命政权人民委员会，宣告芬兰社会主义工人共和国诞生。资产阶级政府部分成员逃亡西北部另立政府，与德国秘密签订军事协定，制定联合作战计划。4 月 3 日，德国干涉军 2.5 万人在汉科登陆，10 日攻占首都赫尔辛基。5 月 15 日，芬兰革命被扼杀。

波罗的海东岸三国在十月革命影响下，先后建立苏维埃政权。拉脱维亚在 1917 年 12 月中旬举行工兵农苏维埃代表会议，选出苏维埃政府。次年 12 月 17 日，宣告成立拉脱维亚苏维埃社会主义共和国。同年 11 月 29 日，在纳尔瓦成立爱沙尼亚劳动公社，即爱沙尼亚苏维埃社会主义共和国；12 月 16 日，成立立陶宛苏维埃社会主义共和国。苏俄在当年 12 月 25 日承认三国独立。1919 年，三国苏维埃政权相继被倾覆，分别建立资产阶级国家。

匈牙利革命在奥匈帝国瓦解的历史条件下发生，由民族民主革命过渡到社会主义革命。1918 年 10 月，奥匈帝国军队在意大利战场全线溃败，激发了奥匈所属各国的民族民主革命运动。10月28日，布达佩斯由群众示威游行发展为武装起义。31日，组成以卡罗利伯爵为首的资产阶级联合政府。11月16日，成立匈牙利共和国。卡罗利政府无力缓解经济、政治和社会危机，却铤而走险，镇压匈牙利共产党，于1919年2月20日逮捕了以康恩·贝拉为首的匈共中央委员57人和匈共积极分子一百五十余人。无产阶级和劳动大众强烈反对这种倒行逆施，多次发生罢工、示威以至流血冲突。转入地下的匈共中央决定，准备发动武装起义。

3月19日，协约国驻匈军事代表以划定新的军事分界线为由，发出最后通牒，限令匈方于21日晚答复，并从23日开始撤军。为此，匈牙利将丧失一千多万居民，约2万平方公里土地。卡罗利政府束手无策。社会民主党与匈共代表在狱中谈判，于3月21日达成协议，决定两党合并，暂名匈牙利社会主义党，立即夺取政权。拥有2万名卫戍部队和3.4万名其他武装人员的布达佩斯士兵苏维埃通过决议，主张实行无产阶级专政。当天卡罗利政府被迫辞职，革命政府宣告匈牙利苏维埃共和国诞生。匈共领导人康恩在革命政府中担任外交人民委员，实际上起着主导作用。

如前一节所述，参加巴黎和会的协约国列强立即在3月26日召开紧急会议，策划扼杀在欧洲心脏地区出现的苏维埃政权。自4月16日起，罗马尼亚、捷克斯洛伐克、南斯拉夫和法国的干涉军先后从东、南、北等方向对匈牙利发动大规模进攻，总兵力超过20万人。匈牙利红军坚决予以反击，五月下旬在北线转入进攻，突破罗、捷联军的防线，至六月中旬共解放斯洛伐克约一百余万人口的地区。6月16日，宣告成立斯洛伐克苏维埃社会主义共和国，加入匈牙利社会主义联邦共和国。6月20日，在考绍（今科希策）组成斯洛伐克革命政府。匈牙利红军撤离该地区后，斯洛伐克苏维埃共和国被捷克斯洛伐克资产阶政府所扑灭，它共存在 21 天。

由于轻信协约国关于罗马尼亚撤军和实行南线停火的许诺，匈牙利红军自 6 月 30 日从北方单方面撤军；加上新任总参谋长将作战计划泄露给协约国而在作战中陷入困境。原社会民主党的右派领导人，自 7 月下旬与协约国进行秘密谈判。8 月 1 日，苏维埃政府被迫辞职。匈牙利苏维埃共和国坚持奋斗 133 天终被颠覆。

欧洲无产阶级革命运动的第二种形态出现在德国。德国 11 月革命虽然推翻了君主专制统治，但由于无产阶级队伍的严重分裂，以社会民主党右派领导人为代表的多数对资产阶级实行妥协，革命左派进行社会主义革命的斗争遭到失败。

1918 年秋，德国败局已定。德国海军司令部于 10 月 28 日命令远洋舰队出海作战，不获胜利就"光荣沉没"。基尔水兵拒绝执行，并于 11 月 3 日自发举行起义，揭开德国 11 月革命的序幕。革命火焰迅即蔓延全德。11 月 6 日，汉堡政权落入工兵苏维埃之手。巴伐利亚、萨克森、符腾堡等邦君主相继被赶下台，巴伐利亚宣布建立民主社会共和国。

柏林工人于 11 月 9 日举行武装起义。政府调来镇压的军队倒戈支持工人，起义仅发生小的冲突。但政治斗争从一开始就异常激烈。帝国宰相马克斯亲王宣告帝国皇帝兼普鲁士国王逊位，将宰相职务移交给社会民主党右派领袖艾伯特。艾伯特发布"帝国宰相"文告，要公民们"离开街道，保持镇静，维护秩序"。① 另一社会民主党右派领袖谢德曼不顾艾伯特中止革命的

---

① 丁建弘等主编：《德国通史简编》，人民出版社 1991 年版，第 564 页。

意图，抢先于下午二时向游行群众高呼"德意志共和国万岁"！四时，斯巴达克派领袖李卜克内西在皇宫阳台宣布德国为"自由的社会主义共和国"。11 月 10 日，社会民主党与独立社会民主党联合组织第一届临时革命政府，取名人民委员会。它的政治纲领标榜"社会主义"，但毫不超出资产阶级民主的范围。李卜克内西拒绝参加政府。相反，兴登堡及军队当天就向它表示效忠。艾伯特与军方在 11 日达成秘密协议，结束"无政府状态"，镇压"布尔什维克主义"。

为适应革命形势的需要，原为独立社会民主党成员的斯巴达克派在 11 月 11 日组成斯巴达克同盟。12 月 30 日，举行德国共产党成立大会，推举李卜克内西和卢森堡为党的两主席。社会民主党右派领导人凭借其掌握的人民委员会和工会组织，操纵局势，逐步控制了柏林和全德工兵苏维埃。他们精心策划，在 12 月间两次挑起与左派的流血冲突。

1919 年 1 月 5 日，无产阶级革命派开始了柏林的"一月战斗"。六日，举行总罢工和武装起义，公告推翻艾伯特政府，但起义没有获得广泛的响应。政府在 10 日进行武力镇压，屠杀起义者。13 日起义失败。15 日李卜克内西和卢森堡被杀害。

同年春季，全德各地出现"第二次革命"浪潮。鲁尔矿工 35 万人总罢工，持续近 4 周。萨克森工人在 3 月 2 日宣布进行"第二次革命"，掌握邦的权力。不伦瑞克等地成立工兵苏维埃共和国。柏林在 3 月 3 日发动三月起义，一连四五天都处于严重动乱和巷战之中。政府于九日出兵镇压，至 16 日起义再次被淹没在血泊之中。

在巴伐利亚，4 月 13 日晚间成立以共产党人为首的巴伐利亚工兵苏维埃共和国。柏林政府出动 2 万军队会合当地军队与巴伐利亚红军展开激战。5 月 1 日，政府军开进慕尼黑，5 日市内战斗结束。巴伐利亚工兵苏维埃共和国被扼杀，标志着 1918—1919 年德国革命的终结。11 月革命，推翻了君主专制，建立了议会制共和国，作为一次资产阶级民主革命取得了基本胜利；作为无产阶级为实现社会主义革命而进行的奋斗，遭到了失败。

战后初期的德国革命运动，在 1923 年还有一阵余波。鲁尔危机期间，国内各种矛盾再度激化，引起人民强烈不满，又一次出现革命形势。在共产党人带动下，全德许多城市建立"无产阶级百人团"的武装组织，为数达 10 万人。五一节柏林 70 万人大游行。鲁尔 40 万人参加五月大罢工。古诺政府在占领军同意下将大批国防军和警察部队开入鲁尔，进行血腥镇压。全德各地纷纷举行抗议活动，8 月 11 日有 300 万职工参加全国总罢工，迫使古诺政府在 12 日下台。

10 月 10 日和 16 日，左翼社会民主党人领导的萨克森邦和图林根邦政府接受共产党人入阁，组成两个邦的工人政府。尽管他们一再表明忠实于魏玛宪法，艾伯特仍然宣布全国处于"非常状态"，授权国防军采取军事行动。10 月 30 日，萨克森邦工人政府被强行解散。几天后图林根邦工人政府亦告夭折。

10 月 23 日，汉堡工人在以台尔曼为首的德共汉堡党组织领导下举行武装起义。在起义中心据点巴尔姆克区，300 名起义战斗队员英勇苦战两天才作转移。汉堡工人起义战斗了 3 天，终因孤立无援而失败。这标志着德国 1923 年革命浪潮，也是一次大战后整个欧洲革命浪潮的结束。

欧洲无产阶级革命运动的第三种形态，表现在意大利等国，虽然没有进入夺取全国政权、建立社会主义共和国的阶段，但无产阶级革命群众斗争蓬勃发展，控制了部分地方政权和基层政权。

在意大利，无产阶级在 1919 年和 1920 年两年共举行罢工

23941 次，有 286.8 万人参加。罢工运动由经济斗争转向政治斗争。以葛兰西为首的意大利社会党左派在 1920 年春提出，夺取政权先从工厂开始，以建立工厂委员会作为社会主义的政权形式和推动无产阶级争取革命胜利的动力。五月间，米兰—冶金工厂厂主联合其他工厂主实行同盟歇业，破坏工人留厂罢工。冶金工会组织工人占领工厂。至八月底，米兰 280 家冶金工厂全部控制在工人手中。九月，意大利全国有 60 万工人参加占领各自所在工厂的运动。他们组织护厂赤卫队，推选工厂委员会领导生产。因原料供应不上，生产被迫停止，运动遭到挫败。

在工人运动影响下，农民也从自发的抗租抗税斗争发展为以退伍军人为主体的占地运动。到 1920 年 4 月，意大利有上百万农民和退伍军人参加占地斗争，共占领 191 户贵族和大地主的 217 万公顷土地。

随着工农运动的迅猛高涨，意大利北部和中部一些地区出现建立苏维埃政权的呼声。都灵和佛罗伦萨已有"共产"主义城市之称。经 1920 年地方选举，在全国 67 个省和 8327 个市镇议会中，社会党在 26 个省和 2166 个市镇控制了多数席位。但社会党内存在极大分歧，主要领导人深受第二国际改良主义影响，1919—1920 年意大利工人运动未能发展为社会主义革命。

战后初期，英法等国无产阶级也掀起强大的罢工运动。1919 年英国参加罢工人数达 250 万，法国罢工人数为 120 万。他们要求改善自身处境，反对武装干涉苏俄。此外，1923 年 9 月 23 日，在季米特洛夫等人领导下，保加利亚西北部举行反对詹科夫军事独裁政权的武装起义①。9 月 30 日，起义失败。

---

① 詹科夫，一说仓科夫，原保加利亚学者认为反对詹科夫起义是一次反法西斯起义，近年有不同的看法。

1918—1923 年欧洲国家的革命浪潮，无论发生革命的国家主客观条件是否成熟，革命运动属于自发斗争还是有领导的武装起义，其性质属于资产阶级民主革命还是社会主义革命，也无论领导革命斗争的共产主义者和革命左派在革命进程中犯过什么样的错误，凡是真正出现群众性革命运动的地方，无一例外都是这个国家陷入严重的经济、政治和社会危机的结果；整个说来，是帝国主义全面危机的表现。尽管在 1917 年俄国十月革命以后的所有无产阶级革命都遭到了失败，但这一连串的群众斗争、武装起义和革命斗争，汇合成为冲击资本主义制度的革命洪流，震撼了资产阶级统治，锻炼了革命人民，激化了社会矛盾，进一步加深了帝国主义的全面危机。

四 共产国际的成立

十月革命的胜利极大地鼓舞了各国马克思主义者和革命左派，推动他们决心建立新型的无产阶级革命政党，并在新的基础上实现新的无产阶级国际联合。1919 年 3 月，共产国际（第三国际）的成立，标志着国际共产主义运动进入一个新的发展阶段。

列宁在 1917 年 4 月即已提议成立一个新的国际，以取代堕入社会沙文主义的第二国际。1918 年 3 月，俄国社会民主工党（布）改名俄国共产党（布）。一些国家社会民主党内的革命左派日趋壮大，决定与右派和中派彻底决裂，成立独立的革命政党。1918 年，有芬兰、匈牙利、阿根廷、德国等九个欧美国家建立共产党，还有一些国家建立了共产主义小组。新建的共产党组织迫切需要一个新的国际组织，以便巩固和加强自己的队伍。

此时，帝国主义列强正在巴黎和会上筹建国际联盟，共同策划镇压苏维埃国家和国际共产主义运动。各国社会民主党的机会主义者也在积极筹划复活第二国际。为了与帝国主义的国际联合相对抗，削弱死灰复燃的第二国际机会主义的影响，各国共产党人将建立新的国际组织提上日程。1919 年 1 月，由俄国共产党（布）发起，召开筹建共产国际的国际会议，并以与会九个共产党和左派组织代表的名义向 39 个共产党和左派组织发出参加共产国际成立大会的邀请①。

　　1919 年 3 月 2 日至 6 日，共产国际第一次代表大会在莫斯科举行，来自 21 个国家 35 个政党和左派组织的 52 名代表出席会议。中国、朝鲜等东方国家的工人组织派代表列席会议。会议通过《共产国际宣言》、《共产国际行动纲领》、《共产国际章程》（草案）等文件。章程规定，共产国际是按照民主集中制原则建立起来的各国共产党的联合组织，是统一的世界共产党；各国共产党都是它的支部，受它领导。

　　共产国际是第一国际和第二国际的无产阶级国际革命事业的直接继承者。它的建立使各国无产阶级有了一个团结的中心，进一步推动了各国新型无产阶级革命政党的建立，促进了各国革命事业的发展。至 1922 年，在欧洲，连同俄共（布）在内，已先后建立 28 个共产党；在亚洲，有七个国家，南北美洲有七个国家，大洋洲和非洲各有两个国家，建立了共产党②。共产主义运动遍及全世界。

　　共产国际成立之初，曾经期望在很短时间内掀起欧洲各国革命高潮，并在赢得胜利的基础上建立世界苏维埃共和国。后来的

---

　　① 〔英〕珍妮·德格拉斯选编：《共产国际文件》第 1 卷，世界知识出版社1963 年版，第 4—7 页。

　　② 高放：《国际共产主义运动通史教程》（上），北京师范大学出版社 1986 年版，第 333、338、340、341 页。

实践证明，当时对于国际革命形势的估计是不切合实际的，在它的活动中，过分地强调了国际的集中领导。但它的建立和指导，尤其是在它的初期，的确开创了国际共产主义运动空前活跃的局面。各国共产党以马克思列宁主义作为自己的指导思想，拥护和信奉列宁关于无产阶级革命和无产阶级专政的学说；在政治上与第二国际修正主义和改良主义决裂；在组织上坚持民主集中制原则，强调统一行动和严格纪律，因而具有坚强的革命性和战斗力。它们的存在、发展及影响的扩大，直接间接构成了对各国资产阶级统治的严重威胁。它们的革命实践，加剧了帝国主义全面危机。

共产国际在它的中后期活动中，对各国无产阶级革命事业和党的建设有过不少错误的指导和决定。但它正确作出了建立反法西斯统一战线的决策。世界形势的演变和各国共产主义队伍的成长表明，共产国际这种组织形式已不适合各国革命和世界反法西斯战争的需要，它在 1943 年宣告解散。

民族解放运动的兴起*

　　第一次世界大战从反面教育了被压迫民族的广大人民。十月革命的胜利，开始唤起被压迫民族的觉醒。战后初期，在亚洲、非洲和拉丁美洲的许多国家，兴起了民族解放运动。在这之前，各国人民争取民族独立的斗争属于新兴资产阶级领导的民族独立运动，是在世界范围确立资本主义统治地位的广泛的民族民主革命运动的组成部分。第一次世界大战结束以后兴起的民族解放运动是帝国主义陷入全面危机的重要表现。在一些国家，开始出现由无产阶级领导的反对帝国主义侵略、争取和捍卫民族独立斗争的历史转折。不论属于何种阶级领导，亚洲、非洲、拉丁美洲各国的民族解放运动成为帝国主义国家无产阶级革命运动的同盟军，构成在世界范围开始由资本主义向社会主义过渡的新的世界革命运动的组成部分。

---

　　* 本文选自《第二次世界大战史》第一卷。

一　朝鲜"三一"运动和中国"五四"运动

1919 年，朝鲜"三一"运动和中国"五四"运动是十月革命以后在东亚兴起的两次伟大的反帝爱国运动。

1910 年 8 月，日本吞并朝鲜。第一次世界大战期间，日本对朝鲜变本加厉地实行民族压迫和经济掠夺。朝鲜各阶层人民不断开展各种形式的反日爱国斗争。1919 年，传来朝鲜废帝高宗李熙于 1 月 22 日被殖民当局毒死的消息，激怒了各阶层群众，成为爆发爱国运动的导火线。朝鲜各地广泛举行悼念活动，许多人进京吊唁，借以表达对国亡家破的悲愤。经宗教界民族主义者与爱国学生代表协商，决定联合行动，并在 2 月下旬将他们起草和印发的两万多份《独立宣言》通过各派组织发往各地。

3 月 1 日，在汉城塔洞公园举行群众集会，一个大学生登台宣读《独立宣言》，宣布朝鲜独立，约 30 万人参加示威游行。平壤等城市也在同日举行示威游行。殖民当局动用警察、宪兵、军队血腥镇压。从 3 月 5 日起，示威游行发展为武装起义，扩展到全国。在 1919 年 3 月至 5 月的 3 个月内，朝鲜全国 218 个府、郡中有 203 个府、郡发生示威和暴动，参加群众 200 万人以上。日本帝国主义花了半年多的时间才将起义镇压下去。据不完全统计，3—5 月的三个月内，有 7509 人被屠杀，15961 人被打伤，46948 人被拘捕。

朝鲜"三一"运动是一场全民性的反帝爱国运动。它虽然属于自发斗争，缺乏统一领导，加上力量对比悬殊，使它遭到失败，但它打击了日本在朝鲜的殖民统治，迫使日本不得不撤换总督，将"武断政治"改为"文化政治"，在经济上作出某些让步。经过"三一"运动的洗礼，朝鲜工人阶级开始以一支有组织的力量登上历史舞台。1920 年，汉城出现第一个群众性的工人组织劳动共济会。以"三一"运动为转折点，朝鲜开始进入工人阶级领导的民族解放斗争的新时期。

前已阐述，巴黎和会期间，中国代表提出要求帝国主义放弃在华特权，取消日本与袁世凯订立的二十一条，归还第一次世界大战期间被日本侵夺的德国在山东的各种权益等要求，被列强所拒绝。在此情况下，中国北洋政府竟然准备在凡尔赛和约上签字，激起中国各阶层人民的极大愤慨。1919 年 5 月 4 日，北京 13 所学校的三千余名学生冲破阻挠在天安门前集会，举行示威游行，高呼"外争国权，内惩国贼"、"拒绝和约签字"等口号，火烧外交总长曹汝霖住宅。军阀政府派军警镇压，逮捕学生。五日，北京专科以上学校总罢课。学生爱国运动向天津、上海、武汉、广州等地发展。6 月 3 日后，军阀政府又逮捕爱国学生近 4000 人，激起全国各界更大愤怒。工人罢工、学生罢课、商人罢市的"三罢斗争"扩展到二十多个省、一百多个城市。6 月 28 日，军阀政府不得不拒绝在凡尔赛和约上签字。

"五四"运动是从中国知识分子掀起的反帝爱国运动发展为以工人阶级为主力军，包括小资产阶级和民族资产阶级参加的广泛的反帝反封建的爱国民主运动，是中国新民主主义革命的开端。它又是一次反对封建文化的革命运动，它所举起的"民主"、"科学"两面旗帜影响深远。它在十月革命的影响下发生，促进了马列主义在中国的传播，开始了马克思列宁主义与中国革命运动相结合的历史过程。

二 印度 1919—1922 年的民族解放斗争

在南亚，亚洲最大的殖民地国家印度在 1919—1922 年爆发了大规模的反对英国殖民统治的民族解放斗争。

第一次世界大战期间，印度的民族工业有了一定发展，它提供了大量人力和资源，有 150 万人参战。它的军费负担在英帝国范围内仅次于英国而居第二位。英国还迫使印度"自愿赠礼"，仅 1917—1918 年即达 1.457 亿英镑。大战结束后，殖民当局为供养军警，更将印度的军费负担从 1918—1919 年的 7 亿多卢比增加到 1919—1920 年的 9 亿多卢比。1918—1919 年印度农业歉收，发生大饥荒和流行病，有 1200 万—1300 万人丧生。英国资本家则在印度掠取巨额利润，垄断对外贸易。英印之间，英国垄断资本和印度资产阶级之间的矛盾日益加深，印度工农群众不断爆发各种形式的反对殖民压迫的斗争。

1919 年 3 月 18 日，殖民当局颁布一项由英国法官罗拉特为首制定的镇压印度民族运动的法案。该法案授予总督特别全权，可对认为有颠覆嫌疑的人加以逮捕、搜查，不经审讯予以监禁，被捕者不得请律师辩护，从而激起印度各阶层人民的抗议，展开了大规模的反英斗争。从 3 月 30 日起，德里及全国主要城市举行罢业、群众集会和示威游行，要求撤回这一法案。英帝国主义为了扑灭席卷全印的群众抗议斗争，于 4 月 13 日印度新年，在旁遮普省的阿姆利则市对两万集会群众进行血腥的大屠杀。当场有 1200 人被杀害，两千多人受伤。印度举国为之震惊，反帝斗争进一步高涨。在旁遮普省，人们焚烧政府机关和建筑物，与警察发生冲突，两天之内扩展到 50 个城市和地区。工人罢工，农村骚动，超越了运动领导人、国大党主席甘地所倡导的非暴力原则。由于甘地下令制止，群众反帝斗争在 4 月 18 日暂时平息下来。

1920 年 3 月，殖民政府发表关于阿姆利则事件的调查结果，为造成这一惨案的现场指挥人开脱罪责。这再次引起印度人民的极大不满。1920 年上半年，工人罢工 200 次，参加者 150 万人。其中最大的一次是坚持 1 个多月的孟买 20 万纺织工人总罢工。1920 年秋，国大党通过甘地提出的非暴力的不合作计划，规定所有印度人拒绝英国政府颁发的官爵封号；拒绝在法院和政府工作；不进英国人办的学校，抵制英国商品；普遍拒绝纳税，等等。自此，全印广泛开展不合作运动，抵制 1920 年 10 月举行的议会选举和 1921 年 2 月的中央立法会议。殖民当局严厉镇压，自 1921 年 11 月至 1922 年 3 月，交法庭审判的政治犯 19498 人，其中 15337 人被判刑。

由于殖民地当局的暴力镇压，不合作运动越来越超出非暴力的界限。不少地方的农民袭击地主庄园，夺取粮食，拒绝缴纳地租。1922 年 2 月，联合省的曹里曹拉村农民在游行中遭到警察阻挠，愤怒的农民袭击并烧毁警察所，有 22 名印度警察被烧死。国大党为此通过决议表示"遗憾"，宣布停止不合作运动。同年 3 月 10 日，殖民当局逮捕甘地，判处监禁六年。这场持续三年的反帝斗争极大地震撼了英国在印度殖民统治的基础，也是对帝国主义世界殖民体系的沉重打击。

三　阿富汗独立战争和土耳其革命

在西亚，阿富汗在 1919 年举行了反抗英帝国主义侵略的民族独立战争；土耳其在 1919—1923 年进行了以反对帝国主义侵略瓜分、捍卫民族独立主权和建立民族国家为目的的资产阶级革命。

1919 年阿富汗抗英独立战争是阿富汗人民 19 世纪两次抗英战争（1839—1842）、（1879—1880）在新的历史条件下的继续，亦称第三次抗英战争。战前，阿富汗实际上处于英帝国主义的半殖民地的地位，被英国作为反对苏维埃俄国的跳板。1919 年 2 月，新取得全国政权的阿马努拉国王发表独立宣言，宣布阿富汗"不承认任何外国特权"。3 月，他向英国建议修改不平等的 1905 年阿英条约，要求英国承认阿的独立。英国无理拒绝。

同年 5 月 3 日，英军向阿富汗发起进攻，阿军奋起反击。战争在阿东北部、东部及东南部展开。阿军打了一些胜仗后，战局陷入僵持状态。由于印度境内爆发不合作运动，英方急于停战。经过谈判，双方在六月签订停战协定，八月在拉瓦尔品第签订临时和约。英方被迫承认阿是"内政和外交上自由的主权国家"，但无诚意。此后，又经过三轮外交谈判，双方于 1922 年 10 月在喀布尔签订和约。阿富汗终于争得在对外政策上不受英国控制的完全独立。

土耳其在第一次世界大战中站在同盟国一方参战，实际上沦为帝国主义的"保护国"。战败后，英、法、意等国军队进驻土耳其，希腊军队在 1919 年 5 月占领伊兹密尔，土耳其面临被列强瓜分的危险。在这种情况下，土耳其人民掀起了大规模的民族解放斗争。运动的组织者和领导者是民族资产阶级，核心人物主要由知识分子和军官组成。其领袖人物阿·凯末尔历任军长、集团军司令，是一位爱国将领。他领导的土耳其资产阶级革命，亦称凯末尔革命。

1919 年 5 月，凯末尔着手组织全民族抵抗运动；7 月和 9 月两次召开代表大会，成立全国性民族主义者组织安纳托利亚和卢梅尼亚保护权利协会；同年底，以安卡拉作为民族解放运动的中心。1920 年 1 月，奥斯曼帝国最后一届议会会议上，凯末尔及其支持者取得议会多数，通过要求实现土耳其的统一、独立和自由的《爱国公约》。这个纲领性的文件，成为民族解放斗争的旗帜。

协约国列强决定采取军事手段镇压土耳其民族解放运动。1920年3月16日，以英国为主的协约国军占领伊斯坦布尔，解散了议会，逮捕议员，由军事法庭缺席判处凯末尔死刑。凯末尔于4月间在安卡拉召开新的议会，取名土耳其大国民议会。大国民议会宣布自己是土耳其唯一合法政权，选举凯末尔任主席。

1920年6月，由英国装备的希腊军队进攻安纳托利亚腹地。协约国列强逼迫土耳其苏丹政府在8月签订《色佛尔条约》。土耳其人民拒绝接受色佛尔和约，对外国干涉军进行英勇抵抗。凯末尔政府在1921年与苏俄签订苏土友好条约。依靠人民支持和苏俄援助，土耳其屡屡击败外国干涉军。它还利用协约国列强之间的矛盾，与意大利、法国签订协定，争取它们同意从土耳其领土上撤军。

1922年8月，土耳其国民军发动总反攻，击溃希腊干涉军，在9月间收复伊兹梅尔，接管伊斯坦布尔。1923年7月，土耳其与协约国在瑞士洛桑签订和约，废除色佛尔条约中的一些不平等条款，保持了土耳其本部疆土的完整。外国的财政监督和领事裁判权都被解除。土耳其的独立获得国际上的承认。1923年10月，土耳其宣布为共和国，解除苏丹制。1924年3月，解除政教合一的哈里发制度。在奥斯曼帝国的废墟上，土耳其完成了资产阶级民族民主革命，建立了新的民族国家。它是第一次世界大战后由资产阶级领导的民族解放运动赢得胜利的一种模式的典型代表。

四　北非民族解放斗争

第一次世界大战后，非洲各地，主要是北非，开始兴起民族解放运动。其中尤以1919—1922年埃及反英起义、1918—1922

年利比亚反意斗争以及 1921—1926 年摩洛哥里夫抗法民族解放战争的规模和影响为大。

英国在 1914 年 12 月以土耳其加入同盟国对英作战为借口，宣布取消奥斯曼帝国对埃及的宗主权，将埃及作为它的"保护国"，对埃及进行掠夺和压榨。1918 年 11 月 13 日，埃及民族运动领导人扎格卢勒等人会见英国高级专员，提出准许埃及完全独立的要求。他们在当天组成 7 人华夫脱（阿拉伯语代表团之意），准备前往伦敦与英国谈判。华夫脱起草一份《委任书》，谋求人民认可他们作为民族的代表同英国谈判独立问题，在至 11 月 23 日的 10 天之内，即征得 10 万人签名。英国坚决拒绝华夫脱的要求，以残酷手段镇压华夫脱发起的抗议运动，逮捕和流放华夫脱的领袖人物。

1919 年 3 月 9 日，开罗高等学校学生举行游行示威，有 300 名学生被捕。随后两天，更多的学生参加示威；工人举行大规模罢工，与警察发生冲突。从 3 月 14 日起，反英斗争的浪潮席卷全国，埃及城市广大人民群众自发举行武装起义。几乎 1 个月时间，埃及国家机关陷于瘫痪。殖民当局无法恢复控制，被迫于 4 月 8 日释放华夫脱党人。

1919 年 12 月，英国派出特别代表团赴埃及"调查"三月起义原因，寻求维护其利益的解决方案。代表团在 1920 年 8 月提出一项名义上取消保护制度，实际上保留英国占领的条约草案。一经公布，再次引起埃及各阶层愤怒抗议的风暴，谈判破裂。英国力图分裂埃及民族运动。1921 年 4 月，一大批人退出华夫脱党，主张与英国妥协。扎格卢勒等人仍坚持斗争，扩大新的成员。同年 12 月，殖民当局又将华夫脱领袖人物逮捕流放，引起开罗、亚历山大和其他一些城市起义，但农民没有参加这次起义，由于华夫脱的分裂，起义规模小于三月起义，且英方事先预有准备，迅速将起义镇压下去。

英国已不可能再同以前那样统治埃及。1922 年 2 月 28 日，它被迫宣布取消对埃及的"保护"，单方面承认埃及独立，同时附有英国有权在苏伊士运河区驻军等四项保留条件。尽管附有种种限制，埃及人民的斗争毕竟赢得了英国殖民者的一定让步，同意承认它的形式上的独立。1923 年，英国准许被流放的华夫脱领袖返回埃及。华夫脱在议会选举中获得总共 215 席中的 188 席。1924 年 1 月，扎格卢勒组成埃及第一个民族政府。

利比亚人民在 1921 年即已开始反抗意大利的入侵，在伊斯兰教、塞努西教派为主的抵抗组织领导下，由群众性的自发斗争逐步发展为全国性的解放战争。1918 年 11 月举行的有的黎波里塔尼亚酋长和城市贵族参加的米苏腊塔会议，宣告成立的黎波里塔尼亚共和国，组成一个 4 人会议执行国家首脑的职能。意大利不得不与之进行谈判。双方在 1919 年签订了阿尼本阿德姆条约，意大利同意给予的黎波里塔尼亚共和国以内部自治权。

意大利殖民主义不愿信守诺言。其议会拒绝批准上述条约，并通过代理人挑拨利比亚各部族的关系，阻挠它团结一致反抗意大利侵略。1921 年 12 月，的黎波里领导人举行会议，呼吁的黎波里塔尼亚与昔兰尼加的人民加强团结，派出代表与塞努西教派会谈，要求伊·塞努西兼任的黎波里塔尼亚的领导职位。这一要求，在 1922 年 11 月为伊·塞努西所接受。此时，意大利已由国家法西斯党掌握政权，重新发动侵略利比亚的战争。伊·塞努西被迫流亡开罗。利比亚人民在奥马尔·穆赫塔尔领导下英勇奋战，坚持游击战争。意大利投入重兵，进行惨绝人寰的大屠杀，至 1928 年才全部占领的黎波里塔尼亚。昔兰尼加在 1931 年奥·穆赫塔尔牺牲后才停止有组织的抵抗。利比亚抗战长达近 20 年。

1912 年 3 月，法国迫使摩洛哥签订接受"保护制"的《非斯条约》。同年11月，法国又同西班牙签订《马德里条约》，将摩洛哥的三个地区、包括北部的里夫的大部划为西班牙"保护地"。殖民主义者对摩洛哥大肆掠夺，但其军队只占领沿地中海的一些城市。为着加强对内地山区的控制，西班牙军队总司令西尔维斯特，在1920年冬率两万军队进犯里夫东部和中部山区。正在酝酿起义的里夫人立即组成民军，反抗殖民军入侵，展开了里夫民族解放战争。起义军于七月下旬胜利进行了阿努瓦勒战役，将入侵的西班牙军几乎全部歼灭，缴获大炮一百多门、机枪四百多挺、步枪两万余支。西尔维斯特自杀身亡。一位法国殖民官吏评论说："这是任何国家殖民史上都未曾有过的一次大败仗。"①

　　1921年9月19日，里夫起义领袖阿卜杜勒·克里姆召开起义部落代表会议。会议决定组成国民会议，选举阿·克里姆为议长。1923年2月1日，召开有12个起义部落代表参加的国民议会，宣告里夫国家成立。1924年，西班牙远征军从东、西两面发动进攻，从4月至7月一再失利，不得不在空军掩护下撤退。法国此时插手干涉，既是为了消灭里夫起义军，也是乘西班牙军败北之机占领里夫主要粮食产地沃尔加河谷。起义军尽力克制，争取通过谈判解决争端未获成功，于1925年4月向法军展开反攻，一个多月内俘敌两千余人，推进到距非斯仅27公里。九月，法军和西班牙军从南北两面同时发动强大攻势。起义军作战失利，要求和谈。法西两国政府迫于国内外舆论压力，同意谈判，但主要是掩人耳目。1926年5月，双方和谈破裂，法西军队大举进攻。里夫起义军终于在5月27日失败。

---

　　① 黄丽英：《1921—1926年里夫民族解放战争》，载《外国历史大事集》现代部分第1分册，重庆出版社1987年版，第643页。

里夫共和国实际上只是摩洛哥北部山区反抗殖民主义侵略的一个部落联合政权，但它英勇战斗，多次给予法西侵略军以沉重打击。法国在摩洛哥的占领军有32.5万人，西班牙远征军有10万人，它们都拥有现代装备，补给良好。里夫正规军不到三万人，连民兵在内共约七万人，武器主要来自缴获敌人的步枪和机枪。双方力量对比过于悬殊，是里夫民族解放战争失败的根本原因。但它开创了摩洛哥民族解放运动的先声，对整个马格里布的民族解放运动有着深远影响。

五　阿根廷的"流血周"

在拉丁美洲，第一次世界大战以后在巴西、智利、秘鲁、墨西哥和古巴等国，都有过规模不等的工农革命斗争。其中以阿根廷的1919年布宜诺斯艾利斯起义最为壮烈。

阿根廷的民族经济在第一次世界大战期间有所发展。战争结束以后，世界市场对阿根廷粮食和农业原料的需求急剧下降，加上激烈的国际竞争，阿根廷经济状况大为恶化。资产阶级、地主和外国垄断资本以削减工资、增加赋税、降低劳动人民生活水平的办法，补偿它们利润的损失，引起工人罢工斗争的高涨。1918—1921年间，阿根廷工人发动860次大罢工，参加者达700多万人次。1919年1月7日，首都布宜诺斯艾利斯一家工厂举行工人集会，遭警察开枪镇压。九日，爆发全市总罢工，20万工人为死难战友举行葬礼。送葬行列又遭军警射击。愤怒的工人立即夺取军火库的武器，构筑街垒，同军警展开巷战，控制该市几天。后军队以大炮轰毁街垒，起义于1月15日被残酷镇压，死难数千人。这一惨案在阿根廷历史上被称为"流血周"。在阿根廷中部和南部一些省份，1919—1921年间农业工人也展开罢工斗争，要求提高工资，改善劳动条件。有的地方举行了起义。

除了上述 9 个国家和地区以外，亚洲、非洲、拉丁美洲还有一些国家，如伊朗、伊拉克、叙利亚和黎巴嫩等，也在战后初期展开了反对英法侵略的民族解放斗争。所有这些国家的民族解放运动，具有广泛的群众性。其参加者从工人、农民、商人、学生、军人到各个阶层、各行各业，包括许多爱国军官，知名人士，以至王公贵族、部落酋长。斗争的方式也是多种多样，从罢工罢市、抗交租税、群众集会、示威游行到武装起义或独立战争，汇合成为强大的民族解放运动的洪流。在多数情况下，运动的核心力量由知识分子和爱国军官所组成，主要由民族资产阶级掌握着运动的领导权。在运动的发展过程中，不少国家建立共产党，工人阶级逐渐成熟起来，过渡到由无产阶级领导的新型的民族民主革命。

战后初期亚非拉民族解放运动，几乎都受到十月革命胜利的鼓舞和影响，并得到苏维埃俄国的直接援助或道义支持。西方发达国家的无产阶级革命运动，经由十月革命同东方被压迫民族的民族解放运动联结起来，互相声援，互相支持，打击着共同的敌人帝国主义。帝国主义的殖民体系是它赖以生存的基石。正是殖民地半殖民地国家向帝国主义提供了廉价的劳动力，丰富的资源，庞大的市场和资本输出的基地。帝国主义依靠压榨和吸吮被压迫民族人民膏血所获得的超额利润，建立了它们自身发达的经济；在征服和控制殖民地半殖民地国家的基础上确立其势力范围和霸权地位。民族解放运动的高涨威胁着帝国主义的命脉，它是帝国主义与殖民地半殖民地被压迫民族之间矛盾发展的必然结果，成为了帝国主义全面危机的重要表现。被压迫民族的每一次大规模的解放斗争，也都打击和削弱着帝国主义，在不同程度上加深着帝国主义的全面危机。

《法西斯体制研究》序论[*]

　　1995年是世界反法西斯战争胜利50周年。许多国家的政界、学术界以及社会各界人士正在筹备或已开始举行各种相关的活动，纪念这个伟大的历史事件。

　　第二次世界大战是人类历史上规模最大而又影响最为深远的一次战争。自进入30年代开始，德、日、意三个法西斯国家先后在亚洲、非洲和欧洲发动一连串的侵略战争，从局部战争演变为世界大战，连绵15年，战火频繁，兵祸联结，给各国人民造成了难以估量的深重苦难。然而，毕竟正义战胜邪恶。世界反法西斯同盟国打败了法西斯侵略者。各国人民赢得和平，也赢得进步。半个世纪过去，世界又发生了巨大而深刻的变化。但是，第二次世界大战的后果至今人们仍然不时会有强烈感受。第二次世界大战的历史教训更是记忆犹新，以至于今天人们回顾当年种种历史片断的时候，很自然地会同现实生活中的某些现象联系在一起，发人深思，而感到重温第二次世界大战历史的必要性。

　　50年来，关于第二次世界大战的回忆和著述浩如烟海。各

　　* 选自《法西斯体制研究》，上海人民出版社1995年版。本文系该书序论。

种不同的人们，从元帅到士兵，从政治家到学者，都在以不同的方式解释、回答造成人类如此深重灾难的这次大战究竟是怎样发生的，为什么没有能够防止这场战争的爆发？为什么在战争初期节节失利的被侵略国家终于能够反败为胜？当今世界怎样才能避免重蹈覆辙，消除战争威胁，维护和平？当此纪念反法西斯战争胜利50周年之际，预期必将会有一批具有深刻内容的新作问世，以继续和深化人们多年来的思考。我们这本《法西斯体制研究》，就是作为对于战胜法西斯这一伟大历史事件的纪念，作为从战争的发动者一方探讨第二次世界大战历史教训的一种努力，奉献给读者，奉献给关注第二次世界大战历史研究的学术界的朋友。

一

在我国学术界，关于法西斯主义的专题研究，作为第二次世界大战史研究的一个分支，还是实行改革开放以后逐步开展起来的。

80年代上半期，中国社会科学院世界历史研究所、人民解放军军事学院和武汉大学历史系相继出版了三种第二次世界大战史，对二战的历史过程作了系统的阐述，并在总结历史经验方面作了初步的尝试。虽然它们都是一卷本的概要性的评说，但在我国世界史工作者来说，仍然可以认为是开拓性的研究成果。同时，大家感到，为了推动二战史研究的进一步深化，需要加强专题的研究，对于交战双方更深层次的一些问题进行探索和论述。为此，在制定第六个五年计划（1980—1985）期间全国哲学社会科学规划时，决定将二战的起源问题作为世界史学科的国家重点研究课题列入规划。华东师范大学二战史研究室承担了这个课题，撰写了研究论集，编辑了历史文件资料集。

1984年11月，由世界历史研究所发起，在烟台举行了第一次全国性的关于法西斯主义问题的专题学术讨论。我国从事第二次世界大战史、世界现代史、德国和意大利史的有关研究者出席了会议。重点是研究德、意两国法西斯政党的崛起，它们夺取政权后的内外政策和扩军备战问题。提交这次会议的一部分内容较为充实的论文，加上1985年纪念世界反法西斯战争胜利40周年，第二次世界大战史研究会、德国史研究会年会上的某些成果，经过修改补充，汇编成为我国关于法西斯主义问题的第一本论文专集①。

1986年，关于法西斯主义的研究列入第七个五年计划（1985—1990）期间全国哲学社会科学规划，作为世界史学科跨七五计划的重点研究课题。这个课题，分为法西斯主义的兴起和法西斯政权的确立，以及法西斯体制研究两个项目，由世界历史研究所会同有关研究人员组成课题组，负责主持此项研究并撰写书稿。这样，连同前已进行的法西斯主义与世界大战问题的研究，我们就能够对学术界所关注的、年轻一代所希望了解的有关法西斯主义的若干基本问题，作出系统的、历史的考察和论述。这些问题是：为什么以法西斯政党或集团为核心的法西斯主义运动，能够获得众多的来自社会中下层群众的支持和参与，它究竟是一种什么性质的社会思潮和政治运动？当政的法西斯集团采取什么方式和手段、建立怎样的机制来实行法西斯统治，它同原有统治阶级的权势集团之间构成什么样的关系？法西斯元凶怎样一步一步地将各国人民、包括其本国人民，驱向世界大战的深渊，

---

① 《法西斯主义与第二次世界大战》，华夏出版社1988年版。

为什么说法西斯主义的本质就是战争？

为了充分体现我国世界史工作者对法西斯主义研究的深度，集思广益，我们分别于 1987 年 10 月在桂林、1992 年 8 月在秦皇岛举行了两次全国性的学术讨论。这两次会议是 1984 年烟台会议讨论的继续和深化。桂林会议着重讨论法西斯运动和法西斯夺取政权相关的问题。秦皇岛会议则专门讨论法西斯体制问题。此外，还举行了若干次小型的专题学术讨论，对德国进行了两次学术访问，并在国内同德国学者多次进行学术交流。所有这些，无疑都推动了我国史学界关于法西斯主义问题的研究，提高了我们这个课题的研究水平。

经过十年努力，得益于逐步积累、循序渐进和各方支持，我们关于法西斯主义问题的研究计划已大体按期完成。前述第一个项目，以《法西斯新论》为书名，在 1990 年脱稿，由重庆出版社在 1991 年出书。它主要论述意大利、德国、日本的法西斯运动和法西斯极权独裁统治，同时对法国、西班牙、葡萄牙、巴西的法西斯运动中的某些情况作了概要的评介。书中着重论证的问题是：

（一）法西斯主义思潮和运动在德、意、日诸国孳生的历史环境和历史渊源；

（二）法西斯政党（在日本是法西斯集团、派别）的政治纲领、思想观点和内部派别；

（三）法西斯政党的发展演变，其社会基础，与原有统治阶级各种权势集团的关系，以及从小资产阶级右翼政党向资产阶级极右政党的转化；

（四）法西斯统治的确立，包括夺权策略和过程，从联合执政到一党专政，以及极权独裁统治的形成；

（五）日本法西斯的形态及其特点，军部在法西斯化过程中的作用，等等。

据了解，这本我国关于法西斯主义研究的第一部学术专著，出版后的反响还是比较好的。除了史料充实之外，确实也提出了若干较为新颖的见解和深入的论证，反映了我国世界史研究者在80年代末所达到的水平。

现在，我们这本《法西斯体制研究》即将问世。非常感谢上海人民出版社的支持，将它作为该社纪念世界反法西斯战争胜利50周年的学术著作予以出版。参与本书撰稿的作者共10人，来自世界历史研究所、华东师范大学、杭州大学和北京师范大学，其中研究员、教授五人，副研究员、副教授四人。大多数人从一开始就参与此项专题研究，因而也是前述论文集和专著的作者。《法西斯体制研究》可以说是《法西斯新论》的姊妹篇。尽管在论述体制问题时需要作些历史的追溯，涉及上一本书中某些已经论述过的内容，但两书的重点各不相同，而且体制问题的研究在一定程度上具有开拓性，足以充分反映出近五年来我们在这一专题研究领域所取得的新的进展。

总起来说，关于法西斯主义的研究，包括对于法西斯体制的研究，无论是其学术价值，还是历史借鉴作用，都有很强的现实意义。它不仅可以充实和丰富我们对于第二次世界大战历史的认识，而且可以加深我们对于帝国主义发展演变规律的理解。

二战是帝国主义全面危机的产物，又是帝国主义全面危机的一次集中表现。在20世纪初叶和中叶，大体上是从第一次世界大战至50年代中期将近半个世纪时间内，世界处于频繁的危机、冲突、革命和战争的年代。主要帝国主义国家经历着持续的经济、政治和社会危机，陷入一种动荡不安和濒临崩溃的境地。帝国主义各种固有的矛盾，特别是帝国主义之间的矛盾日趋尖锐。在一些后起的、仍然存在封建残余及其影响的帝国主义国家，由于对第一次世界大战的结局极为不满，也由于各个阶层深受动乱、失业、破产、贫困之苦或面临其威胁，极端民族主义、种族主义思想和扩张主义倾向迅猛发展起来，要求改变现状、改善自身处境的情绪十分强烈。正是在这种特定的土壤和气候条件下，孳生了法西斯主义思潮和运动；而在法西斯主义政党和集团当政以后，对内推动极权独裁统治，对外实行侵略扩张，又进一步激化了世界各种基本矛盾；帝国主义营垒再度一分为二，形成了世界主要矛盾的转化。

法西斯当政的德、日、意，一方面向英、法、美等老牌或富有的帝国主义国家夺取市场、疆土和势力范围，另一方面又要将他们的极权独裁统治模式强加于其他资本主义国家，于是出现了法西斯侵略国家和西方民主国家的对立。然而，法西斯国家的侵略矛头和战争挑衅，首先是指向亚非被压迫民族、欧洲中小国家和社会主义苏联，通过占领、兼并、肢解别国，壮大自己，削弱对方，以准备发动全面战争。西方民主国家在一再绥靖之后，终于起而抗击法西斯的侵略。由此，西方民主国家与被压迫民族和社会主义国家之间产生了共同的利害关系，世界主要矛盾转化为法西斯侵略势力与全世界反法西斯势力之间的矛盾。全世界维护和平、捍卫民主、坚持民族独立和社会主义的力量终于结成反法西斯统一战线，取得世界反法西斯战争的胜利。

研究法西斯体制，可以加深对于帝国主义从一般垄断资本主义过渡到国家垄断资本主义阶段的认识，有助于分析比较各种政治、经济体制的优劣。人们通常认为，国家垄断资本主义真正形成一种经济制度，肇始于30年代资本主义世界经济危机之后，美国罗斯福新政在经济领域实行大规模国家干预。实际上，法西斯意大利和纳粹德国同为大规模推行国家干预的滥觞，墨索里尼甚至早在20年代中后期就在金融和农业领域推行过并不成功的国家干预。由于法西斯国家对经济领域的国家干预制同扩军备战、推行国民经济军事化紧密结合，后来又发展为全面服务于侵略战争，因而产生国家垄断资本主义的一种类型——军事国家垄断资本主义。

从根本上说，一个国家建立什么样的政治、经济体制，取决于它的社会制度和国家性质。但是，现已公认，每种社会制度并非只有一种政治、经济体制的固定模式。某种政治、经济体制也并非仅仅适用于某一特定的社会制度。以政治体制而言，同是帝国主义国家，如从体制性质来区分，有民主制和极权制之别；如从权力结构来区分，更有总统制、议会制、内阁制等等不同形式。反过来说，既有资产阶级民主制又有社会主义民主制，后者是对前者的扬弃和发展。民主制有些基本原则，是从资产阶级革命以来多少代人奋斗争取得来，并在多年实施过程中证明为合理公正有序，因而具有一定的普遍适用性。如权力机构的分权、制衡原则，决策程序的集体原则，领导成员的选举原则，等等。尽管具体做法各有不同，执行情况多有差别，但作为确立体制的一些指导原则，则不仅适用于资本主义国家，同样也适用于社会主义国家。法西斯极权制和经济领域的国家干预制是一种反面的例证，了解和剖析这种体制，可以在与民主制及各种市场经济体制的对比中，更准确地辨明优劣利弊，也有助于思考若干前社会主义国家推行的政治、经济体制的成败得失，有利于作为殷鉴，开阔我们探索各个方面体制改革的思路。

法西斯统治的国家已经败亡半个世纪，法西斯主义的"幽灵"却未消失，近年更有死灰复燃，日趋猖獗之势。为希特勒、墨索里尼及日本军国主义翻案招魂之事屡见不鲜，效法当年法西斯暴徒的种族歧视暴行层出不穷，法西斯组织及其成员甚至堂而皇之进入议会，进入政府，这能不引起世人关注吗？

所以，研究法西斯主义问题，也绝非仅仅是学术问题。归根到底，它同我们的现实生活，同我们理解今天所处的国际环境，是密切关联的。

二

《法西斯体制研究》全书共三编十二章。按德国、意大利、日本的顺序，每个国家一编，分别由李巨廉、陈祥超、孙仁宗三位副主编主稿。其中德国和日本两编系几位作者分头执笔，由副主编负责统稿。我通读了全部稿件，并对其中几章着重做了修改。

将德国编列为首篇，并非必需如此。主要是考虑建立法西斯体制，特别是极权主义政治体制，虽然意大利墨索里尼是始作俑者，然而，经纳粹德国变本加厉予以推进，发展得更具典型性。在书稿的撰写上，德国编对纳粹主义、纳粹运动的产生及其历史渊源和纳粹政权的建立，做了全面系统的回顾；而意大利编力求突出重点，着重阐述我国学者较少论及的问题。将德国编列在前面，便于没有阅读过《法西斯新论》的读者，对于纳粹运动崛起的全貌，同时也对作者关于这些问题的基本观点有所了解，然后再请阅读各章专题论述。

第一编《德国法西斯体制》的各章结构：第一章论述纳粹体制的确立；第二章论述纳粹政治体制，包括权力结构、监控与镇压体系、军队体系；第三章纳粹经济体制，主要论述其形成演变过程、经济结构及国家干预机制；第四章纳粹文化体制、教育体制与社会控制机制。在此，我想对第一章第三节《纳粹体制的思想理论基础》中的"民众共同体"和"领袖原则"两个问题，着重做些引述和评介。

　　说到纳粹体制的思想理论基础，这里所指的纳粹理论当然不能从严格科学意义上的理论去理解。纳粹党人并没有提出一种完整的学说，所谓纳粹理论是指纳粹领导人、主要是希特勒说明其运动"合理性"，以及他们提出的政治主张、社会要求和宣传说教的综合。尽管这种理论既缺乏系统性，也没有一贯性，常常随着政治斗争的需要而变化，带有机会主义和实用主义的特色，但是，的确有若干基本观点贯串在他们的各种主张和行动之中，也同纳粹体制的建立和运用有着内在的联系。希特勒最喜欢用"世界观"这个词来指明他的思想。他在1936年1月宣称："民族社会主义运动执政，不仅是由一个新政府接管政权，而且意味着一种新的世界观取得胜利。"① 他所说的"新的世界观"，应该是指纳粹主义思想或纳粹理论，其实也就是希特勒本人用以说明他将如何据以统治德国、主宰世界的若干基本观点和主张。

　　民众共同体和领袖原则便是希特勒新的"世界观"中的两个基本概念。民众共同体，我国也有译为人民共同体或民族共同体的。"民众"一词德文"Volk"，原本含有一种以血统和乡土为基础的原始部落社团的意思。考虑到这个词内涵中的种族含义，我们认为译成民众较为贴切，以便与具有社会、阶级含义的"人民"一词明确区别开来。

　　希特勒说过，"民族社会主义不是把个人或人类作为其观点和决策的起点。它有意识地把'民众'作为整个思想中心。对它来说，这个'民众'，是一个以血统为条件的整体，它在其中看到上帝所选择的人类社会的基石"。1937年，希特勒在纪念他执政四周年的演说中宣称："民族社会主义纲领的要点，是取消个人自由主义的概念和马克思主义关于人类的概念，用扎根在国

————————————

　① 本文此节中的引文均为各编中所引述，出处见原引各页，不再加注。

土之中，由于共同的血缘而结合在一起的‘民众’社团来代替。"此前，他在接见《纽约时报》记者时还说过，"民众"不仅赋予个人的生命以意义和目标，还提供了判断所有其他制度和主张的标准。"政党、国家、军队、经济结构、司法机构都是次要的，它们不过是保护‘民众’的工具。如果它们完成了这个任务，它们就是正确有用的。在它们不能胜任这个任务时，它们是有害的，要末加以改革，要末弃之一旁，用更好的工具取而代之。"他声称，"民族社会主义将本着种族的概念把它的革命推向国外，并彻底改造世界"。

希特勒和纳粹理论家们并没有直截了当地把民众共同体究竟是个什么东西讲清楚。我两次去德国进行学术访问，曾多次向德国学者请教这个问题，也没有得到清晰的令人满意的回答。当时的许多活动，包括男女青年们的野营联欢，都被说成是民众共同体的活动，但并没有一个民众共同体的具体组织、机构或系统。听起来它似乎无处不在，追究起来却又有点虚无飘渺，找不到一个实体。后来我终于明白，没有必要在具体形式上去钻牛角尖。在纳粹德国，为了培育种族主义情绪，各种各样的群众性活动都在民众共同体的名义下进行，把民众共同体作为神圣的光环高悬在德意志人的头上，又把它深深地烙在人们的心里。

由此看来，在民众共同体的实质问题上，希特勒断断续续、几次三番还是讲清楚了的。民众共同体是种族主义和民族沙文主义的概念。纳粹党人要尽一切努力使所有德意志血统的人（共产党人和反纳粹主义者被排除在所谓"民众"之外）都向往并致力于建设一个强大的大德意志日耳曼民族共同体，并将它的种族革命"推向国外"，"彻底改造世界"。因此，这个概念成为他们考虑体制问题以及其他各种问题的一个根本性的出发点，又是笼而统之的奋斗目标。既将它说成是他们权力的源泉，又说成是判断是非的标准，实际上，说到底，它无非是一面用以蛊惑人心的旗帜。

希特勒用民众共同体的种族概念对抗马克思主义和民主主义、自由主义。他攻击马克思主义者提出"'无产阶级专政必须取代资产阶级专政'的口号，只是一个阶级的专政变成另一个阶级专政的问题，而我们希望建立国家的专政，即全体民众的专政"。说什么"我们看到的不是一个阶级，而是德意志人民，它的数百万农民、资产者和工人"，必须"超脱等级和阶级，重新动员我们的人民，意识达到民族团结和政治团结，以及由此产生的义务"，在"最终克服阶级癫狂和阶级斗争（希特勒对马克思主义影响的诬称）之后，把所谓第四等级（希特勒对工人阶级的称呼）联合到民众共同体之内"，"把数百万民众从现时主张国际主义的非德意志诱骗者和领导者手中争取过来"。

另一方面，纳粹党人鼓吹"民族利益高于个人利益"（这里所说的"民族"也是种族的同义词）。希特勒说："个人是短暂的，'民众'是永存的。如果自由主义的世界观在个人的神化之中必定导致'民众'的毁灭，在必要时，民族社会主义则不惜牺牲个人来保护'民众'。重要的是，个人应逐渐认识到，他的自我与整个民族的生存相比是无足轻重的"，"首先他必须认识到，一个民族的思想和意志的自由，要比个人思想和意志的自由有价值得多。"希特勒用的是"民众"、"民族"等种族概念，墨索里尼则用"国家"概念，但手法相同，都以极度强调"民族"、"民众"和"国家"这种冠冕堂皇的词令，抹煞或否定个人利益和个人自由。

由民众共同体进一步引申，纳粹党宣称要建立新型的"民众国家"，或称为"日耳曼国家"。这种国家被视作保护种族的工具，必须有能力对"民众"实行保护，从本民族中挑选出最有种族价值的精英，并将他们保存起来，以确保一个民族的内部力量；而且更重要的是要有能力培养本民族的理想情操，提高文化素养，从而将它引向更高的自由王国，在人类中占有统治地位。希特勒强调，纳粹党（特别是党卫队）就是日耳曼民族中"最有种族价值的精英"，他把纳粹党在德国夺取政权比作一次"种族革命"，标志着一个统治阶层对另一个统治阶层的取代。他宣布："我们要遴造一个新的不知怜悯的主宰阶层，遴选一个将认识到由其优秀种族而有权进行统治的阶层，一个将会毫不犹豫地取得并维护其利益的阶层。"

按照希特勒的种族主义解释，世界上各种人种被划分为文明的创造者、文明的承袭者和文明的破坏者三大类；而雅利安—北欧日耳曼人是一切高级人类的创始者，是文明的创造和维护者，是上苍赋予"主宰权力"的种族。他搬用尼采"超人哲学"，宣传所谓"精英统治"，认为如同种族与种族之间不可能平等一样，某一种族内部的个体之间也是不平等的。大多数人从来就不会有创造性成就，从来不会对人类有所发现，唯独个别人是人类进步的创造者。民众国家要以"大自然的等级思想"为基础，"民众统治的真义是指一个民族应被他的最有能力的个人、那些生来适于统治的人所统治和率领，而不是指应让必然不谙这些任务的偶占多数的人去治理生活的一切领域"。

希特勒以精英统治为依据确立"领袖原则"，并同民众共同体的思想紧密联系在一起。领袖是民众共同体的人格代表和中心。领袖与民众之间存在种族血统上的一致性，存在人格上结合的基础。他是民众的利益及意志的代表者，是保持民族团结的维系者，因而有权对民众实行绝对统治。反之，分别代表一部分国民利益和意志的一般政党，也就没有存在的必要。

纳粹党和国家的领袖原则，表现在实际行动上，有三层含义：第一，纳粹党和国家的领袖（元首）享有至高无上的绝对权威和无限的全权；第二，领袖（元首）的意志以及他以任何方式表达的意图，不仅可以取消或修改现行法律，而且必须不折不扣地贯彻到整个社会生活的一切领域，达于全党全国的每一级机构以至每一个人；第三，纳粹党和国家从上到下的全部组织机构，均按此式样进行组织和运行①。希特勒说过，"每个领袖对下必须有权威，对上必须负责任。"他解释说："这一原则是绝对责任与绝对权威的无条件结合，它将会逐渐培养出一批在今天这种不负责任的议会制度时代根本不能想象的领袖人才。"

希特勒所说的"绝对权威"就是要求无条件服从，所谓"绝对责任"并非一般意义上的对议会负责或对大多数人负责，而是指体现在最高领袖即他本人身上的"使德意志人成为地球主宰"的使命。他十分明确地指出："有责任担当人民领袖的人是不对议会惯用的法律或个别的民主观念负责的，他只对所负的使命负责。谁要妨碍这种使命，谁就是人民的敌人。"

正是以这种领袖原则为思想理论基础和根本组织原则，希特勒确立了他的极权独裁统治。

第二编《意大利法西斯体制》的各章结构如下：第一章极权主义政治体制，阐述极权制确立的过程、国家法西斯党的理论与机构、国家机构与王权；第二章经济领域的国家干预制，概述法西斯政权建立以前的意大利经济、法西斯党经济主张的变化，从自由经济的"新经济进程"过渡到开始实施国家干预，着重论述全面确立国家干预制，主要是推行国家参与制，创立伊利模

---

① "领袖"和"元首"，德文是同一个词，中文在不同场合采取不同译法，一般将政党最高领导人译为领袖，国家最高领导人译为元首。此一小段引述，见《法西斯体制研究》第一编第二章《领袖国家》一目。

式国家垄断资本集团；第三章法西斯职团国家，阐述职团制的确立、职团制组织体系、职团国家的实质及其影响；第四章教育体制的法西斯化，论述法西斯教育体制改革、教育法西斯化的过程和内容，并具体评述包括军事训练、体育训练、假期服役训练和辍学训练等各种各式的课外训练制度及其作用。由于职团制成为法西斯意大利一项根本性的社会政治制度，它是法西斯意大利有别于其他法西斯统治国家的主要特征，具有较为广泛的国际影响，在我国对此评论不多，在介绍本编时着重对它作些引述和说明。

职团一词，亦可译为"组合"，其含义几经演变。在古罗马和中世纪，它的原意即行会组织，特指职业行会，后衍生出同业公会、社团等意思。第一次世界大战后期，它被当作增强国力的手段而宣扬。民族工团主义者首先创建意大利职团联合会。1918年更名劳动同盟，自称为不属于任何政党之劳动者的社团，目的是把生产、分配和交换权统统交给劳动者的组织。但其影响很小。

墨索里尼支持发展职团运动，1918年在他主编的《意大利人民报》上刊载文章，谈论超越阶级斗争，为了民族的最高利益而实行资本和劳动之间的和解，"希望为建设既非共济会式的也非激进主义的新的意大利而实行'民族工团主义'"。他打算以此网罗追随者亦未成功。1920年11月，民族工团主义者和法西斯工团主义者联合举行会议，决定建立意大利经济工会联合会。随后在铁道等部门开始建立带有职团性质的工会组织。

1921年11月，国家法西斯党罗马代表大会通过的第一个党章提出，要在意大利广泛建立职团组织。"国家应赋予专业与经济职团进入国家各技术性委员会的权力，把权力和责任交给职团。"法西斯党的任务是"推动职团向这样两个基本方向发展：

一是作为民族团结的体现，二是作为发展生产的工具"。

次年一月，意大利经济工会联合会举行代表大会，决定建立由国家法西斯党直接控制的全国工会职团联合会，并在工业、农业、商业、中产阶级和知识阶级、海员中建立五个全国性职团机构。会议发表的声明中说，"劳动在创造物质的、道德的和精神的财富的过程中要劳资双方协调一致方可取得成果"；"凡能做到上项规定的雇主和工人均应包含在他们所属的职团组织之中"；"国家的含义就是种族的一切物质价值及精神价值的最高综合，它超越个人、行业和阶级；个人、行业和阶级是国家为达到更大荣誉所用之工具。因此，个人、行业和阶级除非纳入国家最高利益范围之内，否则是不合法的"。由此不难看出国家法西斯党所要建立的职团组织的性质，它不过是一种鼓吹阶级调和，主张劳资合作，宣扬国家至上的维护现存统治秩序的社团。

在当时意大利国内正处于尖锐激烈的阶级斗争形势下，这种宣扬阶级合作的职团运动并没有多少拥护者。在墨索里尼上台执政后的一段时间里，法西斯党和政府也没有大力组织和推进这一运动。这是因为它的发展需要一定的政治前提。正如职团制主要鼓吹者之一所说，首先是要"对自由制的彻底放弃"。只有当一切民主和自由均被废止，代表劳动者利益的政党、组织和机构均遭摧毁，亦即建立起极权独裁统治的情况下，才能强制性地大规模建立这种组织。

1925年10月，在法西斯党主持下，意大利工业家联合会代表和法西斯全国工会职团联合会代表在维多尼宫签订协议，相互承认彼此是企业主和工人的合法代表，工人与企业主的一切合同只能由它们及其所属组织签订，要求政府取缔由社会党领导的工会组织在各大厂矿建立的工人自主机构厂内委员会。维多尼协议标志着意大利推行职团制进入一个新的阶段，从事职团制立法和建立组织机构时期。

1926 年 4 月，法西斯当局公布《劳动职团法》，其中规定，"雇主协会和工人工会只有通过与共同的最高领导集团有联系的中央机构（指内阁职团部）方可联合"，雇主和工人的代表分开，不得混淆；取消罢工权，罢工被认为对国家犯罪；建立劳动法庭，解决劳资纠纷。7 月，又公布《劳动职团法实施准则》，规定"职团具有国家（机构）的性质；把生产中的诸因素，也即雇主、脑体劳动者的国家工会组织合二为一"。它的"任务是促进、鼓励和帮助所有旨在协调和更好地组织生产的活动"。法西斯主义理论家、司法大臣罗科说，颁布上述法律最直接的目的是"把各阶级和社会阶层的组织统统纳入国家的轨道，由国家直接控制。在生产方面，把生产中的诸要素均置于国家的领导和监督之下"。

同一个月，在公布《劳动职团法实施准则》的第二天，法西斯内阁成立职团部，其任务是"协调不同行业职团之间和不同阶级之间的利益，以及这些职团和阶级的利益同生产的最高利益之间的关系"。随后，墨索里尼下令建立职团全国评议会，旨在把"全国生产的各个领域都要纳入到这些（职团）机构之中"。这两个机构的组织和权限后来有所调整。1929 年 9 月，内阁撤销国民经济部、农林部，其职权并入职团部。1930 年 3 月，颁布《职团全国评议会法》，规定它的分支机构职团有权颁布有关税率、工资标准以及协调慈善活动与劳动合同的强制性准则，赋予职团具有某些国家行政机关的职能。

在法西斯政权建立以前，民族工团主义者已经设想，按照行会的模式把工人、技术人员和企业主都组织到工会里，然后建立统一的领导机构。在这个机构内，工人与业主的代表同政府官员可以"平起平坐"，进行平等协商，解决劳工和生产问题。法西斯主义者把民族工团主义的这种主张发展为法西斯职团主义，所不同的是法西斯职团主义把阶级合作与对外扩张的思想有机地联系在一起；在组织形式上，民族工团主义者主张保持群众组织的协会，法西斯职团主义者则将它设计成为一种官僚控制的政府机构。

法西斯职团主义的主要观点，是以阶级互助取代阶级对抗，以"能力斗争"取代阶级斗争。它宣扬同一行业的劳资双方"要减少冲突，共同挖掘生产潜力"，以协同合作和维持劳资利益平衡，"团结一致"与其他行业的劳资双方进行"能力斗争"，而不在本行业的劳资之间进行"阶级斗争"。就整个国家而言，职团"作为民族团结的体现"，要举国一致最大限度地发展生产，以便能在国际市场上有力地同其他国家竞争。墨索里尼宣称，职团制是一种"既反对社会主义制度，而同时又超越资本主义的新制度"，是一种"富有纪律、效益和协调一致的经济体制"。但是，尽管法西斯主义者将职团制说得天花乱坠，强调它是生产中各方"团结一致的具体体现"，"全面代表他们的利益"，事实上，在职团结构中，只有资本家享受实际的利益，工人则要受制于企业主、法西斯党和政府三方面的"权威"，而它们通常又意见一致。

为了缓解广大工人群众对《劳动职团法》及其实施准则的不满情绪，法西斯当局于1927年4月颁布《劳动宪章》。文件对集体劳动合同、工资、休假、解雇补偿、劳动纪律、职业介绍和社会救济等有关工人切身利益的问题，作了泛泛的原则阐述。它主要强调法西斯职团国家"是一个道德的、政治的和经济的实体"，并没有任何具有法律约束力的内容，表明它只是用以安抚群众的宣传文件。

法西斯极权独裁统治确立以后，墨索里尼多次主张要将意大利建成职团国家。他认为，"法西斯国家只是极权国家还不够，还应当是职团国家"。1928 年，他在谈论"法西斯国家及其前途问题"时，再次强调"我们要坚定地向国家的职团构想迈进"，要使"国民的所有活动均在职团国家中反映出来"。在渡过1929—1933 年严重经济危机之后，在法西斯领导集团核心成员举行秘密会议讨论发动侵略埃塞俄比亚战争前夕，墨索里尼于1934 年 2 月下令全面建立职团制。于是，意大利迅速为纵横交错的职团组织体系的网络所环绕，确确实实构成了职团国家。

法西斯职团组织体系非常严密，其纵的系统由职团全国评议会领导，各行业劳动者和雇主按行业分别建立的职团工会，协会体系，作为职团的组织基础。全国评议会是职团最高领导机构，职团中央执行委员会是职团代表大会休会期间的常设机构。全国评议会下设工业、农业、商业、银行与保险业、陆运和内河航运业、艺术与自由职业等七个委员会，作为职团纵的组织体系各行业的全国领导机构。除艺术和自由职业委员会外，其他六个委员会由劳方和资方数目相等的委员组成。每个委员会均包括该行业全国雇主协会会长和全国法西斯工会会长以及这两个机构各自推选的代表，还有行业合作总社的一些代表。这七个委员会从纵的方面控制着意大利全国省、市、地、县和地区的 5432 个职团工会联合会、661 个雇主职团协会和 1222 个艺术与自由职业者协会，它们共有会员四百二十五万余人。职团全国评议会在各省设立省职团评议会，对上述基层职团组织实行政治监督与控制。

职团横的系统是指由内阁职团部和职团全国评议会共同领导的、由劳动者和雇主共同按生产部类混合组成的 22 个全国劳资联合职团。这些职团是所谓劳方代表，资方代表和法西斯党代表"融成一片"的三位一体组织，被称为实现生产至上、国家至上、民族至上，因而可以使"生产成为统一有效的国家生产"

的组织。墨索里尼在 1934 年 2 月宣布建立 22 个职团同时，下令全国所有行业及其属员都必须参加有关职团。其中 8 个职团按农业生产和以农产品为原料的加工工业及其销售商系统组成，8 个职团按工业生产企业及销售系统组成，6 个职团由服务性行业组成。

　　职团系统还包括劳动法庭这一特殊司法机构。意大利全国共有 16 个上诉法院，每个都附设专管职团诉讼的劳动法庭。按省设立劳动裁判所，共 94 个，分属 16 个劳动法庭。劳资纠纷先在职团内部调解，调解无效即交劳动法庭解决。工人罢工，不管出于何种原因，均被认为是反政府行动而判刑和罚款，其组织者将被判 3—7 年监禁。三名以上工人共同提出增加工资或改善劳动条件的要求，即被扣上"罢工"或"聚众闹事"的罪名，可见其刑罚之苛重。

　　职团国家的建立，强化了极权主义政治体制，把墨索里尼的极权统治推向顶峰。按照法西斯立法，职团既是社会团体，又是国家机构，因而它既是极权主义政治体制的组成部分，又是法西斯当局对各行各业所有属员实行严格的社会控制的重要手段。管理职团的政府机构内阁职团部拥有广泛的权力，远远超过其他各部，被称为"超级政府"、"阁中之阁"。与职团部有关的司法、财政、公共工程、交通和教育等部，无权单独处理涉及职团的任何问题。只有征得职团部同意，才能作出决定。下发文件须经职团大臣或该部有关司局长联署方为有效。

　　职团系统各级组织都在一定程度上拥有行政、立法和司法权力，直接控制着民众。职工的劳动就业、劳动合同以至人身自由等等切身权利都被职团组织所操纵。实际上，法西斯当局通过职团系统直接间接将全体居民都网罗在它的控制下，其严格程度是历史上任何专制独裁制度所无法比拟的。

尤其突出的是职团制的每一个关键的领导职位，都由墨索里尼一人担任。他是内阁职团大臣，职团全国评议会和职团中央执行委员会主席，又是22个职团的会长。有关职团的一切重要事务，都经他作出决定。通过职团，墨索里尼巩固了他的独裁统治地位和权力。因而陶里亚蒂评论说，职团制使墨索里尼"得以控制国家的一切"。

职团系统也是法西斯政权在经济领域实施国家干预的主要渠道之一。内阁职团部是法西斯中央政府主管国民经济的主要部门，它的职责包括改革和调整生产体制，促进生产的一体化进程，以及协调各专业部的工作。职团全国评议会和省评议会的任务之一，是控制和调整职团的生活和各项经济活动，监督政府有关经济发展、社会救济、职业介绍和职业教育等工作。22个职团的职责，有掌管就业，确定劳动条件，协调劳资纠纷，控制生产原料的分配，监督殖民地和康采恩的活动，等等。它们还有权参与制定经济政策，颁布有关税率、工资标准的规则和法令，以及有关劳动合同、协调国家经济关系的强制性准则。

职团制体现了权势集团新的组合。法西斯统治集团与垄断资本更进一步结成紧密的联盟，共同掌管意大利经济。评议会系统包括661个由资方组成的雇主职团协会。法西斯职团雇主联合总会主席是全国评议会常设机构职团中央执行委员会的法定成员。各个雇主协会的会长均为全国评议会所属除艺术和自由职业委员会之外六个委员会的当然成员。在22个职团的领导委员会中，除劳资双方名额相等的委员之外，每个职团都有三名法定的法西斯党的代表担任委员。一些企业主便千方百计加入法西斯党，以便在领导委员会中充当法西斯党的代表，并取得职团副会长的地位，借用墨索里尼职团会长的名义发号施令。许多职团领导委员会的实权被资方委员所操纵。

另一方面，在职团制之下，企业从属于国家的要求，自主经营受到种种限制，市场自由竞争是不可能的。尤其是中小企业处于非常困难的境地，它们无权按照市场需求调整生产，却要受到职团的许多约束。与之相反，垄断资本通过职团制的实施获得极大利益，得以实现资本的进一步集中。法西斯当权为了挤进国际市场，鼓励垄断资本对中小企业的兼并。1927年专门就此颁布法律。1928年兼并事件从1927年的16起增加到105起，涉及公司266家。兼并风潮一度造成机器制造、造纸、食品加工和棉纺织等传统工业生产下降，而一些垄断资本的规模迅速扩大。1937年，仅占私人企业0.69%的大垄断金融集团，控制了全国股份资本的55.43%。

职团拥有全面代表国家和劳资双方的权力。它掌握着生产配额和原材料的分配权，税额的确定权，"有权签订本行业全体成员必须履行的集团劳动合同"。它对劳动关系和调节生产所做的规定是企业必须严格执行的强制性规定。国家干预经济的许多环节由它负责实施。它和掌握资本投资的伊利国家垄断资本集团同为法西斯政权在经济领域推行国家干预制的主要渠道。它们相互结合，相互补充，双管齐下，使国家垄断资本主义在意大利获得充分发展。就此而论，职团制又是国家经济体制的重要组成部分。

职团制与对外侵略扩张密切相关。墨索里尼急于建立职团国家，就是为发动侵略战争做好准备，要建立一种与支持和保障战争相适应的经济体制。它将驱使整个国民经济服务于超强度的扩军备战，将所有人力、财力、物力严密控制起来用于战争。首先是动员组织国家的全部力量准备发动战争，尽量减少并进而消除因原料不足对向外扩张所造成的制约。他曾经说，"建立职团是意大利特殊情况的需要"。也就是要在1935—1940年间动员500万人，并将他们武装起来。职团的任务就是为实现上述目标组织生产，贯彻落实为发动战争而采取的一系列措施，监督实施1934年末开始实行的对外贸易垄断，1935年建立一个包括876家工厂和58万工人的军火工厂委员会，等等。1936年7月开始武装干涉西班牙战争之后，墨索里尼更强化职团的作用，由它负责监督实施经济领域的"自给自足"政策。职团全国评议会为对外扩张建立了工业动员会。这也是职区制多重功能的表现。

概括起来说，职团国家因发动战争需要而建立，职团根本作用是为了服务于战争，反过来，通过战争获得其战争生产所需要的原料和市场，然后重新扩大战争生产，进行新的侵略战争，形成恶性循环。这就是职团国家的实质及其运转规律。

第三编《日本法西斯体制》的各章结构是：第一章向法西斯体制演变，概述体制变动的动因和前提，分析"国防国家体制"构想以及"一国一党"论、国体论、协同主义等有关体制构想的几种主张，阐明日本国家体制逐步法西斯化的过程，指出1937年7月日本发动全面侵华战争以后，即以"国防国家体制"构想为蓝图，在各方面逐步建立法西斯统制；第二章阐述国防国家政治体制，分析从近卫新体制的波折到东条极权体制形成的过程，论证各个权势集团的重新组合；第三章统制经济体制；第四章国民统制与精神统制。对这一编，需要就日本全面确立法西斯体制的特点，着重作些引述和说明。

日本国家体制的法西斯化，与德意两国的法西斯化有明显的不同。总的说来，其主要特点有三：

第一，它是在近代天皇制的框架范围内，通过对权力结构的局部改组，逐步演变，实现国家体制的法西斯化。

第二，军部法西斯集团对国家体制的法西斯化起了决定性的作用，由它凭借天皇的权威，与天皇制官僚相结合全面确立极权主义体制。

第三，对整个国家和社会各个领域以至广大国民实行严密的极权主义统制同时，基本保留天皇制在政治权力掌握运行上的分权机制①。

这三个特点，都同天皇制直接关联，并由它而产生，因此，日本法西斯体制是天皇制法西斯极权主义体制。

日本法西斯体制的建立，没有经过政权的更迭。在日本，既没有来自中下层的群众政治运动对现存统治秩序的猛烈冲击，也没有法西斯政党以及在它夺取政权后对原有体制的破坏和废止。它是由各个权势集团自身的法西斯化或重新组合，通过对原有体制多次进行局部性的改组，逐步演变为法西斯体制。它要受天皇制机构和传统的制约，必须依靠天皇的权威和影响，利用天皇制意识形态，来推进法西斯化。实质上，日本国家体制法西斯化的过程，就是逐步扩大和强化近代天皇制两重性中专制统治的一面，削弱以及消除一定程度民主自由的立宪政治一面，按照极权主义和扩张主义的要求，调整权力结构，扩大转换权限职能，改善运行机制，以支持侵略战争。其间，经历了较长时间的过程，也曾出现曲折，但其基本的统治形式和手段，仍然属于法西斯极权制的性质；其统治的严密和严酷程度，毫不亚于德国和意大利的法西斯体制。

日本明治宪法规定，天皇神圣不可侵犯，总揽统治权。这不仅包括立法权、行政权、司法权、统帅权，还有文权（天皇既是君又是师，有权为国民规定思想道德准则），并在实际上拥有财权，可以运用天皇权威及其拥有的财产干预、影响财政和政局。另一方面，天皇总揽大权是统而不治，并不躬亲政务。天皇

---

①　我们在《法西斯新论》一书中曾经论证过日本法西斯主义的特点，本文主要分析其国家体制的法西斯化，角度有所不同。

行使权力需由各种机构"辅佐"、"翼赞",因而存在多头分权。最突出的是统帅权独立原则,天皇总揽统帅权,军令长官有帷幄上奏权,有关军令事项不经内阁直接上奏天皇裁断。由此形成统帅与国务分离,军部与内阁分庭抗礼,同为天皇制机构主要支柱。同时,军部的陆、海军务首脑机关,内阁的各省,又互不统属,各自独立,甚至总理大臣(首相)对内阁各省也只起协调作用,而无统辖大权。其他如枢密院,议会的贵族院、众议院,也都平等独立,互相牵制。这就是近代天皇制的统治机制和传统,显然不适应于极权主义和新的扩张的需要。

日本的法西斯统治集团曾经试图效法意大利和德国建立法西斯政党,提出"一国一党"论,开展建立新党、新体制运动,以改变上述状况。但在维护天皇制纲纪法统的国体论壁垒面前一再遭到挫败。早在30年代中期就有过一场国体论与民主主义之争,即关于"天皇主权说"与"天皇机关说"的斗争。天皇机关说系东京帝国大学教授美浓部达吉所阐述,大意是在立宪政治下,国家是统治的主体,天皇统治大权不是天皇个人的权利,而是作为国家元首,为了国家的公事行使统治权力;天皇即是国家最高机关,行使权力必须遵循宪法条款,行使立法权必须有议会协赞,议会同样是参与统治的国家机关。天皇机关说成为推行政党政治,加强议会权力的理论依据。它本已赢得宪法学界的公认,被官方所接受,不仅被大学教材所吸取,而且为高等文官考试所援用,却在1935年受到国体论者的攻击。

国体论久已存在,其核心便是天皇主权说。国体论对天皇制用了种种溢美颂扬之词,还搬出神话传说穿凿附会,不外乎三层意思:一、天皇为神的后裔,受神敕统治日本,自古无"易姓革命",亦无外族入主建国,皇统连绵不断,万国无双。二、日本有君民一体、君民一家特殊传统,日本为一大家族,天皇为一大家族宗主，国家即一家之扩大，君臣即父子之推广，臣民忠孝合一，天皇亲民如子。三、因此，天皇统治为日本国家之根本，天皇及其统治大权神圣不可侵犯，必须绝对服从。一法学教授解释说，"天皇为统治日本之主权者，皇位为国家主权之所在，是为我国立国之本体"。

　　1935 年初，一些右翼学者、议员带头指责天皇机关说是"缓慢的谋反"。各种右翼势力喧哗一时，围剿天皇机关说。结果，美浓部著作遭禁，他本人被迫辞去贵族院议员。内阁在同年八月、十月两次发表明确国体的"国体明征"声明。这阵鼓噪被称为国体明征运动，是日本国家加速走向法西斯化的一种征兆。

　　1937 年日本发动全面侵华战争之后，在近卫第一次内阁期间，一批右翼人物发表《告国民书》，呼吁从速建立"超越彼此对立，浑然一体"的强力政党。随之展开了以近卫为中心的一国一党运动，通称近卫新党运动。但因近卫本人动摇在 1938 年 11 月突然中止。1940 年，日本正处于内外交困，朝野一筹莫展之时，欧洲战局骤变。日本统治集团企图乘机扩大侵略战争，摆脱困境，再次掀起近卫新党运动。亲军党派议员组织，包括政友会、民政党为主的大部分议员推波助澜。主要右翼团体实行联合，热衷于一国一党。新官僚和近卫的智囊团出谋划策。军部的支持更对近卫态度明朗化起了关键作用。一时间甚嚣尘上，在日本法西斯主义运动史上，没有任何一种运动像一国一党运动那样，参与力量那么广泛庞杂。

　　所谓一国一党，是指建立超党派、超越各种政治力量的"举国政党"，原有政党一律解散，新党实行"指导者原理"，即领袖原则，内阁首相兼任新党总裁。对此有关各方较为一致，而以何种力量为主组成新党，涉及各方实际利害，分歧较大。至于实行一国一党的直接目的，更是各有打算，但主要阻力仍然来自国体论。

经过多方酝酿，1940年六七月间，各政党和派别组织相继自行解散，出现无政党局面。近卫决心建党，向记者宣称："不依靠新政治体制，不组成强力政党，就不可能对付目前重大时局，不可能打开目前困难局面。"他辞去枢密院议长，表示将为确立"强有力的举国政治体制"，"奉献微力"。不料此时所谓"观念右翼"的几个组织起而反对新党运动，指责一国一党违反国体，是幕府再现。近卫非但不敢反击，反而从一国一党后退到建立"政治新体制"，表示不再使用"新党"一词。新党运动就此胎死腹中。

近卫在组成第二次内阁后以为可以顺利推行新政治体制，他在八月新体制筹备会首次会议上发表声明，指出必须完善高度国防国家体制，在政治、经济、教育、文化等各个领域确立新体制。他提出新体制所要实现的四个目标："统帅与国务的协调，政府内部的统一和效率的提高，议会翼赞体制的确立……更重要的是确立万民翼赞的国民组织，这是前述事项的基础。"这个国民组织运动要以"高度发扬政治思想和政治意识为目的"，"广泛举用朝野知名无名的人才，组织运动的中核体"。事实上，连建立这样一个政治性的国民组织也是困难重重，寸步难行。

九月，内阁会议决定新体制运动称为大政翼赞运动，其组织定名大政翼赞会。10月12日大政翼赞会成立，随后在各道府县建立它的地方组织。大政翼赞会这种官办的国民组织完全从属于政府，它毫无实权，只充当一个行政辅助机构的角色。尽管如此，还是由于近卫主张它"应具有高度政治性"，在它的中央本部设立了体现政治性的企划局、政策局、议会局机构等举措，招致强烈反对。从观念右翼到议会议员、内务官僚、财界巨头，或者反对它的所谓违反国体和宪法的僭越行为，或者认为它没有满足以至有损于自身利益，对其群起而攻之。

反翼赞会势力攻击的焦点是反对它成为政治结社。近卫节节退让，一再认错，改组内阁，承认翼赞会并非政治结社。1940年1—2月，在日本第76届议会期间，对翼赞会的攻击达到高峰。最后宣布翼赞会属于"公共结社"，与卫生组合、产业组合等归于一类，不能进行政治结社的政治活动；并解散翼赞会中央本部，彻底重组它的中央和地方机构。近卫的新党新体制运动终于夭折。

在日本国家政权已经法西斯化的条件下，近卫文麿作为宫内集团的重要人物、政界第一要人，出面倡导新党、新体制运动，为什么竟然遭到惨败呢？除了近卫本人的弱点，即政治上的软弱性和他自己没有一支可以作为依靠的政治力量之外，主要原因有二。第一是国体论的阻挠。对近卫新党、新体制运动攻击最烈的观念右翼，人数不多，能量却大。归根到底，还是凭恃天皇和天皇制在日本各阶层中拥有深刻的影响。他们挥舞国体论的大棒，似乎理直气壮，很少有人敢于正面起而反驳，附和者众，回避者不少，因而声势浩大，咄咄逼人。近卫本人的内心深处同观念右翼一脉相通，他不止一次地在记者面前承认一国一党违反国体，有幕府化的危险，无怪乎他在国体论者面前忍气吞声，这又怎能不一败涂地呢？

第二是天皇制机构一定程度多头分权机制的干扰。在承认和维护天皇制的前提下，各个权势集团的自身在发生变化，他们之间的相互关系在重新组合，但不能容忍出现一种凌驾于它们之上的新的政治势力。原先政党势力支持一国一党，是指望搭上便车，恢复其在政党政治被扼杀后大为削弱的地位，扩大其实力。它们自行解散，为的是移花接木。一旦发现期望落空，翼赞会又高踞议会之上，并有取而代之的势头，危及党派势力最后的活动地盘，几乎全体议员都改变了态度。他们纷纷抨击翼赞会，以至否定它的合法性质。内务官僚一向将道府县地方行政当局视作不容他人染指的专有领地，主张翼赞会地方组织从属于地方行政当局。翼赞会却决定它的道府县地方组织各类主要负责人由总裁指定或任命，即直接听命于首相，引起内务官僚的强烈不满。军部虽然支持近卫一国一党和新体制运动，但在统帅与国务关系上双方也有矛盾，各自都要谋求掌握主导权，所以这种支持也是半心半意。如此等等，近卫陷入四面楚歌之中，只能偃旗息鼓。

近卫失败了，国家体制法西斯化的进程不能中断。这是法西斯政权坚持战争，加强统治，克服内外交困局面的迫切需要。于是，军部法西斯集团的东条英机出场全面推进国家体制的法西斯化，最终确立极权主义的法西斯体制。

日本军部干预政治由来已久。它不仅独立于内阁之外，而且可以左右内阁的存亡。早在1900年就规定军部大臣现役武官专任制，即由军部从现役上、中将内确定人选，向内阁推荐为陆、海军大臣。组成内阁前，如军部对阁僚人选不满，不推荐陆、海军大臣人选，新阁只能流产。军部如果要更换内阁，可让陆、海军大臣辞职，不再推荐后继人选，内阁将被迫辞职。反之，如内阁辞职，陆、海军大臣可以不与其他阁僚同进退，继续留任[1]。进入20世纪后，日本军部一直在走向政治化，即由一个军事指挥机构逐步演变为全面干预国家政治，凌驾于内阁和议会之上的军事政治权势集团。这个集团策动了1931年"九一八"事变，驱使日本走上法西斯化的道路。

日本军部在1932年反对组成政党内阁，扼杀"政党政治"。

---

[1] 1913年山本内阁曾将现役武官扩大到预备役，实际上并未能执行，1936年正式恢复军部大臣现役武官制。

1934年，统制派控制军部，制定法西斯纲领《国防之本义及其强化》小册子，主张建立高度国防国家体制，标志着日本军部实现法西斯化，演变成为法西斯军事政治权势集团。1936年"二二六"事件后，广田弘毅受命组阁。军部提出施政方针，干预阁僚人选，取得对内阁的支配地位，自此开始日本政权的法西斯化。1937年日本发动全面侵华战争，随即展开全面建立高度国防国家体制的进程。可见，日本军部法西斯权势集团一直是日本法西斯化的主要推动者。

1941年10月，东条英机组阁，晋升陆军大将。日本于12月8日发动太平洋战争。东条内阁加紧推进国家体制法西斯化。首先重振大政翼赞会，使它真正发挥加强国民统制的作用。1942年1月成立翼赞壮年团，作为它的外围组织，以21岁以上男性中"有实践力、有朝气的中坚青壮年"为成员。全国有郡、市、区、町翼壮团10万多个，团员134万多人。它被东条称为"大政翼赞运动中最有力的实践部队"。同年五月，东条内阁决定、将产业报国会等工、农、商、青、妇国民组织，町内会、部落会和邻组等地域组织，并入翼赞会系统；八月，在地域组织中设立担任"联络"职务的"世话役"和"世话人"，实际上均由町内会长、部落会长、邻组长担任，全国共约150万人。翼赞会中央机构也作了调整。就这样，不再争论它的性质，仍由官僚集团、主要是内务官僚控制，扩大它的组织系统，加强它的核心力量，翼赞会的声势和政治作用明显加强。

日军在太平洋战争初期的胜利，加强了东条内阁的地位。它进而推行议会翼赞化，确立翼赞政治体制。1942年4月举行翼赞选举。为进一步控制议会，东条发起于1942年5月成立翼赞政治会，贵族院、众议院的绝大多数议员和一部分各界人士参加。在它成立前后，各种议员组织统统解散。官方宣布，将不承认翼政会之外的其他政治结社。因而翼赞政治会成为日本全国唯一的政治结社，被认为是"事实上实现了一国一党"，或"形式上实现了"一国一党。

议会翼赞化是所谓"议会与政府表里一体"，实际上就是议会完全追随、附和政府。议会的审议形式化，立法职能徒有虚名。日本在1938年发布《国家总动员法》之后，议会已丧失仅有的立法权的大部分；但不属于上述法案授权范围的部分立法，仍需通过议会。随着议会的翼赞化，议会仅剩的一点立法权，亦以审议走过场的方式化为乌有。1943年6月第八十二届临时议会，以三天时间即全部通过政府提出的270亿日元临时军费追加预算和11件法案。一些议员提出延长会期、慎重审议的要求遭到拒绝。议会还是政府煽动战争、蛊惑人心的讲坛，变成热烈鼓掌拥护政府、显示举国一致的场所。

大政翼赞会，翼赞议会和翼赞政治会相继成立，被称为日本翼赞政治体制的确立。对翼赞政治体制，尤其是大政翼赞会的作用，在学术界一向有着不同的评价。在我们看来，翼赞政治体制是日本法西斯极权体制的一个组成部分，但它本身并没有涉及权力结构的核心，政府和军队的机构、权限以及它们之间相互关系的调整、改组，因而不能把翼赞政治体制等同于整个国家的法西斯体制。翼赞政治体制的确立，只是日本国家体制法西斯化过程中所达到的一个标志，而不是完成。翼赞会和翼政会更无法与德意两国的法西斯政党相提并论。但大政翼赞会的建立，尤其是它的重振，的确带来了其他一连串体制性的变动，所以，它对整个体制法西斯化具有一种冲击作用，可以认为是全面确立法西斯极权主义体制的开端。

日本国家体制法西斯化的最终完成是东条极权制的确立。东条首先对在经济领域确立首相统辖权进行重点突破，取得成功。

1943 年 3 月，根据东条内阁要求，议会通过《战时行政特例法》，规定运用敕令即可撤销、变更法律所规定的企业统制措施和行政厅的职权。据此，以敕令形式颁布《战时行政特例》规定，为了增强钢铁、煤炭、轻金属、船舶、飞机五大重要产业，首相对有关各省大臣有指示权，首相可将有关各省大臣的部分职权改由其他大臣行使。东条为了有效行使这方面的权力，任命七名财界人士为内阁顾问，成立以东条为会长、内阁顾问和各省大臣组成的战时经济协议会，任命以财界人士为主的查察使对重要产业检查考察。同年 11 月，将商工省的大部、企划院、陆海军省的军需生产管理部门，以及递信省的一部分，合并成立军需省，由东条兼任大臣。产业统制大权集中于军需省，亦即东条手中，而产业统制权是当时至关重要的权力，

东条内阁期间，法西斯高压统治愈演愈烈。东条组阁时一度兼任内务大臣，后因准备翼赞选举，现役军人不得参与选举活动，改由他人担任。但是，东条仍旧掌握对宪兵的指挥权。他将本为军事警察的宪兵用以执行政治警察职能，迫害无辜，打击异己，排除政敌，甚至以保护为名对重臣进行监视、盯梢，窃听、盘问。东条宪兵政治臭名昭著，搅得人人自危。警察系统以特高警察为中心，全体警察特高化，构成严密的监视侦控网络。在镇压手段上，开始实施对政治犯、思想犯的预防构禁制度，实际上是设置变相的集中营。宪兵和警察不择手段地监视、逮捕、逼供，以至严刑拷打，使全国处于恐怖气氛的笼罩之中。

在协调统帅与国务的关系上，东条以陆军大臣身份作为大本营成员，参与军机要务。大本营于 1937 年为维护统帅权独立的军部特权而设，用以指挥侵略战争。近卫在大本营成立前曾要求让首相参加大本营，遭军部拒绝。东条以首相而兼陆相，成为大本营成员，即在协调国务与统帅关系方面进了一大步。

1944年2月，东条迫使杉山元辞职，自任参谋总长，并由对他言听计从的海军大臣岛田兼任海军军令部长，得以控制整个军政大权。此时，东条一身兼任首相、陆相，军需相、参谋总长和翼赞会总裁等多项职务，事实上确立了东条极权独裁。这是凭借天皇权威而确立的极权独裁。东条在回答他是总理独裁主义时答辩说："我是沐浴到陛下的光辉才发光的。如果没有陛下的光辉，我这个人就等于一块石头。因为有陛下的信任和身居这个地位，我才发光，这同称为独裁者的欧洲诸公是有区别的。"这虽然是他不愿承认自己是独裁者的一种诡辩，但也的确道破了日本极权独裁统治的特点。

三

根据对于德、意、日三个法西斯国家的政治、经济、文化、教育体制及社会控制网络的考察，可以得出一个总的判断，法西斯统治的国家实行的是极权主义的国家体制。

体制及其相关的一些词，虽然现在人们时常提到，但它们的确切含义究竟指些什么，相互间是什么样的关系，似乎没有统一的专门的解释和定义。所以，有必要先对我们研究对象的内涵和范围有所界定。

照我们理解，体制是某一特定对象的机构设置、隶属关系、权限划分、运行机制诸方面的规章制度、组织体系和指导原则的总称。我们这里说的国家体制，主要是指政治体制，即政体问题。国家政权是政治上层建筑的核心，而政治又贯串于社会生活的一切方面。所以，政治体制与国家体制实际上是内容相近的概念，但后者内涵更为广泛，属于更高层次的。如果从总的方面论述国家的体制问题，大抵称作国家体制：分别提及或阐述各个领域的体制问题，则使用政治体制、经济体制等概念。

毛泽东同志曾经指出，国体是指"社会各阶级在国家中的地位"，政体是"政权构成的形式问题，指的一定的社会阶级取何种形式去组织那反对敌人保护自己的政权机关"。① 国体反映国家的本质，国家的阶级属性。国体决定政体，并通过政体来表现。如果说国家制度，那是指规定国家权力归属什么阶级和它采取什么组织形式以实现其权力的基本制度，主要是说国体，同时也包括政体。现在论述国家体制，是专指政体，当然在阐述时也连带着要涉及阶级关系以及各阶级在体制中的地位。

极权主义一词是墨索里尼在 20 世纪 20 年代初率先使用的②。意大利法西斯主义者把全面确立法西斯极权统治的意大利称作"极权国家"。"极权"一词意大利文原本含有全体、全部、总体的意思，它与国家一词组成一个新词极权国家，其含义就是表示或包括"全体的"、"全部的"、"总体的"国家，因而我国有人译为"总体国家"。日本人则将极权主义释为全体主义。

墨索里尼在论述什么是法西斯主义时写道："法西斯学说的主要支柱是关于国家及其实质、任务和目的的观念。"③ 他解释说："在法西斯主义者看来，一切都存在于国家之中，在国家之外不存在任何有人性或精神的东西，更没有什么意义可言。从这个意义上说，法西斯主义是极权主义。""在国家之外既没有个人，也没有集团（政党、团体、工会、阶级）。"④ 他还进一步把

---

① 毛泽东：《新民主主义论》，《毛泽东选集》一卷本，人民出版社 1964 年版，第 669、670 页。

② 《简明不列颠百科全书》中文版第 4 卷，中国大百科全书出版社 1985 年版，第 205 页。

③ 《法西斯主义的政治和社会学说》，1949 年版《意大利百科全书》第 14 卷《法西斯主义》辞条摘译，载《世界史研究动态》1980 年第 10 期第 28 页、第 9 期第 36 页。

④ 同上。

极权主义描绘成"一切从属于国家，不许脱离国家，不许反对国家"①。可见，极权主义首先是一种国家观，以宣扬国家至高无上、包容一切、主宰一切为核心，要求人们无条件地服从国家，进而发展为国家对社会生活一切领域的全面而严格的控制。

在西方国家，自30年代末40年代初开始提出一种所谓极权主义理论，在 E. 莱德勒发表《大众国家》（1940）、S. 诺曼发表《永久革命》（1942，日译名《大众国家与独裁》）等著作后形成②，将极权主义作为一党制政府的同义词。第二次世界大战结束以后，丘吉尔在1946年3月5日揭开"冷战"序幕的富尔敦演说中，攻击苏联和共产党人在东欧"到处争取极权主义的控制"。③ 此后，出于"冷战"的需要，一批政界和学术界人士将极权主义概念不仅用于表述法西斯政权的属性，更多的是用以指责社会主义国家。

在这方面从理论上予以系统化的，有两名在美国生活的德籍流亡者汉纳·阿伦特和卡·约·弗里德里希。阿伦特在《极权主义的起源》（1951）一书中把极权主义说成是历史上新型国家的形式；渗透到国家和政党内的秘密警察的恐怖统治，是以国家组织和党组织的二元制为其特征的极权统治的本质④。卡·约·弗里德里希在《极权主义和独裁专制》（1957）一书中列举极权

---

① 《简明不列颠百科全书》中文版第4卷，中国大百科全书出版社1985年版，第205页。

② 参见［日］山口定：《法西斯主义——为其比较研究》第5章：《法西斯主义的历史地位》（二），《世界史研究动态》1984年第12期有一简介。

③ 《战后世界历史长编（1946）》第一编第二分册，上海人民出版社1976年版，第48页。

④ 引自山口定：《法西斯主义——为其比较研究》第5章，东京有斐阁1983年版；卡·迪·埃尔德曼：《德意志史》第4卷，《世界大战时期》上册，商务印书馆1986年版，第402、403页。

主义的典型特征是："一种意识形态、一个党、恐怖主义的秘密
警察、情报垄断、武器垄断和由中央控制的经济。由上述诸项组
成一个模式"，"在任何情况下，这六项紧密联系在一起的重要
特征共同决定极权主义专政的性质"，"因此，不应当陷于这样
的错误：从这些特点中挑出这一项或那一项作为比较的根据"。
弗里德里希认为，由于法西斯主义专政和共产主义专政在上述六
个方面的一致性，"与其他国家制度体制相比，包括比较老的专
政形式在内，这两种专政彼此更相似"。①

　　联邦德国历史学家卡·迪·埃尔德曼就此评述说，当然这种
一致性不是指经济和社会渊源的特殊性，不是指极权主义意识形
态的内容；极权主义概念所表明的共同性是统治技术和统治结构
的共同性，而不是统治目的的共同性。他同时问道："这是一种
形式上的标准，还是一种内容上的标准呢？是仅仅涉及一种统治
的表面形式，还是也涉及到它的本质？"他认为，这样，"极权
主义概念就等于说明了不同意识形态的党派专政的一种共同的本
质特征。"他指出："现在运用极权主义概念并非没有争议的。"
"西方史学界和社会科学界对极权主义概念的适用性也提出疑
问。特别是那些致力于记录苏联统治范围内各国结构的自由化变
革的研究人员是这样做的。""极权主义同任何历史概念一样都
有这样一种局限性，需要不断地检验和补充，必要时通过实践加
以修正。"②

　　显然，埃尔德曼对前述弗里德里希等人关于极权主义所作出
的概括是不很满意的，而且他指出了这样一个事实，即使认为苏

　　①　引自山口定：《法西斯主义——为其比较研究》第 5 章，东京有斐阁 1983 年
版；卡·迪·埃尔德曼：《德意志史》第 4 卷，《世界大战时期》上册，商务印书馆
1986 年版，第 402、403 页。
　　②　《德意志史》第 4 卷上册，第 403 页。

联等前社会主义国家属于极权主义的研究人员，当这些国家实行某种程度的改革之后，也很难再将它们列入"极权主义"概念适用性的范围之内，埃尔德曼本人却是认为，"正在发展的专制统治形式可以分为三种不同类型：苏联式、极权式和法西斯式"。"极权国家的形式是具有不同强度和合法性的军事独裁如波兰、西班牙、葡萄牙和希腊，或是像南斯拉夫那样的国王专政。"① 当然，他在这里说的是二战以前的事情。

日本历史学家山口定在评述极权主义理论时指出，"日本没有从正面研究这个理论，只是认为它是企图把法西斯主义和共产主义都归纳到极权主义这一概念中去的反共理论，不屑一顾"。"不能只从表面标志将两者等量齐观。有人主要指出两者之间思想上的差异，那一方是具有体系的合理的国际主义马克思主义，另一方是缺少体系的非合理的以民族主义为基础的法西斯主义。笔者强调，根本的思想差异在于构成思想、运动基础或背景的社会阶层的不同。"②

我们简要地回顾极权主义一词的由来，以及对于极权主义体制的不同阐释，主要是说明同样使用这一概念，却有着不同的内涵，不同的观点。我们认为，本书对于极权主义体制的考察，应坚持从历史实际出发，采取科学的分析态度，务求揭示其内在实质，而不是不顾它的历史环境，撇开它的阶级实质，简单地罗列若干特征进行类比。

作为国家体制的极权制是资产阶级专政的极端形式。在帝国主义陷入全面危机的历史时期，一些后起的、保留着严重封建主义残余影响的帝国主义国家，面临长时间危机的困扰，传统的统

---

① 《德意志史》第 4 卷上册，第 394、395 页。
② 《法西斯主义——为其比较研究》，第 5 页。

治形式和统治手段已不足以应付和克服危机，原有的统治力量已经没有能力完成稳定统治、实行扩张的使命，并且失去社会各阶层的信任。在这种情况下，怀着很大失落感和失望情绪的社会中下层迫切要求改变现状，从中崛起的法西斯统治集团鼓吹实行新的统治形式和统治手段。他们决定废止在危机面前显得软弱无力的以民主制为核心的传统体制，转而采取极端的统治形式和手段。新老权势集团终于在克服危机、镇压革命、实现扩张方面找到共同利益。在这种共同利益的基础上，法西斯统治集团同经过重新组合的原有权势集团结成联盟，他们决心以抛弃资产阶级民主制以及代表这一体制的政党和政界势力为代价，推行以强权和强制为特点的极权主义体制。

为着区别极权主义体制不同于其他体制，当然有必要概括和分析它的基本特征。在我们看来，极权主义体制是有下述四个紧密联系而又不可分割的基本特征。

第一是国家权力的极度集中，实行个人独裁。在德国，称作"领袖（元首）国家"，在意大利，称作"领袖主宰制"；在日本，则是凭借天皇权威的个人独裁。

极权主义体制的最明显的标志之一，就是实行个人独裁制，将国家一切大权集中于领袖一身。1942年德国国会为希特勒宣布的正式头衔，有"元首作为国家领袖、武装部队最高统帅、政府首脑和最高行政长官、最高法官和党的领袖"[①] 等等所有最高职务。墨索里尼除了担任法西斯大委员会主席、国家法西斯党领袖和政府首脑三个最高职务外，还兼任多项领导职务。1929年，他在内阁总共13个部中兼任外交、内政、职团、战争、陆军、海军、空军和公共工程8个部的大臣。在职团系统，他是职

---

① 徐大同：《20世纪西方政治思潮》，天津人民出版社1991年版，第260页。

团全国评议会和中央执行委员会主席、全部22个职团的会长。还担任法西斯国家安全志愿民兵的司令。东条也在政府、军队和经济领域担任多项最高职务，只不过他是在天皇总揽统治大权的名义下掌握实际权力，其独裁的范围和权威远逊于布特勒、墨索里尼。

领袖独裁制不仅是掌握最高职务，更突出的是拥有无限权力，以领袖个人意志和"绝对权威"取代法治原则。传统的资产阶级民主制的国家权力结构，实行立法、行政、司法三权鼎立和互相制衡原则。在纳粹德国，自1933年3月国会通过《授权法》以后，政府可以制定法律。但1935年起取消内阁例会，这一年仅举行12次临时召集的内阁会议；1936年减至四次；1937年为六次；1938年2月举行纳粹德国最后一次内阁会议。而且魏玛宪法规定，内阁在总理主持下，实行集体原则和多数原则；希特勒组阁，根本取消表决程序。由此，纳粹德国立法是从"议会立法"到"政府立法"，再到"领袖立法"。在意大利，同样是将立法、行政、司法各项大权集中于领袖一身。

希特勒、墨索里尼以及日本的天皇，都是高踞于整部统治机器的顶端，凭着他们的"绝对权威"，拥有主宰一切的权力。当然，天皇本人并不直接行使权力。在意大利，明文规定，墨索里尼可以任意颁布和修改国家法西斯党党章，可以任意规定和改变最高权力机关法西斯大委员会的组成及其讨论事项，可以任意任免一切领导成员并改变他们作出的决定，可以任意决定法西斯党各级党委、所有机构和附属组织的工作、规章和准则；对所有法西斯机构及其成员进行政治监督，还可以行使"他认为属于他的一切权力"。

实行个人独裁的集中表现，还在于决策程序和人事任免方面。希特勒早在《我的奋斗》中就提出要以个人决定取代多数原则。他说，"决不能实行多数决定的制度"，"必须要由一个人单独来做出决定"，"只有他才有权威，才有指挥权力"。"这一原则是绝对责任与绝对权威的无条件结合。"[①] 实行个人独裁，归根到底，还是要靠掌握决策权和人事权来体现。所以，推行极权制大体上都是从中央到地方的各个部门、各级组织一概实行领袖原则（日本是统裁主义），并由领袖任命制取代民主选举制。

有些西方学者曾对希特勒在纳粹德国的绝对统治地位提出疑问，认为当时统治德国的是不同集团而不是希特勒个人，有所谓纳粹党和纳粹国家共同统治的"二元国家"论，"党—国家—领袖"的三头结构论。此外，在日本，天皇制机构存在多头分权现象，那么，是否还能认为是国家权力的极度集中呢？

我们所说领袖（包括天皇）拥有无限权力，指的是国家最高权力，高踞统治机器顶端的对整个国家的统治权——决策权、指挥权、裁决权，等等。实行独裁统治，当然需要法西斯统治集团成员的支持和服从，需要各系统、各领域各种权势集团的拥护和合作。这些力量构成独裁统治的基石，也是独裁者推行独裁统治的工具，是他们听命于领袖而不是相反。在统治机器的各个层次上，政府、政党、军队，以至秘密警察等各个系统，政治、经济、思想、文化等各个领域，从中央到地方的各级机构，都按照领袖原则，由各自的领袖掌握相应的全权。这既是极权国家统治集团管理分工的客观需要，也包含希特勒、墨索里尼"分而治之"使不同集团相互牵制的统治策略。即使同一领域存在不同集团的不同利害关系，拥有最高裁决权的仍然是大独裁者。在独裁制下，根本不能容忍出现凌驾于领袖之上的政治势力，除非像

---

① 转引自威廉·夏伊勒：《第三帝国的兴亡》第一册，世界知识出版社 1974 年版，第 130 页。

墨索里尼那样，他的统治基础已经分崩离析，才被以国王为首的联盟所推翻。

第二，任意扩大国家职能，对社会生活的一切领域实行全面的严密控制。这也就是极权主义本来意义上的由国家包容一切，主宰一切。

极权主义体制在政治领域，排斥和否定资产阶级民主制的基本原则和传统，废止议会民主制和多党制，肆意侵犯以至剥夺公民基本权利，打击镇压异己势力，实行一党专政和党国合一。

法西斯意大利和纳粹德国都颁布法令，宣布国家法西斯党和纳粹党为唯一政党，取缔它们以外的所有政党和政治组织。日本则宣布翼赞政治会为唯一政治结社。在这些国家，议会徒有形式，其立法权、审议权和监督权均被剥夺殆尽。它主要是作为政府蛊惑战争、发表声明的讲坛，偶尔充当表决机器。

墨索里尼和希特勒主要依靠法西斯政党为核心的群众政治运动取得政权。他们巩固政权的首要步骤，在意大利是"要使一切权力机构统统法西斯化"和"使法西斯的非法行动合法化"；在德国是纳粹主义的"一体化"。在这种法西斯化的过程中，他们不仅在中央政府排除了法西斯党和纳粹党以外的所有政治势力，而且从上到下各级法西斯主义大小头目纷纷攫取各种政府机构的要职，形成党国一体。在这方面，墨索里尼走得更远，甚至将作为国家法西斯党最高权力机关的法西斯大委员会，同时成为意大利王国的最高权力机关，实现党和国家最高权力合一。1935年，他在内阁增设国家法西斯党部，由法西斯党总书记出任国务秘书大臣，可谓真正实施他的"国家至上"的极权主义观点。

在经济领域，极权主义体制广泛实施国家干预制，在法西斯统治集团与垄断资本集团结成联盟的基础上，由国家直接管理或控制经济，发展国家垄断资本主义。在干预手段和程度方面，德、意、日三国各有自己的特点。

纳粹德国主要是凭借国家采用经济手段、行政手段和法律手段，从经济活动的总体上进行干预，以克服经济危机，进而扩军备战，实行国民经济军事化，引向战争经济体制。国家干预的主要方面，表现为国家大量兴办公共工程；超高速度增加军备；统一分配军事订货及相关的原材料；加强对银行的干预，大量发行国家债券；强化集中与垄断，强制推行卡特尔化、康采恩专业化和经济"雅利安化"；干预投资方向，限制利润率6%，超过部分用于购买债券或储备金；严格控制农业；以及管制外汇、外贸，冻结物价、工资，控制劳动力的分配等等。私人企业仍保持经营管理的自主权。

整个国民经济的领导管理，在最初四年，事实上仍由垄断资本的权势集团掌握。希特勒未在经济部门推行纳粹一体化，禁止纳粹党组织插手经济，以维护他与垄断资本的联盟。沙赫特失势后，戈林出任四年计划全权总代表，大批纳粹分子进入经济领导机构，垄断资本权势集团亦经重新组合。纳粹党统治集团与垄断资本进一步融合。

在整个纳粹统治时期，国家干预始终有利于大垄断集团。以银行为例，由于1929年经济危机的严重冲击，各大银行在1931年相继倒闭。布吕宁政府动用国库，以按票面价值收购已经贬值的私营银行股票等措施予以挽救。国家成为各大银行的主要股东及债权人，1932年拥有83家银行和金融公司总资产的56.9%，占整个金融业总资金的17.4%。国家还参与463家工商业股份公司，约占它们总资产的一半。1936—1937年，纳粹政府实行再私有化，将国家掌握的银行和企业的股票重新转让给垄断资本家。

由于扩军备战，德国的国债从1933年的116.3亿马克，增加到 1939 年的 373.4 亿马克，超过 1938—1939 年度国家预算总额（318 亿马克）。战争期间，1942 年国债猛增到 1417 亿马克。大银行、保险公司和大康采恩掌握国债的 90%—92%。这使垄断资本不仅控制德国的财政经济命脉，而且国家必须不断增加税收以偿付高额利息，使国民收入通过国债进行了有利于垄断资本的再分配。由国债筹措的资金又通过军事订货和承包军事工程，保证垄断资本获得丰厚利润。

意大利在 1923 年开始建立对金融业实施国家干预的机构。20 年代中后期，围绕里拉升值、农业生产、行业生产监督、劳资关系，劳动就业和工资制度，采取若干国家干预措施，大多是针对特定问题，带有临时、局部性质。1931 年，由于经济危机的冲击，控制着全国三分之一大中型企业的意大利三大银行濒临破产。意大利政府先后拨付 110 亿里拉巨款，进行"急救手术"，主要由国家金融机构提供抵押贷款，及收购三大银行持股公司股票。但仍然未能遏止企业倒闭风潮。为了对付严重经济危机，准备发动侵略战争，墨索里尼决定将经济领域完全置于国家集中控制之下，使国家干预制度化、体系化。到 30 年代后期，法西斯国家控制全国四分之三的工业企业，国家干预制成为整个意大利经济体制的主体。

发展国家参与制，建立伊利模式国家垄断资本集团，以及推行职团制，是意大利推行国家干预制的主要形式。"伊利"是 1933 年成立的工业复兴协会（1937 年改为国家垄断资本企业）的简称。它代表国家向三大银行提供资金，并强制它们同它分别签订协议，由伊利承担三家银行的债务，后者将所拥有的大部分股权转交伊利，不再接受任何性质金融机构的投资，也不再向工业企业进行股份或信贷投资。1934 年政府进一步规定，金融交易由国家统一控制，禁止资本输出。伊利向大工业企业也进行控股活动。

在 1935 年 10 月发动侵略埃塞俄比亚战争之后，墨索里尼下令伊利增加与战争关系密切的工业部门的资金供应，履行现代超级银行职责。伊利发展为国家垄断资本集团，形成将政治、经济、金融和管理融为一体，包括庞大持股公司和次级持股公司的经济体系，控制着意大利军工产品的 58%，造船能力 80%，电力生产 70%，机械生产 42%，钢产量 45%，铁产量 77%，以及大部分通讯和海洋运输业务。除伊利公司之外，意大利还兴办了一批专业性较强的国家垄断资本公司，如纺织品公司、天然气公司，等等。

伊利模式帮助了私人垄断资本的发展，伊利的股票几乎都为私人垄断集团所购买，从而使私人垄断资本与国家垄断资本更紧密地交织在一起。在各个行业、各个企业内部组织生产和经营管理，处理劳资关系的职团系统，既使国家统制及于各行业、企业的内部活动，亦使私人垄断资本处于容易掌握实权的地位。

相比之下，日本实施了更为严格的全面的国家干预。自 1937 年发动全面侵华战争后，日本开始自上而下建立统制经济。经 1940 年近卫第二次内阁进一步推行经济新体制，以东条内阁期间成立 24 个产业部门统制会为主要标志，最终形成统制经济体制，亦称翼赞经济体制，是东条极权制的重要组成部分。

日本统制经济的主要特点是以"公益优先"为原则，推行"民有国营"，实施政府对私人企业的全面统制。民有国营，资本、产权仍为私人所有，其经营权却在政府手中，使企业处于官方的完全控制之下。民有国营是统制经济的主体，其具体方式，一是实行企业经营许可制。符合规定要求得到许可的企业必须接受政府严格监督，企业必须向政府申报生产、价格、财务等一切重要情况，并获得政府认可；一切重大事务，如企业的转让、合并、解散等必须得到政府批准。二是执行指令性生产计划。政府通过统制会，在各重要产业部门、行业普遍推行。三是强制整顿企业。要求各部门各行业强令部分企业合并、停业或撤销，将设备、器材、劳力转让给重要产业或重点企业。四是指定军需企业，实行军管。

统制会的成立及其活动，政府颁布的一系列重大统制经济措施，构成统制经济的庞大体系。它包括生产统制、金融统制、交通运输统制、贸易统制与物资配给、劳动力统制、物价利润与工资统制，农地与地租统制，涉及经济生活的各个领域，直至个人经济与生活。可以说是无所不统，无所不管。

实行统制经济，曾被财界一部分人认为侵犯其利益而予以反对。所以，政府方面强调"公益优先"，"树立全体经济观"，"从赢利本位转向生产本位"，以保证战争需要。事实上，受损害的主要是中小企业主；对财阀和战争经济企业来说，其资金、物资、劳动力和利润都受到官方尽可能的保障，而且统制会会长一般都由各产业部门最大企业的领导人担任，足以充分维护它们的利益。它们终于接受统制经济。这也意味着经由统制会的成立，政界与财界的权势集团结合更为紧密。

尽管德、意、日三国实行国家干预的手段和深度不一，但它们都确立了以系统实施国家干预制为主体的经济体制，这是共同的。由国家全面管理和控制经济，是极权制肆意扩大国家职能的重要方面。这种经济体制，既不同于一般资本主义国家实行的市场经济体制，也不同于社会主义国家原先普遍实行的计划经济体制，它以维护私有制、有利于垄断资本为前提，以服务于侵略扩张为目的。在这种经济体制之下，市场因素受到极大的限制，而国家强制在不同程度上起着主导的甚至决定性的作用，因此，它们被通称为统制经济。

极权主义体制肆意扩大国家职能的另一个重要方面，就是构筑严密的社会控制网络。德、意、日三国都建立了官办的各行各业以及各色人等的民众组织的庞大体系。在纳粹德国，将从事各种职业、具有各种身份的每一个人都组织到相应的团体之中，对他们进行关于纳粹主义和民众共同体的思想灌输，组织各种群众性政治活动和文化活动。在意大利，将法西斯青年团和职工、妇女、大学生等9个组织列为国家法西斯党的直属组织，退役军官联盟、法西斯文化联盟等18个组织列为国家法西斯党的附属组织。日本则将各种职业的"报国会"和地域组织统统纳入大政翼赞会系统。总之，社会各界的、各种职业的、各种地域性的，以至青少年各个年龄段的形形色色名目繁多的民众组织相互交织，把每一个角落的每一个人都网罗其中，作为思想灌输、笼络民众、推行文化专制主义的重要阵地，也是加强社会控制，干预私人生活的主要渠道。其统治的严密程度是历史上各种专制政体所难以达到的。

极权主义体制的第三个基本特征，是极度强化国家监控与镇压体系，实行恐怖统治。

德、意、日三国在建立极权统治的过程中以及建立极权统治之后，无例外地都建立并加强了打击敌对势力的监控镇压机构和组织，并使用恐怖主义的极端手段残酷迫害以至屠杀政治对手。其中最为恶名远扬、罪行累累的组织和机构，在纳粹德国有党卫队、盖世太保（秘密国家警察）和集中营制度，在意大利有法西斯民兵（黑衫队），在日本有特高警察和宪兵。尤其是纳粹德国，实施大规模暴力恐怖和种族灭绝的集体屠杀，以至究竟有多少人成为法西斯恐怖统治的牺牲品，已很难肯定比较准确的数字。在集中营内被杀害者，估计有1100万人，另行遭受残酷摧残的约1800万人。

极权主义体制的第四个基本特征，是与侵略扩张，发动战争紧密结合。

德、意、日法西斯政党、集团的政治纲领的核心在于极端民族主义，其集中表现便是对外扩张，夺取"生存空间"。三国各有称霸世界的扩张目标。希特勒首先是要统治欧洲，进而主宰世界。墨索里尼醉心于他的地中海和非洲大帝国。日本要控制亚洲及太平洋。确立极权制，为了加速扩军备战，集中一切力量支持战争。坚持和扩大侵略战争，要求进一步强化和改善极权制。日本是发动和扩大侵略战争与国家体制的法西斯化同步进行。纳粹德国和意大利是先确立极权主义体制以准备战争。

上述后两个基本特征，人们较为熟悉，本书各编均有具体评述，此处不再多说。总起来看，极权制的建立以废止资产阶级民主制为前提，在德国、意大利是取缔议会民主制，在日本是削弱以至消除天皇制两重性中一定程度立宪政治一面，因而是一种历史的倒退。君主专制的统治基础主要是封建贵族和地主阶级，其权力来源通常宣扬"君权神授"。极权制的统治基础在于法西斯统治集团与垄断资本以及其他传统权势集团的联盟，其自称的权力源泉具有现代色彩，希特勒的纳粹德国归结于种族主义的民众共同体，墨索里尼强调国家主义，日本法西斯宣扬由国体论引申的"一大家族国家"。极权制采用现代国家政治活动的方式，又加以改装以适应自身需要。如政党制，依恃法西斯政党而又取消多党制；实行极权制立法，而又将立法权归属于领袖意志；特别是社会控制网络和监控镇压体系采用现代国家的一些组织形式和技术手段。这诸种因素的结合使得极权制远比专制君主制的统治范围更为广泛、深入和严密。极权制同侵略战争密切关联，法西斯统治集团要在侵略扩张中将极权制强加于他国，成为第二次世界大战的起因之一，给整个人类造成极大的祸害。

我们衷心地希望，关于法西斯主义的这项研究，能够有助于推进我国第二次世界大战史和世界现代史的研究，有助于读者加深对于当今世界历史演变和我国体制改革的认识。书中不妥之处，欢迎批评指正。

（1994 年 9 月）

《巴黎公社史》前言*

　　科学社会主义的创始人马克思逝世一百周年即将到来。我们，《巴黎公社史》的作者们谨以这项科研成果，作为对于无产阶级革命导师马克思的纪念。

　　世界上第一个无产阶级政权巴黎公社的历史，同马克思的名字是紧密地联结在一起的。马克思不仅以极大的热情支持、赞扬巴黎公社革命，多方努力帮助和援救公社革命者，而且对巴黎公社的历史经验作了深刻的、科学的总结。恩格斯指出，当公社最后一批战士殉难只过了两天，马克思就"把巴黎公社的历史意义用简短而有力的几笔描绘了出来，但是描绘得这样鲜明，尤其是描绘得这样真实，以致后来所有关于这个问题的全部浩繁文献都望尘莫及"。①

　　巴黎公社证明了马克思关于无产阶级革命和无产阶级专政学说的正确性，而马克思总结巴黎公社实践所作出的理论概括又丰

＊朱庭光主编：《巴黎公社史》，中国社会科学出版社1982年版。本文系该书前言。

　　①　恩格斯：《〈法兰西内战〉1891年单行本导言》，《马克思恩格斯选集》第2卷，第325—326页。

富和发展了科学社会主义。一个多世纪以来国际无产阶级和劳动人民的革命斗争表明，马克思的学说，马克思关于巴黎公社的评价，经受了历史的检验。直到今天，对于马克思主义者来说，研究和论述巴黎公社的历史，仍然毫无例外地必须以马克思的基本观点作为自己的指导思想。

在马克思主义的指引下，在中国，巴黎公社由早期共产主义者的评介而开始为人们正确理解，也有了半个多世纪。我国新民主主义革命期间，巴黎公社先驱者的光辉榜样，一直鼓舞和激励着中国共产党人和革命人民。中华人民共和国成立以后，巴黎公社的历史经验得到广泛的传播而为更多的人们所熟悉，公社革命者的英雄事迹为越来越多的人们所传颂。但是，过去一段时间内，由于"左"倾错误的影响，对巴黎公社的历史经验有过一些很不准确的论述和应用。特别是林彪、江青反革命集团肆意歪曲巴黎公社的历史，在人们思想上引起了某些误解，严重损害了巴黎公社的声誉。

中国共产党十一届三中全会前后，我国的报纸刊物上相继出现了一批关于巴黎公社的文章，批判了前一时期流传的一些错误观点，论述了对我国社会主义现代化建设具有现实意义的巴黎公社的若干具体经验，也发生了一些争论。很显然，巴黎公社史的研究，如同其他各个领域、各门学科一样，负有拨乱反正、正本清源的任务。同时在我们国家，迄今还没有一部由中国史学工作者撰写的阐述巴黎公社历史的学术著作。因此，中国社会科学院世界历史研究所在1979年把巴黎公社史的研究列为科研的重点项目之一，以巴黎公社是无产阶级新型国家的雏形为主要的研究课题，要求以马克思主义关于历史唯物主义的基本原理为指南，按照历史的本来面目，全面地、系统地叙述巴黎公社革命酝酿、爆发、胜利以至失败的历史过程，阐明巴黎公社具有普遍意义的历史经验和主要的历史教训，着重从正面澄清一些不准确的和错误的说法，以利于读者进一步理解在我国坚持四项基本原则的必要性。

参加这个集体项目的，有中国社会科学院世界历史研究所和北京两个高等院校的八位同志。除了个别同志较长时间从事巴黎公社史的研究以外，多数人只是从国际共产主义运动的重大事件这样一个角度对巴黎公社较为熟悉；有的还是刚刚加入史学工作者的行列。我对巴黎公社更谈不上有什么研究，只不过因为职责所在，对此还比较热心，才主持其事。这样，自1979年4月起，大约用了三年半时间，总算完成了这部仍然比较粗浅的《巴黎公社史》书稿。

马克思曾经说过，"阶级间的关系的变化是一种历史的变化，是整个社会活动的产物，总之，是一定'历史运动'的产物"。[①] 研究和阐述巴黎公社的历史，必须将它作为一个历史运动来揭示其过程和发展规律。

现在这部《巴黎公社史》书稿，分为十章，大体由三个部分组成。分别来说，前面三章主要阐述巴黎公社革命的发生及其历史背景。其中第一章着重从主客观两个方面的历史条件论证巴黎公社革命的历史前提，阐明巴黎公社革命是19世纪中叶法兰西第二帝国时期经济政治状况发展演变的结果，是法国社会矛盾和阶级斗争趋于尖锐化的产物。书中指出，由普法战争失败所引起的推翻第二帝国的1870年9月4日革命是法国最后一次资产阶级革命，它不可能解决处于激化状态的法国社会矛盾。

第二章主要阐述巴黎公社革命的酝酿过程。继承第二帝国衣

[①]　马克思：《道德化的批判和批判化的道德》，《马克思恩格斯选集》第1卷，人民出版社1972年版，第191页。

钵的资产阶级国防政府投降卖国的倒行逆施，使得阶级矛盾由于对待民族危亡的不同态度而重新突出起来。巴黎无产阶级和劳动人民提出了打倒国防政府，建立巴黎公社的政治要求。自发的1870年10月31日起义和1871年1月22日起义虽然失败了，但使无产阶级经受了锻炼，成为巴黎公社革命的预演。这一章，还说明了巴黎公社的历史渊源和各革命派别对于巴黎公社的不同理解。

第三章主要阐述巴黎3月18日起义的胜利。国防政府的后继者梯也尔政府签订法德预备和约，使法兰西民族蒙受了奇耻大辱。民族的灾难，巴黎人民备尝围城之苦，以及梯也尔政府和它的御用议会对巴黎的轻侮，这一系列事态的发展，在巴黎出现了如同列宁所说的那种革命形势：统治阶级不可能照旧不变地维持自己的统治；被压迫阶级的贫困和灾难超乎寻常地加剧；群众积极性大大提高，整个危机形势和统治阶级本身都迫使他们去进行独立的历史性的发动。加以梯也尔策划全面镇压巴黎革命力量，蓄意挑起内战，于是，蒙马特尔高地的枪声触发了巴黎公社革命。

通过上述分析，本书前面三章着重论证了巴黎公社革命并不是一次偶发事件，而有着它的历史必然性。恩格斯指出，"历史进程是受内在的一般规律支配的"，"在表面上是偶然性在起作用的地方，这种偶然性始终是受内部的隐蔽着的规律支配的"。[①]我们并不否认偶然因素在巴黎公社革命中的表现和作用，但它们不能揭示这个伟大历史运动发生的根本原因，无以表明历史过程的内在联系，片面强调这些因素无助于认识巴黎公社革命发生和

---

① 恩格斯：《路德维希·费尔巴哈和德国古典哲学的终结》，《马克思恩格斯选集》第4卷，人民出版社1972年版，第243页。

发展的规律。

在我国关于巴黎公社历史的论述中，探讨公社革命的社会历史根源，分析说明第二帝国覆灭以后巴黎无产阶级建立公社尝试的历史过程，过去还是较少涉及的领域。我们期望，本书前三章中对若干问题的阐述，将能为读者提供一些史料和观点。例如，伴随资本主义的发展以及波拿巴专制政府内外政策的接连受挫，法国社会矛盾和阶级关系的演变；在民族矛盾和阶级矛盾相交织的情况下，阶级矛盾如何上升为法国社会的主要矛盾；巴黎公社革命酝酿期间三个主要的群众政治组织——第一国际巴黎支部联合会，20 区国防共和中央委员会和国民自卫军中央委员会的状况及其作用；巴黎无产阶级和劳动人民为建立巴黎公社而进行了历时半年之久的一系列的激烈斗争等等。恩格斯曾经谈到法国历史的特点。他说："法国是这样一个国家，在那里历史上的阶级斗争，比起其他各国来每一次都达到更加彻底的结局；因而阶级斗争借以进行、阶级斗争的结果借以表现出来的变换不已的政治形式，在那里也表现得最为鲜明"，"而奋起向上的无产阶级反对占统治地位的资产阶级的斗争在这里也以其他各国所没有的尖锐形式表现出来"。[①] 恩格斯的这段话是他为《路易·波拿巴的雾月十八日》第三版写的序言中讲到马克思深知法国历史时说的，对于我们理解为什么在巴黎发生了人类历史上第一次无产阶级革命同样很有教益。

本书中间四章，着重阐述巴黎公社作为无产阶级新型国家雏形的基本特征，以及公社革命者建设和保卫公社的英雄事迹。所谓无产阶级新型国家是省略语，准确的全称应该是无产阶级专政

---

① 恩格斯：《〈路易·波拿巴的雾月十八日〉第三版序言》，见《马克思恩格斯选集》第 1 卷，第 601—602 页。

的、"真正民主的"、新型的国家。我们之所以采用雏形的提法，包含这样一些意思：

第一，是承认它的不成熟性。巴黎公社犹如一个早产的婴儿。它发生在法国无产阶级运动还处于从自发斗争提高到自觉斗争这样一个历史转折时期，因而在许多方面表现很不成熟。如果比之纯粹早期的无产阶级运动，它已前进了一大步。无论是无产阶级的觉悟程度和组织程度，核心人物的思想水平和领导能力，公社各项措施的深刻内容，都远远超过了在它以前的历次无产阶级运动。但整个说来，它并没有越出自发斗争的范围，其根本弱点就是没有一个以科学社会主义理论为指导的无产阶级革命政党的领导。可以这样说，巴黎公社是在发生无产阶级革命的社会政治条件基本具备的情况下由于爆发革命而得以建立；同时又在无产阶级革命赢得胜利所必需的社会政治条件尚不具备，社会变革的经济条件还不成熟的情况下遭到了失败。尽管如此，我们绝不能因为其不成熟性而否定它的阶级属性。

第二，是指它处于萌芽状态，有待发展成长。巴黎公社的具体实践在许多方面体现了无产阶级专政的本质，对无产阶级国家政权的建设提供了极为宝贵的经验。但它存在的时间过于短促，一些具有社会主义倾向的政治经济措施刚刚提出而未付诸充分实施；还有许多措施属于临时应急性质而没有触及根本的社会改革，有许多在后人看来应该做的事而没有做。这就是说，虽然它明显地表露了无产阶级国家的阶级性质和基本特征，但还没有发展成为能够充分履行其职能的无产阶级国家。

第三，所说雏形也有具体而微的含义。巴黎公社的管辖范围限于巴黎，它未能行使全部国家权力。然而，它初步打碎了资产阶级的国家机器，部分地行使着国家权力，它的施政内容大大超过了一个市政机构的职权。它在法国当时阶级斗争中的作用和历史上的地位，是任何一个地方自治机构无从比拟的。它是与法国资产阶级中央政府相对抗的、不具备国家政权完备形态的无产阶级国家的雏形。

围绕着阐明上述基本观点，我们在本书中间四章的结构安排上，把依照时间顺序的历史叙述同对事物各个侧面的具体剖析结合起来。第四章主要说明巴黎公社革命胜利后最初十天的发展，评价了国民自卫军中央委员会作为实际上的临时革命政府所建立的功勋及其失误，叙述了巴黎市内革命势力与反革命势力的斗争，公社选举和巴黎公社成立的盛况，以及巴黎公社革命在外省引起的反响。书中指出，巴黎公社的正式宣告成立，标志着世界历史上第一个无产阶级政权的诞生。

第五章着重阐述表明巴黎公社作为无产阶级新型国家雏形的基本特征，把公社政权的施政措施归纳为十大政绩。其中，对于确立无产阶级统治的新秩序，实行无产阶级的民主制，进行具有社会主义倾向的改革，坚持无产阶级国际主义，这样一些从本质上最能反映无产阶级国家基本特征的具体实践，作了较为详细的论述。书中指出，公社政权所实行的变革，有些仅仅有了好的发端，远不能认为已经是完善的、定型的，但它为人类社会发展的历史运动提供了前所未有的新经验，理应给予高度的评价。

第六章叙述巴黎公社拥有广泛而深厚的群众基础，评介了公社存在期间各种群众组织和社会团体的活动，以及报纸刊物等舆论工具的状况，指出巴黎公社力量的源泉在于人民群众创造历史的主动性。在这一章，肯定了继承法国历史传统并予以发扬光大的各种俱乐部的独特作用，说明它实际上成了大体以地域为单位的松散的公社基层社会政治组织，沟通公社委员会和城市居民联系的重要渠道。书中指出，各种中小资产阶级社会团体的活跃，尤其是共济会戏剧性地宣布归附公社，正是表明无产阶级成功地联合了城市小资产阶级，争取了中产阶级中的进步人士，扩大了巴黎公社的社会基础，确立了无产阶级的领导权；同时，也探讨了公社在农民问题上未能取得成功的原因。

第七章叙述保卫巴黎公社，从4月3日公社出征失利到5月流血周最后的战斗，以至新喀里多尼亚流放地继续斗争的全过程。我们力求翔实地记载公社革命战士在战场上，在敌人的监狱和刑场，以及流放地所表现的可歌可泣的英勇事迹。正是"巴黎全体人民——男人、妇女和儿童——在凡尔赛人攻进城内以后还战斗了一个星期的那种自我牺牲的英雄气概，反映出他们事业的伟大"。[①] 在这一章，评价了公社的军事领导状况，谴责了各国反动派与梯也尔政府相互勾结，镇压巴黎公社的卑劣行径；还详细叙述了公社内部分歧的发展，特别是围绕成立救国委员会[②]而产生的多数派与少数派之间的斗争。文内指出，总的来说，两派都有处理不当之处，应对其中主要人物的言行进行具体分析，而不宜笼统地指责哪一派要对分歧的发展负主要责任；作为历史的教训在于指明派别活动的危害，认识建立具有统一意志的无产阶级革命政党的极端重要性。

综合本书中间四章的内容，还有一些值得注意的地方。书中详细介绍和分析了公社期间的各项重要法令、决议和决定。诚如恩格斯1891年为《法兰西内战》写的导言中在大体按时间顺序列举了公社的法令、决议之后所指出："这样，从3月18日起，先前被抵抗外敌侵犯的斗争所遮蔽了的巴黎运动的阶级性质，便突出而鲜明地表观出来了。因为参加公社的差不多都是工人或公

---

① 马克思：《法兰西内战》，《马克思恩格斯选集》第2卷，第392页。

② 救国委员会，过去不少文章和著作中译为"社会拯救委员会"、"救亡委员会"、"公安委员会"等，我们认为改译救国委员会较妥。

认的工人代表，所以它所通过的决议也就完全是无产阶级性质的。有些决议把共和派资产阶级只是由于怯懦才不肯实行的，然而是工人阶级自由活动的必要基础的那些改革以法令形式确定下来"，"有些决议则直接有利于工人阶级，并且在某种程度上深深刺入了旧社会制度的内脏"。①

毋庸赘言，具体剖析巴黎公社的各项法令和决议，对于理解和判别公社政权的无产阶级性质，具有无可争辩的重要性。其中，我们详细地阐述了著名的 4 月 16 日法令，即关于将逃亡业主所遗弃的工场转交工人协作社的法令，以它作为公社打算触动私有制，开始筹划具有社会主义倾向的改革的一个例证；同时，提出了与某些外国学者所持见解的不同看法，认为法令规定将付给逃亡归来的业主以赎金是必要的，实际上成为后来胜利了的无产阶级在必要时对待资产阶级采取"赎买"政策的先声。书中还对学术界有些争议的人质法令阐明了我们的见解。

书中着重论证巴黎公社为了防止国家和国家机关由社会公仆变为社会主人所采取的正确措施，认为真正由人民当家作主，人民管理国家，是无产阶级民主制的核心。公社规定所有公职人员只领取相当于一般工人工资的薪金，是标志公社公职人员与追求升官发财，享受高薪的旧官吏有着根本区别的一项政治措施，而不是一般的劳动报酬制度。书中顺带指出，巴黎公社并非实行平均主义的劳动报酬制度。

本书的这一部分，连同其他各章和附录，特意收入了所有履行职务的公社委员和将领们的简历，并对主要的公社活动家的感人事迹作了概要的介绍。他们之中大多是巴黎无产阶级的领袖人

---

① 恩格斯：《〈法兰西内战〉1891 年单行本导言》，《马克思恩格斯选集》第 2 卷，第 330—331 页。

物，有一些则是非法国籍的国际主义战士。我们怀着崇敬的心情，缅怀他们在建立、建设和保卫公社斗争中的丰功伟绩，他们廉洁奉公、勤俭朴实的无产阶级本色，奋不顾身地英勇战斗，以至从容就义的革命气概。这些无产阶级的革命先驱，永远是我们学习的楷模。公社主要活动家中也有小资产阶级激进派的代表人物，他们为无产阶级革命事业而献身，理应受到革命人民的景仰。除此之外，对有过不很光彩经历的，以及仅仅出于爱国主义感情而一度置身公社的军事代表①，由于他们确实为巴黎公社出过力，我们并不对其一笔抹煞。

书中对巴黎武装起义胜利后的主要失误，例如没有立即进军凡尔赛而忙于公社选举，对待法兰西银行的态度等做了探讨，提出了某些很不成熟的见解。3 月 18 日革命胜利后，国民自卫军中央委员会没有乘胜追击，无疑是战略上的重大失策，但这正是反映了革命运动的水平和它的不成熟性。在当时的历史条件下，无产阶级还不可能在法国取得全国范围的胜利；能够争取做到的则是如同马克思、恩格斯都曾指出过的，在起义胜利不久，同凡尔赛达成一种对全体人民群众有利的妥协。因此，对没有进军凡尔赛这一失误的危害和后果，估计必须适当。与此相关，组织公社选举时机不当，表明了中央委员会的盲目乐观和合法观点作祟。但就公社选举本身而论，它却是一次由无产阶级实际主持的，其结果确能体现人民意志的，真正民主的选举，应该作为创立无产阶级民主制的一个出色的先例而载入史册。

本书后面三章从世界范围的历史演变，将巴黎公社作为国际无产阶级革命事业的一个组成部分予以考察，作出总的评价。同时也对近年来巴黎公社史研究中所讨论的一些问题，说明了我们

---

① 这一句，前者指克吕泽烈，后者指罗谢尔，两人都曾担任公社的军事代表。

的观点。

第八章叙述巴黎公社与第一国际的关系，欧美各国无产阶级对公社革命事业的支持、援助和捍卫。这一章阐述发挥了恩格斯关于公社是国际的精神产儿的论断，指出巴黎公社接受了法国历史传统和第一国际革命思想的双重影响。尽管公社革命期间许多组织形式体现了法国的民族特点，包括巴黎公社名称本身都来源于法国的历史传统，但同时，而且更重要的是，公社革命的政治倾向，它的思想渊源和核心人物的成长，都是与第一国际的存在及其活动密切关联的。正因为如此，1871 年巴黎公社不是法国历史上曾经有过的各类公社的翻版。这场新型的革命一经发生，欧美国家的无产阶级无不为之欢呼，视为国际无产阶级的共同胜利，马克思、恩格斯和国际总委员会几乎全神贯注于巴黎事态的发展。尤其是马克思，更"以他特有的全部热情投入了这一群众斗争，并且作为这一斗争的**参加者**来评价那些'奋不顾身的'，'决心冲天的'巴黎人所采取的**直接步骤**"。① 书中详细叙述了马克思、恩格斯和国际总委员会所做的大量工作，介绍了公社失败后国际内部的斗争，指出国际与公社确实是休戚相关，存亡与共。

第九章全面地评价了巴黎公社在世界近代史、无产阶级革命运动史和马克思主义发展史上所占的重要地位，论证了公社革命和公社政权的无产阶级性质，巴黎公社失败的历史原因，以及巴黎公社的原则。书中指出，巴黎公社革命宣告了世界范围资产阶级革命时期的终结，开始了过渡到无产阶级革命的新的历史进程；阐述了公社革命区别于以往资产阶级革命的根本特点。这一

---

① 列宁：《〈卡尔·马克思致路·库格曼书信集〉俄译本序言》，《列宁全集》第 12 卷，人民出版社 1959 年版，第 102 页。

章追溯了无产阶级反对资产阶级斗争的漫长而曲折的过程，阐述了巴黎公社革命区别于以往无产阶级革命斗争的新的特点。在这一章，还回顾了马克思主义关于无产阶级专政思想的表述的发展，分析了经过巴黎公社实践的检验，如何充实和丰富了科学社会主义的理论。

书中以一定篇幅，从当时法国的社会矛盾和阶级关系的演变，公社领导核心的状况，公社当政的实践，公社与第一国际和各国无产阶级的关系等方面，论证了巴黎公社革命和公社政权的无产阶级性质。不言而喻，这是巴黎公社史研究中的根本性的问题，既是研究巴黎公社历史的结论，又是评价巴黎公社历史地位的前提。如果将巴黎公社作为一个历史运动，并且放在19世纪国际无产阶级革命运动总的历史条件下进行研究，其实问题的实质是很清楚的。各国无产阶级和资产阶级双方都把巴黎公社视为无产阶级的运动，这本身就是客观的历史事实。当然，正如列宁不止一次地指出过的那样，社会生活现象极端复杂，随时都可以找到任何数量的例子或个别的材料来证实任何一个论点；但仅仅引用一些例子和个别的材料，不能说明历史事件的真正阶级性质。我们应该掌握所研究的问题有关事实的总和，研究各个历史现象的联系和相互依存关系。"评价历史事件，应当根据**群众**以及各个阶级的运动，而不能根据个别人和集团的情绪。"[①] 我们也不能按照今天无产阶级运动的水平，去要求一个多世纪以前的巴黎公社活动家。"判断历史的功绩，不是根据历史活动家**没有提供**现代所要求的东西，而是根据他们比他们的前辈**提供了新的**

---

① 列宁：《向民主派的又一次进攻》，《列宁全集》第18卷，人民出版社1959年版，第307页。

东西。"① 我们认为，这些原理应该是评价巴黎公社的准绳。

书中讨论了什么是巴黎公社的原则。简而言之，公社的原则应该是指由巴黎公社的历史经验所体现的无产阶级革命运动的规律。对公社原则的具体表述，文内做了新的概括。

第十章专论巴黎公社与中国，从晚清时期对巴黎公社的反响，我国新民主主义革命时期对巴黎公社历史经验的宣传应用，一直叙述到新中国成立以后中国人民宣传、纪念、学习、研究巴黎公社的基本状况。无论着眼于世界范围从资本主义过渡到社会主义的客观历史进程，或者从国际无产阶级共同的革命事业来说，中国革命人民一向把中国革命看作是巴黎公社革命的继续。然而，在巴黎公社史研究领域中，我国的史学工作者过去还没有以此作为专题进行过系统的整理和研究，以致这方面的史料和情况在国外很少为人所知，出现过一些误解和不符合事实的说法；即使在国内，对我国早期共产主义者有关巴黎公社的评价，革命人民纪念和学习巴黎公社的历史情况，也大多不甚了了，更不用说晚清时期有何反响了。所以专列一章论述巴黎公社与中国，应该说是首次的尝试。尽管现在仅仅是勾画一个大致的轮廓，但我们相信，它对扩展巴黎公社史的研究课题，填补空白，以及澄清某些非议，帮助各国人民了解和熟悉这方面的历史，都将是有益的。

在本书最后两章，我们提出了坚持以马克思主义为指导评价巴黎公社，进一步提高巴黎公社史研究水平的一些看法。重要的是掌握马克思列宁主义，毛泽东思想的立场、观点、方法，应用于巴黎公社史的研究。巴黎公社成功的经验，或者失败的教训，

---

① 列宁：《评经济浪漫主义》，《列宁全集》第 2 卷，人民出版社 1959 年版，第 150 页。

都是以生动的、深刻的历史实际，证明了坚持四项基本原则对于革命人民和革命事业的必要性。我们需要牢牢把握研究巴黎公社史的目的性，以公社革命者的光辉事迹来激励人民奋发向前，充分地论证可资我国社会主义事业吸取的经验教训。坚持正确的方向和正确的方法，我国的巴黎公社史研究必将取得更为丰硕的成果。

在撰写本书过程中，我们借鉴了国内外学术界的研究成果。这段时间里，撰稿人分别参加了我国法国史研究会 1980 年年会，华北地区 1980 年国际共产主义运动史学术讨论会，北京地区学术界纪念巴黎公社一百一十周年学术讨论会。有的同志曾短期前往法国、意大利，其中主要是到米兰的费尔特利耐里基金会图书馆，收集和查证史料。世界历史研究所曾邀请北京、上海、杭州的一些巴黎公社史研究者，就书稿中的若干章节和问题举行了小型的学术讨论。我们还注意到近年来法国学者的有关著作，苏联学者纪念巴黎公社九十周年和一百周年出版的著作。有一些史料，如利沙加勒的《一八七一年公社史》，中译本原先从德文本转译，这次根据法文本校正了引用的译文；阿尔努的《巴黎公社人民和议会史》，则是中译本出书前直接从法文本引用。

对这部书稿，我们自己也感到有若干不很满意之处。有些属于史料的掌握不够充分，例如巴黎公社革命前法国无产阶级队伍的构成状况就缺少完整的统计和分析，公社革命胜利后最初十天国民自卫军中央委员会的活动及其施政措施，具体材料较少；外省公社运动的状况，也是略而不详；各国无产阶级对巴黎公社的支持和援助，以一般性活动的报道居多，书中只是选择若干事例，难以反映全貌。还有一些属于研究不深，论述不足，如对公社主要活动家和重要将领的思想、贡献和影响，评介不很突出；不少问题探索的深度不够，等等。此外，全书各章风格不尽一致，有些段落带有匆忙落笔的痕迹。所有缺点和不妥之处，切望得到读者批评指教。

　　本书有可能赶在 1983 年 3 月 14 日马克思逝世一百周年之前出版，得到了中国社会科学出版社和重庆印制第一厂同志们的大力支持，谨在此一并表示感谢。

（1982 年 8 月）

巴黎公社的历史意义[*]

一　公社革命的主客观历史前提

　　巴黎公社革命并非仅仅由于某种偶然因素而凭空发生的突然事件，它是法兰西第二帝国时期法国社会经济政治状况演变的结果，是国际国内一定历史条件下阶级斗争发展的产物。

　　第二帝国时期，法国资本主义经济有了迅速发展，基本上完成了工业革命，工业总产值和资本输出总值都是仅次于英国而居世界第二位；它同时成了世界第二大殖民帝国。伴随资本主义的发展，法国无产阶级逐渐壮大起来。路易·波拿巴的第二帝国以其庞大的军事官僚机器统治人民，一段时间内维护了资本主义秩序的稳定，保障了资本主义经济的繁荣，取得了资产阶级各派的支持和拥护。但它主要代表大金融贵族和大工业资本家的利益，又在君主专制形式下极力扩大波拿巴分子的势力，因而同资产阶级其他派别存在不同程度的利害冲突，同无产阶级和其他劳动人民处于根本对立的地位。在经济发展同时，资本主义固有的生产

---

　　* 本文摘自朱庭光主编：《巴黎公社史》，中国社会科学出版社 1982 年版。

社会化和生产资料私人占有之间的矛盾开始显露，发生了经济危机。1866—1867年世界性资本主义经济危机的冲击，波拿巴政府内外政策的接连失败，引起社会各阶级日益增长的不满，第二帝国的统治陷入全面危机。不论波拿巴政府如何变换统治手法，它都无法克服日趋尖锐的各种社会矛盾。它的灭亡和革命的发生都是不可避免的。这种经济状况、阶级关系及其对抗趋势，就是公社革命前夕无产阶级所处的客观历史条件，也是公社革命得以发生的客观历史前提。

在当时的法国，无产阶级也具备了起来进行革命的一定的主观条件。尽管由于资本主义发展不充分，法国还没有形成一支强大的产业工人队伍，但法国无产阶级在参加历次资产阶级革命的过程中经受过炮火的洗礼，富于革命传统和战斗精神。它已经从1848年6月起义失败后的沉寂中开始觉醒，逐步组织起来，重新作为独立的阶级力量登上政治舞台。第二帝国后期，法国无产阶级恢复了元气，工人运动重新高涨，第一国际在法国各地的支部陆续建立。工人运动两个主要派别的绝大多数成员都在斗争中前进，其中一些先进分子接受了第一国际的思想影响，涌现了一批领袖人物。民族危机的出现，更激发了他们的战斗意志。这样的无产阶级，完全有力量进行一次革命，为维护民族的尊严，争取阶级的解放而奋斗。法国无产阶级的觉悟程度和组织程度的提高，它的革命传统和战斗能力，是公社革命得以发生的主观历史前提。

第二帝国选择了发动对外战争以摆脱其统治危机的道路，结果招致了自身的覆灭。战败的屈辱和民族危亡的威胁，大大激发了各阶层群众的政治积极性，加速了要求变革的进程。然而，9月4日革命只是一次资产阶级革命，帝制推翻了，胜利果实却为资产阶级反对派所获得。人民的要求没有满足，各种社会矛盾没有解决，而且由于民族危机，又孕育着新的动荡。资产阶级与无产阶级和其他劳动人民的对立在加深。双方都在积聚力量，准备为实现自己的政治目标而搏斗。只要执政的资产阶级派别不采取暂时抑制自身狭隘私利的步骤，不举起民族的旗帜，就不可能稳定局势，而必定出现新的革命危机。双方的较量终究是不可避免的。

二　公社革命的酝酿和预演

巴黎公社革命的发生有过一个酝酿和预演的阶段。巴黎人民为建立公社而奋斗，从法兰西第二帝国的覆灭到 3 月 18 日起义，其间约有半年多的时间。即以本文所述范围，大约五个月时限而论，法国的局势，尤其是在巴黎，很明显地经历了民族矛盾和阶级矛盾及其相互关系重大变化的发展过程；经历了以无产阶级和其他劳动人民为一方，以大资产阶级利益的维护者国防政府为另一方之间激烈斗争、彼此力量消长的演变过程。

法军色当投降导致了 9 月 4 日革命的发生。资产阶级获取了革命成果，组成了以奥尔良党人和资产阶级温和共和派为主体的国防政府。由于普军入侵，法国处于民族危亡的紧要关头。法国人民强烈的共同愿望是团结御侮。法国政局的主要矛盾是法兰西民族抗击普鲁士入侵者。正因为这个缘故，法国各阶层人民都对那个自封的国防政府表示支持并寄予希望。但是，政府的头面人物从一开始就推行投降卖国政策。随着前线法军不断失利和巴黎被围，随着国防政府每一个投降卖国行为的被揭露，每一次打击法国人民抗敌力量的步骤被识破，它的国防政府招牌上的油彩一块一块地剥落下来。它所骗取的政治资本终于丧失殆尽。深受民族屈辱，饱尝围城之苦的巴黎劳动人民，从国防政府破坏抗战，勾结外敌，反对共和，打击人民的大量活生生的事实中，逐渐看清了国防政府的真实面目，认识到它是法国继续蒙受民族灾难的内部根源，是使巴黎人民陷于饥寒交迫困境的罪魁祸首。只有推翻这个卖国投降政府，以人民心目中留下深刻印象的、象征革命斗争传统的公社取而代之，才能使法兰西民族免受更大的耻辱，在法国人民面前呈现美好的前景。这样，巴黎的无产阶级和劳动人民日趋激烈地喊出了推翻政府、建立公社的强大呼声，并且在不同程度上取得了中小资产阶级的同情和响应。

波拿巴第二帝国的崩溃，极大地削弱了法国资产阶级的统治力量。普法战争前线每一次新的失败，同时也给予国防政府的统治威信以沉重打击。刚刚建立的第三共和国的资产阶级统治是很虚弱的，它不得不更多地对人民采取欺骗手段，不能不遮遮掩掩地进行卖国投降活动。与此同时，巴黎无产阶级和劳动人民的觉悟程度和组织程度正在迅速提高。雨后春笋般出现的俱乐部，频繁举行的大规模民众集会和游行示威，内容广泛的各种各样的政治要求的提出，无不反映了人民政治积极性的巨大高涨。虽然国际巴黎支部组织未能起到有力的推动作用，但以国际会员为核心力量，发起并促进了 20 区国防共和中央委员会和各区警备委员会的建立。在斗争的实践中，20 区中央委员会逐渐成了革命力量的核心。尤其具有重要意义的发展，是巴黎无产阶级冲破了国防政府的种种限制和刁难，形成了一支以工人为主体的强大的国民自卫军。无产阶级和资产阶级之间的力量对比逐渐向着有利于前者的方向演变。

10 月 31 日起义和 1 月 22 日起义，如同 9 月 4 日革命一样，都是由于前线失利而直接触发的，带有极大的自发性，缺乏强有力的领导，因而遭到了失败。同时，每一次起义都使无产阶级和劳动人民经受了锻炼。因而，10 月 31 日起义和 1 月 22 日起义成为 3 月 18 日起义的预演。巴黎无产阶级的每一次起义都向胜利迈出了一大步，而由于历史条件的制约，最后又不能避免归于失败。从某种程度来看，这两次起义也正是巴黎公社革命从失败到胜利而又失败的缩影。

三　无产阶级革命的首次胜利

1871 年 3 月 18 日的巴黎武装起义，是第二帝国覆灭以后的法国在经历民族危机的情况下阶级斗争的合乎逻辑的发展。巴黎的无产阶级光荣地赢得了世界历史上无产阶级革命的第一次胜利。

代表大资产阶级利益的梯也尔政府，继续坚持前任国防政府的卖国投降政策，使普法战争以法国的彻底失败而告结束。这前后两任法国资产阶级政府，分别与德国签订了停战协定和预备和约，接受德方极其苛刻的条件和要求，割让大片领土，承担巨额赔款，听任军队缴械被俘，同意普军进入巴黎。法兰西民族蒙受了奇耻大辱。法国资产阶级的统治基础严重削弱，梯也尔政府声名狼藉，面临统治危机。为了维护摇摇欲坠的资产阶级统治，梯也尔把巴黎无产阶级视作唯一大敌，迫不及待地调兵遣将，孤注一掷，妄图指靠发动突然袭击，挑起内战，消灭巴黎的革命力量。他的铤而走险，带来了资产阶级在法国首都——巴黎统治的崩溃。

9 月 4 日革命后的半年多时间里，巴黎无产阶级的革命力量在几次失败中经受了锻炼而成长壮大起来。巴黎拥有一支约三十万人的以工人为主体的国民自卫军。先是建立了 20 区国防共和中央委员会，后来又建立了国民自卫军中央委员会，作为革命领导机构，领导巴黎人民，统率国民自卫军这支人民的武装力量。

巴黎的中小资产阶级由于战争的灾难和梯也尔政府的反动政策，深切感到民族尊严遭受极大的伤害，而他们在经济上又陷于越来越窘迫的境地。因此，他们也对梯也尔政府强烈不满，倾向革命，成为无产阶级的同盟军。即使在政府军队里，也有大批士兵同情巴黎人民，不愿意进行内战，替梯也尔政府卖命。这样，在巴黎，不仅人心的向背，而且阶级力量的对比，优势也已转到无产阶级方面。形势对革命力量有利，新的起义迟早将会发生。

所以，尽管巴黎无产阶级的革命领导机构还没有把巴黎武装起义列入自己的日程，但当梯也尔政府要把内战强加于他们的时候，蒙马特尔高地上的枪声就成了触发这次革命的导火线。起义的开始是自发的，但这次起义的全过程并不是毫无组织，毫无领导的。中央委员会的委员们率领自己领导的营队，从各区汇合到一起，最后向市政厅发起冲击，终于夺取了这个象征资产阶级统治的堡垒。

四　公社革命最初十天几个主要问题的评价

巴黎公社正式宣告成立，标志着世界上第一个无产阶级政权的诞生。

在 3 月 18 日起义胜利之后，巴黎无产阶级没有乘胜追击，进军凡尔赛，而把注意力集中于公社选举，无疑是战略上的重大失策。这是指没有抓住保障革命胜利的根本所在，举行选举时机不当。但就公社选举本身而论，毕竟它是一次由革命力量主持的、真正民主的、其投票结果确能体现人民意志而符合无产阶级和劳动人民利益的选举。20 万群众兴高采烈集会欢庆这次选举的成果，宣告公社的诞生，其盛况在历史上也是空前的。因此，它理应作为创立无产阶级民主制的一个出色的先例而载入史册。

由城市居民直接选举产生公社委员会；按各区人口比例确定当选委员名额；强调选举那些出身平民，能与人民同甘共苦，真心为人民服务的正派人；以及劳动人民在节日一般的欢乐气氛中踊跃投票，等等，构成了这次公社选举的特色。最重要的是选举结果。包括经过后来的变动，在正式履行职务的 81 位公社委员中，出身于工人的 35 人以上，投身于工人运动的革命知识分子约三十多人。也就是说，公社委员中的绝大多数是工人或者公认的工人阶级代表。这就最有力地保证了公社政权的无产阶级性质。

从武装起义胜利到公社正式成立的十天期间，国民自卫军中央委员会执掌政府全权。以工人为主体的国民自卫军是巴黎武装起义之所以能够取得胜利的决定因素。这支国民自卫军不再作为一种单纯的军事组织而存在，它是武装起来的人民，革命的基本力量，公社政权的支柱。在起义胜利之后，由它的领导机构中央委员会担负起临时革命政府的职责是很自然的。

胜利的到来快得出乎人们的意料。中央委员会缺乏如何掌握局势，扩大胜利成果的思想准备。他们的思想还受着许多传统观念的束缚。在他们掌权期间，出现这样那样的失误在所难免。尽管如此，国民自卫军中央委员会在这短短的 10 天之内卓有成效地进行了大量的工作。它接管了旧政府的权力，确保了社会秩序的安定，粉碎了资产阶级反夺权阴谋，救平了反革命暴乱，恰当地解决了群众生活中的某些紧迫问题，还稳妥地处理了对待外敌普鲁士军队的关系。它在巴黎公社革命史上立下了丰功伟绩。国民自卫军中央委员这些往日默默无闻的人们，表现出应付紧急局势的极大才干，生动地证明了巴黎人民群众创造历史的主动精神和能力。

对于没有进军凡尔赛的重大失误，有必要进行历史的分析。

在当时的条件下，即在武装起义迅速取胜，资产阶级军队由于普法战争失败而极大削弱，梯也尔所能控制的残兵败将又遇到革命力量的打击而军心涣散，濒于瓦解的时候，国民自卫军没有乘胜前进，毫无疑问，是丧失了巩固和扩大胜利成果的最有利的时机。它的危害，在于未能给梯也尔政府以毁灭性的打击；未能以更大的军事和政治上的胜利鼓舞外省人民，与正在接连发生的主要工业城市的人民起义互相呼应，把公社革命扩展到更大的范围；同时，也未能在实战的锻炼中提高国民自卫军的战斗力，增强应付资产阶级反扑的力量。

但是，这个错误，如同起义的胜利一样，归根到底是一定历史条件下所产生的。国民自卫军中央委员会多数成员没有同意向凡尔赛进军，正是反映了这场革命运动的水平，反映了这场革命的不成熟性的一个侧面。从外省公社运动的状况，可以更清楚地看出这一点。在巴黎人民胜利的影响下，各个主要工业城市三月下旬相继掀起了要求成立公社的浪潮，但无论其规模和斗争目标，群众的觉悟和组织程度，都远没有达到足以取得胜利的水平。资产阶级的地方政府几乎不费很大力气就逐个地扑灭了它们。所以，巴黎公社革命尽管在那个时候迟早必将发生，而且能够在一定范围和一定时间内取得局部的胜利，但它不可能发展成为全国范围的无产阶级革命的全面胜利。我们需要从这一总的历史背景来考察公社革命最初 10 天的功过得失。

五　无产阶级新型国家的雏形

巴黎公社正式成立以后，大约两个月时间内，在与凡尔赛分子进行殊死搏斗同时，无论在政治、经济和文化教育领域，都取得了具有深远影响的成就。归纳起来，可以列举下述 10 大政绩：

第一，庄严宣告巴黎公社是现今唯一政权，把凡尔赛政府连同它的御用国民议会视作已被推翻而非法存在的资产阶级统治机构，宣布其政令、命令、通告一概无效。

第二，摧毁资产阶级国家的压迫机关，建立无产阶级的政权机构，行使中央政府所属各部的权力，同时对担负社会管理职能的公共事务机构实行改造。

第三，取消资产阶级国家的征兵制和常备军，宣布以工人为主体的国民自卫军为唯一的武装力量，依靠这支武装力量，打击凡尔赛分子的特务破坏活动，保障无产阶级统治的新秩序。

第四，实行无产阶级民主制，通过民主选举与群众监督相结合，规定选举者可以随时撤换被选举者，吸引人民群众广泛参与国家事务的管理，保障人民充分行使当家作主的权力，国家机关真正成为社会负责的公仆。取消资产阶级政府官员所享有的高薪特权，代之以所有公职人员领取大致相当于一般工人同等工资水平的薪金，以确保普通劳动者的本色。

第五，着手建立新的法制，进行司法机构的改革，杜绝司法人员利用职权营私舞弊，谋取额外收入，保护人民的正当权利，为实行法治而努力。

第六，开始某些具有社会主义倾向的改革，采取触动资本主义所有制的最初步骤，改变薪金收入高低悬殊现象，实行保持合理差别的劳动报酬制度，进行工人参与企业管理的试验，制定保护工人利益的劳动立法。

第七，公社财政节省开支，公职人员廉洁奉公，真正实现了"廉价政府"的要求；同时，关心维护人民群众的切身利益，保障食品供应，妥善处理失业、房租、债务、典当物品等涉及广大城市居民实际困难的紧迫问题，制定作战伤亡人员抚恤办法，以减少前线战士的后顾之忧。

第八，进行教育改革，排除教会对于学校的控制，实行国民教育世俗化，提高教师的政治地位和物质待遇。

第九，提倡和鼓励文学艺术为公社革命斗争服务，保护文化遗产，坚持国家对文学艺术的管理和监督。

第十，把公社看作国际无产阶级革命事业的组成部分，团结各国国际主义战士参加和保卫公社，反对民族沙文主义，坚持无产阶级国际主义。

凡此荦荦大端，每一项都包含若干具体措施，只是为了叙述方便而作了大致分类。由此可以看出，其中某些成就属于战争与革命环境下所采取的临时性的应急措施。例如有关城市居民切身利益的一些规定便是这样。采取这些措施，明显地反映了巴黎公社的阶级本质。只有无产阶级的政权，才有可能如此充分地考虑广大人民群众的疾苦，极力设法解决工人和其他劳动群众面临的实际困难，保障劳动者的利益。另一部分措施，涉及国家制度、政治生活、经济关系等等带有根本性质的改革，则是巴黎公社作为无产阶级的新型国家与资产阶级国家根本对立的鲜明标志。不仅没有任何一个资产阶级政权能够容忍这样一些危及其生存的改革，而且也没有任何一个小资产阶级激进派的，或者农民的革命政权能够设想和着手进行这样深刻地触动旧制度的社会政治变革。

诚然，巴黎公社革命者所进行的社会政治变革，有些仅仅有了好的发端，远不能认为已经是成熟的、完备的、定型的；有些还只是刚刚作出正确的决定，来不及付诸全面实施。即使这样，这些处于萌芽状态的新事物正是显示了无产阶级新型国家的基本特征，代表着人类社会历史前进的方向。也正因为如此，历来的无产阶级革命家把它们作为创建新社会的伟大革命实践而予以高度重视。马克思主义的史学工作者更因它们提供了人类社会历史运动中前所未有的新鲜经验而给以极高的评价。

　　由于行使权力的范围和存在时间的限制，巴黎公社毕竟没有能够发展成为完整意义上的国家。但它作为无产阶级新型国家的雏形而载入史册，这应该是确定无疑的。

六　巴黎人民创造历史的主动精神

　　总起来考察，巴黎公社虽然在争取农民方面，没有进行认真的努力，没有也不可能获得成功，它在巴黎却有着非常广泛而深厚的群众基础。不仅无产阶级，广大的城市小资产阶级群众，衷心拥护公社革命，为公社事业奋斗，愿意为之献身。就连相当一部分中等资产阶级激进共和派人士，也在一定程度上对公社保持着同情和尊敬的态度。这是由下列因素所决定的：

　　第一，公社革命集中了巴黎人民的共同要求。无论公社革命的发生，还是公社的政治实践，都可以明显地看出，实现阶级的要求与维护民族的尊严，争取人民当家作主的权利与保卫共和国的存在，紧密地汇合在一起。反对剥削压迫，进行社会革命的呐喊，伴随着反对投降卖国，反对复辟帝制的呼声一同响彻巴黎上空。公社革命者高举着阶级的和民族的两面旗帜。除了无产阶级中一部分有较高觉悟的骨干具有比较鲜明的革命信念以外，不同阶级和阶层的人们都可以从公社的施政中看到他们所热烈赞同的正确措施，他们愿意促其实现的政治主张。而从国防政府到凡尔赛政府的资产阶级统治集团，则与人民完全处于对立的地位，排斥和压制巴黎人民一切爱国的正义的要求。这样，最广大的人民群众很自然地把希望寄托于公社。他们怀着洗雪国耻，打倒卖国贼，保卫巴黎声誉，争取民主权利的心情，以及对于建立新社会的憧憬，集结在公社的旗帜之下，成为公社革命的参加者和拥护者。

第二，公社是在革命的浪潮中吸引着越来越多的群众。从公社革命前夕到公社当政期间，巴黎人民所经历的一连串惊心动魄的政治事变，普法战争的失败，第二帝国的覆灭，国防政府的投降卖国，人民起义的接连受挫，巴黎围城的痛苦，签订和约的屈辱，梯也尔及其地主议会对巴黎的轻侮和挑衅，直至夺取大炮，对巴黎实行镇压，无一不是推动巴黎人民掀起轰轰烈烈革命运动的催化剂。每一个民族的灾难都激起人们的义愤，每一项资产阶级政府的倒行逆施都遭到人们的唾弃，每一次人民的挫折反而唤起了更多的人们投入革命斗争的行列。尽管经历了曲折的过程，革命运动的势头越来越大，直到以不可阻挡之势猛烈向前。持续数月之久的革命浪潮，推动着越来越多的人民群众投身革命，使得公社有了坚实的群众基础。

第三，公社当政后的举措深得人心。公社政权以崭新的面貌出现在人们面前，它以普通人担任社会公仆取代箕踞于人民之上的高官显贵，以民主取代专制，以实行社会政治改革取代资产阶级政府的暴政。公社所采取的政治、经济、文化措施，不仅代表了无产阶级的利益，而且充分顾及到中小资产阶级的利益。它在很短的时间内果断地妥善处理了涉及大量城市居民的切身利益问题。公社的公职人员廉洁奉公，与人民群众同甘共苦，在革命斗争的过程中为人民所熟悉，赢得了人们的信任。这样的政权及其措施，当然会博得最大多数人民群众的拥戴。

第四，公社拥有动员人民，联系群众的多种组织形式和渠道。公社期间，工人组织、妇女组织、中小资产阶级的社会团体，都很活跃，可以说，它们各自在不同的程度上成为公社事业的宣传者、组织者和保卫者。继承法国历史传统并予以发扬光大的各种俱乐部发挥了独特的作用，它实际上成了大体以地域为单位的松散的公社基层社会政治组织，沟通公社与群众联系的重要桥梁。公社委员参加俱乐部的群众集会，向人民报告工作，听取群众的批评和建议，再把群众的意见和要求带回公社。俱乐部的参加者可以充分发表意见，经过民主讨论形成决议。俱乐部的活动成为巴黎人民政治生活的重要内容。广大的妇女积极投入创建公社和保卫公社的斗争，表明只有无产阶级的政权才能真正实现男女平等，致力于妇女解放，从而极大地加强了公社的群众基础。最富于戏剧性的发展，便是共济会员庄严盛大的游行，共济会的旗帜与公社的旗帜一道插上城头，共济会会员作为公社的成员奋勇保卫公社。这充分表明了公社事业的正义性，表明公社的业绩深深打动了共济会员的心，使得这个多少带有传奇色彩的、以城市小资产阶级群众为主体的互助团体心悦诚服地宣告归附公社。公社还有各种倾向的革命和民主报刊，形成强大的社会舆论，作为自己的喉舌。公社政权和革命报刊大量接受或刊登人民来信，作为了解群众意见和要求的重要渠道，也是前所未有的创举。

正是由于上面所说各种因素的交互作用，在公社革命时期的巴黎，虽然处于战争环境，几乎成为一座孤岛，但是巴黎的政治生活仍然非常活跃，人民的政治积极性从来没有这样高涨。马克思主义认为，人民是历史的创造者。公社革命时期，正是巴黎人民最充分地表现了创造历史的主动精神。如同我们在前面曾经叙述的那样，公社政权的重要决策，所制定的法令和措施，绝大多数都曾经在各式各样的群众集会上提出来，经过酝酿和讨论。不分论自觉与否，公社的活动家们总是从他们所代表的群众那里汲取力量和智慧，带着群众的要求和希望去参加公社会议。公社委员反映和集中群众的意志，而群众则给予公社委员以支持和监督，相互推动，携手前进。

　　来自群众的无数分散的政治主张和要求，一旦汇合起来成为统一的意志，形成革命的浪潮，它就会远远突破人们原来的冀求而奔腾向前。人民群众在他们的领袖人物率领下从事创造历史的实践，而斗争的实践又推动着人民群众的领袖人物前进。最初仅仅出于爱国义愤而卷入公社革命的人们成了反对资产阶级统治的无畏战士。原来只是坚持共和，反对帝制的人们如今为了无产阶级的解放事业和社会共和国的模糊理想英勇献身。在实践中，蒲鲁东主义者背离了他们的教条，布朗基主义者终于撇开他们的密谋策略而同广大人民群众结合在一起，就连新雅各宾派的人物也在无产阶级政权的麾下成为一支重要力量。他们的行动大大越过了他们那些派别所持信条的界限。

　　当然，所有这些不同政治派别的人们不可能完全摆脱他们原来的思想信仰的影响。正是那些根深蒂固的陈腐观点束缚了他们的手脚，导致了公社的不少严重失误。这一点，恰恰证明了人民只是在一定的历史条件下创造历史，作为一场革命，一个历史运动，不能不受主客观历史条件的制约。这就是历史辩证法的统一。

七　鲜血谱写的光辉篇章

　　经过五十多天激战，在力量对比过于悬殊的情况下，公社失败了。当战场上的硝烟消散的时候，公社的儿女们在敌人的监狱、法庭、刑场以至流放地，仍然为维护公社的荣誉而继续斗争。

　　全面展现公社由胜利到失败的历史过程，有必要记述从最初夺取胜利到最后决战期间公社革命者们在军事上某些失误；因为它毕竟向后人提供了一些值得深思的教训。对于世界上第一个诞生的无产阶级政权来说，要求刚刚武装起来而又缺乏军事经验的起义者们在这方面没有这样那样的失误，显然是不可能的。后人不会为此而苛责他们。

令人肃然起敬的，则是公社的保卫者们奋不顾身，前仆后继的英雄事迹，他们为着公社的事业和理想，浴血奋战，不惜牺牲的无畏气概。他们在卓越的统帅东布罗夫斯基和符卢勃列夫斯基的率领下，以弱敌强，顽强固守，机智出击，一直战斗到最后时刻。

年迈的德勒克吕兹，这位为着共和政体奋斗了大半生的1848 年革命老战士，怀着舍生取义的心情，担任公社的军事代表，在巴黎城破之日亲身投入战斗，为无产阶级的革命事业流尽了自己的鲜血。

深受工人爱戴的瓦尔兰，杰出的公社活动家和最后一任军事代表，坚守最后一块阵地，同凡尔赛分子进行了最后的战斗。他遍体鳞伤，精疲力竭，依然昂首挺胸面对死亡，在生命最后一息保持公社尊严，壮烈牺牲。

公社的将军布律涅耳，并非出于主观失误而在保卫伊西村的战斗中失利，受到战友们的严厉对待，但他毫无怨言，刚从马扎斯监狱出来立即请战，率部扼守土伊勒里宫和协和广场地区，奉命撤离后继续战斗，身负重伤才被人抬离火线。

年轻的革命家费雷，坚贞不屈，把敌人的法庭变成控诉凡尔赛分子罪恶的讲坛，以气壮山河的铿锵语句向全世界宣告了公社事业的正义性和无产阶级革命必胜的信念，在刑场上从容自若，视死如归，拒绝刽子手用布蒙住自己的双眼而英勇就义。

公社的英雄成千上万，这里只是列举几个不同方面表现最为杰出的人物，他们代表着公社革命者的整体，无数先驱以自己的鲜血谱写了迎接未来新社会的光辉篇章。他们作为无产阶级革命战士的楷模而受到世世代代人们的景仰。

从总结历史教训的角度来看，在保卫公社的斗争中，公社革命者内部分歧的发展，有必要给以足够的注意。它抵消和削弱公社的力量，涣散斗志，造成混乱，妨碍公社形成统一意志和采取强有力的统一行动，危害很大。

公社的内部分歧，一方面表现为革命胜利之初掌握权力的国民自卫军中央委员会与公社委员会之间的关系不很和谐，其影响波及各区，团委员会与区政府之间的关系也不协调。矛盾起因于中央委员会某些成员未能真心实意地向公社委员会移交权力，或多或少企图与公社委员会分享以至于单独行使军事指挥权，以致引起若干争执和摩擦。公社委员会则指责多于团结说服，没有及早注意更多地吸收中央委员会有影响的人物参与公社的领导工作。四月下旬公社委员补缺选举之后，由于又有一些有影响的中央委员进入公社委员会，也由于两个领导机构的大多数成员顾全大局，这方面的矛盾有所缓和。

另一方面，公社委员会成员之间的分歧，围绕成立救国委员会问题而突出起来，由此形成了多数派和少数派，出现了少数派宣言，公社一度陷于分裂。正当敌军兵临巴黎城下，大敌当前之际，公社领导在几天内处于瘫痪状态，不能不给对敌斗争以严重的不利影响。

这种分歧的产生和发展，导源于公社内部存在着不同的政治派别。它们原来就有着不同的思想观点和政治主张，对于公社的性质和目标各有不同的认识。各个派别的成员都远没有认识到领导机构内部应当既有民主又有集中，没有认识到在民主基础上形成统一意志和统一行动的必要性。某些成员把集中与独裁和专政混同起来。某些成员则迷恋于18世纪大革命期间雅各宾专政的传统。这些因素，再加上对于公社面临的形势与所应采取的对策，有着不同的看法，就触发了一场内部危机。

正是由于存在着历史的和认识上的根源，所以，从某种程度上说，剧烈的争执和分裂危机，迟早将会发生。在这场危机期间，双方都有不够恰当之处，未能免除门户之见，掺杂了感情意气的成分。多数派的排斥少数，少数派的公开分歧，都不利于团结对敌，做了亲痛仇快的错事。对待这个问题，没有必要过分执著于追究那派应负主要责任，而应当超越两派的分野，具体分析某个成员起了何种作用。有少数公社委员始终以团结为重，呼吁消除分歧，一致对敌，无疑是正确的。也有个别成员，例如皮阿，崇尚空谈，热衷权力，贻误戎机，唆弄是非，起了不好的作用。像米奥那样，挑起争吵于先，拒绝和解于后，一再采取激化矛盾的做法，同样是不可取的。

然而，广大的公社社员不愿意听任这种派别斗争现象再继续下去，他们要求迅速消除公社的分裂状态。第四区举行的群众大会充分表达了群众的意愿。大多数公社委员转而采取了正确的立场。凡尔赛军队攻入巴黎城区，终于冲破了公社两派大多数成员之间的隔阂，他们重新携起手来并肩战斗，在战场上一起抛头颅、洒热血。

巴黎公社在团结问题上的沉痛教训表明，无产阶级只有建立由科学社会主义理论武装起来的，不允许进行派别斗争和非组织活动的，因而具有统一意志和高度团结的革命政党，才能真正保证革命赢得胜利，巩固胜利。一百多年来国际无产阶级的革命实践，无数次地证明，这是一条颠扑不破的真理。

八　公社是国际的精神产儿

关于巴黎公社和第一国际的关系，恩格斯所指出的，公社无疑是国际的精神产儿，的确是再也恰当不过了。

公社是由国际的思想孕育的，公社的行动实践了国际关于无产阶级夺取政权的根本原则。公社革命的发生和它的政绩，扩大了国际思想的影响，提高了国际的威望，而国际则是公社革命的支持者、宣传者和捍卫者。公社的事业就是国际的事业，它的胜利和失败同时也是国际的胜利和失败。公社之于国际，不仅在思想上、道义上有着亲密的依存关系，而且它们在政治上是如此地休戚与共，存亡相关，难道还有其他提法能比恩格斯所形容的更为贴切地表达它们之间的相互关系吗？

巴黎公社革命发生于普法战争失败后的法国，它是法国特定历史环境下产生的历史现象。毫无疑问，公社的施政和斗争目标，从它的内容到形式，包括公社的名称，国民自卫军的组织，以至救国委员会的建立，等等，反映了法兰西的民族传统，而且带有18世纪法国资产阶级大革命的某些印记。但是，在马克思主义看来，公社的阶级基础，它的思想倾向和改革措施，尤其是它在法国历史和世界历史上的地位，却超越了法国历次资产阶级革命，在内容上更为深刻，在意义上更为深远。这是为什么？归根到底，就是由于公社革命是国际无产阶级革命斗争的一个组成部分，是法国和世界历史上一次崭新的社会政治变革。正是因为有着国际的存在，公社接受了国际的影响，得到国际的支援，而且与国际共命运。

国际的成立及其活动，促进了法国工人运动的左倾，削弱了蒲鲁东主义的影响，出现了左派蒲鲁东主义者，也吸引了部分布朗基主义者。随之而来的，是国际组织在巴黎的发展，法国工人运动两个派别之间的相互接近，使得无产阶级的统一行动成为可能。这是巴黎公社革命得以发生在主客观因素方面的一个重要条件。

国际巴黎支部联合会虽然不时由于蒲鲁东教条的作祟，而在公社革命期间显得软弱无力，未能发挥领导作用。但是，在国际的培育下，国际巴黎组织相当一批优秀的成员，是建立20区中央委员会和各区警备委员会的积极倡议者和推动者，国民自卫军及其中央委员会中的骨干力量，为公社事业做出了卓越的贡献。其中一些人成为杰出的公社活动家。他们在实践中所以能够在很大程度上背离原来的蒲鲁东主义或布朗基主义的信条，固然是出于他们的阶级本能，由于群众意志和革命潮流的推动，但与他们在思想上或多或少地接受了国际的影响是分不开的。他们之中的一些杰出人物，在多年工人运动中受到国际思想的熏陶，经过阶级斗争的锻炼，而且就在公社革命期间有些人还与马克思和国际总委员会保持着联系，请求马克思提出建议和给予指导。这样相当一批国际会员的思想和行动，在当时法国的历史条件下，应该说属于先进的行列，是任何激进的小资产阶级民主派所不能望其项背的。正是他们，作为无产阶级的代表，高举政治革命和社会革命的旗帜，国际主义的旗帜，构成公社的核心力量。也正是这样一支阶级力量的当政及其所采取的措施，最鲜明地表现了公社革命和公社政权的无产阶级性质，而使公社与国际紧密地联结在一起。

公社革命的胜利意味着无产阶级夺取政权，这在当时欧美各国几乎是公认的事情。第一国际总委员会及其在各国的支部，各国的无产阶级和进步人士，无不为之欢欣鼓舞，纷纷以群众集会、撰写文章等等方式表示支持和祝贺。有些国家的无产阶级活动家和国际组织还采取了一些实际步骤，支援法国工人。马克思和恩格斯更是全神贯注，密切观察事态的发展，经过各种渠道设法与公社取得联系，多次提出建议和警告，期望它有取得胜利的可能，或在遭到反动派镇压时少受损失。

当着公社最终被凡尔赛分子扼杀于襁褓之中，马克思、恩格斯和总委员会又号召各国无产阶级奋起捍卫公社，谴责反动派的暴行，援救公社战士，继续公社的革命事业。马克思奋笔疾书，写作了不朽的名著《法兰西内战》，作为国际总委员会的宣言发表。它总结了公社的经验和失败的教训，极大地丰富和发展了科学社会主义的理论。

公社的失败导致了国际内部矛盾的激化。英国工联右翼领导人从右的方面，巴枯宁分子从"左"的方面，利用公社问题向国际总委员会进行攻击。因此，捍卫公社也就是捍卫国际。一批流亡的公社活动家团结在国际总委员会周围，有些人成了总委员会的成员。他们以最有力的见证人的身份维护了总委员会的领导，确保国际伦敦代表会议和海牙大会的成功，通过了依据巴黎公社的经验所作出的一系列正确决议，击败了巴枯宁分子夺取国际领导权的图谋。

然而，公社失败以后，历史条件毕竟有了新的变化。国际这种组织形式，已不再适应各国无产阶级斗争新时期的要求。它在迁离欧洲大陆不久，终于宣告完成了自己的历史任务。只有把公社革命从其孕育、发生到失败的过程，置于整个国际从成立到解散的全过程这样一个大的历史背景下来考察，才能更清楚地理解恩格斯所说公社是国际的精神产儿。

作为反证的是欧洲各国的统治者们，他们都把公社看作是共产主义的幽灵变成了现实的威胁。他们一致勾结起来支持梯也尔政府扑灭这场革命，而在公社覆没以后又一道诅咒这场革命，迫害革命的参加者。

回顾巴黎公社革命的发生和失败的历史，应该承认，在当时的欧洲，无论无产阶级还是资产阶级都把公社革命看作是无产阶级的运动，巴黎公社是无产阶级的政权。这是一个毋庸置疑的客观的历史事实。

九　以马克思主义为指导评价巴黎公社

对巴黎公社总的评价，就巴黎公社史本身而论，讲到它的历史地位，也可以看作是全文的结论部分。因此，文内涉及世界近代史、无产阶级革命运动史和马克思主义发展史上许多根本性的问题，以及我国学术界有争论的某些问题。限于我们的学术水平，又缺乏对公社史较长时间的系统深入的研究，一定有很多不准确的、片面的以至于错误的地方。我们本着探求真理永无止境的精神，还是提出了若干不成熟的见解，以求教于读者，并与学术界同行商榷。我们觉得，开展百家争鸣，学术上不同意见的讨论是很自然的，也将是有益的，很愿意得到批评和指教。

关于公社革命和公社政权的性质，事实上，从本文开始，一直是以历史事实对这个问题作出回答。大体说来，我们做了这样几个方面的论证：

（一）概略地综述了当时法国社会政治制度的基本状况，阶级关系和社会矛盾的发展演变，公社革命的酝酿和发生的过程；分析了公社革命的起因，它的对象和动力，以及它所肩负的历史任务，由此确认公社革命的性质是一次无产阶级革命。

（二）评述了公社的实践，通过分析它的领导成员的状况，它的施政措施，在劳动人民中的反响，以及法国资产阶级政府、各国资产阶级和封建王朝政府对它的态度，说明公社政权反对哪个阶级，维护哪些阶级的利益，它的实践中的社会主义倾向，由此确认无产阶级在公社政权中居于领导地位，公社是一个无产阶级的政权。

（三）阐述了公社与第一国际的关系，指出公社所受法兰西民族历史传统和第一国际革命思想的双重影响，国际总委员会、各国无产阶级和社会舆论对于巴黎公社性质公认的看法，国际无产阶级对于公社事业的支持和捍卫，尤其是马克思恩格斯以及后来列宁对于公社的评价，由此确认公社革命和公社政权的无产阶级性质。

（四）说明了巴黎公社在世界历史上的地位，指出它是世界近代史上划时代的事件，尤其是公社革命的胜利和失败对于无产阶级革命运动史和马克思主义发展史的影响，它是如何在实践中证明了马克思主义无产阶级革命和无产阶级专政学说的正确性，又如何充实和丰富了科学社会主义的理论。所有这一切，当然是以确认公社的无产阶级性质为根本前提的。

（五）我们还指出，无产阶级专政概念的含义是指一个政权的阶级性质，亦即无产阶级建立自己的政治统治；作为一种革命实践，无产阶级专政是历史地发生、发展的，是随着各国无产阶级的成熟程度和革命运动水平的提高而逐步趋于完备和更为自觉的。不能因为早期无产阶级革命运动具有很多弱点而否定它的阶级性质，也不能因为早期无产阶级专政的不成熟性而否定它的客观存在。我们还对撇开具体的历史条件，片面强调具有高度发达的生产力才会发生无产阶级革命，而忽视历史是由多种因素"合力"所推动前进的这样一种倾向表示了异议。

实际上，如果否定了巴黎公社是世界上建立无产阶级专政的第一次尝试，其逻辑的必然结果，也就意味着否定从马克思、恩格斯、列宁以来关于巴黎公社的基本评价，以及据此作出的一系列论断。

关于什么是公社的原则，由于马克思、恩格斯没有直截了当地对此给以说明，它便作为一个应当如何理解，如何表述的问题摆在人们的面前。我们阐述了对这个问题的一些见解。有一种意见，认为概括公社原则可以不提暴力革命，对暴力革命是普遍适用的规律有所保留。我们不赞成这种意见。巴黎公社正是无产阶级暴力革命的第一个典型，而这又是为历史所证明的无产阶级革命的普遍规律。概括公社的原则，不应该对此避而不谈。

（一）迄今为止历史上发生的无产阶级革命，以至无产阶级领导的人民民主革命，无论其成功还是失败，毫无例外地经过暴力革命的途径。即使不谈从广义上说国家本身就是一种暴力，迄今还没有人能够令人信服地举出一个确有事实根据的不用革命暴力而建立无产阶级政权的先例。暴力革命的形式各有不同，有的首先举行城市武装起义，有的经过农村或部分地区的长期武装斗争，有的在世界大战的条件下经由民族革命战争同时战胜了国内反动统治阶级，或者在国外组织革命军队作为反法西斯同盟者打回本国，等等，但无一不经暴力形式，则是无可辩驳的事实。

（二）马克思、恩格斯以及后来列宁都曾针对特定的历史条件，设想过作为例外的情况，某些国家存在无产阶级经过和平途径取得胜利的可能性。但是，历史的实际发展进程并没有出现由这种即使是例外的可能性转化为现实的例证。历史的规律必须以曾经发生的历史事实作为依据，以一种未能实现的预想作为否定暴力革命是普遍规律的根据，理由是不充分的。

（三）关于暴力革命是否无产阶级革命的普遍规律，这是一个国际共产主义运动史上久有争论的老问题。中国共产党在这个问题上的基本观点是众所周知的，只要全面地客观地看待它，那么，经过历史的检验，更加无法否认其正确性。历史是作了严肃回答的，"和平过渡"的事实倒并未出现；迷恋和平过渡而使无产阶级的革命事业遭到严重的挫折，以致多少人头落地，血流成河的惨痛事实却不乏其例。

有人提到不能排除将来出现和平过渡的可能性。对于无产阶级革命未来的斗争途径，进行这样那样的探讨，这已超越了历史科学的范畴。真正掌握历史发展的规律，无疑可以对历史的进程提出科学的预见。但如果离开对于具体的历史条件的分析，那就不免陷入纯学理的、不着边际的预测。

总之，必须坚持以马克思主义为指导思想，科学地评价巴黎公社的历史地位。在我们看来，这主要是指掌握马克思列宁主义、毛泽东思想的立场、观点、方法，应用于研究巴黎公社的历史实际。一方面要详细占有材料，对巴黎公社所处的历史时代和历史环境，公社的具体实践，它为无产阶级革命运动提供的新经验，以及失败的原因和教训，进行历史的考察，把它作为一种历史运动而对其全过程进行由表及里的科学分析，得出合乎实际的结论。应当力戒随意性和片面性，力戒没有进行严肃认真的周密研究之前，先验地作出这样那样的判断；既不要人为地拔高公社的历史经验，也不要随着某种思潮的影响而贬低公社的历史贡献。

另一方面，应该充分研究马克思主义经典作家有关公社的论述。重要的是领会其精神实质，准确地理解他们所作各种论断的深刻含义，而不是寻章觅句为自己的某些观点取得论据。我们是从实际出发而不是从人们的言论出发去研究历史，即使经典作家的言论同样如此。我们学习他们的论述，是要体会他们为什么作出这样的论述，作为我们考察公社历史实际的指南，因为他们的论述正是他们研究公社实际之后所作的理论概括。不懂得理论就不能把握正确的方向。同时，我们不能满足于机械地重复经典作家的论断，而要严肃地按照历史检验的结果，阐述它，发挥它，捍卫它，当然也不排除舍弃某些被历史证明是不很准确或不再适用的论断。但是，我们不赞成未经深入研究轻率地否定经典作家的论断。

十　进一步提高巴黎公社史研究的水平

概述从晚清到现在，巴黎公社在中国的反响，以及中国人民纪念、学习、宣传、研究它的状况，在巴黎公社史的研究中还是一种初步的尝试。尤其是建国以来，关于巴黎公社的宣传和研究，规模很大，成果较多，而又经历了曲折的道路，其中涉及的问题，范围相当广泛，很不容易给予全面的系统的总结。本文仅仅是就基本状况勾画一个大致的轮廓。

以"巴黎公社与中国"作为本文一部分，反映了公社的理想和事业确确实实在东方的中国得到了广泛的传播，发生了深远影响。早在巴黎公社革命发生期间，晚清的中国官员留下了可以说是目击者的记载，其中有一些内容具有史料价值。帝国主义在中国的喉舌和改良主义史学家、辛亥革命前倾向进步的资产阶级报刊，对巴黎公社的报导和评论，表现了敌视和同情两种完全不同的态度。"五四"运动以后，从中国共产主义者早期革命活动中发表第一批介绍巴黎公社的评述到现在，已过去了半个多世纪。无论是在革命战争的烽火年代中，在白色恐怖下的敌人监狱里，还是在社会主义的前进道路上，中国共产党人和革命人民一贯把学习巴黎公社的英雄事迹及其历史经验牢记在自己的心头，作为行动的榜样。像我国这样，公社的影响持续时间之久，普及程度之广，人们崇敬心情之深，在世界上也是少有的。

中国革命的胜利，是中国人民在中国共产党领导下，把马克思列宁主义的普遍真理同中国革命的具体实践相结合，经过长期奋斗所赢得，这是马克思列宁主义、毛泽东思想在中国的胜利。在一定的意义上，从国际无产阶级的共同事业，从人类由资本主义过渡到社会主义的世界历史进程来说，中国革命也是巴黎公社事业的继续。中国人民从来把巴黎公社同马克思、恩格斯的名字，同第一国际的事业，紧密地联系在一起。学习巴黎公社，也是同学习马克思总结巴黎公社的实践而丰富发展了的科学社会主义理论紧密地联系在一起。

正因为这样一些因素，中国人民在中国共产党的长期教育下，历来对巴黎公社抱有非常亲切的感情，真心诚意地学习巴黎公社的历史经验。中国人民学习巴黎公社有一个好的传统，就是贯彻理论与实际相联系的原则。纪念巴黎公社，总结和阐述巴黎公社的历史经验，都同解决中国革命特定时刻面临的重大任务结合起来。学习巴黎公社，就是要从斗争经验和革命觉悟方面提供一种鼓舞人们前进的动力。研究、学习、宣传本身也就显得富有生气，能够转化为物质的力量。诚然，在"左"的指导思想的影响下，这方面同样出现过某些流弊。例如，按照现实政治斗争的需要去随意剪裁历史经验，脱离对公社实践的具体分析而把眼前正在进行的某项工作生拉硬扯在一起。这种简单化的实用主义倾向，违反实事求是的原则，歪曲了公社的历史，有必要引以为戒。

林彪、江青反革命集团在毁坏我国社会主义事业，摧残革命力量，祸害人民的时候，抓起了巴黎公社的旗帜。他们歪曲和篡改巴黎公社的历史经验，欺骗群众，蛊惑人心。其后果之一，就是造成了人们思想上对于巴黎公社经验的误解和某些混乱，从而降低了巴黎公社的声誉。因此，在粉碎江青反革命集团之后，如同各条战线、各个领域的情况一样，巴黎公社史的研究也负有拨乱反正的任务。这就需要对公社史上的若干问题重新给予科学的评价，需要对公社史的各个方面进行更为广泛、更加深入的探索。由于有了中共十一届三中全会的解放思想、实事求是的正确方针的指引，经过学术界和各有关方面的共同努力，对于巴黎公社史的研究重新活跃起来，呈现出一种新的面貌。主要收获是发表了一批新成果，批判了某些错误观点，开拓了新的课题；而且，对若干问题产生了争论，从发扬学术民主，开展百家争鸣的角度来说，有利于推动公社史的研究继续深入。

坚持和发扬理论与实际相结合的学风，需要进一步明确公社史研究的目的性，使它有效地为我国的社会主义事业，为实现四个现代化，为建设社会主义的精神文明服务。举例来说，巴黎公社作为无产阶级新型国家的雏形，在实行无产阶级的民主制，防止国家和公职人员从社会公仆蜕变成凌驾于人民之上的社会的主人方面，作了有益的尝试，有些虽然处于萌芽状态却有普遍意义；也有不成功的教训，特别是在民主与集中的关系问题上。对此，尽管已经有了不少文章，但大体上限于列举事例说明经典作家所概括的结论。其实，这个课题在史论结合的基础上大有发挥论述的余地。

又如，巴黎公社历史经验的精髓之处，就是人民群众创造历史的主动性，他们的首创精神和献身精神。人民如何参与国家事务，如何实行人民管理制，公社委员会在施政中如何体现人民的意志，巴黎公社都提供了一些可贵的经验。公社主要活动家和杰出将领们的贡献，他们的生平、思想的发展演变，怎么突破他们原先各自的信仰？他们崇高的精神境界从何而来？为什么成千上万的先烈们奋不顾身，前仆后继，为保卫公社不惜牺牲？这些也是非常值得认真研究阐述，足资楷模的。

此外，对于公社失败的教训也有必要进一步深入探讨，以资借鉴。

研究公社史，要使历史成为人民的教师，使人民能够从中汲取力量。这就应当更多地着眼于肯定公社革命的历史作用，公社革命者的伟大业绩，肯定他们给予世界历史进程的积极影响，为无产阶级解放事业提供的新经验。对于他们的失误，则应从他们所处的历史条件，无产阶级运动的水平，实事求是地进行具体分析，得出真正应当记取的教训。如果不从历史的合力所起的作用去看待巴黎公社，而是脱离实际，不自觉地以当今世界生产力发展的水平去衡量一个多世纪以前的法国社会矛盾；如果以各自在今天判断种种是非得失的尺度套用到评价早期无产阶级的革命运动，那就不仅是苛求前人，而且势必会得出消极的结论。

从客观的历史实际出发，应用历史唯物主义的基本原理去考察巴黎公社，明确研究的目的，扩大研究的视野，提高研究的水平，这就是我们的宗旨。

没有必要作茧自缚*

《世界历史》杂志创刊，如果从开始筹备算起，快到六年了。当改革之风吹遍神州大地的今天，我们编辑部的同志也在想方设法改进自己的工作，以便提高刊物的质量，为祖国的社会主义现代化建设事业做点贡献。现已确定，为了能够及时地多发表一些世界史工作者的研究成果，多刊载一些史学述评、书刊评介和史料文献，《世界历史》将于 1985 年起从双月刊改为月刊。限于编辑部人手不足，暂定杂志每期四个印张，64 页，虽与有些同行的建议还有相当差距，总算篇幅增加了大约 1/3。

作为改进刊物的一个先行步骤，有的同志建议，增设《史坛纵论》的栏目。要求它以较为短小精悍的形式，就世界史的研究课题、重大论争、学术观点、研究方法以及国外史学动向等等，结合我国世界史学科建设的实际，阐发论证，解放思想，针砭时弊。其范围可大可小，文体无妨各种各样，无非是各抒己见，不作定论，以求相互切磋，发人深思。即令自认仅系一孔之见，只要言之成理，确有见地，一概欢迎。

---

* 原载《世界历史》1984 年第 4 期。

不过，编辑部的同志出了个难题，要我先开个头，抛砖引玉。自忖不敢纵谈古今，妄发议论，只因本人也是编者之一，似乎责无旁贷，不得不勉为其难。我想采用借花献佛的方式，借了本期刊登郑异凡同志关于布哈林社会主义经济建设的思想的文章，说点想法，以求教于史学界前辈、同行和本刊读者。

说到发表关于布哈林的文章，大抵免不了有人另眼相看，仿佛总有点离经叛道之嫌。其实不然。本刊曾在1981年发表过郑异凡同志的有关文章，有的同志为之捏了一把汗。事实证明，这种讨论有助于寻求符合历史实际的客观真理，有利于世界史研究的向前进展。

毋庸讳言，布哈林曾经是联共（布）党内和国际共产主义运动中一位具有相当影响的领袖人物。他去世已将近半个世纪。时至80年代的现在，当着苏联方面早就正式非正式地披露了有关30年代肃反扩大化的种种情况之后，在对这段历史稍微有所了解的人们当中，依然认为布哈林是"帝国主义的间谍"、"人民的公敌"的人，恐怕是为数不多了。布哈林当然有过这样那样的错误，但也为俄国革命和国际无产阶级的革命事业做出过贡献。谁也无法否认，他在国际共产主义运动史和科学社会主义发展史上是一位并非微不足道、因而也是不能回避的人物。对于马克思主义者和革命人民来说，无论是布哈林的错误，还是正确的观点和实践，都是后人从事社会主义建设事业足资借鉴的宝贵的精神财富。

坚持应用马克思主义的立场、观点、方法，严格恪守实事求是的原则，按照历史的客观实际，对布哈林的思想和实践进行科学的研究和评价，理所当然地应该是我们马克思主义的史学工作者，尤其是世界现代史、苏联史和国际共运史的研究者所要进行的一件非常严肃而重要的工作。无论如何，应该是到了让布哈林问题进入世界历史的研究领域的时候了。

作为历史科学的一项研究课题，在学术领域内予以探讨，提出这种那种见解，并不是代表党和国家对外发言。这是两类不同范畴的问题，一定要明确分开。过去在"左"的指导思想的影响下，往往习惯于把它们扯在一起，为此而定下许多清规戒律，扣上种种帽子，其流弊所及，为害之深，难道我们还没有足够的教训吗？除非经过正式授权，历史学家的论述，有什么理由，又怎么可能，把它视为代表党和国家的言论呢？史学工作者毫无疑问应该自觉地遵守我们国家现行的外交政策。但历史毕竟是历史。只要不是任意借题发挥，随便剪裁编纂，就不能把历史与现实等同起来。历史只能通过它自身给后人以启示。问题在于正确地研究和表述历史。我们没有必要作茧自缚。如果这也不能说，那也不能写，岂非等于取消历史研究的客观性和科学性。我们的态度是坚持真理，修正错误，经过学术讨论，开展百家争鸣，以求得我们的认识更加深刻，更为全面，更能准确地反映和概括历史实际，发现和掌握历史发展的规律。

郑异凡同志的文章简要地评介了布哈林关于社会主义经济建设的若干思想观点。布哈林虽然较为缺乏领导全局的实际工作经验，但他作为苏联党和政府的一位领导人，尤其是作为一位经济学家，提出了或者阐述了许多颇为重要的看法。就本文所介绍的内容而言，布哈林的某些观点，在表述上并不一定很确切，在后人的实践中也被证明未必完全正确。例如，他认为俄国这样一个存在着大量的小农经济、经济技术极端落后的国家，在革命胜利后发展的长时期内"将是一种落后的社会主义"。这种观点固然有其很值得阐发之处，但笼而统之归结为"落后型"的社会主义，未免失之过分简单化。这同那一个时代人们对世界革命形势和社会主义阶段的认识过于理想化很有关系。落后是与先进相对而言。当时看来极其发达的资本主义社会的经济技术，在今天早就被认为是过时了的落后的生产水平。再说，"先进型"的社会主义又是怎么样的社会主义呢（这种对应关系与国外某些学者所说的发达的社会主义社会看来不是同样的含义）？区分社会主义的类型，如果有此必要的话，又应该依据哪些因素呢？这些到今天也是未必能够完满回答的问题。至于把"落后型"等同于"亚细亚形式"，显然是不适当的。从迄今为止的社会主义实践来看，如果有了正确的指导思想和适合国情的正确方法，具备必要的客观历史条件，原来经济技术落后的国家其发展速度不一定是比较缓慢的，以"乌龟的速度爬行"。

当然，在文章里提到的，布哈林认为必须集中注意力去解决农民问题，吸引广大农民来参加建设事业；应该承认俄国自身特殊的历史条件，强调既要善于识别和看出共同性，又要善于识别和看出特殊性；以及坚信俄国将建成社会主义，等等，不妨可以说已被证明是颠扑不破的真理。文内还评介了布哈林不少可贵的经济思想，不再一一列举。需要注意的是这里并没有展开对当时俄国实际及党内争论的全面分析，因此，即使有不少今天看来很有道理的观点，却并没有在俄国完全得到客观实践的检验和证明。我们不能忽略这样一种具体的历史条件，因而不应该简单地取出布哈林这种那种说法去否定苏联当时的实践。总之，需要采取具体分析的态度。布哈林是一位犯过不少错误的马克思列宁主义者，对他一律抹煞，全盘否定；或者一味颂扬，全面肯定，都不能被认为是科学的态度。郑异凡同志对布哈林有相当研究，他的看法尽管我个人认为或许有某些值得商榷之处，但他指出这些问题，期望引起人们进一步加以探讨，则是很有意思的。

我们现在大多已痛切地体会到在经济建设上闭关自守、夜郎自大极为有害。在某种程度上说，对待学术问题，更不应该沿袭封闭式的老路，回避客观实际，墨守成规，但求四平八稳，东抄西摘而心安理得。我们坚信四项基本原则的正确性，坚信马克思主义是有无比强大的威力能够指引我们去正确地认识世界和改造世界，那就应该明确地意识到而且有必要大声疾呼，马克思主义必须随着时代的推移和实践的积累而发展。理论必须捕捉新的课题，有所创新，能够反映、概括、解释和指导新的实践；而在回答新的课题，推进新的实践的过程中，理论本身也就自然会愈加丰富愈加彻底，具有越来越强大的说服力。历史科学自不例外。我们需要勇于并且善于开拓新的研究领域，选择新的历史课题，对多年来争论不休或者不敢问津的老问题提出新的答案。

当我们在崎岖陡峭的山径攀登的时候，走过某些弯路，出现一些失误，这是不可避免的。谁也不能保证进行一项新的研究能够从一开始就百分之百的正确。谁也无权自命为一贯正确的马克思主义的历史学家。要研究新问题，就要允许出点差错。千万不要重蹈以往轻易就对某种新的观点新的学科视为异端邪说的覆辙了。原地踏步看起来循规蹈矩，但也不会前进，无所以称之为科学研究。

学术问题还是要提倡讨论，支持探索，经过比较分析，择其善者而从之，随时充实、完善以至修正自己原来的见解。路总是人走出来的。开初免不了会遇到荆棘坎坷，沟洼沼泽。在我们这个时代，我国的世界史工作者应该立志做改革的促进派，发扬无畏精神，锐意进取，为四个现代化，为社会主义的物质文明和精神文明建设，竭尽绵薄之力。我国世界史学科的繁荣兴旺，肯定是大有希望的。

世界史领域评述历史人物之我见*
——读《托洛茨基评传》所想到的

李显荣同志的新著《托洛茨基评传》，我有幸先睹为快。当着此书即将由中国社会科学出版社付印出版的时候，我愿意表示推荐之意，并借此就世界史领域中关于研究评述历史人物的问题说点浅陋的看法，以求教于读者。

一

注重评述人物是我国史学的悠久传统。由司马迁的《史记》所开创的纪传体史书自不待言，都是以各种名称的人物传记为其主要内容。就是编年体和纪事本末体的史书，也莫不着力于准确赅要地记述人物言行，在寥寥数语之中惟妙惟肖地刻画人物的某些特性。似乎可以这样说，我国历代著名的史学家大多慨然以褒贬臧否人物为己任，如果没有他们在笔端再现众多鲜明生动的历史人物形象，没有对这许多历史人物是非功过的种种评说，中国史学也就不会有如此灿烂辉煌的大量传世之作。

---

　　* 本文是作者为《托洛茨基评传》一书写的代绪言。

　　马克思主义的历史学家也一向重视对于历史人物的研究和评价，不过要更进一步，把这种研究建立在历史唯物主义的科学基础之上。马克思主义的经典作家指出，历史过程是受内在的一般规律支配的，人们总是在既定的条件下创造历史，而每个历史事变的最终结果是由无数相互交错的力量产生的合力所决定的。然而，正如列宁所说："历史必然性的思想也丝毫不损害个人在历史上的作用，因为全部历史正是由那些无疑是活动家的个人的行动构成的。"①

　　显而易见，在世界历史上，不同的时代和不同的国家都一样，从事物质资料生产的，投入各种形式阶级斗争直至战争的，在各种领域进行各式各样基础工作的，其主体总是人民群众，首先是劳动群众。但是，集中体现人民的意志，代表人民的根本利益，组织、引导、推动千百万人起来行动的；在各种专门领域有所创造建树，做出卓越贡献，造福于人类的；或者反过来，凭借统治权力对抗人民的意志，阻挠、破坏、压制千百万人起来行动的；终究是很小一部分人，即各个不同阶级和社会集团、社会各种领域和各个方面的活动家。事实上，只有活动家们才有可能以文字记载其活动。就在上述这几种之中，也只有很少数人的言行事迹经由各种史籍的记载而流传下来。

　　历史科学向人们提供人类社会发展的历史进程及其规律性的系统知识。它可以说包罗万象。按照早先恩格斯的说法，"凡不是自然科学的科学都是历史科学"。② 随着人类对社会各个领域的研究和认识愈来愈广泛，愈深入，愈来愈具有系统性，社会科学分蘖、形成为多门各有特定对象和目的的独立的学科。它们各

---

① 《列宁选集》第 1 卷，第 26 页。
② 《马克思恩格斯选集》第 2 卷，第 117 页。

自有本门学科的发展史。通常所说的历史科学就逐渐被用来专指历史学，它的核心内容是人类社会的历史演变，是关于人类赖以生存和进步的社会环境的变迁，各种历史现象的发生发展以及各式各样的历史人物在其中所起的作用，人类从蒙昧、野蛮走向高度现代文明的漫长征途中所走过的崎岖曲折的道路。简而言之，就是要记述人类适应和改造自然，改造世界，从中也改造着自己的业绩和历程。

然而，历史科学是包括而不能等同于社会发展史。它不但要记载人类社会的客观环境和群体活动，诸如社会形态的更替，国家、民族、阶级、政党的产生及兴衰存亡等等，尤其要具体地表述在群众之中活动着的个体的人，有名有姓的历史人物及其言行事迹。可以说，历史学家一定要充分研究、记述、评价各种历史人物，没有人物就很难算是历史。只有在研究、记述、评价历史人物方面具有扎实的、丰富的、深刻的内容，历史学才是有血有肉的，生气蓬勃的，足以真实而科学地再现人类本来的历史，使它成为具有自身特点而区别于社会科学其他学科的一门学问。

我国的世界史研究，原有基础薄弱，社会影响很小，在历史学中属于既是古老的又是正在发展起来的新兴的学科。唯其如此，我们更加需要大力加强关于各国著名历史人物的研究评述。通过历史人物栩栩如生的形象，具体评介各国人民的历史经验，以增进人们对于获得世界历史知识的兴趣，对社会主义现代化建设有所贡献，并为建设和发展世界史学科奠定坚实的基础。1978年以来，我国的世界史工作者已对如何正确评述历史人物作了一些有益的探索，有一批研究评述各国历史人物的成果相继问世。

在党中央关于解放思想、拨乱反正的号召下，世界史工作者以撰写阐述某些历史人物的思想、事迹和历史地位的论文为先导，也在其他一些学术活动中，开始提出过去评价历史人物中值

得商榷和应该重新考虑之点，实际上不同程度地展开了清理
"左"的影响，探索如何正确应用历史唯物主义评价历史人物的
讨论。涉及的历史人物是相当广泛的。近代西方国家资产阶级革
命时期的著名人物，如英国的克伦威尔，法国的罗伯斯比尔、丹
东、拿破仑，美国的林肯，以及对德国统一起过重大作用的俾斯
麦；亚洲、非洲、拉丁美洲民族民主运动的著名领袖，如拉丁美
洲的玻利瓦尔，亚洲的甘地、凯末尔，非洲的恩克鲁玛；国际工
人运动和共产主义运动中的著名活动家，如拉萨尔、梅林、卢森
堡、普列汉诺夫、布哈林、葛兰西；以及现代史上的罗斯福、丘
吉尔、戴高乐，等等，都有研究者撰写专文就某一方面着手作了
论述，而且对几乎所有列举的人应该如何评价有所论争。

　　与此同时，为了适应对外开放的形势，普及世界历史知识，
满足日益增长的读者需要，便利涉外单位和有关部门的工作，上
海、浙江、吉林、黑龙江、河南等省市以及中国社会科学院世界
历史研究所先后汇编出版了概述各国历史人物生平事迹兼有简略
评价的工具书，其中有的是某一专业、某一断代或者某一国家的
历史人物概述。商务印书馆的《外国历史小丛书》也重印和新
出了一批介绍历史人物的小册子。

　　在研究逐步深入的基础上，我国学者撰写的系统论述外国历
史人物的专著终于陆续同读者见面。按所论人物年代次序，有李
元明的《拿破仑评传》，张文焕的《拉萨尔评传》，李显荣的
《巴枯宁评传》，彭树智的《修正主义的鼻祖——伯恩斯坦》，以
及即将出书的陈之骅的《克鲁泡特金传》和高放、高敬增的
《普列汉诺夫评传》。有的著作学术水平较高，不仅史料翔实，
而且对所述人物的评价提出了引人注目的见解。

　　这里提到的出版物，尽管水平参差不齐，但它们显示了一个
趋势，即研究由粗浅而深入，评述由概略而周详，由介绍生平、

述而不作到系统剖析、阐发新意，普及提高齐头并进，相互促进。已有成果的数量和水平，虽然总的看来，同我们这个新中国成立已有三十多年的社会主义大国还很不相称，但毕竟出现了好势头。这表明我国世界史工作者，还要特别提到自成独立学科而又实力坚强的国际共运史的研究者们，力图有所作为，锐意进取。植树成林需要多年辛勤栽培抚育，毁坏幼苗新株却易如反掌。我衷心地希望，对于现在初步的收获，不要挑剔，而应该给予支持、鼓励。

回顾这几年的情况，正如其他各条战线一样，无论何种研究，之所以能够取得令人欣喜的进展，最重要的因素还是由于摆脱了"左"的错误的影响，贯彻了解放思想、实事求是的方针。在我看来，过去研究评述历史人物所受到的"左"的影响，最突出的还是个人崇拜，以及伴随而来的简单化、绝对化的教条主义倾向和实用主义倾向。在世界史领域中，个人崇拜的表现不仅在于神化无产阶级的革命导师，把他们描述成为无所不知、无所不能、从来绝对正确的"救世主"，连带地还表现在对待他们的所有著述、论断和提法一概奉为金科玉律，不准或不敢丝毫有所逾越。

值得深思的是，在我们的国家里，为什么有一段时间，那么许多人，当然也有我自己，曾经非常虔诚地做着那些本该知道是错误的、却偏偏不以为是错误的事情呢？在种种原因之中有很重要的一点，就是由于"左"的思想影响而产生的极大的盲目性。许多本来可以判别是非的问题，在理所当然的思想状态下根本就不去分辨究竟。人的聪明才智中最可珍贵的思索、探求和创造的精神被窒息了，凝结了，思想怠惰了。这就逐渐出现思想僵化，在政治上表现为个人崇拜。在一定意义上说，个人崇拜就是对于无产阶级革命领袖的言行号召，不问是否符合实际和符合真理，无条件的盲目迷信。解放思想就是要破除这种盲目性，应用马克思列宁主义的立场、观点、方法对以往的和面临的一切事物批判地进行探索。学术研究更应如此。

经过这几年来的共同努力，我们的世界史研究领域可以说走上了实事求是的马克思主义轨道。如果说"文化大革命"时期根据某一政治需要可以任意歪曲编造历史的实用主义和影射史学早已声名狼藉而为正直的人们所不齿，那么，从书本出发，从概念出发，固步自封，抱残守缺的情况，似乎仍然有必要引起注意。只有进一步地解放思想，在一切方面都贯彻实事求是的精神，继续清理和消除"左"的思想影响，才能在世界史领域，包括对历史人物的研究评述方面，以比前较快一些的速度取得更大的成果。

二

如何研究评述历史人物，有这样三个问题是世界史工作者在讨论中逐步趋向一致，但还有若干重要之处需要进一步澄清，并求得共同的认识。

第一，坚持从客观的历史实际出发，正确理解理论的指导作用。

恩格斯说，"如果不把唯物主义方法当作研究历史的指南，而把它当成现成的公式，按照它来剪裁各种历史事实，那末它就会转变为自己的对立物。"[①] 从客观的历史实际出发，就要尊重历史事实而不能任意剪裁。尊重历史事实就是坚持真理，因为马克思主义就是建立在对客观现实的科学研究基础之上的。尊重历

---

① 《马克思恩格斯选集》第4卷，第472页。

史事实就是把实事求是的学风贯彻到底。以这样的精神研究评述历史人物，就不能为先验的观念所左右，而要严格根据事实并且依据对于事实的科学分析得出正确的结论。如果公认的说法错了，那就要改变错误的结论而加以修正。不是削足适履，而是结论要根据事实。

当然，这并不是指随便哪一桩发生过的事情，而是反映其内在本质的、决定事物性质的那些根本性的事实。正如列宁说过的那样，"在社会现象方面，没有比胡乱抽出一些个别事实和玩弄实例更普遍更站不住脚的方法了，因为在具体的历史情况下，一切事情都有它个别的情况。如果从事实的全部总和、从事实的联系去掌握事实，那末，事实不仅是'胜于雄辩的东西'，而且是证据确凿的东西"。①

从实际出发，就不能从书本出发。对经典作家的著述同样不能提倡盲目性。不能认为研究工作者的任务仅仅在于收集材料，阐述证明经典作家的有关论断。遇到疑点和论争，只是依靠引经据典来代替分析和回答。如果历史研究不自觉地成了仅仅是经典作家有关论述的笺注，尽管这些工作也是需要认真去做的，但总的来说，将是扼制了史学研究的发展。

研究评述历史人物无疑应当用心学习和领会经典作家的有关论述。背诵和照搬并不领会。对经典作家的论述仍然必须采取具体分析的态度，区别哪些是经过缜密研究而提出的科学论断，哪些是由于特定政治需要而起草的表达思想不能不受到一定限制的政治文献，哪些是就事论事的即兴评论；也还要区别哪些已被实践经验所证明，哪些是虽然正确但已失效，或者本来就是针对特定事物而无普遍意义的，还有哪些是不准确，不符合实际的。即

① 《列宁全集》第23卷，第279页。

使正确而仍然有效的论述，也不能作为研究评述某个历史人物的出发点。无论如何，立论要根据历史事实本身。正确的论断是指导研究的锁钥，可以在观点、方法和思想上得到启迪，也是衡量研究结果是否正确的一种尺度。史学研究不能停留在围绕经典作家的某个论断打圈子，满足于从概念到概念。

从客观实际出发，就要坚持反对个人崇拜的思想。我们已经深切体验到了个人崇拜对于我国社会主义事业和全世界无产阶级革命事业所造成的损害。因此，任何情况下都不能鼓励盲目崇拜，对杰出领袖的作用给以充分肯定及对其高度信赖和崇敬绝不等于迷信。做对了的就是正确；做得不对就是错误，史学工作者没有必要为尊者讳。

前两年，在参加苏联现代史的学术讨论和处理稿件的时候，我曾经对苏联建国初期列宁有无"直接过渡"的思想感到为难。实际上，列宁本人特别指出，在为新的社会主义大厦奠立经济基础"这一最重要最困难的事业中，我们遭受的失败最多，犯的错误也最多"。[1] 他十分明确地说："我们原来打算（或许更确切些说，我们是没有充分根据地假定）直接用无产阶级国家的法令，在一个小农国家里按共产主义原则来调整国家的生产和产品分配。现实生活说明我们犯了错误。"[2] 这里说的"我们"毫无疑问包括列宁本人。如果不是布尔什维克党和苏维埃国家的主要领导者们，怎么谈得上打算"用无产阶级国家的法令"，"来调整国家的生产和产品分配"呢？承认这个事实，并且对这一段历史进行认真的研究，不但它本身堪称尚未充分发掘的宝藏，至今仍有无可估量的重要性，就是以评价列宁而论，又何损于列宁

---

① 《列宁选集》第4卷，第571页。

② 同上。

的伟大？

恰恰相反，在当时的历史条件下，撇开其他因素不说，要求马克思主义者不犯这样的错误倒是不可思议的。正是列宁在实践中非常敏锐地发现苏联经济建设中问题的症结所在，迅速而坚决地采取了改正错误的步骤，并且在理论上敢于突破原来未经实践检验的那些设想。这样，他很快就把苏联的社会主义建设引向正确的道路，极大地丰富和发展了科学社会主义学说。这正是又一次证明了列宁作为无产阶级革命领袖的过人之处。

我们现在一般是从比较广泛的含义上使用马克思主义一词。它意味着无产阶级的科学思想体系，关于自然界、人类社会和人类思维的根本规律，无产阶级的历史使命，建设社会主义和共产主义的完整的无产阶级革命理论。它的指导作用在于指明革命的理想，科学的世界观，根本的立场、观点、方法，人类的前途和我们的前进方向。它的各个组成部分的基本原理对各个领域和各门学科同样起着根本的指导作用。例如历史唯物主义阐明了人类社会历史发展的一般规律，为历史学提供了根本的历史观和方法论。

正如每一门科学各有自身的理论和方法，历史学也有自身的理论和方法。当然，这是在创立唯物史观所引起的史学领域革命的前提之下，关于历史研究的专业理论和方法。但绝不是说，掌握了历史唯物主义的基本原理，所有重大历史课题和重要历史人物的评价都可以从经典作家的论述中找到现成的答案。

马克思主义要回答时代提出的新课题，要指导马克思主义者所面临的新任务，它本身也在不断发展之中。我们坚持马克思主义作为指导思想，强调历史唯物主义是研究的指南，就应该包含这样的内容：要时刻关注新的时代所提出的新的历史课题和涌现出来的新的历史人物，要有极大的兴趣去理解人类当前面临新的科学技术革命挑战的历史条件下所有重要的新发展，要有足够的敏感去汲取那些由于科学迅猛发展而产生的新的理论和新的方法，并把它运用到历史研究中去。历史研究如果与现实完全脱节，就不能为现实做出有益的贡献，现实也不会感到对于历史的需要，更谈不上发展马克思主义的历史学。我们就会在新的形态下重新堕入教条主义的窠臼。

第二，逐步扩展研究评述历史人物的范围和内容，进行历史的、全面的、多侧面和多层次的研究分析。

在世界史领域，研究什么样的历史人物，按照什么样的是非标准，从什么角度和哪些方面进行评价，这是具体确定研究评述每个历史人物时必须首先明确的，也是近年来世界史工作者探讨较多的问题。

历史与现实是相通的。这不仅是指客观实际二者相衔接，而且历史学家们的认识也不能脱离现实社会条件的制约。每个时代的历史学家都不是在社会的真空里研究历史，他们选择的课题，研究的目的，指导研究的观点，进行研究的方法，据此得出的结论，都不能不受到现实社会环境的影响，反映各个时代不同阶级和不同社会集团的观点、要求和利益。从各个时代历史学家的著述中，不难看到他们所处时代的痕迹，看出其中曲折地反映出来的他们生活的那个时代社会历史环境所具有的特色。

在我们国家，世界史工作者曾经长时间生活在阶级斗争扩大化的环境里，常年受到极"左"阶级斗争理论的灌输。现实生活中的阶级斗争扩大化的种种思想理论表现，阶级斗争为纲的观点，唯成分论的观点，阶级斗争越来越尖锐的观点，等等，不可避免地会渗透到世界史研究之中。所以，1978 年以前，我们在世界史领域中研究历史人物的对象愈来愈少，评价历史人物是非功过的标准愈来愈狭窄，愈苛求，评价的内容也愈来愈单调，愈加公式化、概念化。

所谓简单化和绝对化，就是只讲最简单的政治分野而无视社会生活各个领域的多样性和复杂性，以贴政治标签来取代具体分析，以脸谱和图解来抹煞历史人物各自的特点和性格。实际上，几乎判别人物的唯一目的在于分清革命的还是反革命的，是人民的领袖还是人民的敌人。差不多成了让古人站个队，看看他是好人还是坏人。如果是好人就绝对的好，一切都好，生来就好；只能说好，不能说坏。如果是坏人就是绝对的坏，一切都坏，生来就坏；只能说坏，不能说好。遇到曾经是一个革命者后来转向了敌对营垒，或者出了严重差错，那就必定从来就是伪君子，两面派，阴谋家。不做好人就是坏人，中间道路是没有的。标榜中立必定是为虎作伥，甚至比公开敌人还要危险。这样来集中描述"左"的表现是极而言之，近似漫画而不是科学语言。但不论怎样，简单化和绝对化的倾向曾经发展到荒谬可笑的程度，则是无法否认的。

从世界史领域的研究对象来看，应该肯定迄今主要还是阶级社会的历史，世界各国极大多数还处于存在阶级对立的条件下，因此，仍然需要应用阶级分析的方法，以阶级斗争的观点来观察各国的历史，注意社会的阶级结构和阶级斗争，研究各个历史人物的阶级背景、政治倾向和阶级斗争中的地位。这些不能也都认为错了，而只需要具体考察在研究中是否真正掌握了阶级分析。问题在于主要的而不是唯一的。社会历史除了阶级斗争之外还有其他方面。每个社会形态发展的过程中，从阶级对立的形成到阶级斗争的激化也要经过历史的演变。社会既有激烈动荡的危机和变革时期，也有相对平稳、和缓发展时期。各个历史人物在各种不同的社会领域和不同社会发展时期，都会有值得研究之处。

随着世界史研究队伍的增长，应该扩展研究评述历史人物的范围，放宽研究的视野。世界史所要研究的人物，不仅仅是政治活动家、革命家，而应该包括军事家、思想家、科学家和文艺家，总之是要研究对世界各国社会历史发展或者某一方面社会生活有过重大影响的卓越人物，也应该研究那些具有典型意义的反面人物。研究的内容，不仅应该着眼于阶级斗争这个主线，而且要研究这些历史人物所从事的广泛的社会活动。

这就涉及从多侧面去研究评述历史人物的问题。历史学所再现的人物绝不能千人一面，千口一腔，而应该体现出丰满的形象和多方面的特色，叙事记言和表述行动同样需要注意生动的细节描写，充分展现历史科学的具体性。在分析阶级关系、阶级力量对比的同时，对于历史人物的个人特点及其性格无妨进行一些尝试性的研究。同类事物之有千差万别，除了它们具有共性，还由于它们具有各自的个性。在历史活动中，每种现象的具体表现形式往往取决于进行这一活动的人物的个人特性。

我们肯定历史是有规律可循的，每个社会的历史演变由其历史发展的必然性所决定。然而，历史必然性要以偶然性为其表现形式，以偶然性为其补充。马克思说过，"如果'偶然性'不起任何作用的话，那末世界历史就会带有非常神秘的性质。这些偶然性本身自然纳入总的发展过程中，并且为其他偶然性所补偿。但是，发展的加速和延缓在很大程度上是取决于这些'偶然性'的，其中也包括一开始就站在运动最前面的那些人物的性格这样一种'偶然情况'"。①

正因为这个缘故，在对某个历史人物进行专题研究并予以评述的时候，在研究其经历、成长过程、政治思想观点、各方面的作用和贡献及其历史地位这些历来强调之点以外，还要注意研究

---

① 《马克思恩格斯选集》第4卷，第393页。

和表述人物的性格。这对于充分而深刻地理解特定的历史人物，理解他所经历的社会变革和历史事件，以及提高历史研究的社会效益，增强史学著述的可读性，都将会是有益的。

评价历史人物是非功过的标准，也应该置于更广阔的历史视野之中。我们既要充分肯定为被剥削阶级、被压迫民族的解放而奋斗终生、鞠躬尽瘁的无产阶级革命家、英雄人物以及农民革命和民族民主运动的领袖们，也要足够地肯定为了发展资本主义和建立近代民族国家而起了重大作用的资产阶级革命家。对那些在社会相对和平发展时期致力于发展社会生产、改善人民处境而卓有成效的资产阶级改革家，甚至为了加强王权而实行了客观上有利于人民的改革的封建帝王，也应给予必要的肯定评价，至于在专门领域中有杰出发明、重要创造、主持重大工程的出类拔萃的人物，文学艺术各个部门中的天才和大师，自然更应该赋予他们以应有的历史地位。

当我们的研究基础比较充实的时候，有必要注意，研究历史人物切勿局限于处在两极地位的重要人物之中。在社会实际生活中，尖锐的两极对立总是比较短暂的，大多发生在动荡和变革、革命和战争的年代。更多的情况是较为平静的时期，社会的历史演变还没有发展到尖锐的两极对立的程度。即使在尖锐的两极斗争之中，除了敌对双方之外，仍然会有广泛的处于中间地位的阶级、阶层和社会集团，他们之中有杰出的、起重大影响的人物。如果我们否定了非此即彼，第三条道路是没有的这种过于绝对化的公式，那么，对于这样一些人物的历史作用也是不可低估的。

就评价每个历史人物而言，对其一生应该作出全面的历史的评价。应该分析所要评述的人物走过的道路，指出在他一生中经历过哪些发展阶段，各有哪些足以肯定和应予否定之处；他的主要活动领域和其他方面又各有何种足以肯定、应予否定之处，并在此基础上给予总的评价。瑕不掩瑜，功不掩过。既讲好的一面，也讲不好的或不足的一面；既不因为他是一位革命家而不谈他的过错和失误，也不因为他晚节不终而对其以前的贡献一笔抹煞。这样，作为历史学家理应给予前人以公允的评价；对于学习历史的人来说，则可以从这个人物的总体与各个方面，从其一生的各个阶段和发展趋向，分别得到清晰的、完全的认识。

还想提到的是，对历史人物应该进行多层次的研究评述，便于把各个历史人物的历史作用和历史地位，以及后人从其一生言行和功过得失中所应总结、汲取的历史的经验和教训自觉地区别开来；便于符合历史主义的要求去评价人物，同时又不拘泥于历史上的是非，而使历史对于现实的借鉴作用发挥得比较充分。

所谓多层次，第一层次是要评价这个人物在他那个时间、地点、活动的领域起了什么样的历史作用，他的主要活动在当时当地起了什么样的历史作用。这就是列宁所说的"在分析任何一个社会问题时，马克思主义理论的绝对要求，就是要把问题提到**一定的**历史范围之内"，[①]"判断历史的功绩，不是根据历史活动家没有提供现代所要求的东西，而是根据他们比他们的前辈提供了新的东西"。[②] 这是历史主义的基本要求。如果脱离它去评价历史人物的是非功过，评价这个人物主要活动的利弊得失，就不可避免地将会苛求前人。撇开具体的历史条件和历史环境，用今天的标准来衡量前人，按照研究者的主观愿望去塑造历史，其结果只能造成混乱。每个历史活动家在作出其重要抉择之时，都要面对许多特定的复杂情况，这是后人无论如何无法全部估计到，足以进行模拟试验的；而后人想当然的要求，又会排除许许多多

① 《列宁选集》第 2 卷，第 512 页。
② 《列宁全集》第 2 卷，第 150 页。

复杂的具体因素，因而必然与历史的实际相脱节。

高一个层次就是在时间上适当延伸，在空间上扩大范围，把每个历史人物放在他所生活的较长的时代背景，较为广阔的区域范围加以权衡。这是考虑到一个历史人物功过得失所综合形成的结果，往往要有较长时间实践的检验，要从历史发展的全局来考察。有些事迹在当时也许很好，从十年八年或一代两代人的时间跨度考虑，可能与短暂的效果大不一样。有些历史实践，在一个国家、一个地区去观察是一种结果，从世界的范围，从相互关系的横向研究去考察，可能发现料想不到的结果。例如历史上的民族大迁徙、地理大发现等等，从不同层次评价就会在深度上有所不同，间或会出现结论相反的情况。

再高一个层次可以从汲取历史经验，总结历史教训去评价，指出哪些足资效法，哪些值得借鉴，哪些应引以为戒。这无妨相对地脱开当时当地实际情况，更多地着眼于关系今人利害得失的论述。

总之，历史人物的研究评述要设法改变直线的、平面的结构。有必要分析人物的发展道路，分段解剖，这就不能停留在直线的叙述，而是有弯道的曲线。假如对人物进行多层次多侧面研究之说法能够成立，那么，这将是一个立体的、以至是四维空间的结构。

第三，坚持执行百家争鸣的方针，正确而妥善地处理学术问题与政治问题二者之间的关系。

过去，搞世界史研究的同行中有不少人对于选择世界现代史的研究课题视为畏途，尤其对国际共产主义运动史上某些有争议的历史人物的研究课题裹足不前。主要顾虑，一是怕出差错；二是担心成果不能发表。近几年这种心情有了很大变化，但也未免会有乍暖还寒之感。疑虑没有完全消除。

在世界史领域还要面对一种情况，因为我们的社会长期处于封闭状态，对于涉外问题比较敏感，一面强调层层把关。尽管中共中央早就提出了百家争鸣的方针，实际上多年来都是要求学术观点与政治方面一样统一口径，往往分不清政治上对外必须集中统一与在学术上鼓励不同见解的自由讨论完全可以并行不悖。有些人的心目中历来有一种错觉，把代表党和国家的权威发言与学者个人关于学术问题的著述相提并论。日积月累便有了很多成文不成文的规定，使得世界近现代史上的许多事情和许多人物的研究评述成为不得闯入的禁区。这有来自"左"的影响的成分，也有些是在一定客观环境下作出的规定不能适应今天对内对外开放的形势。还应该承认，世界史领域中有的课题的确不能把学术观点与政治判断截然分开，一概不予考虑。举例来说，边界问题显然是国家关系问题，而边界史的变迁也就很难说纯粹是学术问题。即使我们自己认定这是某人的个人见解，允许进行自由讨论，也不能毫不顾及别国反应，特别是当事情关系到一个友好国家的时候。

我们在世界史研究中，在评述历史人物的时候，要大声疾呼，努力创造条件取得社会公认，赞同把学术问题同政治问题明确地区分开来。原则性的意见，早已有了领导的号召。问题在于具体的界限没有多大把握。这可以在实践中摸索前进，边走边看，逐步寻求合理的解决办法。

政治和学术本来就分别属于不同的领域，在社会结构上处于不同的层次。史学研究属于意识形态，目的在于探索真理，获得与传播知识，汲取历史经验。它本身并不包含直接解决对内对外政治领域中的任何具体问题的任务。如果要求那样做，历史学也就不成其为历史学了。当然，对内，历史学要服务于社会主义现代化建设，为建设社会主义精神文明贡献力量，要认真研究、分析、阐述世界各国一切可供借鉴的历史的经验教训及具体的历史知识。对外来说，历史研究和著述可以同别国交流各自的学术和文化成就，增进同别国人民和学者之间的相互了解，加强相互间的友谊和合作，起着一定的促进作用，媒介作用。

学术问题判别是非，不以国家关系的好坏为转移。历史研究既不能因为今天两国友好就把历史上曾经有过不友好的事情一概抹煞；也不能因为现在两国关系不好而把过去曾经有过的友好合作一笔勾销，更不能歪曲历史事实。我们作为社会主义国家的史学工作者，当着评述外国某个历史人物和历史事件的时候，毫不意味着企图提高或者贬低那个国家今天的历史地位，也不预示着打算改善或者恶化今天两国之间的关系。出于顾忌影响同别国的关系而限制世界史工作者在其专业范围内的正常研究，那不免是唯恐城门失火而殃及池鱼了。

必须把学术问题同政治问题区分开来，还因为政治问题一般要求统一意志，统一行动，而学术问题上要实行学术自由，百家争鸣。只有充分鼓励、支持发表不同的学术见解，经过无拘束的自由讨论，才能更好地互相启迪切磋，集思广益，开阔思路，愈益丰富地掌握史料，愈益深刻地觅取真理。政治行动具有强制性，对外正式发言应有统一的口径。学术观点上的不同见解，则只能说服不能压服。能够一致固然很好，不能一致亦无需强求，尽可以留待时间和实际生活来给以解决。有些课题还要鼓励进行不同观点的分别研究。一门学科，一个重大研究课题，一旦出现不同学派，反而是可喜的进展。可以设想，假如在学术研究领域中设置政治禁令，把学术问题与政治问题扯到一起，人们就又有可能噤若寒蝉，显然是不可取的。

另一方面，世界史工作者自己对待一些敏感性强的研究课题，不论是评述人物还是事件，完全有必要保持严谨的慎重的态度。这也是科研工作者需要养成的任何时候都应保持的良好学风。有些课题怎样才能准确地把握学术观点与政治倾向的界限，即在与现实政治密切相关的课题上考虑到我国对外关系的状况和对外政策的基本方针，需要在实践过程中逐步地弄清楚。欲速则不达。我们更应该注意鉴别史料的可靠性，准确性，不要猎奇，不要轻易被那些耸人听闻之谈所迷惑。在立论之时，更应仔细考虑各种观点之中有哪些合理的和不合理的因素，使自身的观点更加完善，经得起推敲。在表达的方式上也可以有不同的选择。尽管文风各异，但历史评述总以不作渲染，讲究分寸为好。也要避免从一个极端趋向另一个极端，一时性起而感情激荡，不能很好顾及社会效果和内外影响。

我国的世界史研究在总体上是落后的，必须老老实实承认这一点。但是，在我国的世界史工作中间愈来愈明显地萌生着蓬勃朝气。我们对某些课题并不是完全没有一定的研究基础，不能有所突破。我们没有必要妄自菲薄，不必认为什么都不如人家而自惭形秽。我觉得，有些同志对个别历史人物的研究水平完全可以在国际学术讲坛上占有一席之地，与别国有造诣的学者相比而毫不逊色。重要的是发扬积极因素，使消极因素减少到最低限度，和衷共济，齐心协力，把世界史学科推向前进。我们的目标是宏大的，而目前起点还很低；我们的视野理应广阔无垠，做事还得脚踏实地。与其好高骛远，侈谈提高，不如切切实实面向社会，努力向人民多提供一些有益的精神产品。

三

李显荣同志的《托洛茨基评传》是他继 1982 年出版的《巴枯宁评传》之后第二本评述历史人物的著作。这本新著在知识的系统性和学术水平方面都比前一本有所提高。这表明李显荣同志近年比较注重历史人物的研究，在积极参与世界历史研究所组织的重点研究课题并承担这项国家重点科研项目的任务同时，结合他本人研究的课题，抓紧个人著述，取得了较好的收获。

写作评述托洛茨基的专著，可以称之为一种勇敢的尝试，因为它在世界史研究领域中确实是一个难题。在批判对斯大林的个人崇拜，尤其是在大体明了斯大林的党内斗争扩大化和肃反斗争扩大化的错误之后，如果仍旧维护30年代苏联方面对托洛茨基的评价，毫不改变，将是明明知道不符合历史实际而又因循旧说，这不能认为是符合历史唯物主义的科学态度。然而，要做到实事求是地准确评述托洛茨基这样一个复杂的历史人物又谈何容易。它的前提，一定要占有充分可靠的史料。苏联方面并没有公布足够的可以作为研究依据的材料。西方国家收集了一部分史料，包括托洛茨基本人的档案，在许多著述中提到或引用过某些史实。这些材料，有的很有价值；但有的可信程度还需鉴别，即或可信也不能仅凭一面之词据以定论。

获得了史料，还要进行具体的历史的客观分析。这就要涉及较为广阔的历史背景。对托洛茨基的评述，不可能纯粹是单独叙述他个人的言行，而势必要关联到一批人，一系列历史事件。例如，对于托洛茨基派，托洛茨基—季诺维也夫联盟，如何评价？还势必关联到同托洛茨基处于对立地位的人物，例如对斯大林的有关评价。我们既没有可能把托洛茨基与这些人物、派别、事件完全隔离开，孤立地去评说他个人如何；也不能没有一定范围的限制，把对于个别人物研究评述扩大到与其相关的全部历史问题的详尽研究。如果那样要求，将根本无法完成一个一个的专题研究。

我们说原来对托洛茨基的评价不尽符合历史实际，那么，现在就不能采取简单化的办法，认定既然斯大林犯有严重错误就推论出对待托洛茨基及其评价必然有严重错误；更不能翻过来，认为既然不能一味指责托洛茨基是敌人，那么，对斯大林功大于过的评价也要重新估计。无论何种评价，立论必须有根有据，有所论证。理论只有彻底才能够令人信服。列宁说过："无产阶级既需要讲出活着的政治活动家的实情，也需要讲出死去的政治活动家的实情。"①

在中国，曾经有过一段时间，托洛茨基分子几乎是叛徒、特务、间谍的同义词。这是由一定的历史原因造成的。中国的托洛茨基分子在第一次国内革命战争失败以后不久，就同坚持右倾机会主义路线、脱离中国共产党的队伍的陈独秀相联合，结成所谓托陈取消派，反对中国共产党的正确路线、反对党所领导的革命武装斗争。随后在抗日战争时期，中国托洛茨基分子中的一些人，如任卓宣（叶青）、张慕陶、梁干乔，同国民党的反共顽固分子和特务机关沆瀣一气，从事反共活动，破坏抗日民族统一战线。现在如果要对托洛茨基重新进行评价，那么，对于中国现代史和中国共党史上相关联的问题，是不是也有重新评价的必要呢？

在我们国家里，中年以上的干部，包括至少是从事与文史有关的教育科研新闻出版等项工作的一部分知识分子，对这些往事记忆犹新，其中大部分人曾经长期对来自苏联方面正式公布的说法深信不疑。时过境迁之后，现在的认识和心情与 50 年代以前自然发生了很大的变化。不过，一听到要对托洛茨基重新评价，不见得就没有人会表示反感，难免要经受并非本来意义上的刮目相待吧！

---

① 《列宁全集》第 16 卷，第 316 页。

实际上，近年来在我国学术界一些文章和著述中，在不少学术讨论的场合，已经涉及对于托洛茨基及其相关的问题的评价。虽然未必已能畅所欲言，却也议论纷纷，各抒己见，许多看法大相径庭。一旦出版一本这方面的专著，想必有人会发生兴趣，而要使大多数读者基本认可，看来颇不容易。

托洛茨基问题，在资本主义世界各国，是一些对于社会主义制度和共产主义运动心怀不满的人们不时用以指责的话题。其中有一些来自苏联的持不同政见者。在现实政治领域中，还有一批托洛茨基的信徒，他们在一些国家还打着托洛茨基建立的第四国际的旗号在活动。对待托洛茨基如何评价，或多或少与当代国际共产主义运动中存在的不同看法也有些关联。简而言之，这个问题，可以说是历史问题，学术问题，又不免与现实问题，政治问题有点瓜葛。

现在说对托洛茨基重新评价，丝毫不意味着要为托洛茨基翻什么案。我们的目的是严肃认真地弄清楚苏联早期历史中许多问题的事实真相，以便更好地总结历史的经验。尽管如此，在精神上依然需要承受一种无形的压力。离经叛道？标新立异？总之是要有理论上的勇气，敢于实事求是，坚持真理，敢于经受一点风险，不怕犯错误，不管冷言冷语。当然，我们的史学工作者谁也不会愿意去犯错误，大抵还是对"左"的一套惴惴不安之心尚在。这也算是作者所要面对的一种实际困难吧！

在今天的条件下，比较符合历史实际地给予托洛茨基的一生以科学的历史评价，既是必需的，也是可能的。托洛茨基是苏联共产党和苏维埃国家早期历史上一位颇有影响的人物。在十月革命胜利后的最初年月，他曾经叱咤风云，显赫一时。简单地对他一笔抹煞，既不是尊重历史，也无助于后来的革命者吸取历史的教训。研究托洛茨基所走过的道路，他的政治主张和理论观点，他所做的贡献和所犯的错误，他从苏维埃国家的一位开国元勋一步一步沉沦为反对苏维埃国家的政治流亡者，曾经是苏联共产党的一位重要领袖竟然充当了分裂国际共产主义运动的旗手，从中可以得到许多历史的启迪。

解决一个正确评价托洛茨基的难题，将有助于深刻理解苏联早期在如何建设社会主义问题上的许多重大争论，将会有利于我们在苏联过渡时期历史研究上获得一个新的重要的突破口。尽管我们目前是在新的历史条件下从事具有中国特色社会主义建设，有许多新的探索和创造，许多新的途径和方法，我们仍然不能低估吸取别国历史经验的重要性。无论是我们自己的国家，还是别的社会主义国家，在社会主义道路上的胜利和挫折，经验和教训，都是全世界共产党人和进步人类共同的精神财富。社会主义社会的发展规律，不可能是靠任何一个国家的实践所能充分表现和充分证明的。尤其是我们中国，连资本主义国家一切先进的科学技术和管理经验，一切有用的东西，都正在认真去学，为什么对于别国社会主义实践中所提供的历史经验和教训，反而将其忽视，撇在一边呢？

过去对苏联早期历史的研究，就像遇到一串死结，解不开这些结就无法深入，摆脱不了《联共（布）党史简明教程》所定下的格调。批判斯大林的个人崇拜，破除迷信，解放思想，本来是一大好事，可惜一段时间内走了弯路。1978 年以来，我们在党中央的解放思想，实事求是的方针指引下，对苏联过渡时期历史的研究取得了显著的进展。布哈林问题的讨论似乎可以说解开了一个大的死结。如果把托洛茨基问题这个结真正解开，那么，其他一些历史人物和历史争论问题，就有可能相应地取得进展。这种突破，不只是对世界史学科至关重要，它所涉及的一系列问题，无论是社会主义一国胜利问题，不断革命论问题，社会主义积累和速度问题，社会主义改造和社会主义建设的途径、方法问题，特别是苏共党内斗争的历史教训问题，都具有重大的现实意义，对于我们全面理解和克服"左"的危害，顺利进行社会主义现代化建设，可以在多方面有所借鉴。

重新评价也不是把斯大林时期的所有说法一概否定，而是力求把这种评价建立在符合历史实际的基础之上。史料方面，不能说已经掌握得很充分。但是，如果我们着眼于一些重大问题，尤其是与建设社会主义密切相关的重大政治、理论问题，不纠缠于某些细枝末节，那么，应该说，最基本而又必需的史料，大部分还是可以找到的。至于政治方面的考虑，如果大体上限定于托洛茨基生前，主要是被流放以前，撇开他在各国的追随者们的活动不论，那么，它没有什么不可以成为史学领域中的研究课题。托洛茨基被刺身亡有将近半个世纪了，与托洛茨基共过事、争论过、给他以惩处或者支持的人们绝大多数久已不在人世。难道这样的问题还不能被当作一个可以允许史学工作者进行这样那样探讨的问题吗？

重要的是需要人们勇于充当开拓者。说到研究的深度，总是相对而言。恐怕在史学领域里，任何一个涉及到较为广阔的历史背景，较长时间跨度的重大课题，指望由一两个人写一两本书或一两篇文章，就能取得大的突破，毕其功于一役，即使不说没有可能，起码也是不多见的。历史科学的重大进展，需要继承前人的和吸取他人的成果，需要史料和专门知识的积累，研究要逐步深入，经过许多人长时间的共同努力。这里丝毫没有否认每个史学工作者可以做出独自的贡献。整个趋势，将是由点而面，由浅而深，由量的不断增加同时发生着许多局部的质的变化，这种演变达到一定的程度就可以看出实现了飞跃。

摆在我们面前的，是世界史工作者有责任向人民正确介绍和评述如同托洛茨基这样一类历史人物，以及其他各种各样适应现实需要的历史知识，要把做好这些事情看作是我们对于社会主义现代化建设可能做出的一点微薄的贡献。我们应该有这样的社会责任感，采取积极促进的态度。

比照上述情况和需要来看李显荣同志这本新著，我以为，书中大体上准确地勾画了托洛茨基从一个向往革命的青年学生成长为职业革命家，又由苏联共产党和苏维埃国家的一位重要领导人蜕变为政治流亡者的一生。它概要地介绍和分析了托洛茨基从一度倾向民粹主义到接受马克思主义，又发展到否认一国可以建成社会主义，提出并坚持不断革命论的思想演变的脉络及其主要的政治理论观点。全书按时间顺序分章叙述和评价托洛茨基的政治实践，肯定他在列宁《火星报》时期，区联派加入布尔什维克党，十月革命期间彼得格勒武装起义的准备和发动，以及国内战争时期对红军建设和战略指挥等等方面所做出的贡献。同时，分析和批评了托洛茨基在孟什维克与布尔什维克之间调和，在布列斯特和约谈判期间主张不战不和，挑起工会问题的争论，列宁逝世时不参加葬礼，接连著文自我标榜等反常表现，以及多次进行派别活动的错误。

作者虽然没有直截了当地说，书中是把列宁逝世后开始一段时间内以斯大林、布哈林为一方，托洛茨基为另一方之间的争论，看成是联共（布）党内领导层中间关于在俄国如何建设社会主义问题上的不同意见，属于党内矛盾的性质。如果双方处理得当，可以使矛盾不至于激化。这是一个重要的历史教训。从托洛茨基方面说，他采取的若干步骤促使着矛盾的逐步转化。这就是违反俄共（布）十大关于禁止派别活动的决议，与季诺维也夫等人结成联盟，发表集体联名的派别性声明，公开反中共中央大多数同志所决定的政治路线。随后，托洛茨基等人又把这种分歧诉诸于一部分基层组织和群众，采取密谋活动、示威游行这样一些在无产阶级领导的国家中不正常的斗争手段。政治路线上的分歧由于组织上的对抗行动而加剧，以致演变成为不可调和的对抗性矛盾。

作为历史回顾，毋庸讳言，斯大林自有处理失当的地方。正是对待托洛茨基这样一批持有不同意见的领导人的问题没有妥善解决，与列宁能够宽容犯错误者完全不同，斯大林采取了某些断然措施，并且波及到基层，开创了一种很不好的先例，种下后来肃反扩大化的祸根。当着托洛茨基被驱逐出苏联国土之后，矛盾的性质转化为另一种情况，不再是苏共党内问题和苏联领导层中间的争论问题。这时托洛茨基所从事的政治活动，不管他自己如何宣称，实际上不可能不严重损害苏维埃国家和整个国际共产主义运动。

可以肯定，李显荣同志对这些问题的叙述和分析，比过去的一些说法更为接近历史实际。也可能，一些同志仍然会觉得揭示历史真相的深度不够，对评论的是非标准有不同看法，因而观点不尽一致。这些尽可以继续进行深入一步的探讨，以期对于苏联早期这段历史和有关历史人物的是非功过认识得更加全面准确。

以《托洛茨基评传》这本书本身而论，我感到，可以说具有史料比较充实，结构安排得当，文笔流畅，条理清晰等优点，反映了李显荣同志长于叙事，辅以剖析评述，持论平稳等特点。如果要指出什么缺点，也许是在研究、著述的过程中思想还没有放得很开；对托洛茨基在进入新经济政策时期前后提出并坚持的或极力给予支持的政治主张和理论观点，例如"拧紧螺丝钉"的实质，强调工会国家化、经济管理军事化的含义，实质上主张剥夺农民的社会主义原始积累论，等等，记述分析似嫌不足。书中有些问题，必然会引起争论。这将是好现象。作为我国第一本以相当大的篇幅来评述托洛茨基一生的学术著作，我们无须苛求，而应给以热忱的支持。

正因为上面所说那些考虑，我不揣冒昧，写了这么一些"管见"。不妥之处，热切希望读者一并赐教。

布哈林研究与对社会主义的再认识
——《布哈林传》序言[*]

布哈林，苏联共产党和共产国际的一位杰出的领导人，卓越的马克思主义理论家，不幸遇难半个世纪之后，终于在 1988 年由苏共中央监察委员会和苏联最高法院分别予以平反。自从 1956 年苏共第二十次代表大会批判斯大林的错误以来，尽管已有成千上万受害者恢复名誉，但是，像布哈林以及季诺维也夫、加米涅夫这样一批领袖人物，还得经过 30 年的漫长岁月，才由苏联官方正式宣布，撤销强加给他们的种种莫须有的罪名。可见，纠正一种恶行，伸张正义，并不是轻而易举的事情。如果不是在思想政治上和民主法制上真正出现历史性的重大转折，即使要推翻这种在今天看来简直是荒谬绝伦的冤案，也是办不成的。

现在，对布哈林，在政治上初步恢复了名誉，而对他在理论和实践上的贡献，他的历史地位，仍有待于作出公允的符合历史实际的全面评价。他所遗留的理论财富，很值得认真地研究和汲取。尤其是布哈林当年与斯大林之间的政治理论分歧及其后果，

＊ 本文是作者为《布哈林传》一书写的序言，原载《世界历史》1988 年第 6 期。

与现今社会主义国家的建设和改革又有何种关联，更为世人所关注。在这方面，闻一、叶书宗两位苏联史研究者作了很有益的工作。他们的新著《布哈林传》，以大量史料为依据，以富于启发性的笔调，详尽地评述了布哈林的一生，贯串了实事求是的历史唯物主义的分析，提出了不少深刻的、有些是独到的见解。今年正逢布哈林诞生 100 年，遇难 50 年，又恰好是沉冤得以昭雪的一年，《布哈林传》作为一部内容丰富并引人注目的历史人物传记，我国学者一项历史的理论的研究成果，它的出版，无疑是对这位革命家和理论家最好的纪念。

一

在我看来，这部布哈林传记至少具有系统性、现实性和生动性这样三个明显的特色。

它系统地记述了布哈林的成长过程和革命生涯，着重评介他的思想的发展演变和主要的理论观点，阐明他在十月革命胜利后的年代里在苏共各次重大党内斗争中的立场，特别是他与斯大林之间分歧的由来和激化。作者对布哈林的一生，既指出了他在理论上和实践中的成就、贡献，也谈到了他的错误、弱点，而把主要的注意力放在考察布哈林在苏联实施新经济政策以后一段时间内思想理论上的突破，具体阐述他怎样解释、捍卫并发展列宁关于新经济政策的指导思想，尤其是列宁重病后口授的 5 篇文章所体现的重新认识社会主义建设道路的基本观点。传记系统而概要地介绍了布哈林的主要著述和重要讲话的核心内容，分析了布哈林提出而在后来一直遭到批判的平衡论、长入社会主义论以及对全体农民号召"发财吧，积累吧，发展自己的经济吧"等理论观点和口号，澄清其真正的、确切的含义。书中还分析了布哈林在同斯大林抗争的最关键时刻，未能在 1928 年苏共中央 7 月全会上取得多数成员支持的原因，叙述了他在脱离政治漩涡中心之后几年里的活动，直至最后被害的厄运。这样，传记就以布哈林一生的革命实践和理论活动为主线，多方面地、系统地作了记述和分析，从而比较完整地、饱满地再现了布哈林这位革命家和理论家的形象，批驳了以往对他的一些无理指责，足以消除人们由于不明真相或囿于传统观念而形成的偏见和困惑。简而言之，传记作者虽然在好些地方避免直接用自己的语言予以概括和表述，但由于他们力图尽可能准确地描述布哈林本来的历史面目，如实地反映他的历史作用，因而实际上是对布哈林的一生及其历史地位作了全面的再评价。

它有很强的现实性，所述许多内容与当今社会主义国家的建设和改革有着深刻的历史渊源，对于理解、推进我国的建设和改革富有启迪作用。苏联在革命胜利后党的指导思想的演变，这一时期历史上的重大争论，以及最终形成的社会主义建设模式，对于后来取得革命胜利的社会主义国家有着强烈的影响。其中关于社会主义的再认识，战时共产主义思想及其遗风，新经济政策的精髓，斯大林模式的局限性与弊端等等，提供了多方面的历史经验。有许多付出极大代价的沉痛教训，只是随着社会主义国家改革潮流的出现，才开始被人们越来越深切地理解和记取。在我国，经过 50 年代后期的大跃进和公社化，再经过 10 年浩劫的破坏，可以说是尝尽其中滋味。如今从布哈林传记再来回顾苏联的历史教训，很自然地会与切身的感受相联系而有更深层次的体会，这有助于扩展历史反思的深度，真正以前车为鉴。如果说到缺点，可能是作者着力于描述人物，以致对所述重要争论相关的苏联社会的实际状况，说明问题的统计和实例列举不多。否则，可以将理论与实际相对照，获得更鲜明、强烈的印象。

　　它写得较为生动，发挥了人物传记体裁的特点；文字清新，饶有情趣，有很大的可读性。这部传记包含广泛的内容，在主要记述布哈林的政治活动和理论观点之外，或多或少地反映了他同文艺界、知识界人士的交往与建立的相互信任，记述了布哈林作为国际共产主义运动活动家而从事的活动，专章论及他对中国革命的关切以及所引起的争论。书中有不少场合涉及到，并专列一章描写了布哈林的友谊、爱情和生活的许多细节。总之，传记塑造的是一个活生生的布哈林，既是一位有多方面才能的出色的领袖人物，又是一个有高度修养而又有喜怒哀乐、平易可亲的普通人，从中可以看出布哈林追求和坚持真理，勇于承认错误，奋不顾身地忘我工作，谦逊淳朴和清廉以及对共产主义事业无限忠诚的种种优秀品质。值得提到的是书中阐述许多政治理论观点，读起来却并不枯燥乏味，一方面是评介突出重点，脉络分明，要言不烦；另一方面是适当摘引了苏共各项重要会议速记稿中有关争论的插话和交锋，有的是唇枪舌剑，旁敲侧击，有的是讽刺比喻，机敏反驳，其中不乏幽默，令人不禁失笑，发人深思。作者对各章标题遣字造句都下了工夫，文内有不少富于哲理而兼有诗意的精彩之笔，也是值得称道的。

　　坦率地说，当我开始阅读这部传记手稿之时，对能否写得又有深度又有吸引力多多少少有些担心，因为再现布哈林这位历史人物毕竟是个难题，史料与评价都有许多困难。但是这个课题一定程度上又是深入研究二三十年代苏联历史的一把钥匙，对布哈林这位人物的研究有了重大突破，并且把它系统地表述出来，就能揭示这一段苏联历史的症结所在，可以对许多问题作出正确的科学评价。因而我又殷切地希望传记写得成功。所幸读完书稿疑虑尽释，并且以为堪称佳作，尽管仍然大有可以充实、完善发挥和商榷之处，已无妨愉快地推荐于读者。我总觉得，史学著述固然有一部分专门性的论著属于基础性的研究成果，因而难免较为艰深，但也一定要有相当一部分研究成果能够引起较多读者的共鸣，这是历史科学发挥社会功能，扩大历史爱好者的队伍，真正做到学术的繁荣，使历史科学具有旺盛生命的一个重要方面。这就必须在其现实性和生动性上找到与广大读者所需要的汇合点，才能具有吸引力。《布哈林传》在这方面也可以说是作了较好的尝试。

二

一部成功的人物传记，特别是一位政治活动家的传记，必然要对传主主要活动时期所处的历史环境概括地有所交代，指出这种环境对他的影响以及向他提供的活动舞台，而着重阐述其如何致力于作用，改善或改变当时历史环境的重大活动。传记作者要有广阔的视野，善于透过描述一位活动家的风貌，进而揭示其所处时代的特征和重大转折，布哈林这部传记的一个很大优点，就是通过布哈林可以从总体上看清苏共领导集团的核心成员在十月革命胜利后思想理论发展演变的轮廓，他们之间重大争论的实质。这种争论的结局在相当程度上决定着苏联的发展方向，甚至影响到后来社会主义国家的历史进程。这就决定了这部传记的内涵的深刻性，使它具有强烈的理论色彩。

从十月革命胜利到30年代，苏联共产党经历了两次影响深远的历史转折，一次是从推行战时共产主义过渡到新经济政策，一次是中止推行新经济政策而形成建设社会主义的斯大林模式。前者给苏共领导人包括布哈林带来思想上的重大飞跃，展现了一个小农经济占很大比重的经济落后国家建设社会主义的正确道路。后者压制并排斥对于社会主义建设方针的几乎所有不同意见，以惨重的代价强制推进社会主义建设，并把它束缚于一种僵化的模式之中，后来又推及其他社会主义国家。正如在传记中表述的那样，在这两次重大历史转折时刻，布哈林都是一位举足轻重的人物，同时这也是他一生中最光辉的时刻。在后一次转折中，这颗璀璨的星辰陨落了。他以自己的智慧和生命对苏联和世界社会主义事业所做出的贡献，终将载入史册，永远为人们所怀念。

苏维埃俄国在 1921 年开始实施新经济政策，其实际含义是标志着俄共（布）领导的指导思想从革命刚刚胜利后性急地打算"直接过渡"到社会主义转变为准备在比较长的历史时期内通过许多中间环节和迂回曲折逐步过渡到社会主义。在这之前推行的战时共产主义，不仅是以战时非常手段而实施的余粮征集制为特征，而且反映了一种指导思想，涉及一系列政策，并在实施过程中形成一种体制。其主要之点，还包括力图最大限度地以生产资料公有制取代私有制，迅速废除商品货币关系而代之以产品交换，在各个领域高度集中权力，并广泛使用强制以至军事化管理。这种指导思想，来源于对世界革命形势的过分乐观估计，以为欧洲大陆资本主义发达国家将会很快取得革命胜利，本能地倾向于实施激进的政策；来源于马克思主义关于社会主义阶段的某些假设所形成的传统观念，如认为将能立即实现按劳动交换产品以废除商品货币关系；更来源于对俄国国情认识不足，既低估了劳动农民拥护和接受社会主义的可能性，又不理解改造小农经济并在一个经济不发达国家建设社会主义的艰巨性和长期性。

战时共产主义的某些具体措施，为了保障苏维埃政权的生存，减少城市居民因饥饿而大量死亡，作为暂时性的紧急手段，或许未可厚非，但在战争即将并已经结束的情况下继续实行，就使广大农民越来越无法忍受。在战时，"直接过渡"的思想在许多方面为争取战争胜利的总任务所掩盖或抑制，一旦和平到来，在胜利面前自然有所滋长。尽管列宁早在1918年就已提出在苏维埃俄国存在着多种经济成分，提出并论证了在社会主义条件下发展国家资本主义的思想，但是，急于实现"直接过渡"，应该说，是当时俄共（布）领导核心共有的思想，在一定程度上包括列宁本人在内。然而，面对1921年春苏维埃俄国出现的严重政治危机，从各地中农普遍性的暴动到喀琅斯塔得水兵的叛乱，列宁敏锐地认识到必须立即中止战时共产主义政策，否则将会导致工农联盟的完全破裂和苏俄经济的全面崩溃。这就有了以粮食税代替余粮征集制的重大转变。

新经济政策的内容是逐渐充实、丰富和扩大的。它的主要着重点在于允许多种经济成分合法存在，允许一定范围内私有经济的发展，提倡发展各种形式的国家资本主义；强调和重视商业的作用，逐步扩大商品流通范围，允许农民自由贸易；通过合作社形式（从经营商业到组织生产），并把它同提高农民文化素质、改造国家机构以及对它加强监督的文化革命结合起来，实现完全的合作化。列宁指出："为了通过新经济政策使全体居民个个参加合作社，还需要经过整整一个历史时代，在最好的情况下，我们度过这个时代也要一二十年。"[①] 列宁在讲到工人阶级掌握政权后合作社的发展就等于社会主义的发展时还强调说："因此我们不得不承认我们对社会主义的看法整个改变了。"[②]

作者记述和分析了布哈林在这个时期的思想变化。布哈林是"左派共产主义者"的领袖，他在坚决反对缔结布列斯特和约同时，在国内问题上反对列宁提出的苏维埃国家发展国家资本主义

---

① 《列宁选集》第4卷，第684页。
② 同上书，第687页。

的思想，为此受到列宁的批评。作者注意到布哈林夸奖主张实行最彻底的社会化，但强调"不允许剥夺中小资产阶级"，从而与其他"左派共产主义者"的观点拉开一定距离。随着国内战争的发生和战时共产主义政策的实施，布哈林在各方面与列宁逐渐一致，深得列宁信任。作者扼要地介绍布哈林这一时期有广泛影响并为列宁所称赞的经济学著作和通俗小册子的基本论点，指出它们除了正确阐述马克思主义的重要原理之外，还从理论上论证战时共产主义若干措施的尝试，其中渗透着"直接过渡"的思想。同时作者特意列举了书中不乏富有预见性的一些论点，如强调"全面发展生产力应该成为我们全部政策的基础"，"不能用大棒把小生产者赶进社会主义王国"，以及"在社会主义社会里商品经济仍将部分存在"等等。传记对关于工会问题的争论和布哈林所持"缓冲"立场有一些新颖的见解，这还需要进一步研究。然而，作者若隐若现地点出关于工会问题的争论和喧闹一时的派别斗争，其实际结果是暂时转移了党和人民对于最紧迫需要的视线，妨碍了对战时共产主义政策的及早转变。

在革命实践和理论研究中，布哈林对于社会主义建设的道路进行了反思。他的思想在开始实施新经济政策以后发生了跳跃式的变化。传记作者指出，正是由于这种反思和变化，使布哈林得以跟上列宁关于社会主义建设的思想变化，并最终作出其他任何领导人没有能作出的、最接近列宁本人想法的理论阐述。传记较为详细地阐述了"平衡论"的提出及其核心是"动的平衡和不断破坏的平衡"，分析了布哈林是从辩证的运动过程中的观察平衡，区别事物有内在矛盾和外在矛盾是发展了马克思主义的矛盾观点，他以此来探讨社会的经济结构和上层建筑，重申一切以生产力为转移，一切必须从发展生产力的观点着眼，无疑是有深刻见解的。由此表明，处在从战时共产主义向新经济政策转变的社会和思想激烈动荡之时，布哈林主张以发展的眼光，从变化和有机的角度来探讨涉及革命进程和前途的理论、政策问题。这就回答了对平衡论的种种指责。作者进而指出，强调物的作用、生产力作用的观点与强调生产关系的作用、阶级斗争作为推动历史前进唯一动力的观点，正是布哈林与斯大林之间一系列分歧的最根本的，并最终导致一场无可挽回的悲剧的出现。

当列宁在《十月革命四周年》一文中指出，我们原来打算（或许更确切地说，我们是没有充分根据地假定）直接用无产阶级国家的法令，在一个小农国家里按共产主义原则来调整国家的生产和产品分配。现实生活证明我们犯了错误。准备向共产主义过渡（要经过多年的准备工作），需要经过国家资本主义和社会主义一系列过渡阶段①之后，布哈林依然不承认国家资本主义概念而宁愿称之为国家社会主义。他还参与了是否取消对外贸易垄断制的争论。布哈林认为国家把全部对外贸易都包下来从经济上是不合算的，并将使对外贸易机构庞大和官僚化，赞同改行贸易租让制，与列宁发生了分歧。传记对双方的分歧作了比较，进而说明这是从一个方面反映了布哈林对整个苏俄经济发展的考虑。他从提出逐渐扩展社会主义经济以吞吃资本主义经济的想法，孕育并提出了"长入社会主义"的概念。作者解释了布哈林所说的"长入"是指资本主义经济的逐渐消亡，逐渐被排挤，逐渐被改造，它不是像战时共产主义时期那样依靠暴力与强制，而主要是依靠经济的力量，要经过长时期的有机的过程。作者认为，在这些考虑中，布哈林提出了无产阶级国家不能包揽一切经济活动的重要看法。

1923年秋天以后，布哈林对社会主义的看法发生了彻底的

---

① 《列宁选集》第4卷，第571、572页。

变化。他在文章中描述说："胜利的无产阶级，由于面临的任务复杂、新颖、独特、困难，使它在实践中产生了许多错误、幻想，不正确的估计和目标错误的尝试，然而由此也产生了冷静的自我批评，从这种自我批评中得出正确的行动路线。"①"向新经济政策的过渡是我们幻想的破灭。""实质上是什么'破灭'了呢？是'战时共产主义'这种制度破灭了，是战时共产主义的思想破灭了，也就是我们党内曾经有过的幻想破灭了。"传记作者指出，布哈林像是在这种"幻想的破灭"②中获得了新生，他在对新经济政策的解释中提出了三个观点。按照作者的概括，一是"特点"观，认为任何国家的革命都有自己的特点，因此各国的社会主义建设就难免会有自己的特点，因而在过渡时期的表现就会不一样，社会主义发展的起点也就不同，社会主义的发展在直到转变为包罗万象的世界共产主义制度为止所经历的那些过渡形式，自然也非常不同。所以出现战时共产主义的幻灭，正是没有考虑本国革命特点所致。二是进化观，在建立工人专政以后，整个说来，事物将按照进化的序列发展，这些国家内部向社会主义的进一步发展是通过进化的道路而不可能通过其他的道路。三是"非偶像化"观，新经济政策的提出是列宁对马克思主义社会主义建设素质的发展，表明列宁具有不把马克思主义偶像化的勇气和胆略。非偶像化即撕下任何原理、教条等等的偶像化外壳。新经济政策的实施和成果正是这种非偶像化的必然结果。在半个世纪之后的今天来看，这些观点不是已为实践所证明显得多么正确和富于预见吗？到了这个时候，布哈林在政治上和

---

① 《论今日的取消派》，《布哈林文选》上册，人民出版社 1981 年版，第 107、108、109 页。

② 同上。

理论上高度成熟了。

从 1923 年到 1926 年，联共（布）中央内部以斯大林为首的多数成员与托洛茨基反对派，季诺维也夫、加米涅夫新反对派，以及托洛茨基—季诺维也夫联合反对派之间，几乎连续不断地进行了严重的政治斗争。撇开主要对手之间存在着一定程度的权力斗争因素不论，争论是围绕着对于世界革命和苏联国内形势的估计，新经济政策的实施、党的路线方针和一国能否建成社会主义等根本性的政治和理论问题而展开的。从思想实质上看，这些斗争仍然属于从战时共产主义向新经济政策转变所带来的震荡，不过由于列宁病重和不幸逝世，斗争显得更无顾忌和尖锐激烈，许多场合是政治上的利害压制了思想上的分歧。整个说来，以托洛茨基为首的反对派始终不能或不愿意适应由对社会主义的再认识所提出的党的路线方针的根本变化，留恋于战时共产主义时期盛行的陈旧的观点和做法，以“左”的观点来看待实施新经济政策以后的苏联现实，因而一再发难，指责多数派把新经济政策的阴暗面当成了胜利。虽然，这决不意味着反对派的批评一无是处，一概属于胡说，多数派的言行全都正确，或者其成员彼此观点完全一致。经过这几场严重斗争，积极方面是保障了新经济政策的继续实施，苏联的经济状况日益向好的方向发展。但是，把本来应该是关于建设社会主义方针路线不同意见的严肃讨论演变为主要领导人之间不能共事的相互对抗，争论中采用煽动群众，诉诸政治压力的方式，以至采取极端的组织措施，在国际共产主义运动中开创了很不好的先例，在苏联国内外都带来许多严重后果。

传记中有 4 章几乎都是评述有关这几次斗争的内容。布哈林站在中央多数派方面，作为新经济政策的捍卫者和列宁晚期思想的阐述者，着重从理论方面参加了论争。传记中指出，他在一系列著作和讲话中，批判了托洛茨基的把俄国社会主义革命的前途寄托于西欧革命，以农民为第二次革命对象的"不断革命论"观点，在社会主义建设中强调一切都必须以工业为中心，必须严格服从国营工业的利益的"工业专政论"观点；批判了普列奥布拉任斯基的社会主义积累过程实质上是剥夺小生产者过程的"社会主义原始积累规律"的观点；批判了联合反对派所谓必须克服工业落后于农业的状态，要求进一步加快发展速度，采用强制手段，实行高税收、工业品高价格等政策从农民手中筹集资金的经济主张；也批判了反对派的"技术落后不能把社会主义建设进行到底"的观点。布哈林在论争中阐明了新经济政策的长期性和必要性，坚持工农联盟的重要性，指出新经济政策开辟了各种经济力量、各种经济成分互相繁荣的可能性，强调"工农联盟的理论是列宁主义的最重要的独创性的特征"，论证了速度的关键问题是加速农民经济的发展，认为迅速扩大国内农民市场的容量是积累资金、发展工业的先决条件。

　　正是从扩大农民市场的容量出发，布哈林提出："应当对全体农民，对农民的所有阶层说：发财吧！积累吧！发展自己的经济吧！"其用意在于鼓励农民从事积累，因为农民经济中有支付能力的需求愈大则工业中的积累也就愈快。让农民中的各个阶层都富裕，当然包括让富裕的上层农民发财，不如此，农村的"中心人物"中农就不敢发财，布哈林把"应当在农村掀起阶级斗争，一直进行到削弱和剥夺富农为止"的说法斥责为荒谬的。他坚持列宁指出的合作化的道路是农业经济的发展道路，这种合作化意味着开放商品流转。他说"我们恰恰是要通过市场关系走向社会主义"。[①] 他还说过，市场关系"从一定观点看这就是

---

①　《论社会主义之路和工农联盟》，《布哈林文选》上册，第441页。

新经济政策的'含义'"。① 显然，这些基本思想不仅并非错误，恰好表现了布哈林的远见卓识。他还进而指出，苏联"在其发展的长时期内将是一种落后的社会主义"，"发展中的社会主义"。② 这在当时更是非常大胆、极其深刻而富有创造性的见解。美中不足的是传记在这方面未能作为一个专门的命题予以分析。

由此，作者比较了布哈林与斯大林在新经济政策着重点上的异同。一个强调其长期性，重申合作化道路，主张尊重农民意愿，用个人利益，以经济方法吸引农民而反对政治强制，归结为长入社会主义理论；而另一个强调它的策略性，在合作化问题上突出集体制原则，在反对压制同时提倡政治、组织领导的"灵活性"，主张"把农民经济纳入苏维埃经济发展的总体系"。尽管理论上有分歧，在这几年内，他们俩人在对总的政策和发展前途的评价上是一致的。布哈林在政治上支持了斯大林，后者也维护了布哈林，他们共同进行了对反对派的斗争。

传记以6章篇幅记述了苏联革命胜利及第二次重大历史转折中的布哈林，围绕布哈林与斯大林之间的斗争，阐明了矛盾激化的起因和主要分歧，激烈的斗争过程和结局，分析了布哈林所以失败的主客观因素。从1927年12月联共（布）十五大新选出的9人中央政治局讨论粮食收购危机问题开始，到次年2月，分歧一步步扩大和加深。至1928年中，争论涉及社会主义建设方针路线的一系列重大问题。作者对此归纳为3个方面的根本分歧，扼要地对比了斯大林与布哈林之间的不同观点。对斯大林，书中主要叙述他的观点，也指出他的某些表里不一的言行以及采取的许多组织措施，进行历史的分析，而不是加以咒骂或斥责。

① 《论过渡时期的规律问题》，《布哈林文选》中册，第100页。
② 在联共（布）列宁格勒省第二十三次非常代表会议上的报告。

这些分歧，包括后来争论激化中的一些观点是：

第一，关于社会主义工业化的方针。斯大林主张实行优先发展重工业的工业化，一种以重工业的发展决定整个国民经济发展的"直接工业化"；把重工业的发展速度放在首位，要赶上超过先进资本主义国家，并且把对重工业发展方针的态度看成是否爱国、拥护社会主义和党的路线的一条界线；工业化主要的资金来源，一是创造价值的工人，二是农民，农民必须以工农业产品剪刀差的形式为工业化缴纳额外税，即所谓"贡税"。布哈林主张实行使轻重工业完全结合的工业化，以发展生产资料的生产为重心，在发展轻工业的条件下利用其利润、积累来发展重工业；坚持工业本身、工农业之间以至整个国民经济的平衡发展是社会主义工业化的基础；发展的高速度必须建立在工农商业牢固结合的基础之上，农业正常发展和日趋高涨的基础之上，农业经济的积累日益增加的基础之上；主张在前进的慢速度中加快，经过一段发展时间达到稳定的高速度，认为基建投资过于紧张最终会减慢发展速度；"贡税论"使人想起托洛茨基的理论和普列奥布拉任斯基的社会主义原始积累规律。当争论激化时，布哈林把"贡税论"称之为对农民实行军事封建剥削。

第二，关于农业社会主义改造。斯大林认为农业的状况与工业化的要求不相适应，农业落后是由于小农经济这种旧的生产关系起束缚作用。农业的出路在于由小农经济过渡到集体的公共经济；应当按集体制原则把农民组织起来，具体形式是大型的集体农社，要以发展重工业的速度实现农业的全面集体化；只要改变了农村生产资料所有制的形式，农民就走上了社会主义道路，国家就能取得所需要的足够数量的粮食和资金；农业中实行变革的主要障碍来自富农，主张用剥夺的办法消除这种障碍。布哈林一再重申列宁的合作化道路，强调列宁的合作社计划是通过合作社的"流转"实行工农结合，反对集体农社是唯一使农业经济社会主义化之途的观点，认为实现农业生产的社会化不应以忽视劳动农民的个体经济为前提；在新经济政策条件下个体经济的发展是必要的，能为农业的进一步发展提供必要的物质基础；个体农民只有在感到个人利益和国家利益相结合的时候才会走上社会主义道路，这时生产关系的变革才是永久性的，才会促进生产的发展；认为"富农作为一个阶级"的提法值得商榷，对富农应用经济的办法，竞赛的办法，利用、限制和最终排挤它，农村政策决不应忽视中农，决不能把中农当成富农来打击，反对为了工业化而"剥削"农民。

第三，关于社会主义社会发展的动力，亦即怎样看待过渡时期的阶级斗争，斯大林认为社会主义社会前进的动力是阶级斗争决定一切，把社会主义建设中一切成败得失都看成是阶级斗争的表现和结果；从1928年开始一再强调在社会主义愈益取得胜利的条件下阶级斗争会愈来愈尖锐；社会上的阶级斗争一定会反映到联共（布）党内来，阶级敌人一定会在党内找到他们的代理人，在党内不断反对"左"右倾机会主义分子的斗争是进行阶级斗争的先决条件。布哈林认为，过渡时期的阶级斗争采取了另一种形式，不同于革命和战争时期的暴力形式，而是和平的形式，因而解决阶级斗争的方式也应该主要不是暴力而是经济手段；从发展趋势看，过渡时期中的阶级矛盾和阶级斗争是沿着一条日渐缩小和最终消亡的路线发展的；无论对城市资本主义分子还是对党内出现的矛盾和分歧，都不能以搞"第三次革命"的方式加以解决。

1928年联共（布）中央七月全会进行了决定性的较量。表面上争论的焦点是收购粮食的非常措施和是否提高粮食价格。所谓非常措施，是派遣三万名粮食收购工作队员下乡，援引1926

年俄罗斯刑法 107 条，在打击粮食投机倒把分子的名义下，依靠强制和暴力手段来完成粮食收购计划。在实施计划中，滥行没收、搜查、逮捕、建立巡查队拦截等过火行动不断发生，直至实行以粮食与工业品直接或间接产品交换，强制摊派农业公债等等，实质上成为余粮征集制的再版。布哈林在季可夫、托姆斯基支持下多次提出，非常措施只能是临时性的，有秩序有限度地实行经济制裁，不应制度化，反对过火行为，尤其不应侵犯中农利益。经过争论，斯大林口头上承认应该纠正过火行为，实际上非常措施在变本加厉地继续。布哈林批评斯大林违背十五大和以后几次中央全会决议，应对农村出现的严重局势负主要责任，要求停止非常措施，斯大林予以反击，认为粮食危机是阶级斗争的反映和结果，强调列宁制定的新经济政策不是退却而是进攻，是对富农和耐普曼的进攻，在农业集体化上进攻。随着社会主义进攻的深入，阶级斗争必然尖锐化。所以在一定条件下，非常措施是必要的。斯大林正式提出"贡税"论，反对提高粮食收购价格。全会结果是"贡税"论的合法化，斯大林的阶级斗争方针获得胜利。

作者认为，这次中央全会标志着苏联历史发展进入一个重要的转折时期。这意味着，斯大林由此中止执行新经济政策，而放手地推行他的超高速度重工业化和全盘集体化的路线。斯大林在许多方针政策性的问题上急剧地转到他自己原来批判过的托洛茨基派的立场上来，一个重要原因是他们本来就有"直接过渡"到社会主义的思想渊源。使人感到不太满足的是作者撇开了对国际局势考虑的因素。斯大林把面临资本主义包围和反苏战争威胁作为强调高速度发展重工业的主要论据之一。在这方面，布哈林有无异议？斯大林对国际局势发展的实际判断是否确有根据？传记中并未涉及。似乎将这些列为本书内容可以更为全面地对比两种不同的方针、路线。

在这之后，虽然有过一些插曲和抗争，整个形势急转直下，反右倾分子的斗争和各种组织措施接踵而来。1929 年 2 月，布哈林终于被斯大林宣布为右倾投降主义集团即布哈林集团的首要成员，先后在 4 月联共（布）中共和中央监委联席全会、七月共产国际执委会遭到点名批判和最初的组织处理。

这次历史转折所带来的一个重大效果，就是在实践中形成一种社会主义建设的模式，即通常所说的苏联模式。这一种模式深深地打上了斯大林的印记，是斯大林摒弃了由布哈林坚持列宁晚年设想的社会主义建设道路而按照斯大林本人思想观点付诸实践的，因而不好同时称之为斯大林模式。它的主要之点就是超高速度的重工业化，以集体农庄为主要形式的农业全盘集体化，国家对经济的全面控制和严格的指令性计划管理，狭小范围的商品流转和官方决定的价格体系，高度的中央集权和个人的无限权力。在斯大林强制推行下，这种模式在短时间内增长了苏联的国力，一时似乎成就显赫。然而，它是以损害国家经济各部门的平衡发展为代价的，发展是畸形的，与人民群众的愿望和要求相脱节。从长远看，它不能有效地提高整个生产力的水平，不能极大地提高劳动生产率。违背经济发展的客观规律终究是要遭到惩罚的。这种模式在 30 年代形成。具有讽刺意味的是，恰恰由以布哈林为主要起草者的苏联 1936 年宪法宣布了苏联基本建成社会主义从而证明了它的成功。它由《联共（布）简明教程》赋予历史经验和理论总结的形式而固定下来，在几乎所有社会主义国家推广。其积习之深，流弊之广，如今已是众所周知。

与此同时带来的另一个严重效果是在阶级斗争越来越尖锐的错误理论指导下对不同政见严厉压制，以至发展到大规模的迫害和镇压，社会主义民主徒有其名，社会主义法制荡然无存。

在阶级斗争和社会主义建设的一片胜利欢呼声中，斯大林制造了对他自己个人的崇拜。无产阶级的革命领袖变成了凌驾于党和国家之上的、居临于人民的被神化了的、主宰一切的活的偶像。个人崇拜扼杀了创造性，培育了思想僵化，从根本上败坏了党的风气。这种现象也在不同程度上在不同的国家里一再重演。

然而，斯大林模式建立的毕竟是社会主义制度，不过它已部分地被扭曲变形。如果别无选择，那么对于人类历史上没有先例的尝试，人们不能苛求前人，应当更多地看它实现了哪些前所未曾实现的，而不宜过分计较哪些应该做到而未曾做到的。但是，如果有两种可供选择的方案，如果要重复或者部分地重复原先已经走过并被证明是一条终究行不通的道路，那么就有必要研究为什么拒绝一种而选择另一种，究竟孰优孰劣？有必要研究驱使其重蹈覆辙或宁愿颠簸困顿的思想缘由是什么？历史研究应该从表面的历史现象中揭示深层的实质。这部布哈林传正是在苏联如何选择建设社会主义的道路上用历史的事实向我们作了回答。

三

布哈林身后遭遇，在国际上要比在他本国好得多。

以葛兰西学院院长的名义邀请各国学者参加的布哈林及其著作国际学术讨论会在 1980 年召开，以后在其他国家也举行过类似会议。一时间，在欧洲掀起一阵小小的布哈林热。人们以尊敬的口吻谈论、评价他的生平及著作。在这之前，在西方国家早有一些历史学家、理论家、苏联问题专家以及同布哈林有过交往的人士，出于不同的目的，从不同的角度对布哈林作了研究和回忆，发表了一批专门的或有关他的著述及回忆录，汇编了一些史料、文集。应该承认，不论出于何种原因，这些有价值的努力为将来的研究者保留了一批珍贵的史料，提供了研究的素材或线索，也在这样那样的看法或评论中对后来的研究者起着吸引、推动以至启发作用。起码是在极端缺乏苏联官方史料的情况下为对布哈林进行真正的研究创造了一些条件.

在我国，有关布哈林的材料和情况，长时期内全部来自苏联方面，人云亦云，谈不上有什么独立的研究。但也有有心人在70年代甚至更早一些，已经注意收集并阅读布哈林的著述。粉碎"四人帮"以后的一段时间里，布哈林问题仍然是一个几乎难以闯入的禁区。中国社会科学院世界历史研究所主办的学术刊物，1979年开始出现对斯大林在社会主义建设时期阶级斗争问题上的错误进行探索的文章①，提到1936—1938年肃反运动的错误，间接地涉及布哈林，那还是刊登在限国内发行的刊物上的。本书作者闻一在1979年的《世界历史》杂志上发表了阐述列宁经济政策思想的论文，其中说到列宁对还是"左派共产主义者"的布哈林②的批评。在世界史研究的刊物上第一个起来为布哈林局部翻案的是本书另一作者叶书宗，他与人合作在1980年发表的文章中指出，"在'三仙巷'事件上，《联共（布）党史简明教程》的作者，不顾历史事实，而是根据权力意志和打倒布哈林的政治需要，硬把布哈林写成是'三仙巷'事件的制造者"③。他认为，"哪怕布哈林的一生犯有一千桩罪行，这种写历史的方法也不是科学的方法！一个人犯了错误（或者犯了罪），就把他们的名字从历史活动的舞台上挖掉，把各种各样的

---

① 王斯德：《略论斯大林在社会主义时期斗争问题上的错误及其教训》，《世界史研究动态》1979年第4期。

② 闻一：《列宁和全俄电气化计划》，《世界历史》1979年第1期。

③ 叶书宗、傅俊荣：《布哈林不是"三仙巷"事件的策划者》，《世界史研究动态》1980年第10期。

坏事都加到他的头上；反之，一个人如果有了成就，从此把他的错误列为全社会的忌讳，把一切好事都加在他身上。史学研究中的这类方法是以成败论英雄、以权力写历史的腐朽的史学观点的反映"。① 隔了两个月，他又发表了对布哈林试图予以全面的重新评价的文章，认为布哈林"是一个犯过许多错误的无产阶级革命家。他一生的主要错误是发生在十月革命前后，而从1924年列宁逝世后，直到1929年他被当作'右倾投降主义分子'、'富农的代言人'加以批判斗争的时期，恰恰是他多年从事理论研究、从事苏联社会的实际调查，提出许多独具慧眼的卓越见解，并敢于向联共（布）的主要领导人直率地提出不同意见的大大值得肯定的时期，是他一生中对革命最有贡献的时期"。② 接着，郑异凡1981年初发表《有关布哈林的若干问题》有影响的论文③就关于国家问题上的"半无政府主义"，关于"发财吧"的口号、关于"阶级斗争熄灭论"，关于"长人社会主义"的理论、关于布哈林的某些错误及其根源等问题，具体澄清了布哈林的本意，分析了问题的是非，证明1929年"反右倾"斗争中对他的种种批判是不符合实际的，歪曲了布哈林的观点。郑异凡对列宁的晚期思想，联共（布）的党内斗争以及布哈林问题先后发表多篇高水平的论文，其中《论布哈林社会主义经济建设思想》④ 一文，主要评介布哈林1921年以后关于过渡时期社会主义建设理论中富有独创性的较有价值的一些经济观点，有很

---

① 叶书宗、傅俊荣：《布哈林不是"三仙巷"事件的策划者》，《世界史研究动态》1980年第10期。

② 叶书宗：《让历史公正地来裁决——布哈林功过问题我见》，载《世界史研究动态》1980年第12期。

③ 郑异凡：《关于布哈林的若干问题》，载《世界历史》1921年第1期。

④ 郑异凡：《论布哈林社会主义经济建设思想》，载《世界历史》1984年第4期。

深刻的见解。在这大致同时，马恩列斯著作编译局国际共产史研究室编选了中文约 100 万字的三册《布哈林文选》，后来他们又编选了一本近 30 万字的《"一国社会主义"问题论争资料》，为从事布哈林研究提供了第一手的文献、史料。

发表一批研究布哈林的文章，提出要重视他的著述和观点，澄清一些过去对他批判中的失当之处，期望对他作出符合历史实际的评价，这本来是学术界响应党的解放思想、实事求是方针的表现，一种极好的现象。可是，有一段时间，大概是有别家刊物发表过这一类的文章，不知从哪里也就吹来一阵不大不小的冷风，带来有形无形的压力。也许连文章内容究竟讲些什么还没有看，光凭听说要给布哈林翻案，就认定像是又犯了什么错误。好在毕竟又是十一届三中全会以后，这种学术研究领域的事情是挡也挡不住了。

我国世界史作者对布哈林的研究有一个特点，就是与对社会主义的再认识和对苏联过渡时期历史教训的探索密切结合。在这些研究中"发现"了布哈林，感到需要深入地理解他，研究他，而对他的研究又推动了对于苏联过渡时期社会主义建设历史经验研究的进一步深化。

近几年来，在我国世界史学科中，关于苏联史的研究显得比较活跃。北京、上海、西北、东北以及其他一些地方的高等学校里，有相当一批从事世界现代史研究的教授、副教授和青年学者把主要的注意力放在苏联史研究方面，其中大多数又是以研究苏联社会主义时期的历史经验为重点。世界历史所从 1981 年开始组织研究力量，并将关于苏联从资本主义到社会主义过渡时期的历史研究列入第六个五年计划期间全国哲学社会科学发展规划中的重点研究课题和项目。在研究工作取得发展的前提下，1985 年正式成立了中国苏联东欧史研究会。这一段时间里，不仅产生了相当一批关于苏联社会主义时期历史的高质量的论文，而且出版了这方面的专著。① 《布哈林传》是我看到的我国世界史研究者撰写的第4本关于现代苏联历史和历史人物的专著。上面提到的"六五"计划期间也是全国哲学社会科学重点研究项目的最终成果《苏联史纲（1917—1937）》，由于课题主要负责人之一李显荣同志的过早去世，及承担各章写作任务的同志交稿参差不齐而推迟，预期今年内将可定稿交付出版社。由苏联东欧史研究会会长陈之骅主编的大部头工具书《苏联历史辞典》亦即将出版。这在中国学术界的实际条件下，可以称得上是成果累累了。

我所以要介绍上述经过是想要说明：

第一，这部《布哈林传》的脱稿，是闻一、叶书宗两位长期辛勤劳动，刻苦钻研，解放思想，独立思考，多年积累所取得的成果。叶书宗早在70年代中期，闻一在70年代末期就已开始了苏联社会主义时期历史的研究。10年之内，两人分别就各个专题发表了一系列文章和论文，在此基础上把布哈林这位历史人物从总体上、从与当时苏联整个历史环境相结合的角度加以全面的研究。尽管这本书稿赶得有些仓促，尚有意犹未尽以及有些地方还需琢磨之感，我觉得10年成一书已经可以了。世上没有尽善尽美的事情，只要经过严肃认真的努力而不是草率从事，就应该让成果与读者见面，接受社会的检验。在听取意见和再进一步研究之后，尽可以再次加以充实修改，精益求精。

第二，世界史的学术著作要能达到较高的学术水平，需要培

---

① 李显荣：《托洛茨基评传》，中国社会科学出版社1986年版；叶书宗：《苏联的革命与建设——历史的回顾与总结》，上海市哲学社会科学联合会1986年版；沈志华：《历史的启示——苏联新经济政策时期的农村经济》，华夏出版社1987年版；人民出版社在1985年出版了《苏联现代史论文集》。

育一个良好的学术环境，着重形成学术群体的作用。在苏联社会主义史的研究方面，可以说已经初步形成了这样一种局面。1981年以来，先是由世界历史所邀请、后来是由苏联东欧史研究会支持，几乎每年都有一项中小型的专题学术讨论会。关于从战时共产主义向新经济政策的转变、列宁晚期思想、苏联的农业集体化、十月革命的再评价以及赫鲁晓夫时期的苏联等等都曾进行过专门的讨论。参加者不仅有世界史研究者，而且有从事国际共运史的、苏联东欧问题的、世界经济的诸学科的研究者，共同进行多学科相配合的研究。与此相联系，以共运史研究为主，由编译局国际共运史研究所与几个大学政教系联合支持，也就一国建成社会主义问题、《联共（布）党史简明教程》再评价问题，开过一系列中小型学术讨论会，形成跨学科交叉的研究。在这些学术讨论中真正做到各抒己见、相互切磋，随时可作即席发言，相互交锋，争得面红耳赤，而又相互理解，不以为意。这就使研究者各自思考所得在同行面前接受检验，在论争中深化认识。到了20世纪80年代，中国学者从事世界史研究，再像中国史学古老传统那样以个人闭门著述为主要形式看来是不适合了。当然，研究工作任何时候都必须是以个人独立思考为基础，同时也要充分估计到在一个群体之中相互启发、相得益彰的价值。只有很好地把个人钻研与群体切磋结合起来，才会水涨船高，集思广益有较大的可能实现学术观点上的突破。其实，恩格斯早就强调这个道理。在评论费尔巴哈为什么不能从他的唯物主义再向前推进的时候，恩格斯把费尔巴哈晚年"不得不在穷乡僻壤中过着农民式的孤陋寡闻的生活"作为很重要的原因。这位在乡村过着孤寂生活的哲学家既不能理解和研究当时自然科学的三个决定性发现，即细胞、能量转化和进化论；在社会领域中，这种孤寂生活又迫使这位哲学家"从他孤寂的头脑中，而不是从和他才智相当的人们的友好或敌对的接触中得出自己的思想"。① 闻一、叶书宗这部《布哈林传》之所以有较好的质量，原因之一，就是近十年来国内有了一批从各个侧面考述布哈林的论文，有了与一批和他们"才智相当"的苏联史研究同行经常进行的学术讨论。这方面的接触有时甚至并不涉及布哈林问题本身，但是"有形无形"的受益确实是实际存在的。

　　我对我国的苏联史研究一向抱有很大的信心。早几年我就不止一次地提醒我们从事苏联史研究的朋友，在布哈林以至整个苏联史研究上，不必妄自菲薄，我们已经有了在这方面可以跻身于国际学术界而比其他国家著名学者毫不逊色的研究者。至今我也没有认为这种估计是在瞎说。我还认为，如果能够保持并有意识地发展、充实，提高这个学术群体，再设法使得青年一代学者能够更多更快地脱颖而出，那么，在苏联社会主义时期历史的研究方面形成一个马克思主义的"中国学派"，是完全有可能的。

---

① 《马克思恩格斯选集》第 4 卷，第 226、227 页。

国际共产主义运动历史[*]

　　以科学社会主义为指导思想的各国共产主义政党领导无产阶级和被压迫人民为推翻资产阶级以及其他剥削阶级的统治，实现社会主义和共产主义而团结奋斗的历史。它的主要内容包括各国无产阶级革命政党及其国际组织建立、巩固和发展的历史；无产阶级先进分子及其领袖人物为实现共产主义理想而英勇斗争的历史；无产阶级夺取政权、进行社会主义革命和社会主义建设的历史；马克思主义与各国革命实践相结合并在实践中不断丰富发展的历史。以1847年世界上第一个共产主义政党共产主义者同盟的建立为开端，国际共产主义运动迄今已经历了一个半世纪。

一　运动的兴起

　　国际共产主义运动是科学社会主义和工人运动相结合的产物，兴起于19世纪中叶革命风暴的年代；在此后的资本主义和

---

　　* 原载《中国大百科全书》外国历史第1卷，中国大百科全书出版社1990年版。本文系作者与张宏儒合著。

平发展时期，它的组织获得广泛的发展，影响日益扩大。

1. 运动产生的历史前提 19 世纪上半叶，资本主义生产方式在西欧迅猛发展。在英国基本完成和在法、德等国相继展开的工业革命创造了现代资产阶级和无产阶级。随着大工业的发展，资本主义社会的基本矛盾即生产社会化和资本主义私人占有形式之间的矛盾日益显露，无产阶级和资产阶级之间的阶级斗争逐渐激化。19 世纪 30 年代起，西欧工人运动进入一个新的历史阶段，无产阶级开始作为独立的政治力量登上历史舞台。它的主要标志是 1831 年和 1834 年法国里昂纺织工人的两次起义（见里昂工人起义），1836—1848 年英国的宪章运动以及 1844 年德国西里西亚纺织工人起义。这些斗争超越经济斗争的范围，开始提出无产阶级的政治要求，矛头指向资本主义私有制和资产阶级统治。

西欧资本主义的发展和无产阶级政治运动的出现，为科学社会主义的产生提供了客观基础。科学社会主义的创始人 K. 马克思、F. 恩格斯研究总结工人运动的历史经验，批判地继承人类思想文化史上多方面的优秀成果，特别是吸取德国古典哲学、英国古典政治经济学、英法两国空想社会主义的合理内核，在 19 世纪 40 年代中期创立无产阶级的思想体系，为国际共产主义运动的兴起准备了理论前提。

2. 运动的发端 马克思、恩格斯致力于科学社会主义理论与工人运动实践相结合。1846 年初，在布鲁塞尔建立的共产主义通讯委员会，从思想上和组织上为建立无产阶级革命政党进行了准备。1847 年 6 月在伦敦由正义者同盟改组成立的以德国工人为主体，吸收英、法、比利时等国工人参加的共产主义者同盟，是世界上第一个以科学社会主义为指导思想的无产阶级革命政党。它的成立标志着国际共产主义运动的诞生。1848 年 2 月发表的《共产党宣言》提出"全世界无产者，联合起来！"的战斗口号，无产阶级革命政党有了一个明确的理论和实践的纲领，它指导着国际共产主义运动胜利前进。

1848年欧洲许多国家掀起资产阶级民主革命。在阶级斗争特别尖锐的法国，无产阶级充当推翻金融贵族专政的七月王朝的主力军，武装反抗资产阶级，谋求自身的解放。1848年巴黎工人6月起义是现代社会中两大对抗阶级间的第一次伟大战斗。共产主义者同盟的盟员积极参加了欧洲1848年革命。在普鲁士反动政府策划的1852年10—11月科隆共产党人审判案之后，根据马克思的提议，共产主义者同盟于1852年11月解散。

3. 第一国际 19世纪60年代，欧洲工人运动重新高涨。无产阶级的第一个国际联合组织国际工人协会（即第一国际）于1864年9月28日在伦敦成立。马克思是第一国际的创始人之一和它的实际领袖。各国无产阶级在更广泛的范围内实现联合，共产主义运动的影响从西欧扩展到东欧、美洲的十几个国家。第一国际奠定了国际无产阶级争取社会主义斗争的基础。它的精神产儿1871年巴黎公社革命是人类历史上无产阶级推翻资产阶级统治、创立新型民主国家、实行无产阶级专政的第一次英勇尝试。1865年第一国际总部迁往美国纽约。第一国际共召开过5次代表大会和两次代表会议。巴黎公社革命失败以后，国际工人运动面临着各国反动势力的迫害和内部巴枯宁分子的破坏，处于非常困难的境地，第一国际的组织形式已经不能适应新的形势和任务。根据马克思的建议，于1876年7月在美国费城代表会议期间宣告解散。

在共产主义运动刚刚兴起的时候，科学社会主义不过是各种社会主义思潮或派别中的一种思潮、一个派别。马克思、恩格斯研究资本主义制度的历史演变，总结1848年欧洲革命、1871年巴黎公社革命以及整个第一国际时期无产阶级革命实践的历史经验，作了长期艰苦的理论探索，发现并剖析了剩余价值，透彻地揭露了资本主义剥削的秘密，揭示了资本主义社会形态发生、发展以致灭亡的历史规律，系统地阐述了无产阶级革命和无产阶级专政的学说，描绘了未来共产主义社会两个发展阶段的特征和轮廓。从而使马克思主义得到很大的丰富和发展。马克思、恩格斯批判了各种错误思潮和派别。在同蒲鲁东主义和巴枯宁主义两个主要机会主义派别的斗争中，以及在对英国工联派、法国布朗基派、德国拉萨尔派的错误观点和倾向的批评过程中，马克思主义赢得越来越多的工人群众和社会主义者的拥护，逐步在国际工人运动中确立了主导地位。

4. 第二国际　19世纪70年代以后，世界形势和国际工人运动发生巨大变化。资本主义经过一段时间的和平发展从自由竞争阶段向垄断资本主义即帝国主义阶段过渡。各国无产阶级在新的历史时期的任务是建立独立的无产阶级政党，积聚和训练本阶级的力量，准备迎接未来的社会主义革命。在马克思、恩格斯指导和帮助下，以科学社会主义为旗帜的各国无产阶级政党和组织相继建立起来。1869年成立的德国社会民主工党（爱森纳赫派）于1875年与拉萨尔派合并，改名德国社会主义工人党，1890年又改名德国社会民主党。它经历了反抗俾斯麦政府的《社会党人法》的艰巨斗争，是当时最有影响、走在前列的无产阶级革命政党。19世纪70年代，在丹麦、葡萄牙、美国、捷克斯洛伐克、法国、比利时和西班牙；19世纪80年代，在匈牙利、意大利、俄国、英国、挪威、奥地利、瑞典和瑞士等欧美国家，先后建立社会主义政党或团体。

1889年7月14日，在恩格斯倡导下，有22个国家的393名代表参加的国际社会主义者代表大会在巴黎召开，创立无产阶级新的国际组织第二国际。它是各国社会主义政党和工人团体的国际联合，一开始就建立在马克思主义的理论基础之上，比第一国际有较为广泛的群众基础和较为一致的思想前提。但它相当庞杂和松散，没有明确的纲领，它以每隔几年召开一次代表大会为其主要组织形式和活动方式。从成立到第一次世界大战爆发而瓦解，共召开9次代表大会。第二国际，特别是它的前期（1889—1900）在组织、积聚革命力量，团结教育工人阶级；积累议会斗争经验，开展反对资本主义和军国主义斗争；传播马克思主义，清除无政府主义影响；加强国际主义团结等方面都做了大量工作，推动了国际工人运动和社会主义运动的发展。

二 运动的壮大

20世纪上半叶，国际共产主义运动经历两次世界大战的严峻考验而进一步壮大，社会主义首先在俄国、随后在欧亚一系列国家赢得胜利。

1. 修正主义的泛滥和列宁主义的形成 资本主义进入帝国主义阶段以后，随着资产阶级策略的改变，国际工人运动内部发生新的分化，出现伯恩施坦修正主义。自1896年起，E. 伯恩施坦在一系列文章和著作中从理论上篡改马克思主义的基本原理，否定无产阶级革命和无产阶级专政。修正主义从一开始就是国际现象，各国的机会主义者麇集在伯恩施坦修正主义的旗帜之下。各国无产阶级政党中的革命左派，首先是德国社会民主党的 A. 倍倍尔、W. 李卜克内西、R. 卢森堡、F. 梅林、K. 李卜克内西、C. 蔡特金等人，在不同程度上对修正主义进行了斗争。其他一些国家无产阶级政党的领导人，如法国的 J. 盖德、俄国的 Г. B. 普列汉诺夫、保加利亚的 Д. 布拉戈耶夫等人，也对伯恩施坦及其实践中的同伙法国的米勒兰分子进行了批判。

以 B. И. 列宁为代表的俄国马克思主义者从思想上粉碎了小资产阶级的民粹主义以及伯恩施坦主义的变种——经济主义，在1903 年俄国社会民主工党第 2 次代表大会上制定了党章和党纲，为建设一个新型的无产阶级革命政党奠定了基础。俄国无产阶级及其政党领导了帝国主义时代第一次人民革命运动——1905—1907 年俄国资产阶级民主革命（见俄国 1905 年革命）。

1910 年前后，修正主义势力由于以考茨基为首的中派向其靠拢而更为增强，在德国社会民主党和第二国际中居于主导地位。1914 年 7 月第一次世界大战爆发，第二国际各党大多数领导人蜕化为社会沙文主义者，站在本国政府一边积极支持这场帝国主义战争。除 K. 李卜克内西在 1914 年 12 月德国国会通过新的军事预算时大无畏地单独投反对票以外，各国的机会主义领袖们都投票赞成本国政府的军事预算和战争拨款。一些人还担任了资产阶级政府的部长。第二国际陷于瓦解。

第一次世界大战期间，由 1915 年 9 月齐美尔瓦尔德和 1916年 4 月昆塔尔两次国际社会主义者代表会议（见齐美尔瓦尔德会议和昆塔尔会议）所形成的短暂的、过渡性的国际联合，被称作齐美尔瓦尔德国际（齐美尔瓦尔德联盟）。由这次会议开始的活动，被称作齐美尔瓦尔德运动。1915 年 12 月，欧洲和美国28 个社会民主党中有 13 个党和两个党内的 8 个反对派声明加入这个国际，其后还有一批社会主义政党和团体参加。考茨基中派在这个组织中居主导地位。由于以列宁为首的革命左派坚持斗争，该国际宣言指出战争的帝国主义性质，谴责社会沙文主义，批评社会和平主义。齐美尔瓦尔德运动最重要的成果是锻炼和加强了马克思主义者的队伍，组成齐美尔瓦尔德左派集团，为创立新的国际组织第三国际作了思想上和组织上的准备。

列宁在同第二国际修正主义和孟什维克的斗争中，在指导俄国革命实践和进行理论总结的过程中，全面地发展了马克思主义理论。尤其是在辩证唯物主义和历史唯物主义、帝国主义论、社会主义将在一国或几国首先胜利、无产阶级革命和无产阶级专政、民族解放运动、战略和策略、党的建设以及在小农占人口大多数的国家建设社会主义的途径等一系列重大问题上都做出了光辉的理论贡献。

2. 十月革命的胜利和欧亚革命浪潮　沙皇俄国是帝国主义各种矛盾的集合点。它参加帝国主义世界大战导致矛盾的激化和人民群众革命情绪的高涨。1917 年 3 月（俄历 2 月），彼得格勒工人大规模罢工斗争，很快发展为武装起义，推翻了罗曼诺夫王朝的专制统治。俄国二月革命是无产阶级及其政党领导的资产阶级民主革命。列宁及时提出由民主革命过渡到社会主义革命的任务。在资产阶级临时政府血腥镇压示威群众的七月事变之后，革命和平发展的可能性业已消失。布尔什维克党领导彼得格勒工人和革命士兵举行武装起义，在 1917 年 11 月 7 日（俄历 10 月 25 日）胜利地夺取政权。革命从首都向外地、从城市向农村扩展，到 1918 年 3 月，全俄广大城乡基本上建立苏维埃政权。十月革命推翻资产阶级统治，宣告世界上第一个无产阶级专政的社会主义国家的诞生，开始了人类由资本主义向社会主义过渡的历史进程。

第一次世界大战的结局和十月革命的胜利加深了帝国主义国家全面的经济政治危机，激起各国无产阶级革命运动和民族解放运动的高涨。欧洲和亚洲出现国际性的革命浪潮。在欧洲，主要有芬兰 1918 年人民起义，1918—1919 年德国革命，1919 年 3 月匈牙利革命，先后建立为时短暂的芬兰社会主义工人共和国、匈牙利苏维埃共和国、斯洛伐克苏维埃共和国以及巴伐利亚苏维埃共和国。在其他一些资本主义国家展开了声势浩大的革命群众斗争，1919—1920年意大利爆发工人占领工厂、农民夺取土地的运动，1918年8月日本掀起"米骚动"，直到1923年还发生保加利亚反对赞可夫政权起义，德国萨克森、图林根工人政府建立和汉堡工人起义以及波兰克拉科夫工人起义等。所有这些革命斗争都冲击了资本主义制度，但在国内外反动势力的武装干涉和血腥镇压之下先后遭到失败。在亚洲，许多国家兴起反帝反封建的革命运动。中国1919年"五四"运动把中国革命由旧民主主义阶段推进到了新民主主义阶段，即无产阶级领导的新型的资产阶级民族民主革命。1921年中国共产党成立，1924—1927年展开轰轰烈烈的反对北洋军阀和帝国主义侵略势力的革命运动。朝鲜在1919年爆发反对日本帝国主义的"三一"运动。在土耳其、伊朗、印度、印度尼西亚、菲律宾也相继以不同的规模和方式掀起以争取和维护民族独立为主要内容的革命运动。

3. 联共（布）关于建设社会主义的争论　苏维埃国家在列宁领导下取得1918—1920年国内战争和反对帝国主义武装干涉的胜利以后，从1921年开始实行新经济政策。其主要内容是放弃战时共产主义政策，以粮食税代替余粮征集制，在一定程度内允许私有经济存在，利用商品货币关系沟通城乡和工农之间的联系，巩固工农联盟，发展国家资本主义，逐步建立社会主义的经济基础。这是一条在俄国这样一个小农经济占很大比重的国家建设社会主义的正确道路。

1924年列宁逝世后，围绕一国能否建成社会主义以及社会主义建设的方针、路线，苏联共产党内多次发生重大争论。以И. В. 斯大林为首的联共（布）中央多数成员1924年批判了托洛茨基反对派，1925年批判了所谓Г. Е. 季诺维也夫、Л. Б. 加米涅夫新反对派，1927年批判了托洛茨基—季诺维也夫联盟。

这几次争论对持有不同意见的人施加政治压力，以致采取极端的组织措施，在党内斗争中开创了不好的先例。1928—1929 年，从如何看待和解决粮食收购危机开始，斯大林与 Н. И. 布哈林之间发生严重分歧。联共（布）开展了批判所谓"布哈林集团"右倾错误的斗争。其结果过早结束新经济政策，强制推行农业全盘集体化，并在阶级斗争越来越尖锐的错误观点指导下于 30 年代进行了大规模镇压运动，杀害和囚禁了大量无辜的领导人、干部和人民群众。

这一时期，苏联实行以优先发展重工业为中心的高速度的社会主义工业化方针，尽管存在不少问题，但在当时的历史条件下，苏联人民还是以极大的革命热情从事社会主义建设，取得巨大的成就。苏联的强大及其影响，不仅保证了它在以后的反法西斯卫国战争中的胜利，而且极大地鼓励和推动了国际共产主义运动的发展。

4. 第三国际　在十月革命胜利和欧亚革命运动高涨的形势下，国际共产主义队伍在世界范围迅速发展。经过多年努力，在新的基础上实现新的国际联合。1918 年，俄国社会民主工党（布）改名俄国共产党（布），7 个欧美国家成立共产党，另外一些国家成立了共产主义小组。1919 年 3 月，共产国际第 1 次代表大会在莫斯科召开，有欧洲、亚洲、美洲 21 个国家 35 个政党和左派组织的 52 名代表参加。中国、朝鲜和其他东方国家的代表作为观察员列席。这次大会正式成立各国共产党的联合组织共产国际，即第三国际。共产国际是统一的世界性的共产党，总部设在莫斯科，参加共产国际的各国共产党是它的支部。它强调集中的领导和严格的纪律，共产国际有权决定各国支部的纲领、策略和组织问题。各支部要定期向共产国际报告工作，执行它的决议。

共产国际前期，列宁在世期间，举行过 4 次代表大会。共产国际团结和巩固了各国革命左派的力量，在它的帮助和指导下，到 1922 年已有四十多个国家建立共产党。它在继续批判第二国际机会主义的同时，开展了反对左倾机会主义和宗派主义的斗争。它提出建立工人阶级统一战线以及"全世界无产者和被压迫民族联合起来"的号召，有力地推动了国际共产主义运动和民族解放运动的发展。

1924 年以后，共产国际在斯大林的实际指导下进行活动，共举行过 3 次代表大会。为适应资本主义进入暂时相对稳定的形势，共产国际总结各国革命运动的经验教训，加强各国共产党的建设。同时滋长了"左"的倾向，把一国党的经验绝对化，提出各国共产党实现布尔什维克化的方针，并在一段时间内把社会民主党作为主要打击目标。1935 年七八月间，共产国际第 7 次代表大会提出建立反法西斯统一战线，强调在共产党同社会民主党合作的基础上建立有农民和其他民主派别参加的人民阵线，批判关门主义倾向，等等，对纠正某些"左"的错误起了积极的作用。共产国际中后期活动的主要偏向表现为片面强调高度集中的统一领导，不顾各国的具体情况，任意干涉各国党的事务，在各国党内进行过火的斗争，动辄采取极端措施，以及要求各党在自己的行动中服从苏联外交政策的需要。

第二次世界大战全面爆发以后，世界形势发生巨大变化。共产主义运动中的集中统一的国际组织形式，不适合各国革命事业发展的需要，不利于广泛的反法西斯联盟的建立。1943 年 6 月，共产国际正式解散。历史证明，这一决定有利于各国无产阶级革命政党创造性地应用马克思主义的普遍真理，与本国的实际情况相结合，解决所面临的任务。

5. 第二次世界大战期间及战后初期的胜利　各国共产党在

第二次世界大战期间谱写了光辉篇章。在苏联共产党的领导下，苏联人民发挥了反法西斯战争主力军的作用，为战胜德、意、日法西斯做出伟大贡献。中国和南斯拉夫等国的共产党独立自主地领导本国人民抗击侵略者，胜利地进行了民族革命战争和人民解放战争。法国、意大利等国的共产党在极端困难的条件下推动本国反法西斯力量建立统一战线，组织大规模的抵抗运动和武装斗争。东欧和其他各国的共产党人分别进行了建立人民军队、开展游击战争、组织抵抗运动、发动武装起义以及各种形式的反法西斯斗争。在世界范围建立反法西斯统一战线的历史条件下，原美国共产党总书记 E. R. 白劳德在 1943 年 12 月苏、美、英三国首脑德黑兰会议之后，宣扬德黑兰协议为资本主义和社会主义之间长期的信任和合作提供了保证，主张美国无产阶级同资产阶级长期实行阶级合作，放弃社会主义目标，并在 1944 年 5 月解散美国共产党，另组共产主义政治协会。白劳德修正主义给拉丁美洲和其他一些国家的共产党也带来一定的消极影响。1945 年，美国、法国等国家的共产党人批判了白劳德主义。在此基础上，W. Z. 福斯特于同年 7 月重建美国共产党。

经过世界反法西斯战争期间的奋斗和战后初期的较量，无产阶级及其政党在东欧的南斯拉夫、波兰、罗马尼亚、保加利亚、捷克斯洛伐克、匈牙利；阿尔巴尼亚、德国东部（德意志民主共和国），亚洲的朝鲜北半部（朝鲜民主主义人民共和国）、越南北半部（越南民主共和国）、中国等国取得政权，建立了人民民主国家。连同苏联、蒙古在内，约占世界人口 1/4 的近 8 亿人民走上社会主义道路。1949 年中国人民民主革命的胜利和中华人民共和国的成立，是继十月革命之后又一个影响深远的重大历史事件。这是以毛泽东为代表的中国共产党人在二三十年代克服党内"左"、右倾机会主义错误，把马克思主义普遍真理同中国革命具体实践结合起来，开创了坚持革命武装斗争，以农村包围城市、最后夺取全国政权的革命道路的结果。

1947年9月，苏联、南斯拉夫、波兰、匈牙利、捷克斯洛伐克、罗马尼亚、保加利亚、法国、意大利等欧洲9国共产党和工人党的代表举行会议，成立欧洲共产党和工人党情报局。它存在8年多时间，于1956年4月解散。在它活动期间，苏、南两党冲突占据了显著地位。1948年6月、1949年11月，情报局两次作出决议，谴责南斯拉夫共产党和以 J. B. 铁托为首的南共领导。这两个决议引起连锁反应，一些国家党内相继开展反对所谓"铁托分子"的斗争。历史证明，这些决议和斗争都是错误的。

20世纪上半叶，国际共产主义运动处于蓬勃发展和日益壮大的历史时期。到1949年，全世界已有七十多个国家建立了共产党，有党员两千多万人。在一些资本主义国家中，共产党成为本国政治生活中举足轻重的强大力量。尤其重要的是社会主义越出一国范围，在一系列国家取得了胜利。

三　独立自主地探索前进的道路

20世纪下半叶，世界形势发生新的深刻变化。当代资本主义与社会主义两种制度在斗争和竞争中共处；随着新的科学技术革命的兴起和社会生产力水平大幅度提高，在各自的发展中出现新的历史特点。国际共产主义运动经过反思、探索，在克服个人崇拜和思想僵化，确立各党独立自主、完全平等的基础上，适应历史潮流，在不平坦的道路上继续前进。

1. 世界历史新的课题　和平与发展是当代世界历史两大主题。经过激烈的"冷战"以及多次局部战争和武装冲突，在世界范围内，不同社会制度的国家进入不稳定的和平共处局面。在国际关系上出现新的战略格局。北大西洋公约组织和华沙条约组织两个军事集团互相对峙。军备竞赛和霸权主义给许多国家和地区的和平生活造成严重损害或带来威胁。在世界各地,各种形式的战争连绵不断。维护和平,防止新的世界战争,成为各国人民共同关心的首要问题。第二次世界大战后,特别是1955年万隆亚非会议以后民族解放运动的高涨,导致亚洲、非洲、拉丁美洲、大洋洲一系列国家的独立和第三世界的崛起。不结盟运动在世界政治中的地位日益加强。发展经济,摆脱贫困和落后状态,是摆在广大发展中国家面前最为紧迫的任务。

当代新的科学技术革命和国际经济联系的扩大,向世界各国提出新的挑战。20世纪50年代后期以来,在发达的资本主义国家,社会生产力的水平有很大提高,国家垄断资本主义普遍发展,社会结构、阶级结构发生相应变化,向资本主义国家的共产主义运动提出一系列迫切需要解决的问题。在社会主义国家,在经济建设继续取得巨大成就的同时,也逐步暴露出社会主义民主和法制的不健全以及经济政治体制的不完善,与社会主义事业的发展不相适应的情况。60年代以后,以微电子技术为主要标志的新的科学技术革命蓬勃展开,开始带来社会生产力新的飞跃。能否适应变化了的新的形势,正确解决新的历史课题,再一次成为国际共产主义运动能否继续胜利前进的关键所在。

2. 批判个人崇拜　1953年3月斯大林逝世后,苏联共产党陆续采取措施开始纠正斯大林的某些错误。1956年2月25日,苏联共产党第20次代表大会闭幕前夕,H. C. 赫鲁晓夫就批判斯大林问题作了《关于个人崇拜及其后果》的秘密报告。同年6月,美国《纽约时报》将这个秘密报告公之于众,在全世界引起极大的震动。帝国主义和各国反动派借机掀起了一股反苏反共浪潮。各国共产党对此发表了大量文件和评论,总的认为,纠正斯大林的错误，消除对他的个人崇拜，是有利于苏共和国际共产主义运动解放思想、破除迷信，克服教条主义和思想僵化的积极步骤。但是，在对斯大林功过的评价、错误的根源和批评斯大林的方式等方面却存在着严重分歧。在国际共产主义运动中，在各国共产党之间的关系上出现了裂痕。

国际共产主义运动的历史表明，纠正斯大林错误的影响，克服个人崇拜，是个长期而曲折的过程。50 年代对斯大林所犯错误的批判有其深远的影响，同时也受到历史的和认识的局限，未能健康地深入发展。这一时期未能从理论上和党政领导体制上进一步探索和消除产生个人崇拜的环境及其根源，因而未能从根本上解决国际共产主义运动中的个人崇拜问题；同样，对斯大林所犯错误的认识和建设社会主义方针、路线的回顾，亦未能超越历史形成的既定模式。随着在实践中认识的逐步深化，各国共产党人在七八十年代先后把重新认识社会主义社会及其发展规律提上了日程。

3. 探索走向社会主义的道路　第二次世界大战结束前后，意大利和法国的共产党领导人曾指出意、法有可能通过与苏联不同的途径实现社会主义。1956 年 P. 陶里亚蒂提出"结构改革论"，认为用民主与和平方式对政治经济结构进行逐步改革，就能使意大利走上社会主义道路。70 年代，意大利、法国、西班牙等国共产党相继提出通向社会主义的道路不应只有一种固定的模式，必须根据本国的实际情况确定各自走向社会主义的道路；西欧发达的资本主义国家可以通过多元化与和平的民主方式，采取不同于苏联和其他社会主义国家的模式走向社会主义。它们的主张曾被称为"欧洲共产主义"。西欧其他一些共产主义政党，还有一些非欧洲的发达资本主义国家共产党，也表示赞成或者基本支持这些观点。

国际共产主义运动的历史表明，各国无产阶级实现自己的历史使命需要经历漫长的历史过程。没有革命的形势也就不可能有革命的胜利。迄今为止赢得胜利的无产阶级革命和无产阶级领导的人民民主革命，都与战争有密切联系，从根本上说，是资本主义进入帝国主义阶段陷于经济政治全面危机、各种基本矛盾极度尖锐化的结果。通常所说十月革命道路，其主要之点在于由无产阶级革命政党领导无产阶级和其他劳动人民，经过革命斗争从资产阶级手中取得政权，建立以工农联盟为基础的无产阶级专政，进行社会主义改造和社会主义建设。它反映了特定历史阶段无产阶级革命的规律。承认十月革命的历史地位并不妨碍或者限制各国共产党对于各自走向社会主义道路的探索。当今历史条件发生重大变化，发达资本主义国家通过自身调节，近几十年并未发生经济政治的全面危机，各国阶级结构和阶级关系出现许多新的因素，这些国家的共产党都在根据新的历史条件和本国的具体实际，确定各自走向社会主义的各个阶段的斗争任务和战略目标。

4. 社会主义国家的改革　50 年代以来，社会主义国家的共产党为探索建设社会主义的有效途径，实行了一系列经济政治体制改革，以逐步完善社会主义经济制度和政治制度。50 年代初，在 J. B. 铁托领导下，南斯拉夫共产主义者联盟在南斯拉夫实行工人自治，并在此基础上于 60 年代中期扩展为整个政治经济和社会发展的社会主义自治制度。苏联共产党从 50 年代开始对政治和经济体制作过某些改革的探索，60 年代曾经推行过新的经济体制。匈牙利在 60 年代开始实行经济改革，包括计划制度、经济调节制度和经济管理体制等方面的改革。

七八十年代，越来越多的社会主义国家的共产党相继在不同程度上采取不同方式开始进行经济政治体制改革。M. C. 戈尔巴乔夫就任苏共中央总书记以后，于 1985 年苏共中央四月全会上提出加速社会经济发展的战略方针。1986 年苏共第 27 次代表大会要求创造和革新，反对僵化思想和教条主义，决定对经济体制进行根本改革，并指出政治体制改革是经济体制改革的根本保证。1987 年苏共中央先后提出社会生活全面民主化的纲领和经济体制改革的根本纲领。1988 年改革进入实施业已制定的方针和纲领阶段，扩及到各个领域。在意识形态方面，强调打破旧观念，提倡"新思维"。

中国共产党在 1978 年 12 月十一届三中全会之后，重新确立了马克思列宁主义的正确路线，从各方面彻底纠正过去"左"的错误。这条路线是以经济建设为中心，坚持两个基本点：一是坚持四项基本原则，即坚持社会主义道路、人民民主专政，共产党的领导和马克思列宁主义、毛泽东思想，一是坚持改革、开放、搞活的方针。中国人民在中国共产党领导下，遵循十一届三中全会路线，开始探索建设具有中国特色的社会主义的道路。1980 年起，在全国农村逐步推行以家庭联产承包责任制为内容的经济改革。1984 年起，在城市开展以增强企业活力为中心、采取多种承包经营形式的经济体制改革。与此同时，也相应地进行政治体制改革。经济和政治体制改革进一步解放了生产力，促进了国民经济发展，80 年代国民生产总值翻了一番，人民生活明显改善。1989 年十三届五中全会作出进一步治理整顿和深化改革的决定，以克服经济建设中遇到的暂时困难，实现国民经济持续、稳定、协调发展。

在中国，改革开放是社会主义制度的自我完善。社会主义经济是建立在公有制基础上的有计划的商品经济。在经济体制改革中，坚持以公有制为主体发展多种经济成分，坚持计划经济与市场调节相结合。民主与法制建设也在继续沿着社会主义的方向，有领导有秩序地逐步进行。在努力发展物质文明的同时，切实抓好精神文明建设。坚持把教育放在优先发展的战略地位，把经济发展逐步转到依靠科技进步的轨道上来。

国际共产主义运动的历史经验表明，社会主义国家的社会主义建设必须有正确的理论指导。社会主义社会是一个很长的历史阶段。建设社会主义根本的和首要的任务就是发展社会生产力，创造比资本主义更高的劳动生产率。对于取得革命胜利而又经济不发达的社会主义国家来说，建设先进的物质技术基础，发展社会主义的商品经济，是一个不可逾越的历史阶段。任何"超越"历史阶段的做法，必然要在实践中碰壁，并带来消极后果。1987年，中国共产党明确指出中国处于社会主义初级阶段，以此作为一切工作的根本出发点。苏联共产党对本国所处历史阶段的认识也经历了一个不断变化的过程。随之，有关社会主义社会的各种理论问题，如社会主义生产方式的内部矛盾、社会主义的商品货币关系、社会主义所有制的形式、社会主义自治等等，在理论界展开深入的探讨。

由于历史的原因，社会主义各国的经济建设大多沿袭苏联二三十年代形成而在四五十年代固定化的模式。它的主要内容是实行优先发展重工业的工业化方针，生产资料以全民所有制（即国家所有制）和集体所有制两种形式实行最大限度的公有化，高度集中的领导管理体制和单一指令性计划为中心的计划经济，以及以党代政等。当苏联作为唯一的社会主义国家处在资本主义包围之中而又面对严重的战争威胁之时，苏联建设社会主义的模式在历史上曾起了积极的作用。它以较短的时间基本实现国家工业化，增强了苏联的国力。但它同时存在着许多弊端，妨碍着社会生产力的迅速发展。进行社会主义建设，必须根据本国的实际情况和新的历史条件，创造性地运用和发展马克思主义，消除多年沿袭的原有体制的弊端，制定相应的有效的社会经济发展战略，探索新的途径和方法。

社会主义是一种富有活力的、开放的社会形态，应该引进发达国家的先进的科学技术，吸收、借鉴资本主义的有益的管理经验。逐步健全和完善社会主义民主和法制的建设，真正做到人民当家作主，广泛参加国家事务，充分行使民主权利，对各级领导人和公职人员实行切实有效的监督。只有充分调动和利用各方面的积极因素，才能保证改革事业的顺利进展。社会主义国家必须通过改革来迎接新的科学技术革命的挑战，并以改革的成果来证明社会主义制度的优越。

5. 各国党确立正常的相互关系　当代国际共产主义运动另一个显著特点是各国共产党之间在确立相互平等的正常关系方面取得了进展。40 年代共产党和工人党情报局错误地对待南斯拉夫共产党，根本原因之一就是斯大林不能容忍以铁托为首的南共领导坚持独立自主和平等原则。50 年代，国际共产主义运动在批判斯大林的错误、当代争取和平与社会主义的斗争以及各国共产党的相互关系方面出现严重分歧。1957 年 11 月 14—16 日。在莫斯科举行 12 个社会主义国家共产党和工人党代表会议，通过并发表《社会主义国家共产党和工人党代表会议宣言》（即《莫斯科宣言》）；16—19 日，64 个党的代表会议通过并公布《和平宣言》。1960 年 11 月，81 个共产党和工人党代表在莫斯科举行会议，通过并发表《各国共产党和工人党代表会议声明》（即《莫斯科声明》）。这些会议的召开和文件的制定是各国共产党谋求消除分歧、维护团结所作努力的体现。由于未能恪守各党独立自主、完全平等、互相尊重、互不干涉内部事务的共产党相互关系的基本准则，维护团结的努力未能达到预期的目的。1961年 10 月苏共第 22 次代表大会之后，国际共产主义运动的内部分歧公开化。随之开始了一场关于国际共产主义运动总路线的大论战，国际共产主义运动陷于分裂。

六七十年代，西欧一些共产党多次强调，在国际共产主义运动中不存在任何"领袖党"、"领导中心"，反对任何党把自己的政治路线强加于人，反对任何重建新的国际中心组织的建议。主张各党应有选择本国走向社会主义道路的自由，一切不同观点的讨论必须建立在平等和相互尊重的基础之上，反对强加于人，反对以"无产阶级国际主义"的名义压制别国党，指挥别国党为自己的战略需要和外交斗争服务。中国共产党历来认为，各国共产党之间的关系，应该建立在马克思列宁主义和无产阶级国际主义的基础之上，遵循独立自主、完全平等、相互尊重、互不干涉内部事务的原则。各国共产党之间在政治上、道义上相互支持，相互援助；在组织上各自独立。每一个党各自对本国的革命事业负责，不需要别人指手画脚。从70年代末期以来，经过有关方面的共同努力，各国共产党之间的关系有所恢复和加强，在新的基础上增进友谊与往来。1989年5月苏共中央总书记戈尔巴乔夫访问中国，两国领导人举行高级会晤，两国两党实现关系正常化。

一个半世纪以来，国际共产主义运动走过了既有无数成功和胜利，又有严重失误和挫折的发展道路。截至1985年，全世界已有110个共产主义政党，8000多万党员。尽管在前进的道路上仍会遇到曲折和反复，国际共产主义运动必定能够克服各种困难，解决历史提出的新课题，不断取得新的胜利。

努力开创我国世界史研究的新局面[*]

　　中国共产党第十二次全国代表大会号召全党和全国各族人民，全面开创我国社会主义现代化建设的新局面。我们世界史工作者，作为思想理论战线的成员、发展我国世界史学科的主力，理所当然地要为开创我国世界史研究的新局面而努力。

　　近一年来，在确定我国第六个五年计划期间世界史研究的重点项目的时候，以及目前正在酝酿的如何制定第七个五年计划期间世界史学科发展规划的过程中，我曾有机会向从事世界史研究的许多老专家，老学者请教，也向许多中青年世界史工作者请教，对如何开创我国世界史研究的新局面，听到很多精辟的见解，不少好的建议，得益匪浅。集中起来说，我们开创新局面，就是要进一步明确世界史学科建设的指导思想，围绕一个能够有力促进世界史研究各个领域较快发展的共同奋斗目标，抓紧通过科研实践锻炼壮大世界史研究的队伍，愈来愈多地向国家和人民提供有益于社会主义建设事业的较高质量的科研成果，力求做到在本世纪之内逐步形成世界史研究的马克思主义的中国学派。我

---

　　* 原载《世界史研究动态》1983 年第 11 期。

认为，应该把这方面的若干想法向全国的世界史同行、世界史爱好者和热心支持世界史学科的同志们提出来，让大家在更大的范围内充分地进行讨论，以期得到内容更为丰富，做法更加切合实际的共同认识，真正有利于世界史学科的繁荣，推动世界史研究的深入发展。

一　世界史研究也要具有中国特色

开创我国世界史研究的新局面，首要的问题是指导思想明确。其中关键在于我们的世界史研究也要具有中国特色。这个问题需要另作专门的论述。我在这里只列举一些要点。有些提法，在交换意见的过程中还有不同的看法，有待于进一步讨论。

具有中国特色的世界史研究，我认为应该是与中国在世界历史上的地位相适应的、切合我国社会主义建设需要的、在研究目的、课题、方法和形式上具有中国独特风格的科学工作。它大致包括下述要点。

第一，坚持以马克思列宁主义、毛泽东思想为指南，应用历史唯物主义的基本原理，研究世界范围内人类社会发展的历史进程，各种社会历史现象及其相互联系，评价具有世界影响的历史事件和历史人物，探索历史发展的规律。注重在充分占有史料的基础上进行创造性的理论分析和概括，重视史学理论的作用，批判和反对历史唯心主义。

第二，坚持理论联系实际的学风，注重世界史研究为我国的社会主义现代化建设服务，为社会主义物质文明和精神文明的建设服务。解放思想，实事求是，敢于触及世界历史发展中的新现象、新课题，从历史科学的角度对世界历史的新发展作出正确的阐述和分析；勇于开拓对我国社会主义建设事业具有重大借鉴作用的新的研究领域和课题，对以往已有成说和定论的课题，在收集新的史料、进行深入研究的基础上，严肃审慎地进行再探讨。

第三，把握世界历史发展的全局，注重宏观历史现象的研究。重视从世界历史演变的总体上，科学评价不同历史时期对世界历史发展有过重大影响的历史运动、各国各民族的历史地位和作用；充分而又符合实际地评述中国在世界历史发展不同时期的地位和作用，评述亚洲、非洲、拉丁美洲广大地区和各个国家及其人民在世界历史发展不同时期的地位和作用；批判"欧洲中心论"和一切不符合客观历史实际的宣扬白种人优越的谬论。

第四，把握历史发展具有规律性及其形式呈现多样性的统一，把握历史科学所要求的具体性和综合性的特点，力求多方面多层次地描述人类社会由低级向高级发展的历史运动。经过科学研究再现的历史，应该既揭示社会历史现象的本质及其发展规律，又能反映出人类社会生活的日益丰富和绚丽多彩。

第五，从中国的客观实际出发，立足于我国世界史学科的现有基础，确定切合我国国情的建设世界史学科的方针。无论史料的积累、史学情报的来源、史学论著的发表，还是研究人员的数量、人才成长的途径、研究的经费等等，我国与若干经济文化发达的国家相比有许多不利因素，不能照搬照抄他人进行世界史研究通常习用的做法。在根据实际可能逐年增购图书资料、增添研究人员、增设研究机构，扩大对外学术交流的同时，充分发扬我们的有利因素，加强研究工作的计划性，依靠社会主义的协作，统筹兼顾，组织重点课题的攻关，坚持百家争鸣的方针，妥善处理提高与普及相互促进的关系。

第六，继承和发扬我国史学的优良传统，特别是老一辈马克思主义史学家勇于回答时代提出的历史课题的光荣革命传统。我国史学源远流长，历来重视历史经验的借鉴作用，强调信史，开拓史学的广泛领域和多种体裁，非常注意记述评价人物，善于透过人物的活动描写历史事件的进程，都可以在新的历史条件下批判地继承，在世界史领域内适当应用，发扬光大。

世界史研究要具有中国特色，究竟应该包含哪些内容，如何表述，亟待集思广益，以便在发展世界史学科的指导思想上进一步明确起来。

与此同时，我们还要防止和清除精神污染、克服其他一些错误的倾向。过去"左"倾思想束缚下存在的思想僵化、半僵化的教条主义倾向，在世界史领域中还没有完全摆脱，史学研究中的实用主义态度也会不自觉地在某些成果中表露出来；另一方面，持有不很赞成历史为现实服务的观点，忽视社会主义现代化建设中提出的重大历史课题，避开当代世界现实生活中出现的新的历史现象，只埋头于偏僻生冷或者有相当"安全系数"的老课题者，也不乏其人；还有些人则在不同程度上表现出轻视或者低估马克思主义对世界史研究的指导作用。对这样一些倾向，我们应当经过讨论，加以引导，予以纠正。

我认为有必要重申历史科学的阶级性。迄今为止，就世界范围来说，还处于有阶级的社会历史阶段。国际间的阶级斗争，许多国家国内的阶级斗争，仍然是相当激烈的。即使在消灭了剥削阶级的社会主义国家，阶级斗争依然存在。这种阶级斗争的现象不可能不在我国的各个社会领域中反映出来。从古到今，所有关于人类社会历史发展的文字记载，都不能不带上各个不同阶级的印记。尽管我们不应该简单化地把一切社会现象都归之于阶级斗争，尽管我们力求扩大历史科学所要研究的领域，在历史研究中多层次地反映出无限丰富的社会生活，但无可否认，分析阶级状况和阶级关系的演变，仍然应该是我们研究社会历史发展的主要线索。对马克思主义的世界史工作者来说，肩负着继续同各种反马克思主义的、资产阶级的错误思潮作斗争的严重任务。我们必须系统了解外国有关世界史研究的动向，善于鉴别哪些是我们可以利用或吸取的新的史料、方法和成果，哪些又是我们必须予以反对和批驳的错误观点。我国的世界史学科只有在同各种"左"的和右的倾向，同各种反马克思主义的、资产阶级的错误思潮的斗争中得到锻炼，才能获得真正可靠的发展。

二　要有发展世界史学科的共同奋斗目标

开创世界史研究的新局面，要有一个能够吸引和激励全国世界史工作者为之奋斗的本学科发展的共同目标，并且通过切实有效的步骤，把日益众多的世界史工作者组织到这样一项战斗任务中来。

五年以前，刚刚粉碎"四人帮"以后不久，主管思想理论战线的几位领导同志曾先后建议世界史学科撰写以马克思列宁主义、毛泽东思想为指导的、具有中国特色的多卷本世界通史，以此作为世界史学科建设的方向性的任务。现在，关于世界通史的研究，已列入我国第六个五年计划哲学社会科学的国家重点项目，要求在 1985 年底以前，开始取得一批阶段性的成果。我们全国的世界史工作者都有责任经过各种不同的渠道，采用各种不同的方式，为实现本学科发展具有重大战略意义的任务而尽自己的一份力量。

曾经有不少同志对我国是否具备撰写多卷本世界通史的现实条件表示怀疑，持有这种意见，自有一定的道理。五年时间过去了，仍然有些同志对此实际上有所怀疑，持有这种意见也不无道理。再过五年又怎么样呢？也许仍然有人有所保留，而且能说出一番道理。问题是怎样才算、才能具备必要的条件？我们是不是应该积极努力使之逐步具备？为什么不可以把当前正在进行的各个重要科研项目和学科建设工作自觉地纳入编撰世界通史的宏大计划之内，把它们看作是准备编撰世界通史的先行步骤呢？

看来需要对编撰世界通史在完成世界史研究为社会主义事业服务的历史使命、推动世界史学科建设方面的作用和意义，深入地交换意见。

我国已经有了一部通常称之为周、吴本的四卷本《世界通史》，以及其他一些简明的世界史。它们各自起过并且还在发挥着一定的作用。现在所说的多卷本世界通史，意味着希望它具有更大的规模、更多的容量、较高的学术价值、较大的社会影响。它将是我国世界史学科多年积累和新近突破的科研成就的总结，标志着我国世界史研究所达到的新的高度。这就向它提出了一些应该尽力较好地实现的要求。

它要对世界历史从总体上进行系统的考察，详尽地阐述"世界的历史发展成为世界历史的那种从无数涓涓细流汇合成为长江大河汹涌澎湃一泻千里的历史过程"[①]，剖析相继卷入世界历史发展主流的各个民族、各个地区、各种社会历史因素的相互影响和相互作用，由此科学地论证世界历史发展的根本规律，以及各个不同社会形态、不同历史阶段、不同地区、不同领域历史发展的各自不同的具体规律。这就促使我们在世界史学科的建设上必须注意争取获得大致匀称的发展，填补亟须填补的空白，加强亟待加强的薄弱环节，既注重深入贯穿古今的纵向的研究，又要强调开展各种历史现象互为因果的横向的研究。

它要对世界历史发展的全过程进行多方面多层次的探讨，既

---

① 这是吴于廑同志引证马克思、恩格斯论断所作的形象描述，我记其大意而引用之。

要说明生产力与生产关系之间、经济基础与上层建筑之间相互矛盾的社会历史运动的变迁，又要揭示经济、政治、军事、外交、思想、文化、科学、技术诸领域中的渊源和变革及其对世界历史的影响，还要记述评价对世界历史进程或者世界各个重要地区不同时期的发展发生过不同程度影响的历史事件、历史人物，乃至史前遗迹、考古发现、历史地理、典章制度、社会思潮、经典著述、艺术杰作、重要发明等等。总之，研究的对象是一个包罗万象的系列。这就促使我们去努力开拓世界史研究的课题和领域，寻求加强与各兄弟学科之间交流和协作的形式，促进多学科的综合研究。

它要做到科学性与战斗性的有机统一，尤其要敢于研究新的历史现象，回答时代提出的新的历史课题。诸如新的科技革命所带来的社会生产力的飞跃变化及其对于世界历史的影响，国家垄断资本主义的历史发展和它的经济政治多种形式以及它对资本主义世界危机发生的作用和影响，世界从资本主义向社会主义过渡所走过的曲折道路以及历史上社会主义建设各种模式的形成，战后时期国际共产主义运动和工人运动的新发展和各种新的思潮、派别的出现，亚洲、非洲、拉丁美洲各国争取独立和发展经济的不同道路以及它们在国际经济政治关系中的地位和作用的历史变迁，两次世界大战的起因、性质、特点、结局以及它们对于人类维护世界和平事业所提供的历史教训，等等。必须在辨别和批判各种错误倾向、各种反马克思主义谬说的条件下交出试卷。这就促使我们要注意研究分析国内外有代表性的新观点、新著作、新动向、新流派，大力提高我们本身的马克思主义理论素养。

它要有丰富的史料、严谨的论断、合理的结构，宏大的气魄，说到底，它应该在世界上独树一帜，自成体系。这就促使我们既要依靠现有老一辈的学者和中年科研骨干力量，又要以最大的热情加紧培养年轻一代世界史工作者，由老中青三代同心同德、通力合作、长期努力，共同完成这个我国前所未有的世界史学科建设的大工程。

也许是我冒昧狂言，这样一部多卷本的世界通史完成之时，应该可以说是世界历史研究的中国学派形成之日。我们有一切理由在本世纪之内迎接这个时刻的到来，而没有理由把它移交给下一个世纪的中国世界史工作者。

为着不致徒托空言，或者虽然成书却不过是旧版扩充，我们有必要抓紧做好一系列的准备工作：

第一，在1985年底以前完成学科建设的三套工具书，即两册约250万字的《中国大百科全书·外国历史》卷脱稿，八册约400万字的《外国历史大事集》付印，八册约350万字的《外国历史名人传》出齐。这就从世界史和地区、国别史概述，历史事件，历史人物三个方面为编撰世界通史作了打基础的准备工作。

第二，世界史学科各研究会、学会原已计划或拟议汇编的基本史料应及早兑现。我们学科现有14个全国性的研究会、学会，两个研究会筹备机构，两个正在酝酿成立的研究会。既有各个断代的，又有在世界历史上占有重要地位的国别和地区的，也有重要专史的专业学术团体。其中大部分都有过编纂翻译各自专业范围的基本史料和有代表性的学术著作的计划。如果不是纸上谈兵，而是真正做些切实的工作，理应在三五年内有一个可观的收获。

第三，陆续组织撰写在世界历史上占有重要地位的国别史、地区史、专史。近几年来，我国已相继编撰出版了一批世界史的教科书和学术专著。在第六个五年计划期间列为社会科学国家重点项目的国别史、专史和文集，有约150万字的六卷本《美国通史》、约 80 万字的两卷本《苏联史纲（1917—1937）》、《第二次世界大战的起源》、《欧洲史前史》、《古代城邦问题研究》、《亚欧封建制比较研究》以及周边国家史研究的专著和史料，共十个项目。现正酝酿组织的项目，有《日本通史》、《拉丁美洲通史》、《世界反法西斯战争史》、《中东近现代史》，法国的断代史，等等。其中一部分可望争取列入国家重点项目，其余的可以分别列入各省、市、各院校等各级科研发展规划。还有一批目前正在撰写或业已确定的项目，如一卷本的《非洲通史》、《英国史》、《俄国史》、《德国简史》、《阿拉伯文化史》、《埃及近代史》、《日本史》、《明治维新史》以及两卷本的《世界现代史》等等，有些列入教育部的教材规划，有些已与出版社商定交稿时间，需要具体落实如期完成。此外，还有一些重要的国别史、地区史、专史有待逐一商定，如印度的断代史、东南亚史、国际关系史，等等。

有些研究会与出版机构，已确定出版以中级读物或普及读物为主的专业丛书。如美国史研究会的《美国现代史丛书》，二战史研究会的《二战史丛书》，属于中级读物性质；商务印书馆的《外国历史小丛书》，重庆出版社的《外国史知识丛书》，属于普及读物。无论中级读物或普及读物，由于它们需要有一定程度的研究，收集有关的史料，而且能锻炼世界史工作者，扩大世界史的影响，都可以认为是有助于世界通史的编撰。

第四，最要紧的准备是广泛深入地开展世界史领域的专题研究。专题研究的广度和深度，将在很大程度上决定世界通史学术水平的高低。我们现在的世界史研究，有不少课题和成果在史料和观点方面都还显得比较陈旧。学术上的陈旧实在是一种致命伤。随着新的科技革命和世界历史的演变，随着我国社会主义现代化建设事业的不断进展，许许多多具有重大现实意义的新的历史课题一个一个涌现在我们的面前。例如，社会经济史方面就有很多值得深入探讨的课题，弄清它们将大大有助于理解其他历史现象，能够获得更加深刻的认识。在文化史方面也是如此。我们不能抱残守缺，而应扩大视野，具有理论勇气，在坚持四项基本原则的前提下，提倡敢想敢说敢写。不具备这样的品格，不可能成为一个合格的科研工作者，即使编写出一部书，也不一定称得起，学术著作。

开展专题研究，包括对于史学理论的专题研究。今年世界历史所召开了史学理论座谈会；与兄弟单位合作，举办了史学理论讲座；明春将在武汉举行史学理论的学术讨论会，还要编选史学理论的论文集，印行史学理论讲座的讲稿。这些只是刚刚起步，期望引起全国同行的重视。

第五，在进行上述各项准备工作同时，从明年起，需要就世界通史的指导思想、学术体系、规模、凡例等有关编撰事项，在本学科各种会议和刊物上开展讨论，各抒己见，互相启发，以期获得最优选择。要按断代举行一些小型工作会议，归纳意见，提出方案。在此基础上再成立编委会筹备机构，确定如何着手编撰工作。先做事，后立庙，而不宜先请"菩萨"。有必要在筹备机构的主持下，组成一些专业小组，对世界上某些具有代表性的世界通史著作进行学术分析，研究其特点，比较其优劣，吸取其长处，避免其短处。

我认为，正式主持编撰工作的编委会（也许还需要有断代的分编委会），以及各卷主编，都应该是真正实际主持此项编撰工作的人。各卷实行主编负责制，由主编选择参加本卷写作和其他工作的成员，向编委会提名。现在有些学术机构，团体或会议，名誉职太多，挂名者太多。在特定情况下，这些做法有其必要性。如今竞相效法，我看不算好风气。个别人争名逐利，热衷于谋求头面人物的位置，有悖学者风度。

编写队伍的组成需要进行大量的工作。总的来说，宜于在研究世界史的老前辈、老学者指导之下，由众望所归、造诣精深而又精力充沛的一些老先生抓总，以具有相当学术成就的中年学者为主力，团结尽可能多的优秀中青年科研骨干来参与其事。期望经过三年至五年的艰苦工作，到我国第七个五年计划后期，真正进入各卷相继开始撰写的阶段。

我所以着重说明编撰世界通史及其准备工作，是因为当前正在或将要进行的各个世界史研究项目都可以包容在世界通史的总题目之下，它需要全国世界史工作者的广泛参与，它的完成对于提高我国世界史学科的水平具有极大的重要性。但这绝不意味着它是我们开创世界史研究新局面的唯一内容或者唯一标志。无论是世界史研究为现实服务，还是同国内外的错误倾向和反马克思主义的思潮作斗争，我们都需要大量的有强烈针对性的短篇论著和文章，它们将更加紧密地结合实际，更加切合时宜，产生更为广泛的社会影响。尤其是对国内外学术动态的收集、分析和整理，应看作是我们吸取世界上一切先进成果、了解错误的以至反动的观点及其得以产生的背景和危害、能够击中要害地对其进行批判的重要条件。这需要我们及早加强这方面的工作。

开创世界史研究新局面还有一项迫切的任务，就是要根据历史科学的特点，善于选择与我们党和国家现时期的基本政治主张相关联的课题，从世界史的角度，在历史和理论方面作出详尽的阐述，发挥历史对现实的教育借鉴作用。我们不能因为过去有过许多不适当的、不符合历史实际的做法，而忽略甚至不屑去做应该努力做好的事情。只要是实事求是的科学研究，不是按照主观需要按图索骥，任意涂改历史，而是力求如实地阐明历史事实，揭示其本质和规律，总结应该吸取的历史教训，从而打开人们的眼界，启发人们的思想，那么，这种工作在什么时候都是非常需要的。在当前的历史转折时期，这样的工作只能是愈多愈好。

三 要有一股艰苦奋斗的创业精神

邓小平同志把"要有一股艰苦奋斗的创业精神"作为我国实现四个现代化任务必须具备的四个前提之一，要求我们"老老实实地艰苦创业"。的确是这样。我们要开创世界史研究的新局面，如果没有艰苦奋斗的创业精神，没有一股勇于实践、积极进取的劲头，没有百折不挠、坚持不懈的毅力，那显然是不可能的。

对这一点，在原则上，似乎不会有什么争议。然而，在实际工作中，当我们讨论科研计划、酝酿重点课题、组织集体项目的时候，就会听到两种很不相同的意见。一种意见偏重于强调主客观方面的困难和不利条件。例如说，世界史学科的基础太差、资料太缺、人力太少，仅有的一些科研人员也由于十年动乱而业务荒疏。在他们看来，确定重点课题和集体项目的条件很不成熟，应该"读书、进修、打基础"，而不能"仓促上马"。另一种意见承认上述列举的某些困难，同时认为对困难要作具体分析，要看到有利条件，强调应该实践，而不能无所作为，脱离现实生活去埋头提高。他们主张边干边学，在实践中锻炼提高。

这种争论，属于如何搞好世界史研究工作的不同见解。有些看法是双方共同具有的认识，但它终究表明，发展世界史学科，培养世界史人材，可以有两种不同的态度，两种不同的做法。前者往往把困难看得太重，而对应该如何克服困难想得不够，精神上老是不能摆脱被动的、信心不足的状态。如果对学科建设的这个重大问题长时间不能求得统一的认识，将会或多或少影响到我们去努力开创新局面。

事实上分歧的实质，并不在于要不要读书、进修、打基础，而是把它们放在什么位置，怎样估计科研实践对于改变世界史研究的落后面貌、培养提高科研人员的作用。科研人员一定要搞课题研究，否则就不是名副其实的科研人员。抓课题研究，毫无疑问，首先必须占有材料，阅读有关的文献著作。只有从事课题研究，才能真正消化看到的东西，整理分析所掌握的史料，在前人、他人研究的基础上，提出自己的独特见解。读书、进修、打基础，在这里，都是科研实践中的某些环节或者必备条件。如果离开科研实践的主要内容——课题研究，缺乏明确的目的性去读书进修，不仅事倍功半，很可能将一事无成。

我们要改变世界史基础薄弱的状况，提高科研队伍的素质，根本的出路是要通过科研实践来解决。搞课题研究才能多出成果。成果的形式将是多种多样的，而课题研究则是一切著述的基础。搞课题研究才能多出人才。如果离开科研实践，出了人才也不会是科研人才。我们目前最大的困难还是人手太少，因而有很多缺门和空白。抓紧培养人才成为当务之急。一方面争取多招一些研究生，扩大科研人员的后备来源；另一方面，对现有科研人员最重要、最切实有效的培养，就是认真帮助他们搞好课题研究。

开展课题研究，就整个学科而言，确有许多课题目前缺乏必要的人力和资料，难以立即进行。但是，从各个断代、各个地区、各个专题领域来说，毕竟还有不少重要课题，有人各自分散地在进行研究。如果组织社会主义的协作，就能形成一股力量。事实证明，有些亟待开展的重要课题，经过几年努力，把相同或相近领域课题的研究者聚集起来，形成一个拳头，不仅有现实的可能，而且有希望取得某些突破。

就每一个大过程来看，无不是在实践中边干边学边提高的。干革命，决不可能先学会如何革命再去实践，而要在革命实践中学会如何革命。搞四化，也不能等我们先学会如何搞四化再来建设，而是要在建设实践中学会如何搞好四化。同理，从事世界史研究，也不可能脱离科研实践，先去学会怎么搞好科研再来确定课题，而是要在一个一个课题研究中边干边学，逐步提高。何况一般来说，科研人员是在完成高等学校或研究生学习阶段之后才到科研岗位上来的。如果经过相当一段时间的实践，证明确实难以胜任课题研究任务，那么及早调整工作，对国家对本人都会更好些。另一方面，我们同时承认，就一件一件事情（包括建设工程、科研课题，等等）来说，还是要先学后干。即先要掌握必需的知识和资料，比较确定方案，然后进入其他步骤，不能草率从事。这也说明，必须把所说的读书、进修、打基础看作是科研实践的有机组成部分，不应该把它与课题研究对立起来。

毋庸讳言，由于"左"的指导思想的影响，我们许多科研人员长时间业务荒疏，一时难以取得很有分量的科研成果。对此要实事求是，而不应该畏缩不前，眼高手低。认识有待于在实践中深化。研究免不了经历由浅入深，由低到高的过程。在科研实践中，才能体会个中甘苦，越过一道一道难关。整个学科的成果多了，相互启发交流和学术讨论多了，我们就有可能在丰收的基础上取得高水平的果实。

总之，开展世界史研究不能从个人的狭小眼界看待它，要从开创社会主义现代化建设新局面，从建设社会主义精神文明，提高中华民族的科学文化水平出发想问题。要时刻想到国家和人民的需要，社会科学事业发展的需要。形势逼人，我们应有重任在身的紧迫感。办不到的事情硬要去办，必然要碰钉子。经过努力能够办到的事不去办，那就是我们对国家和人民没有尽到自己的责任。

艰苦奋斗的创业精神还表现在能够时刻想到我们的国家还很贫穷，要善于从现实条件出发积极解决诸如资料缺乏这样一些困难问题。我国百端待举，财力有限。我们搞世界史也要会过穷日子。毫无疑问，我们应该利用各种可能，多方设法开辟渠道，从国外引进世界史研究必需的文献史料、学术专著以及有关的专业书刊。但这同样有取得最大效益的问题。近年进口的图书，有些并无多少学术价值，有些重复进口，浪费了宝贵的外汇。需要适当筹划，互通消息，合理分工，以求购得更多种类图书。要协商一些可行的办法，加强信息交换和情报交流。如分类联合编制馆藏和所购书目，编辑资料索引、论文提要、史料汇编，便利复制，等等。已有的图书期刊亦需提高利用率，这不仅指加速周转，我们有些课题一经认真组织起来，就会发现不少有用的书籍资料长时间无人问津。

图书资料靠多年积累，逐步充实。要树立尊重图书资料工作人员的风气，克服轻视图书资料工作岗位的倾向。希望能涌现一批世界史研究的情报资料专家和图书管理专家，真正把自己的工作当作一项重要而崇高的事业，苦心经营、科学管理、勤于综合分析；既能对自己专业领域的国内外动向了如指掌，又有很高的史学和理论素养。这样，我们的研究工作就能大大推进一步。

我们深感图书资料不足，决不等于说连从事若干专题研究的最基本必备的资料都没有。有一些课题可以说几乎一无所有，但占有资料的丰富程度是相对而言的，更多的情况是只需要补齐某些最必需的资料不足问题，要在现有条件下看米下锅，量体裁衣。这就要艰苦奋斗。

有些同志时常谈到，搞世界史难度大，不易出成果，不受人重视，升职难，搞现代史又有风险。这样，有的原本是搞世界史的转到了中国史，甚至改了行。我们说艰苦奋斗的创业精神，就应该包括甘心坐冷板凳，愿意担风险，为了发展国家和人民需要的世界史学科而全心全意，贡献一切。这方面，有些老先生的榜样很值得学习。我们要埋头苦干，通过科研实践，以我们优异的科研成果和普及工作，使人们切身感到它们对社会主义现代化建设，尤其是社会主义精神文明的建设有所裨益，从而赢得各方面的"刮目相待"。同时，要学会大声疾呼，利用各种机会阐述和说明加强世界史研究、发展世界史学科的重要性，使各种不同对象的人们接受这方面的道理。

我们无须妄自菲薄。承认落后，又看到落后可以转化为先进。与西方一些资产阶级学者相比，我们有马克思主义理论指导的根本优势。与东方一些马克思主义学者相比，我们在克服教条主义，摆脱思想僵化，消除个人崇拜方面，现在有发展科学的很有利的条件，也不像某些人那样大国沙文主义根深蒂固。这些优势，对于保障世界史学科的建设的发展是至关重要的。经过艰苦奋斗，我们在世界史的总体研究和几个专业领域中居于世界先进行列，是完全可以实现的。

如何开创世界史研究的新局面，是摆在每一个世界史工作者面前的重大课题。它关系到我们学科能否兴旺发达、每个人对于社会主义现代化建设的贡献大小。我们设想，首先利用《世界史研究动态》这个阵地开展讨论，如何开创新局面，如何编纂多卷本世界通史，如何以马克思主义为指导更好地为现实服务，如何在这样的实践中创立具有中国特色的世界史学术体系。《世界历史》双月刊也将适当发表一些文章。欢迎世界史的同行和世界史的爱好者、支持者积极参与讨论，并对本文的不妥之处给予指正。

1980—1984年中国世界史研究的基本情况[*]

一

　　1980—1984年是中华人民共和国历史上光辉夺目的五年。1978年12月中国共产党历史性的十一届三中全会以后，随着社会主义现代化建设的开展，特别是农村和城市经济体制改革的逐步推行，全国的经济、政治生活呈现出前所未有的繁荣兴旺和生机蓬勃的景象。这种春意盎然的、鼓励人们锐意进取的气氛必然会在学术研究领域中反映出来。可以毫不夸大地说，最近五年是我国世界史研究工作由初步恢复进而获得可喜成果的时期。

　　近几年来世界史研究的发展是与"百家争鸣"方针重新得到贯彻分不开的。早在1956年，中国共产党就提出了这一发展科学事业的正确方针。"百家争鸣"就是允许并鼓励不同学派的不同学术见解的自由讨论。真理只有经过充分的探索，互相启

---

　　[*] 原载《第十六届国际历史科学大会中国学者论文集》，中华书局1985年版。本文系作者与陈之骅合著。

发，互相补充，才能认识得愈益深刻。各门科学，只有科学工作者生活在心情舒畅、不受拘束、足以进行创造性劳动的环境里才能取得令人满意的成绩。学术上的是非问题应该经过讨论而求得逐渐明确，要允许保留不同见解，而不允许压制不同观点。不能轻率地采取行政手段来对待学术问题，更不用说不应该把学术见解与政治倾向混同起来。在学术研究中，只要言之成理，持之有故，能成一家之言的见解都应得到尊重。至于其观点是否正确，能否为大多数同行所接受，那要通过实践的检验，由时间来作出回答。在这方面，既允许批评，也允许反批评，不能强求一致。正是由于"百家争鸣"这一正确方针在各种不同场合得到反复的阐述，并且得到切实的贯彻，我国的世界史研究才出现了明显的进展。

我国绝大多数世界史工作者都主张以马克思主义作为研究工作的指导思想。马克思主义的科学体系，历史唯物主义的基本原理，为研究工作提供了基本理论与方法。同时，我们不赞成把马克思主义理论当作一成不变的教条。世界在发展，时代在前进。人类创造历史的活动正在越来越扩展到许多新的领域，变得更加丰富而绚丽多彩。马克思主义也在随着时代的前进和经过人们的实践而日益深化和不断发展。近几年来，我们批评了过去存在的把各种历史现象及其发展规律简单化、绝对化，以及不从客观历史实际出发而凭主观臆断任意剪裁历史的教条主义倾向和实用主义倾向。我们一致认为，历史研究必须坚持实事求是，提倡解放思想，独立思考，进行创造性的探索，而决不应该满足于复述现成的答案，墨守陈规，因循旧说。这就要敢于触及和研究时代向历史科学提出的各种新课题，作出新的历史总结和理论概括；也要批判地审查以往的研究成果，在占有新的史料的基础上，对老课题得出新见解。

　　如同在其他领域中坚持实行开放政策一样，我们认为在学术领域同样必须面向世界。我们有责任吸取人类创造的一切优秀学术成果，有必要认真研究世界上一切有价值的历史资料，也十分需要与世界各国的同行频繁地进行多种形式的交往和学术讨论。只有创立这样一种开放型的、富有朝气和活力的世界史研究的风格，我们才能经过比较和鉴别，在消化和扬弃之中，在广阔的视野里，博采众长，取得更为丰硕的成果。

　　近年来，我国政府对发展历史科学给予了重要的支持，在中华人民共和国国务院制定的我国发展国民经济第六个五年计划（1981—1985）中，第一次专章列入社会科学的发展规划，其中就包括了历史学。在此期间，经批准作为国家重点科研项目的有三十三个，而属于世界史的达十项之多。此外，还有一批项目被列入各省、市、自治区和各部门的科学发展规划。

　　上述种种因素极大地调动了我国世界史工作者的积极性。令人欣慰的是，在 1980—1984 年这五年中，有近百部世界史的学术著作问世，其中既有断代史、国别史和地区史，也有各种专题史和人物传记。例如林志纯主编的《世界上古史纲》（共两卷，1979—1981 年，人民出版社）、朱寰主编的《世界中古史》（1981 年，吉林人民出版社）、林举岱等主编的《世界近代史》（1982 年，上海人民出版社）、黄绍湘的《美国通史简编》（1980 年增订版，人民出版社）、杨人梗的《非洲通史简编》（遗稿整理，1984 年，人民出版社）、李春辉的《拉丁美洲史稿》（共两卷，1983 年增订版，商务印书馆）、王治来的《中亚史》（第一卷，1980 年，中国社会科学出版社）、朱庭光主编的《巴黎公社史》（1982 年，中国社会科学出版社）、刘佩弦主编的《科学社会主义史纲》（1984 年，中国人民大学出版社）、朱贵生等编的《第二次世界大战史》（1982 年，人民出版社）、万峰的《日本近代史》（1981 年，中国社会科学出版社）和《日本资本主义史研究》（1984 午，湖南人民出版社）、李元明的《拿破仑评传》（1984 年，中国社会科学出版社）、王绳祖的《中英关系史论丛》（1981 年，人民出版社）、吴春秋的《俄国军事史略（1514—1917）》（1983 年，知识出版社），等等。据不完全的统计，五年内在全国性学术刊物上公开发表的重要学术论文达一百余篇。世界史研究和教学工作者还撰写和编选了一批供高等学校使用的教材和资料。

世界史研究工作的进展还表现在研究队伍的逐渐扩大，学术团体的大量涌现和学术活动的日趋活跃。近年来，全国增设了不少研究世界史的机构，如武汉大学的世界史研究所，其他一些高等学校建立的各个国别史、地区史、专题史研究室。有一批高等学校的毕业生和取得了硕士学位的研究生加入了世界史研究者的行列。到 1984 年底为止，世界史学科的全国性的研究会已有 15 个，共计会员约 2000 人。各研究会定期召开年会，进行各种专题性的学术讨论，还编辑出版论文集①和各类丛书②。1979 年创刊的全国性的定期学术刊物《世界历史》专门发表世界史的论文和研究资料，有时还举办不同规模的学术讨论会，促进了本学科的发展。

近年来我国世界史研究工作的开展有以下几个特点：

第一，与当前世界上新的技术革命所引起的各门学科大发展

---

① 三联书店陆续出版了一批由各研究会主编的论文集，其中有《德国史论文集》（1981 年）、《世界现代史论文集》（1982 年），《非洲史论文集》（1982 年）、《英国史论文集》（1982 年），《日本史论文集》（1982 年）、《美国史论文集》（1981—1983）（1983 年）、《法国史论文集》（1984），等等。

② 例如美国史研究会主编的《美国现代史丛书》已经出版两种；第二次世界大战史研究会主编的《第二次世界大战史丛书》，即将出版。

的潮流相一致，我国的世界史研究正在形成为一门独立的学科。它以世界范围的历史演变为研究对象，注重宏观的整体研究和比较研究。它要通过对于世界的历史发展具有一定影响的各种社会历史现象的研究，诸如社会经济发展，革命与改革、思想文化运动、科学技术突破、国际关系格局、民族迁徙和融合，以及重大的历史事件和著名人物、重要的典章制度和文献著述，等等，探索各个社会形态兴衰更替的历史条件和不同类型，揭示人类社会从原始走向文明、从各自独处一隅进而相互影响，以至汇成整个世界历史这一进程的各个发展阶段及其规律。近年来，吴于廑教授及其他一些学者相继提出，编纂世界历史不应该是各个国别史和地区史的拼合与总和，而是要把世界历史看成一个有机的统一体来研究它的演变与发展。因此，在对世界历史进行纵向研究的同时，还要注意开展横向研究，分析综合不同时期各个民族、各个地区之间的相互影响和相互作用。当然，强调这些着重之点并不意味着否定研究国别史和地区史的作用。对世界史的分国研究，不仅有其自身的学术价值，而且也是世界史整体研究的基础。

第二，从我国世界史研究的现有条件出发，有重点地开展专题研究。我国世界史研究的基础薄弱，著述不丰。要求较为迅速地发展和建设世界史学科，提高研究队伍的素质，一个有效的途径便是要对世界历史上具有关键意义的若干重大专题，集中必要的力量进行深入研究，力求有所突破。在选择专题的时候，充分注意到横向的对比的研究。例如在第六个五年计划期间国家社会科学重点研究项目中，就有古代世界城邦问题研究和东西方封建制度比较研究。我们还把与我国社会主义现代化建设相关，足资提供历史借鉴的一些专题置于优先的地位。例如苏联过渡时期的历史经验和教训，第二次世界大战的起源等专题，也被列为国家重点科研项目。在专题研究的组织上，我们提倡开展多层次、多种形式的协作。我们在鼓励个人著述的同时，还适当组织一些集体的合作攻关项目。后者是在个人钻研基础上对某个专题进行联合研究和共同著述。这种做法体现了社会主义科学事业的根本特点，也符合当代世界科学研究组织工作总的趋势。我们的世界史研究是整个社会主义建设伟业的一个组成部分。它在相当程度上也是有计划、有组织地进行的。集体攻关项目可以由不同单位的研究人员来承担。这样不仅可以促进学者之间的相互学习，取长补短，也便于有效地使用分散在各自单位及其所在地区的研究资料，以弥补个人单独研究的困难与不足，收集思广益之效。随着科学事业的发展和研究工作的深入，社会科学各学科之间以及社会科学与自然科学之间的关系日趋密切。世界史研究经常需要其他学科的学者的帮助。这也可以通过社会主义协作来实现。

第三，注意世界史学科各种工具书的编写和世界史知识的普及。世界史学科必需充分考虑其社会效果。尤其在我国实行对外开放的情况下，人们越来越希望了解世界各国的现状与历史。顾及并努力满足各个方面对于世界历史知识的需要，是世界史工作者责无旁贷的义务。近年来，全国各地的世界史学者编写出版了不少各种不同内容和类型的工具书。由著名学者陈翰笙教授担任编辑委员会主任委员，从 1980 年起开始组织编写两卷本的《中国大百科全书·外国历史》（约 250 万字），现已基本脱稿。其他比较大型的工具书有七卷本的《外国历史名人传》（约 300 万字）、十卷本的《外国历史大事集》（约 500 万字）和两卷本的《世界近代史人物传》等①。这类工具书除了提供比较系统的知

---

① 朱庭光主编：《外国历史名人传》，中国社会科学出版社、重庆出版社联合出版，已出六卷，另一卷已付印；朱庭光主编、张椿年副主编：《外国历史大事集》，重庆出版社出版，已有两卷付印，其余各卷将陆续发稿；《世界近代史人物传》（上册），吉林人民出版社 1982 年版。

识和资料外，还具有不同程度的学术性。工具书的编写促进了世界史专题研究的开展，也培养和锻炼了人才。

　　重视普及工作是我国世界史学科发展中的一个优良传统。近年来，我国世界史学者进一步认识到普及世界史知识对社会主义精神文明建设，提高人民群众的文化素养，特别是向青少年进行爱国主义、国际主义和历史唯物主义教育的重要性。60 年代初，已故著名历史学家吴晗教授发起并主编的《外国历史小丛书》（商务印书馆出版），受到了各方面的欢迎。1979 年起，这套脍炙人口的小丛书恢复出版，由陈翰笙教授继任主编，从 1980—1984 年共出版了 120 种，印刷三百六十余万册，在内容和形式上都较过去有所提高。中国社会科学院世界历史研究所还主办了《外国史知识》月刊。这家杂志每期发行近三万册，自 1981 年创刊以来，不断有所改进和提高。

　　第四，有计划地翻译国外各种重要的世界史研究成果，积极开展国际学术交流活动。近年来，我们不仅出版、再版了一批世界史的古典学术名著，还出版了近、现代各国各个不同流派史学家的代表作。例如塔西佗的《历史》和《编年史》、修昔底德的《伯罗奔尼撒战争史》、格雷戈里的《法兰克人史》、马基雅维里的《佛罗伦萨史》、梅林的《中世纪末期以来的德国史》、贝克哈特的《历史学的理论和实际》、威廉·兰格主编的《世界编年史手册》、米·尼·波克罗夫斯基的《俄国史概要》、赫·乔·韦尔斯的《世界史纲（生物和人类的简明史）》、约翰·里德的《震撼世界的十天》、苏联科学院世界历史研究所的《一八七一年巴黎公社史》等等。中国学者不仅对外国史学著作中包含的史料感兴趣，而且认真分析它们的学术观点，从中得到不同程度的启迪，并借以了解信息。国外史学界业已广泛应用的系统论、控制论、信息论和计量分析等现代科学的研究方法，正在被逐渐引入我国世界史研究领域。

近年来，我国世界史学界和各国同行之间的人员来往、资料交换和学术交流逐年增加。很多全国性和地方性的研究机构和学术团体，以及有关的高等学校都同国外的史学界建立了各种形式的联系。仅就中国社会科学院世界历史研究所而言，这个单位在1980—1984年间共邀请五十余位外国史学家来访。他们来自欧洲、美国、日本，以及亚洲、非洲、拉丁美洲第三世界国家。这些学者在该所和其他有关单位进行了讲学和座谈。在这五年中，世界历史研究所也先后派出五十余名学者和青年研究人员到11个国家考察、讲学、进修和参加各种国际学术会议。总的来说，目前我国世界史学界的对外学术交流活动还不算太多，当然与五年前的情况相比较，已经不能同日而语了。

以上我们简单地勾画了最近五年中国世界史研究工作发展的概貌，下面拟分古代和中世纪史、近代史、现代史三部分大致介绍这几年的主要研究成果，特别是在这些成果中反映出来的新观点。

二

古代和中世纪史主要由于资料缺乏和古文字方面的困难，一向是我国世界史研究中的薄弱环节。近年来，在全国古代中世纪史学者的共同努力下，研究工作有了不小的进展。

由林志纯教授领导的一个小组撰写的两卷本《世界上古史纲》[①]是这一时期我国古代史研究中的重要成果之一。它探讨了原始社会以及古代西亚、埃及、南亚、希腊、罗马各个文明的起

---

① 《世界上古史纲》（上下册），人民出版社1979—1981年版。

源和发展，对古代史上的很多问题提出了值得注意的见解。作者认为应当废弃史学界关于世界"四大文明古国"（即巴比伦、埃及、印度、中国）的传统提法，代之以世界"三大文明区"（即美洲、中美洲和安第斯文明区；东亚、南亚、中国和印度文明区；印度河流域以西至地中海、西亚、北非和南欧文明区）。

古代城邦和亚细亚生产方式问题在《史纲》中占有突出的地位。作者认为，城邦和亚细亚生产方式不是某地区特有现象，而是普遍存在于世界各地。因此，作者不赞同所谓"古代东方"和"东方专制主义"这样的概念，强调了古代世界历史发展的统一性。

这部著作的另一特点是较多地介绍和引述了国外最近的研究成果和考古发掘材料，使多年与国外学术界隔绝的中国读者耳目为之一新。《史纲》提出的学术观点虽然还没有被我国世界史学界普遍接受，但它力图从实际的史料出发进行实事求是的研究，因而受到人们的重视。

《世界上古史纲》关于古代城邦的观点，在我国古代史学界引起了反响。不仅世界史学者，而且中国史学者，也参加了这一问题的讨论。讨论涉及古代城邦的概念，城邦的产生和存在范围，城邦的阶级关系、经济基础和政治体制，以及从奴隶制城邦到奴隶制帝国的发展规律等问题。对于这些问题，学者们的观点并不完全一致。以上述《史纲》的作者为代表的一派学者认为，世界上最早出现的国家，不论在西方或是在东方，都是城市国家或城邦。它是早期奴隶制国家的普遍形式，是世界各国由原始社会进入阶级社会的必经阶段。城邦的经济基础是城市公社所有制与公民集体私有制相结合的古典所有制和小土地所有制；大土地所有制与小土地所有制的斗争，贯穿于整个城邦时期。城邦的主要政治形式是共和国，其阶级斗争主要表现为自由民内部贵族与平民的斗争。城邦最后不可避免地要被专制主义的奴隶制帝国所代替。

另一些学者不同意或不完全同意上述看法①。他们着重于历史发展的特殊性和多样性，认为城邦并不具有普遍意义。在古代东方，当社会还未完成第二次大分工、商品交换很不发达、城市尚未出现之时，就已经产生了国家。最早的国家不一定都以城市为中心，如古代两河流域和埃及最初的国家是由一些农村公社联合起来的，被称为村社国家②。关于城邦的经济基础，有的学者认为，城邦的本质特征是其阶级性，它虽然保留了不少原始社会的因素，但从本质上来说，它的经济基础是奴隶主所有制。奴隶主阶级通过国家和个人对生产资料（土地、奴隶、作坊等）的占有，是奴隶制城邦经济基础的核心③。在论及城邦的政治体制时，有的人指出，城邦并不等于共和国，其政体是多种多样的，随着时间和地区的不同而变异，在多数情况下取决于平民与贵族之间斗争的结局④。还有一些学者指出，奴隶制城邦并不都发展为奴隶制帝国，马其顿帝国的出现不是希腊城邦本身发展的结果，而是马其顿人对这些城邦的兼并与征服所造成⑤。

关于古代城邦制度的研究和讨论，目前还在深入进行。有关学者们准备在对古代中国、印度、西亚、埃及、希腊、罗马等重点地区的城邦分别进行具体剖析的基础上进一步开展比较研究，

----

① 参阅远方：《关于世界古代城邦的几个问题》，《世界历史》1982 年第 4 期。

② 左文华：《关于奴隶社会史的几个问题》，《吉林大学学报》1980 年第 2 期；《论古代城邦产生与存在的条件》，《思想战线》1982 年第 1 期。

③ 王敦书、于可：《关于城邦研究的几个问题——兼评〈世界上古史纲〉关于城邦和帝国的观点》，《世界历史》1982 年第 5 期。

④ 同上。

⑤ 陈隆波：《城市、城邦和古代西亚、北非的早期国家》，《世界历史》1984 年第 4 期。

写出专著。

我国世界古代史学者比较重视的另一个问题，即《史纲》中论及的亚细亚生产方式问题。中国学者对国外有些学者沿用亚细亚生产方式这一概念，说今天的中国仍然是建立在亚细亚生产方式基础上的"官僚主义集权制"国家等论点持否定态度，认为这已经不属于严肃的学术研究的范围。作为一个学术理论问题和世界古代史上的问题，亚细亚生产方式还是值得深入研究的。早在 50 年代，它已引起了很多中国学者的兴趣，可是不久这方面的研究工作中断了。近年来这一研究有所进展。1981 年几家全国性的史学杂志还专门召开了历时一周的学术讨论会，广泛地交流了研究成果。

从近年发表的著述来看，亚细亚生产方式研究涉及的问题很多，其中包括：如何理解马克思提出的"亚细亚生产方式"，它是不是一个有确定内容的科学概念，马克思、恩格斯在晚年是否放弃了这一概念？亚细亚生产方式是人类历史发展中的一个必经阶段，还是东方各国特有的社会经济形态，它的特点和内容是什么？亚细亚生产方式和马克思主义关于社会经济形态更替的理论有什么关系？对于这些问题，学者们的回答是各种各样的。

关于亚细亚生产方式的特点和内容，有的学者认为，它具有两个特点：一是原始性，它指的是人类历史上最初的一个社会经济形态；二是普遍性，它是各国、各民族历史发展的必经阶段。换言之，"亚细亚"绝不是一个地理名称，而是泛指一切文明民族在其历史初期都经历过的一个阶段[1]。有不少学者并不同意上述观点。有人认为亚细亚生产方式不是指史前时期的社会经济形

---

① 《世界上古史纲》编写组：《亚细亚生产方式——不成其为问题的问题》，《历史研究》1980 年第 2 期。

态，而是一种具有对抗性的奴隶制社会经济形态①。还有人认为亚细亚生产方式是指不同于西欧型的东方型的封建社会经济形态。还有一些学者提出了这样的观点：亚细亚生产方式虽然是一种独立的社会经济形态，但不是社会发展的一个阶段。他们认为，马克思在《〈政治经济学批判〉序言》中所说的"社会经济形态演进的几个时代"是在分析社会生产时抽象出来的经济运动规律，是指生产发展到一定历史阶段的几种对抗经济形式，并不是指人类历史发展的一般规律。因此，亚细亚生产方式属于经济范畴，不是历史范围②。

与以上的讨论相联系，有的学者认为，如果把亚细亚生产方式认作一种独立的历史阶段，那么历史上的生产方式应是六种，而不是五种③。有人则认为社会经济形态的发展可归纳为"公有制—私有制—公有制"的公式④。还有人认为，奴隶社会、亚细亚社会（东方社会）和封建社会三者有很多共同性，与其把它们看作三种不同的经济形态，不如看作是一种经济形态的三个类型或模式⑤。不过，大多数人不同意这些看法，认为五种生产方式依次更替是人类社会发展的规律，是马克思主义的一个根本原理，是不容随意推翻的。

在介绍近年来古代和中世纪史研究的成果时，我们还必须指

---

① 吴泽、丁季华：《关于亚细亚生产方式的几个问题》，《历史教学》1981年第2期。

② 张亚琴、白津夫：《亚细亚生产方式的症结在哪里?》，《世界历史》1981年第4期。

③ 吴大琨：《关于亚细亚生产方式研究的几个问题》，《学术研究》1980年第1期。

④ 苏风捷：《关于社会形态的质疑和探索》，《中国史研究》，1981年第3期。

⑤ 胡钟达：《试论亚细亚生产方式——兼评五种生产方式论》，《中国史研究》1981年第3期。

出吴于廑教授的两篇重要学术论文——《世界历史上的游牧世界与农耕世界》和《世界历史上的农本与重商》①。在前一篇论文中，作者阐述了几千年前在欧亚大陆上农耕世界和游牧世界的形成和它们各自的特点，以及从古代至公元十三四世纪时游牧世界对农耕世界的三次大冲击。其结果是很多游牧民族和半游牧民族被农耕世界吸收和融化，以致农耕世界日趋扩大。作者着重指出，这几次大冲击，虽然给经济带来了严重的破坏，但扩大了彼此的交流，打破了各地区、各民族间的闭关自守，在历史发展成为世界历史的漫长过程中起了巨大的积极作用。后一篇论文是前一篇的继续，主要论述了三个问题。一是欧亚大陆东西方的封建农本经济都重农抑商，都是耕织结合的自足经济，但西方封建农本经济具有自己的特点，其中最明显的是重视对牲畜的饲养和利用，保留着从事牧业的古老传统。二是由农本而重商的变化最初发生在西欧，变化的起因在农本经济的内部，具体内容是商业和城市经济由封建农本经济的附庸发展为它的对立物，促使它转向商品经济。三是重商主义是资本主义工业世界涌现的历史前奏，这是历史发展为世界历史的重大转折。

以上两文不仅把古代世界各地、各民族的历史作为一个整体进行了考察，也对古代欧亚大陆东西方的历史进程，特别是封建经济的发展进行了对比研究，其论点和论述问题的角度与方法都为我国史学界所瞩目。

近年来在中世纪史研究中，对欧（主要是西欧）亚（主要是日本和中国）封建制度的比较研究有相当进展。这是因为亚细亚生产方式的再讨论引起了对各国奴隶社会和封建社会的共同

①　分别发表于《云南社会科学》1983 年第 1 期与《历史研究》1984 年第 1 期；前一篇还摘要刊载于《世界历史》1983 年第 1 期。

性和特殊性的重新探索，以便更深入地阐明这两种社会经济形态的本质特征和普遍规律；同时还因为这种比较研究可以加深我们对今天中国和日本以及西欧一些国家某些现状的理解。这方面的初步研究成果已经陆续发表①。1983 年举行的中外封建社会史比较研究学术讨论会，可以说总结了已经取得的研究成果。

目前，在封建社会的对比研究中逐渐形成两种不同的观点。一种以庞卓恒副教授等为代表，他在《中西封建专制制度的比较研究》等著述中着重论证西欧和中国的封建社会的不同，认为中国封建社会的经济基础是农业与家庭手工业相结合的小农经济，这与西欧的庄园制度下的小农经济以及土地的等级所有制很不相同。在政治上，中国的封建专制制度与西欧的封建君主制度和贵族民主制度也不一样。这就决定了中国和西欧封建社会在发展的速度上的不同。有的学者还具体指出，西欧封建社会发展较快的根本原因是西欧的直接生产者农民较中国农民的物质状况更好一些，如中世纪的英国农民平均可有 10%—20% 的剩余，这是中国农民所达不到的。显然，这种比较分析是从"异"出发来研究问题的。

另一种观点以马克尧副教授等为代表，他在《罗马和汉代奴隶制比较研究》和即将出版的《西欧封建经济形态研究》等著作中着重指出西欧和中国封建制度的共同点，认为东西方的封建经济、政治制度从其本质特征上说是一样的。有的学者指出，

---

① 庞卓恒：《中西封建专制制度的比较研究》，《历史研究》1981 年第 2 期；马克尧：《罗马和汉代奴隶制比较研究》，《历史研究》1981 年第 3 期；孔令平：《中世纪前期英国的田制与北魏均田制的比较研究》，《世界历史》1981 年第 5 期；王正平：《论中国与英法封建君主专制的形成及其实质》，《杭州大学学报》1982 年第 2 期；庞卓恒：《西欧封建社会延续时间较短的根本原因》，《历史研究》1983 年第 1 期；马克尧：《关于劳役地租的考察》，《世界历史》1984 年第 1 期以及其他。

中国和西欧的封建农业都是以自然经济为主，生产力都比较低下。为了满足封建主的需要，当时都有一种以农民劳役经营的自营经济类型存在。所不同的只是由于中国农业生产力较发达，商品经济较发展，中国地主的自营经济与西欧相比，较为微弱而已。在这一些学者看来，历史学上关于东西方封建社会的不同概念是长期以来史学家们的传统观念和方法论上的差别等复杂原因造成的。这种观点显然是求"同"存"异"，通过比较分析得出了新的"同"。以上两种不同观点或者说方法，目前都还在继续完善之中，有待于更进一步地深入研究。

在晚期中世纪史研究方面，西欧封建制的解体和资本主义萌芽的产生，是中国史学界所关注和探讨的重点课题之一。不少学者充分地评价了商业资本和重商主义政策对封建制度解体所起的重要瓦解作用。它们打破了封建农本经济的闭塞状态，促进了城乡工商业和海外贸易的空前发展，沟通了东西方各民族的经济联系，并为资本主义工业化的到来准备了历史前提①。

但多数学者同时认为，不要过分夸大商业资本对封建制度解体和资本主义萌芽产生的历史作用。资本主义生产方式所以能在一个国家里建立并得到发展，不是取决于商业资本发展的规模，而是决定于工业资本成长的条件。16 世纪意大利经济的由盛而衰和荷兰、英国经济的迅速发展，说明了工业资本较之商业资本对新旧生产方式的交替有着更为重要的作用。

还有一些史学工作者认为，对工场手工业的考察是研究中世纪晚期社会经济形态演变的关键。有人分别研究了意、德、英、法、荷等国工场手工业的发展和演变，指出只有英、荷两国工场手工业的发展成长最富有变革性，为这两个国家近代经济的增长

---

① 吴于廑：《世界历史上的农本与重商》。

奠定了雄厚的基础。

史学家们还就宗教改革、君主专制、统一的民族国家、重商主义政策等对资本主义萌芽的成长所起的作用，进行了探讨。这种不局限于经济范围的考察社会形态演变的研究工作，目前仍在继续进行之中。

三

我国世界史学者对近代史的研究一直比较重视，投入的力量相对地说也比较多。欧美国家和日本的资产阶级革命和改革运动，近代国际工人运动的兴起和发展，以及拉丁美洲的独立运动，是近年来我们研究的主要课题。

资产阶级革命史的研究，过去不仅在理论上受"左"的影响，而且研究的范围也比较狭窄，往往局限在阶级斗争和人民群众的作用这一类问题上。现在，学者们开始注意从政治、经济、思想文化等方面进行综合研究，包括对一些重大的事件和主要的人物进行实事求是的评价，还重视对不同国家的革命或改革运动进行比较研究，从而提出了不少引人注目的见解。

1981 年，刘宗绪副教授撰文对英、法资产阶级革命研究中的某些理论问题提出了与传统观点不尽一致的看法。其中谈到衡量资产阶级革命彻底与否的标准问题。他认为，资产阶级革命的根本任务是推翻封建制度，建立资本主义制度。这是评价资产阶级革命的主要标准。过去在研究中往往把农民是否得到土地作为评价资产阶级革命是否彻底的尺度，这是不妥当的。在学术讨论中也有一些学者认为，以往关于英法资产阶级革命的研究中确有简单化和绝对化的片面性，重新进行再探讨是必要的，但不能由此产生另一种片面性。推翻封建制度，其中就包括农民从封建桎梏下争取解放，这与发展资本主义需要自由劳动力是一致的；不能撇开被压迫阶级群众的解放来评价资产阶级革命。

与此相关的，刘宗绪还认为，在早期资产阶级革命中，最先掌握政权的总是资产阶级上层，即金融资产阶级。他们往往主张君主立宪，对此我们的研究者长期以来都持批判和否定的态度。其实，君主立宪制和共和制都是资产阶级的政权，而前者更符合早期资产阶级革命时代社会经济发展的实际水平①。

一些学者对长期以来存在于我国史学界的关于英国资产阶级革命的保守性的观点提出了质疑。英国革命保守说的根据之一是英国在1688年"光荣革命"以后确立了君主立宪政体。事实上，这次事件应当被看成是一次革命，它保卫了40年代的革命成果。②

英国革命的特点之一是资产阶级与新贵族结成联盟。关于新贵族的问题，过去我国研究不多。近几年来史学家们开始对新贵族的性质问题进行探讨。有的学者认为，新贵族不是从旧贵族中分裂出来的。旧贵族在1485年红白玫瑰战争之后已互相残杀殆尽。其后裔从土地上赶走佃户，代之以绵羊，实质上成了资产阶级。后来又有大批非贵族出身的商人，手工工场主等加入了这一阵营，从而使新贵族成为一个多种成分的"复合体"。它使英国革命有别于法国革命，使革命后的英国社会带有很大的"表面延续性"。

我们在研究英、法资产阶级革命时，对一些重要的历史人物

---

① 刘宗绪：《欧洲早期资产阶级革命的几个问题》，《北京师范大学学报》1981年第5期。

② 刘祚昌：《世界近代史若干问题》，《山东师范学院学报》1981年第2期。

是很重视的。关于克伦威尔的评价，近年来也出现了一些不同于过去的观点。有人认为，克伦威尔并不是一个真正的革命者。他斩杀国王并非为了废止君主专制，而是为了取而代之。他操纵议会和军队，欺骗和镇压人民，特别是人侵爱尔兰，充分证明他不想满足当时整个社会的需要，而是为了实现个人的欲望，因而最终导致封建王朝复辟。另一些学者不同意上述观点，主张对克伦威尔作分段评价。在共和国成立以前应对他基本肯定，在后期则应基本否定。

关于对丹东和罗伯斯庇尔的评价，有些学者认为丹东后期提出的"宽容政策"并不意味着"倒退复辟"和"妥协投降"，它对内主张人道、宽大和法治，反对恐怖扩大化，对外主张通过谈判实现和平。这种政策是合理而正确的。丹东的一生是革命的一生。基于对丹东的这一新评价，有的研究者从各个方面论证了雅各宾派统治后期的恐怖政策不仅是多余的，并且扩大化，因而最后导致了雅各宾派的失败。

关于对拿破仑的评价，是中国学者在研究法国大革命史过程中讨论得比较热烈的一个问题。发表的文章多从不同侧面着眼，论点各异。不久前，中国社会科学出版社出版了李元明教授的《拿破仑评传》。这是我国学者写的第一本研究拿破仑的著作。它从拿破仑的世界观、军事思想、外交政策、宗教政策以及《拿破仑法典》等方面对这位历史人物进行了比较全面的评述。

美国的独立战争和南北战争实际上是两次资产阶级革命运动。它们和英、法资产阶级革命一样，一直是我们比较重视研究的课题。从发表的论著来看，着重论述的是这两次革命的起因，认为它们是新生的资本主义生产方式不断发展的必然结果，既不是出于"历史的误会"，也不是什么"社会的、道德的力量"所致①。学者们对近代美国资本主义经济，特别是农业迅速发展的原因感到很大的兴趣。有的学者认为，农业资本主义发展中"美国式道路"形成的原因是美国民主力量的强大，独立的自由农民在"自由土地"上不受封建残余束缚地自由发展为资本主义的农场主②。还有的学者具体分析了促使美国农业迅速发展的各种条件，其中包括美国从未经历过封建社会，内战以后扫除了资本主义发展的主要障碍，以及政府制定的各项正确的政策和措施等③。

在研究美国内战史时，对林肯的评价问题展开了热烈的讨论。过去中国史学界一般都认为林肯是一个限奴派，不是废奴派。近年来出现了一些不同的观点。例如有的学者认为，林肯发表《预告性解放宣言》和《最后解放宣言》都是自觉的行动，并未受到外界的逼迫。他发动内战，主张联邦统一，不是为了"称霸世界"，而是为了消灭南方的奴隶制度。因此林肯应当被认作是一个彻底的废奴主义者④。另一些学者基本上赞成这种观点，但认为林肯的废奴思想有一个发展过程。在就任总统前，他主张对奴隶和平赎买、移植国外，试图通过和平的政治斗争来实现历史性的革命改造。就任总统以后到内战前，他主张维护联邦两种制度共存的现状，反对奴隶制扩展。这是为前跃而后退，并

---

① 张友伦：《试论北美独立战争的必然性》，《历史教学》1982 年第 8 期；郭宁杕、霍光汉：《试论美国内战的爆发》，《郑州大学学报》1982 年第 2 期。

② 潘润涵、何顺果：《近代农业资本主义发展的"美国式道路"》，《世界历史》1981 年第 1 期。

③ 李存训：《美国南北战争后农业迅速发展的特点与原因》，《世界历史》1981 年第 4 期；黄安年：《美国经济发展和封建影响的消除》，《北京师范大学学报》1981 年第 1 期。

④ 霍光汉、郭宁杕：《关于林肯的评价问题——与刘祚昌同志商榷》，《世界历史》1981 年第 2 期。

不是从根本上抛弃反奴隶制政纲。内战爆发后林肯终于采取了坚决的废奴主义立场[1]。当然，坚持林肯不是废奴派者仍然不少。例如黄绍湘教授等曾撰文从林肯的思想、言论及其基本政治倾向，从马克思主义经典著作对林肯的论述，从美国一些主要史学流派对废奴主义者的评价等方面，论证了林肯不是废奴主义者[2]。

中国学者在研究资产阶级革命史中，对德国的统一和俾斯麦的评价也普遍感兴趣。一些学者着重指出，德国统一是历史的必然。俾斯麦对德国的统一采取了暴力，即所谓"铁血政策"。由于其主要矛头所向是国内外反对统一的势力，所以可以认为这是一种革命的暴力。俾斯麦在统一德国过程中采取了各种灵活的策略[3]。对于俾斯麦的对外政策，学者们也进行了热烈的探讨[4]。在评价俾斯麦时，尽管具体观点还不尽一致，但大多数人都认为既要看到他为统一德国所做的贡献，又要指出他的历史局限性；不同意把俾斯麦说成是"条顿超人"，也不赞成把他所完成的统一事业说成是"完整的罪行录"。

关于日本明治维新的研究，颇为引人注目。专题论文集《明治维新的再探讨》是具有代表性的研究成果[5]。关于明治维新的性质，大多数研究者倾向于资产阶级革命说，不过具体的理解各不

---

[1]　王洪慈：《林肯是废奴主义者》，《世界历史》1982 年第 1 期。

[2]　黄绍湘、毕中杰：《关于林肯评价问题的商榷——兼论评价美国历史人物的几点意见》，《社会科学战线》1982 年第 2 期。

[3]　丁建弘：《论俾斯麦在德国统一中的作用》，《历史研究》1982 年第 2 期；孙炳辉、赵星惕：《评俾斯麦的铁血政策》，《世界历史》1981 年第 2 期。

[4]　王鹏飞：《俾斯麦是怎样充当俄国外交奴仆的》，《世界历史》1982 年第 5 期；邱凯淇：《俾斯麦外交再讨论——兼与王鹏飞同志商榷》，《世界历史》1983 年第 6 期。

[5]　《明治维新再探讨》（《世界历史》编辑部编），中国社会科学出版社 1981 年版。

相同：有的认为是"不彻底的资产阶级革命"，有的则认为是"后进国的资产阶级革命"或"没有资产阶级的资产阶级革命"。仍有一些学者坚持资产阶级改革说，或是革命与改革两阶段说。有的学者还称之为"属于近代民族民主运动范畴的资产阶级改革运动"。对明治维新的研究涉及的问题很广，如倒幕派、下级武士的阶级属性和作用，天皇制政权的阶级基础，日本原始积累的特点，"殖产兴业"政策和明治时期的教育等等。在这些方面都有各种论著发表。值得指出的是万峰研究员的《日本近代史》和《日本资本主义史研究》两本著作。其中对明治维新这一重要课题的论述，就其广度和深度来讲，都是颇有价值的。

近代欧洲工人运动的历史是近年来中国学者比较重视的另一个大课题。研究工作的进展主要表现在对一些重大的事件进行了全面深入的探讨，并对一些有关的历史人物提出了新的评价。

1871年巴黎公社是无产阶级专政的伟大创举。这一革命事件的历史从来就是新中国史学工作者认真研究的对象。但是，以往的研究大多局限于公社的经验教训方面。近年来的研究成果，特别是公社110周年前后发表的一批著述表明，研究的领域在逐步扩大，研究的深度在不断加强。一些重要的论著涉及的题目有公社的历史前提及其历史渊源，公社政权的性质，公社原则的含义，国民自卫军中央委员会的地位和作用，公社领袖人物的功过，公社的工资制度，公社的文化教育措施，公社在中国的反响等问题。其中有些问题还引起了热烈的争论。前面已经提及的朱庭光主编的《巴黎公社史》，是我国学者自己撰写的关于这一课题的第一部学术著作。它通过比较丰富的历史资料，论证了公社革命的历史的必然性，着重阐述了公社作为无产阶级新型国家雏形的基本特征，公社实行无产阶级民主的伟大创造，以及公社革命者建设和保卫公社的英勇事迹。书中比较详细地介绍了公社的各项重要法令、决议和决定，并通过这一点论证了公社革命和政权的无产阶级性质。该书作者们力图将公社作为国际无产阶级革命事业的一个组成部分予以考察，阐述了公社与第一国际的关系，欧美各国无产阶级对公社的支持，并指出它在世界历史上的地位和对马克思主义发展的意义。

对第一、第二国际史的研究，近年来总的趋势是不断深入。学者们开始突破原来的框框，从当代国际工人运动和马克思主义理论的新发展出发来重新思考和探索有关的历史问题。有些史学家对评价一些过去被否定的或是有争议的历史人物感到兴趣。这方面比较重要的著述有彭树智副教授的《伯恩斯坦——修正主义的鼻祖》、李显荣副研究员的《巴枯宁评传》、张文焕研究员的《拉萨尔评传》，以及相当数量的论文。研究者们力图进行实事求是的分析，对一些复杂的历史人物指明其思想和实践的演变过程，对于他们的是非功过作出全面的科学评价。例如有些研究者指出，伯恩斯坦作为修正主义的创始人不容翻案，但对他一生思想的演变应当给予具体和恰如其分的分析。他早年曾是激进的民主主义者，中期是"革命的社会民主党人"，在1880—1890年主编《社会民主党人报》期间虽有所动摇，仍然为宣传马克思主义做出了贡献，只是到1896年以后才逐渐发生质变，最终堕落为修正主义者。在对考茨基的研究中，学者们同样认为，他也有一个从马克思主义者到中派主义者，最后到叛徒的演变过程。有的研究者把考茨基的思想演变分为三个阶段：19世纪80年代至1910年是马克思主义者；1910—1917年是中派主义者；1917年以后堕落为叛徒[①]。对列宁批判考茨基时使用的"叛徒"

---

① 李兴耕：《关于考茨基中派主义形成的时间问题》，《世界历史》1982年第2期；李宗禹：《关于"考茨基主义"研究中的一些问题》，《世界历史》1982年第3期。

一词，也有不同的理解。有人认为"叛徒"的含义既是理论上的，也是政治上的；另一些人则认为仅仅是理论上的。多数学者都认为，对待这些国际工运史上的反面人物，既不能美化，也不能简单化地笼统否定。

对于国际工运史上有过杰出贡献而又犯了严重错误的一些人物，史学家们也提出了某些与以往不同的见解。有的研究者认为，在评价卢森堡时，必须对她和列宁之间的争论进行客观的具体分析。例如在建党问题上，卢森堡虽然错误地批评了列宁的集中制思想，而且过分夸大了群众的自发性，但总的来说还不能认为卢森堡有一个与马克思主义相对立的自发论体系。她的思想与孟什维克还是不同的。她强调群众的自发运动和党内自下而上的民主监督多半是从西欧和德国的情况出发的。这样的结论对俄国就不适用。

拉丁美洲独立运动，在我国史学界也引起了热烈的讨论。不少学者在论述独立运动前夕的资本主义萌芽时，具体考察了手工业、商业和农业中资本主义因素的产生和发展。学者们分别研究了巴西、海地等国家独立运动的特点和进程，并就其中一些带根本性的问题进行了深入的探讨，提出了不同于一些国外学者的见解。例如有的论著指出，巴西的独立既不是像巴西本国的一些史学家所说的是葡萄牙君主开明意志预谋的结果，也不是像外国一些学者所说仅仅是从葡萄牙分离出来，而是巴西人民长期武装起义和流血斗争的结果。这与西属美洲殖民地的独立道路没有本质上的不同①。

对独立运动的性质和领导权问题，在学者中存在着争论。一部分人认为，独立战争是拉美人民反对殖民制度和封建主义的资

---

① 方迴澜：《巴西是怎样赢得独立的》，《历史研究》1980 年第 3 期。

产阶级性质的革命，另一部分人则强调独立战争的反对殖民主义性质，因为它的主要成果是推翻殖民统治，使国家获得了独立。有的学者认为在拉美的大部分地区，独立战争是由土生白人自由派地主领导的，少数地区由新兴资产阶级领导。也有的学者不同意这一观点。中国史学家对拉美独立战争的著名领导人博利瓦尔和圣马丁等人进行了实事求是的评价。他们指出，马克思在1858年写的《博利瓦尔—伊—庞特》一文中对博利瓦尔作了基本否定的评价，这主要是当时缺乏文献资料造成的。博利瓦尔是杰出的资产阶级民主主义者和拉丁美洲民主政治的奠基者[①]。他的"大陆主义"思想滋养了一代拉丁美洲人民，成了拉美人民团结战斗的共同理想。它并不是美国所鼓吹的"泛美主义"，而是没有帝国主义的民主的美洲主义[②]。博利瓦尔所进行的是一次资产阶级性质的革命[③]。

四

近年来，世界现代史的研究主要集中在以下几个问题上：一是苏联由资本主义向社会主义过渡问题，二是美国由一般垄断资本主义向国家垄断资本主义过渡问题，三是第二次世界大战史，四是亚非拉国家民族解放运动史上的一些问题。

苏联过渡时期史受到学者们的重视并非偶然。除了世界史学科发展本身的需要外，我国社会主义现代化建设的开展也要求认真研究苏联的历史经验和教训，以便从中取得有益的借鉴。在最

---

① 萨那：《论西蒙·博利瓦尔及其政治思想》，《世界历史》1980年第2期。

② 肖枫：《论博利瓦尔的拉美联合思想——纪念西蒙·博利瓦尔诞生二百周年》，《世界历史》1983年第3期。

③ 洪国起：《论西蒙·博利瓦尔》，《世界历史》1983年第5期。

近几年公开发表的著述中，有相当一部分是关于"战时共产主义"和新经济政策问题的。对于"战时共产主义"，过去一般都是简单地予以肯定，因为它使苏俄渡过了内战时期的各种困难，拯救了新生的苏维埃政权。近年来的一些研究著述则提出了这样一种观点："战时共产主义"政策，既是为了应付战争而被迫采取的非常措施，又是企图直接过渡到共产主义的尝试。作为前者，它是成功的，有成绩的；作为后者，它失败了，有严重的错误[①]。有的研究者还把实施"战时共产主义"分为两个阶段：从1918—1919 年是为了适应战时的需要；从 1920—1921 年初则主要是考虑直接向共产主义过渡[②]。当然，在评价"战时共产主义"时，在研究者中是有分歧的，有的强调它的错误，有的突出它的功绩。但有一点是共同的：大家都力求突破传统的看法，既揭示"战时共产主义"的积极作用，又分析其消极后果，从而得以比较全面、深入地探索它的经验教训。

对于新经济政策的研究，近年来总的趋向是不断向纵深发展。很多研究者不满足于从整体上和一般的理论概念上阐发向新经济政策过渡的必要性和新经济政策的实质，而是进一步分别从农业、工业、商业等各方面来具体研究新经济政策的实施情况。从发表的著述来看，农业方面的研究题目有土地关系问题、雇工问题、合作社问题等；工业方面的题目有租让制问题、租赁工业问题、管理体制问题等；商业方面的题目有对私人商业的政策问题等。此外，有些学者还进行专题研究，题目有新经济政策与工农联盟、新经济政策与商品经济、新经济政策与国家资本主义、

---

① 杨彦君：《苏俄"战时共产主义"政策的内容、后果和教训》，《国际共运史研究资料》第 4 辑，人民出版社 1982 年版。

② 叶书宗：《也谈列宁主义与"战时共产主义"》，《世界历史》1982 年第 2期。

新经济政策与俄共（布）党内斗争以及耐普曼的构成、性质和作用等。研究者提出了值得重视的见解，如有的人认为耐普曼不是一个"新生资产阶级"，它主要由小资产阶级和个体劳动者组成，对活跃和发展苏维埃国家的经济生活起了积极的作用。总的来说，中国学者对新经济政策有很高的评价，认为它有效地促进了苏联国民经济的恢复和发展，它的某些原则对其他国家具有普遍意义。

在研究"战时共产主义"和新经济政策本身的同时，我们还对列宁关于在小农经济占优势的俄国建设社会主义的理论这一重大问题进行了探讨。多数人认为，马克思、恩格斯关于社会主义社会的理论是以无产阶级革命在一切或大多数发达的资本主义国家同时取得胜利为前提的，而历史的发展却是革命首先在俄国这个不发达的资本主义国家单独取得胜利。列宁是经历了一个反复探索和实践的过程才找到了在俄国实现社会主义的正确途径的。这种情况不仅丝毫无损于列宁作为革命领袖的伟大形象，而且证明马克思主义是在实践中不断丰富和发展起来的。

关于苏联国家工业化和农业集体化的问题，多数研究者从肯定苏联在斯大林领导下在社会主义建设中取得的成就的前提出发，着重探讨了苏联社会主义模式形成的历史过程和这种模式的成就与弊端。

20—30年代联共（布）党内斗争也是学者们感到兴趣的问题。尽管这方面的原始资料比较缺乏，研究工作还是取得了不少成果。在布哈林研究中，郑异凡副研究员发表的一些论文是引人注目的。这位作者在他1981年发表的一篇论文中，在指出布哈林的理论错误及其根源的同时，对布哈林长期受到批判的某些理论观点提出了自己的看法。作者认为，用所谓"半无政府主义"的提法，并不能概括布哈林在国家问题上的思想，布哈林也从未真正犯过"半无政府主义"的错误。1925 年布哈林提出所谓"发财吧"的口号，是主张采取"消灭贫穷的政策"，其着眼点是发展整个国民经济，特别是正确处理工农业之间的关系。布哈林从未提过"阶级斗争熄灭论"，他在这方面的主要观点基本上是符合过渡时期阶级斗争发展的实际情况的①。这位作者在 1984 年发表的另一篇论文中着重评述了布哈林的经济思想，认为布哈林关于过渡时期社会主义建设的思想具有独创性。他指出，所谓"落后型"的社会主义模式，是布哈林在苏联转入新经济政策时期大胆提出的一种设想。布哈林进一步阐述了列宁晚年提出的合作制思想，认为合作社是农民走向社会主义的康庄大道，还提出了劳动消耗规律的理论，要求国民经济按比例发展，以及工农业生产、工业各部门和农业务部门的平衡发展。这些都是布哈林在理论上的贡献②。当然，在布哈林的研究中，也同其他若干问题一样，存在着不同的评价。

　　关于美国由一般垄断资本主义向国家垄断资本主义过渡的问题是一个关系到资本主义发展规律的重大课题。这是时代向历史学提出的一个新问题。以刘绪贻教授为代表的一些世界史学者认为，国家垄断资本主义是不同于自由资本主义和一般垄断资本主义的一个新的资本主义发展阶段。国家垄断资本主义从 19 世纪末 20 世纪初开始出现，20 世纪 30 年代经济大危机期间在大多数资本主义国家中迅速发展，至第二次世界大战以后逐渐臻于成熟③。刘绪贻以美国为例进一步指出，罗斯福总统按照凯恩斯主义的政策迅速地推进国家垄断资本主义，在美国建立了"福利

---

　　①　郑异凡：《有关布哈林的若干问题》，《世界历史》1981 年第 1 期。
　　②　郑异凡：《论布哈林社会主义经济建设思想》，《世界历史》1984 年第 4 期。
　　③　刘绪贻：《世界现代史体系中的一个重大问题》，《世界历史》1984 年第 5 期。

国家"。这对美国工人运动产生了消极的影响，使美国的革命运动在第二次世界大战后进入低潮，从而暂时延长了资本主义的寿命。不过，国家垄断资本主义并没有消除美国社会的基本矛盾；更严重的经济危机和更剧烈的工人运动仍在酝酿中，因此目前仍然处于无产阶级革命的时代①。

与上述观点相联系，一些世界史学者认为应当重新评价罗斯福推行的"新政"。过去多数学者都认为，"新政"是为垄断资产阶级服务的，是美国统治集团为了挽救垂死的资本主义制度而采取的一系列措施。它压制了人民的民主权利，加重了对劳动人民的剥削，最后以失败而告终。最近时期，除了这样的看法外，有些研究者还提出了不同的论断，认为"新政"是采用资产阶级改良主义的办法，将美国私人垄断资本主义迅速而全面地推向非法西斯式的国家垄断资本主义，从而局部地改变了社会的生产关系，相当程度地改善了美国劳动群众的政治经济处境，暂时缓和了阶级矛盾②。有的研究者指出，不能以分析"新政"的阶级实质来代替对"新政"的全面评价。"新政"是美国历史上的一种进步现象。它的作用可以归纳为以下几点：第一，缓和了经济危机和由此激化了的阶级矛盾，使国民经济免于彻底崩溃，恢复了社会生产力；第二，避免了美国走上法西斯道路，并为美国参加反法西斯阵营和取得反法西斯战争胜利打下了基础；第三，为美国和一些西方国家的垄断资产阶级维护资本主义统治提供了经验；第四，使美国和苏联建立了外交关系，同时对拉美国家实行

---

① 刘绪贻：《美国垄断资本主义发展史与马列主义》，上海《社会科学》1984年第2期。

② 刘绪贻：《罗斯福"新政"对延长垄断资本主义生命力的作用》，《历史教学》1982年第9期。

"睦邻政策"①。关于"新政"的争论还涉及"新政"与凯恩斯主义的联系和"新政"的阶级背景等很多问题。

我国学者把二战前史作为一个重点研究的课题。齐世荣教授在《三十年代英国的重整军备与绥靖外交》等著述中,对英国重整军备不力的原因及其与绥靖外交的关系进行了深入的论述,提出重整军备不力主要有经济、政治和战略三个方面的原因。英国政府把绥靖外交作为避免英德战争、实现两国和解的最有效的手段。但这一切都招致了英国在二战初期的一系列惨败。

在二战前史的研究中,我们加强了对欧洲法西斯问题的探讨。1984 年 11 月,《世界历史》编辑部召开了这一课题的学术讨论会。与会学者围绕欧洲法西斯产生的历史背景和条件;德意法西斯的社会基础和阶级实质,特别是与垄断资本的关系;德意法西斯的扩军步骤和欧洲战争策源地的形成,进行了热烈的讨论。这一专题的讨论无疑把二战前史的研究进一步引向深入,从而促进对二战史的有关方面进行综合性的考察和探讨。

第二次世界大战史是我国世界史学界一直比较重视的课题。近年来这方面的成果不少,其中篇幅较大的专著有三部②。朱贵生副研究员等编著的《第二次世界大战史》是我国学者自己撰写的第一部比较系统地阐述这一专题的学术著作,因而具有一定的代表性。该书在若干问题上提出了一些与传统说法不同的见解。例如作者肯定了苏联参战以前英、法对德战争行动的反法西

---

① 黄安年:《罗斯福新政的历史地位和阶级实质》,《北京师范大学学报》1982年第 4 期;张谦让:《谈罗斯福"新政"的历史作用》,《山西大学学报》1982 年第 1 期。

② 朱贵生、王振德、张椿年等:《第二次世界大战史》,人民出版社 1982 年版;张继平、胡德坤等:《第二次世界大战史》,甘肃人民出版社 1983 年版;黄玉章等:《第二次世界大战》,世界知识出版社 1984 年版。

斯性质。作者认为早在1940年6月，从英国支持戴高乐的"自由法国"起就开始形成国际反法西斯同盟。该书比较全面地反映了各个战场的情况和包括一些中小国家在内的各国人民的反法西斯斗争，适度地指出了中国人民抗日战争对大战的进程和胜利结局所起的作用。张继平教授等编写的《第二次世界大战史》也具有自己的特色。

中国抗日战争在二战中的历史作用和地位是我国史学家普遍重视的研究课题。有不少著述专门论述这个问题①。我们认为，中国抗日战争是世界人民伟大的反法西斯战争的一个重要组成部分。中国战场开辟最早，持续最久，中国人民及其军队牵制、消耗和歼灭了大量日本侵略军，同时也作出了极大的牺牲。

中国学者对史学界长期争论不休的第二战场的开辟问题，进行了探讨。一些研究者认为，1942年在西欧开辟第二战场是"完全可能的"②，或"不是完全不可能的"③。二者之间尽管有程度上的差异，但共同的则是"可能开辟"。有的研究者不同意这种观点，认为在1942年的大部分时间里，美英军队正在北非，东南亚，太平洋和大西洋战场忙于应付。在这种情况下，美英如果还准备像当初计划那样在年内开辟第二战场，即使不是异想天开，也是力不从心。另外，还有其他因素如军事、技术、人事等，也是需要考虑的。1942年确实还不具备开辟第二战场的

① 例如：刘思慕等：《中国抗日战争及其在第二次世界大战中的地位和作用》，《世界历史》1980年第4期；王桂厚：《略论中国抗日战争在第二次世界大战中的地位》，《史学集刊》1981年复刊号，等等。

② 金重远：《初探第二次世界大战中的"第二战场"》，《世界历史》1984年第2期。

③ 石磊：《关于开辟第二战场的一些浅见》，《历史研究》1981年第2期。

条件①。

现代亚洲、非洲、拉丁美洲国家的民族解放运动是我国史学界近年来比较注意研究的一个大课题。它涉及的问题相当广泛，包括战后民族解放运动的高涨，对亚洲民族解放运动一些领导人（如凯末尔、甘地等）的评价，非洲资产阶级的形成、特点和历史作用，战后非洲国家独立的道路及其性质，现代拉美民族民主运动及其重要思潮（如格瓦拉主义、庇隆主义、阿连德道路等），等等。我们不可能对所有的著述逐一介绍，只能概括地谈谈以下两个问题：

一个问题是对甘地的研究，包括甘地的阶级属性、他的非暴力和不合作思想剖析以及他在印度民族解放运动中的地位。这些问题关系到对印度民族解放运动领导权的看法和对印度独立的性质与意义的估计，不仅对研究印度现代史至关重要，对研究整个第三世界的民族解放运动也有一定的典型意义。关于甘地的阶级属性，有人认为他是封建地主阶级的代表，有人认为他是买办资产阶级的代表，还有人认为他是印度农民的伟大代表，但是大多数学者都认为他主要代表了印度民族资产阶级的利益，是资产阶级在民族运动中理想的政治领袖②。关于非暴力主义和不合作运动的评价，大体上有三种观点。第一种观点是否定的，认为甘地的非暴力主义一方面赞成一种完全以军事暴力为基础的殖民统治机构，另一方面则要求人民在凶残的帝国主义面前解除武装。他的所谓不合作运动实际上包含着对殖民政府基本合作的内容③。第二种观点认为，非暴力和不合作是两个不同概念的结合，非暴

---

① 阎来恩：《关于 1942 年能否开辟第二战场之我见——与石磊、金重远同志商榷》，《历史研究》1984 年第 4 期。

② 林被甸：《对几种不同意见的剖析》，《世界历史》1981 年第 3 期。

③ 汤宜庄：《对甘地的一点看法》，《世界历史》1981 年第 3 期。

力是甘地的人生哲学，其主要作用是束缚革命群众的手脚；不合作则是甘地的政治策略，其内容和性质都是反英的。第三种观点是肯定的，认为非暴力和不合作也是一种争取民族独立的革命斗争形式，它沉重地打击了英国殖民统治，推动了印度民族解放运动的发展①。

另一个问题是十月革命以后非洲民族资产阶级能否领导民族解放和独立运动。这是现实向历史研究提出的新课题。过去一般认为，在十月革命以后民族解放运动成了世界无产阶级革命的一部分，各殖民地、半殖民地的资产阶级民族民主革命只有在无产阶级领导下才能取得彻底胜利。可是在二战以后，非洲一些国家的民族资产阶级在争取民族独立、发展本国经济、反对殖民主义和霸权主义方面都起了显著的作用。这就促使一些史学家去研究和探索上述问题。从已经发表的著述来看，大多数学者对这个问题的回答是肯定的。他们认为，十月革命以后，殖民地半殖民地国家的民族资产阶级并未结束自己的历史使命。今天，固然存在着无产阶级领导的民族民主革命；但也不容否认，绝大多数国家的这类历史变革，仍旧是由本国资产阶级所领导和组织的②。他们还通过一些非洲国家的具体历史情况来进行论证。例如有的学者指出，肯尼亚民族资产阶级之所以能够领导本国的民族解放运动是因为它刚刚从小资产阶级脱胎而出，还没有分化出一个投靠帝国主义的买办阶级；它同时又与氏族土地制度割断了联系，因而能把部族意识改造成全民族的意识。

近年来，中国学者对非洲史的研究，除继续深入探讨非洲民

---

① 张一平：《对非暴力主义应基本肯定》，《世界历史》1981年第3期；李达三：《甘地是应该肯定的历史人物》，《河北大学学报》1981年第1期。

② 秦晓鹰：《尼日利亚现代民族主义的兴起和特点》，《世界历史》1981年第2期。

族独立运动的兴起、斗争的道路和特点之外，开始把研究的重点转到非洲社会的演进和变革这一课题。这个课题把非洲现代史和近代史作为一个整体来研究，其内容包括这一历史时期非洲社会的经济基础和上层建筑的各个方面。从发表的著述看，关于奴隶贸易，关于殖民主义侵略和统治非洲所造成的后果及其评价，是学者们比较感兴趣的问题。

＊　　　　　＊　　　　　＊

我们不可能把最近五年来我国世界史研究的全部成果作系统的叙述。我们希望通过上面的简要介绍能够反映出当前中国世界史研究的基本情况。我国的世界史学科还很年轻。在短短的几年中取得的成绩使我们深深地体会到，只要有正确的指导思想和发扬真正的学术民主，全体史学工作者的积极性就会极大地迸发出来。回顾以往，展望未来，我们对今后的发展前景充满信心。现在，一个世界史研究的新局面已经呈现在我们面前。只要我们继续努力，必定能在现有的基础上取得更大的成绩。

《外国历史大事集》前言[*]

  《外国历史大事集》是一部兼有工具书性质的世界史基础读物，由中国社会科学院世界历史研究所组稿编辑。全书编为十册，其中古代部分两册，近代部分四册，现代部分四册。从1982年下半年起，各编辑组陆续开始组织、退改稿件。现在，近代部分第一分册业已定稿，预期将按每隔三四个月发稿一册的安排，力争在1986年内把全部稿件编辑完毕，交付出版社。

  本书作为《外国历史名人传》的姊妹篇，从阐述，剖析、评价历史事件的角度，考察和反映世界历史的演变。也可以说，它是一套集纳记述世界历史上占有一定地位的各国重大历史事件的系列化的文集汇编。以单篇而论，大事集稿件的容量约比名人传增加一倍，平均每第一万字左右，有一部分稿件达到1.2万字，甚至更多一些。而且，对于在世界历史发展过程中具有重大影响的事件，采取了分解课题的办法，使之能有足够的篇幅来阐明所应涉及的内容，例如近代部分第一分册中的英国资产阶级革

---

  * 原载《世界历史》1984年第6期。本文系作者为《外国历史大事集》写的前言。

命、法国大革命和拉丁美洲独立运动，就是分成几个选题，按其发展阶段，或者划分不同地区，各自独立成篇予以阐述。

对本书稿件的基本要求，是要应用历史唯物主义的基本原理，科学地说明发生各个事件的历史环境，事件的起因、渊源和演变，在事件中起过重大作用的个人，组织或流派所持的政治主张、思想观点和所作的突出贡献，事件的结局和影响，以及对事件的评价。特别要求作者掌握历史科学的具体性这一根本特点，尽可能充分地用事实、数字、史料和文献说话，同时又抓住要点，言简意赅地概述和分析事件发展的历史过程。

这部《外国历史大事集》，现已列入第六个五年计划期间全国哲学社会科学的发展规划，作为世界史学科的国家重点项目之一。不言而喻，这意味着国家对于发展世界史学科的鼓励和支持，同时也要求它理应具有较高的质量，达到与国家项目相称的学术水平。在我国世界史研究基础非常薄弱的条件下，要真正做到这一点，将是一项极为艰巨的任务。

我认为有必要预先说明，列为国家科研项目，由国家研究机构从事组稿编辑，并不表示这部大事集稿件中所作的叙述和评价具有代表党和国家发言的性质。它没有等同于政府文件的权威性，而是属于学术领域，是我国世界史研究和教学人员对各个历史课题所作的探索和回答，要体现百家争鸣的方针。在坚持四项基本原则的前提下，我们希望做到，稿件中叙述事实和作出评价时，对那些近年来国内外学术界有过争论的问题，在主要表述作者观点之外，适当介绍堪称一家之言的不同见解；而当编者与作者之间产生某些不同看法时，如果交换意见后作者仍然坚持，可以保留作者的观点，编者只负统一体例、文字加工之责。

我们世界历史研究所为什么要用四年多时间组织这样一个既费时又费力的项目呢？

第一，是期望能在推动世界史研究为我国的社会主义现代化建设事业服务方面，作点微薄的努力。

历史与现实是紧密连接而不能截然割裂的。这不仅在于今天所说的历史，原本是昨天的现实，更重要的是，因为对于马克思主义的史学工作者来说，认识世界的目的就在于改造世界，研究历史正是为了推进现实，面向未来。历史科学本身虽然并不负担直接回答现实生活中各种各样问题的使命，但是，只要方向明确，课题选择得当，的确浇注了心血，它仍然可以对推动现实起着多方面的作用。

我们的历史研究是要科学地描述人类的昨天，再现人类社会向前奋进的历程，褒贬人物，评说事件，歌颂人类创造的一切美好的事物，鞭挞剥削压迫、腐朽黑暗和愚昧落后，传播人类世世代代积累的精神财富和文化遗产，发现并概括历史发展的规律。这就能在很大程度上有益于帮助人们确立科学的世界观，有利于深刻理解马克思主义的基本原理和经典作家提出各种科学论断的历史背景，注意汲取足资借鉴的和务必引以为戒的历史经验，从而加深对于现实的认识，正确地从事改造社会、改造世界的实践。我们应该充分估计历史科学所具有的培育熏陶、潜移默化的巨大力量。它帮助人们增长知识，扩大视野，充实文化素养，提高精神境界，明辨是非善恶，满怀信心地去创造未来。史学工作者越是自觉地把握自己的职责所在，就越能在社会主义的物质文明和精神文明的建设中充分发挥自己的聪明才智，对人民、对社会做出更多的贡献。

随着我国社会主义现代化建设的迅猛发展，尤其是在实行开放政策以来，我国的国际交往大为增加，与各国人民之间的联系日益频繁。这种客观形势表明，我国人民比之以往任何时候都更为迫切地需要了解各国，了解世界。我们要吸收外国一切先进的、于我们有用的技术和经验，同时力求避免重现别人的弊端。这都很自然地增加了人们熟悉和掌握外国历史知识的兴趣，增加了对于随时可以查阅外国历史有关问题的读物的客观需要。编辑出版《外国历史大事集》的主要目的，就是为了适应这种社会需要，帮助读者获得知识，为教学者增添参考资料，给涉外单位和人员提供查阅的方便。

事实上，这种工作就是贯彻执行历史科学为现实服务的方针。从另一个角度来说，我国的世界史研究只有为社会主义物质文明和精神文明的建设多做一些切切实实的事情，才会使人们真正感受到它的益处而日渐重视这一学科。我国的世界史学科也只有在它确确实实显示出对社会主义现代化建设事业有所裨益和有所贡献的时候，才能说是已经在中国的大地上生根发芽开花结果而将获得广泛的发展。

第二，是为了促进世界史学科的基础建设，开拓选题，锻炼队伍。

我国世界史学科的基础，至今仍然相当薄弱。其主要表现：一、占有史料、收藏图书严重不足，情报信息渠道不畅，缺乏系统整理加工，传输应用很不及时，多年来未曾有计划地注重资料积累，工具书极少；二、研究课题较为陈旧，缺门太多，整体性的宏观研究未能充分开展，抱残守缺的某些积习未能清除；三、研究成果难称丰硕，著述太少，确有较高学术价值的论著屈指可数，成果形式亦不够多样，尤其缺少简短精辟而又尖锐清新之作，不能广为传播，产生较大社会影响；四、科研队伍既弱又小，老一辈有造诣的学者精力日见减退，中年科研教学骨干大都处于超负荷状态，实际从事科研的时间不多，青年一代不乏优秀人材，毕竟总数有限，而且后起之秀成长道路仍有崎岖，凡此种种，造成青黄不接甚为严重。

　　以上，也是世界史学界同行近几年来在各种不同场合多次大声疾呼，吁请各方面人士予以关注的。我集中起来加以综述，看起来似乎有点黯淡无光。当然，这里说的只是问题一面，几年来已在不同程度上有了若干改善。各种研究会，学会可算雨后春笋，学术活动颇为频繁，学术交流相当活跃，科研成果小有丰收，其中自有佳作，世界史各种教材的编写出版更是成绩斐然。但是，我们不能不承认，上述弱点并未根本改观，看来亦非再有三年五载所能解决。因此，我们要发展世界史学科，除了多方设法加紧培养新的人材，扩大教学科研队伍之外，还要进一步在现有人员中充分挖掘潜力，统筹兼顾，加强协作，既有通盘筹划，又能发扬各个方面的积极因素，开展多层次、多渠道、多学科、多种形式的学术活动，真正做到解放思想，百家争鸣。在这当中，组织重点课题攻关，重视学科基础建设，尤为当务之急。

　　在世界史学科基础建设方面，有许多工作正在或亟待进行，包括大量翻译出版外国史学名著，汇编各种专题的、地区的和断代的基本史料、编纂各类品种的辞书、工具书，等等。这都依靠世界史同行，特别是出版部门的同心协力。编辑出版《外国历史大事集》，亦是其中的一项工作。这套十册的大事集约有四百个以上的选题。每篇都要把一个事件的前因后果，来龙去脉，重要过程，历史地位，用叙事形式阐述清楚，主要靠事实和材料说话，结合必要的议论和分析。因而，作者势必要占有较多的史料，需要进行一定的研究。就一个事件来说，它比教科书或通史所叙述的分量要大得多，比之专著则更为集中和浓缩。在一定意义上，每一个选题就是一项研究课题。写好一篇大事集，无疑为进一步对这个课题进行深入的研究作了铺垫。

　　就我们的希望而言，是想通过组织大事集的稿件，开拓一批世界史研究的新课题；即使是老的课题也能有点新意，充实些新材料，反映出国内外学术界讨论中的新见解。这样，就不仅是简单地复述事件，而是或多或少有所前进。

对于大事集的作者，我们原则上希望每个课题最好能由国内同行中最适当的人选来撰稿。所谓最适当，包括需要考虑到各种因素。例如某一事件，同时有几位作者都是适当人选，那就要顾及他们各自近期的工作状况和时间安排等等。也还有这样一层意思，就是作者们要体现出老中青的组合，能够发掘锻炼一批年轻的新的人才，向他们提供发表成果的机会。总之，既要能保证稿件的高质量，又要促使人材的成长。

第三，是要把编辑出版《外国历史大事集》作为编纂我国多卷本世界通史的准备工作的一个环节，一项阶段性的成果。

在20世纪之内编纂一部以马克思主义为指导思想的、具有中国特色的多卷本《世界通史》，已经确定为我国哲学社会科学发展规划中的重点项目之一，也是我国世界史学界同行大多数人赞成的共同奋斗目标。现已开始着手筹备的这项任务，就我国的世界史学科来说，可谓一项宏大的计划。我个人的看法，多卷本，不一定非得几十卷。它的宏大，主要不在于其规模，而在于它应该尝试创立一种具有中国特色的撰写世界通史的新的学术体系，能够反映世界正在面临新的技术革命的挑战这种时代的气息，注意世界各个地区、各个国家、各个民族之间横向的相互联系和相互影响，在学术上集中体现我国世界史研究的水平。因此，它需要进行多方面的准备。如果考虑到前面所说我国世界史学科基础薄弱的实际状况，更应该强调抓紧必要的先行步骤。

无论如何，我们必须以积极的态度，抓住相对说来当前这一最合适的时机，在几年之内，为实际撰写《世界通史》作出良好的开端，推动我国的世界史研究开创一种新的局面。

编纂世界通史的各项准备工作中有一些基础准备，《外国历史大事集》也是其中之一。所谓基础准备，是把编写世界通史所应涉及和考虑的一般性课题，先以某种成果的形式过滤一遍，便于下一步在更高的层次上确定课题。我们正在进行的《大百科全书·外国历史》卷，侧重从各分支学科和各国历史概述方面，《外国历史名人传》从人物方面，《外国历史大事集》从事件方面，提供这样的准备。它们既是各具自身独立价值的世界史工具书和基础读物，又是设计世界通史的结构、体系的最初一批草图。从准备世界通史的角度来看，这些先行步骤的意义不在于它们的稿件质量如何，而是从这些稿件中提出了什么样需要着重研究的课题，以及写作这些稿件的人选。或者也可以看作是一种课题的准备，队伍的准备。

我们的上述几个目的能否达到，设想是否正确，将要由时间来作出回答。在看完大事集近代第一分册全部稿件之后，我感到有三个明显的缺点：

第一，选题范围仍然过分偏重于政治方面，有关社会经济、思想文化以及科学技术的稿件太少。这是过去世界史学科研究范围过于狭窄的反映。近几年来，许多同行批评了这个缺点，在科研实践中逐步有所克服，但在大事集这一册稿件中未能相应改善。

第二，约请作者有不尽恰当之处，未能充分贯彻原来的意图，多少有点照顾就近组稿的方便，一定程度上影响稿件的学术水平。

第三，退改稿件和统一定稿的安排前松后紧，有些作者早已交稿，编者却未及时提出修改意见，以致改稿时间短促，最后一小批稿件定稿较为粗糙，质量差些。

这些缺点，主要是我对组稿改稿的前期工作没有抓紧，对选题未作认真推敲，退改稿件疏于检查。以后将要发稿各册，凡是来得及补救的，当设法采取一些弥补措施。在此，仅向读者致歉，并欢迎对本书提出批评意见。

我还要借此机会，向重庆出版社的同志和承印本书的印刷厂的同志预先表示感谢。他们为了做到重点项目的科研成果早日与读者见面，将努力缩短出版周期，保证在收到各册书稿之后的六个月内出书。在我国目前的出版印刷条件下，这已经是颇不容易了。

（1984 年 9 月）

访庞贝和埃尔格拉诺遗址[*]

在意大利第三大城那不勒斯东南，举世闻名的维苏威火山现今安分地耸立着。它在 1900 年前闯过大祸，湮没了庞贝、埃尔格拉诺①和史达比阿等许多城镇。直到两个多世纪以前，沉睡地下的庞贝和埃尔格拉诺，才先后随着发掘工作的渐渐展开而一点一点重见天日。今年 5 月，我们访问了这两个地方。可惜时间太短，又遇阴雨天气，浮光掠影，匆匆一瞥，未及仔细观看再现古罗马历史某些侧面的遗址。

一　维苏威今昔

一出那不勒斯市区，维苏威就展现在人们眼前。它距那城 12 公里，山巅海拔 1186 公尺，是当今欧洲大陆唯一处于休眠状态的活火山。它在世上以为患于人而著称，如从历史的角度来衡

---

　　* 原载《世界历史》1980 年第 5 期。

　　① 埃尔格拉诺，意大利文是 Ercolano。有人据英文（Herculaneum）译为赫柯兰纽姆或赫尔古兰农姆等。

量，倒也未必尽然。

维苏威有它的光辉时刻，曾以对被压迫者做出贡献而载入史册。两千年前，古罗马斯巴达克领导的奴隶起义，就是在这里首举义旗的。公元前73年，维苏威静静地欢迎从卡曾阿的巴堤亚特角斗士学校逃跑成功的斯巴达克及其伙伴，78个角斗士的来到。它已有几百年未曾发作，虽然山顶一片荒漠，山坡却到处是小丛林和葡萄园，久已成为逃亡者的避难所。这一回，维苏威伸开臂膀，接纳了聚集到这里来参加起义的近万名奴隶、角斗士和破产农民。它还在罗马行政官克劳狄乌斯率领三千军队前来讨伐、围困起义者的时刻，献出山上的野葡萄藤蔓，由起义者编结成粗绳，从悬崖峭壁顶端悄悄下来，迂回到罗马军队背后出其不意地发起进攻，一举击溃了讨伐者。此后，斯巴达克率领起义队伍，举行了向南意大利的进军。

维苏威确实给周围城镇和居民带来过巨大灾难。最严重的一次，就是公元79年8月24日的大爆发。当天上午十时开始地震，午后一点左右，熔岩喷发，直冲数千公尺高空。成亿吨岩浆以一千多度高温向四周一阵阵倾泻下来。火山连续喷发了八天八夜。熔岩和火山灰覆盖了一幢幢房舍，埋葬了一座座城镇，庞贝废墟上堆积了八九公尺厚的火山灰。濒临那不勒斯湾的小城埃尔格拉诺，由于火山迸发激起巨大海啸，被海底泥浆混合火山喷发物所淹没，有些地方的泥砂层厚达30公尺。在这之后，维苏威仍一再给世人制造麻烦。进入20世纪，它还曾几次喷发，其中以1906年和1944年两次为害较烈，仅1944年就造成几千人伤亡。由此来说，它的确是个祸害。但它毕竟为人类保存了庞贝和埃尔格拉诺这两座巨大规模的历史博物馆，从中发掘出来的众多文物已成为人类文明所拥有的无价之宝。

公元一世纪火山大爆发过后仅两三百年，树木花草就重新在维苏威生长起来。人们早已在火山灰施肥过的山坡种植葡萄、橄榄和水果。近三十年，维苏威比较安静。从那不勒斯湾到火山脚下有电气化铁路。山麓到山巅架设了缆索吊车。游客到山顶，可以亲眼看看火山口的模样。我们来不及作登山游。不过，我们一行中，有人60年代初在意大利留学期间曾经来过。旧地重游，多少可作点比较。那时，火山口还冒出滚滚浓烟，如今喷的已是白色蒸汽。其实现在的火山口并非当年大喷发之处。原来的熄灭了，后来在它侧旁又涌出岩浆，形成新的火山口。也许是由于上空蒸汽很多而又温度较高，火山口老是躲在缕缕白云后面，不肯让人窥见它的"庐山真面目"。总算午后天开了眼，白云冉冉离去，我们才得以在远处一睹全貌。

二 遗址发掘

庞贝被毁灭前已有六七百年历史，它的经历纷繁曲折，变故迭起。公元前八世纪，当地最早的居民奥斯克人就在这一带民住。希腊人于公元前七八世纪向南意大利沿海移民，在库美、那不勒斯等地建立殖民地之后，于公元前六世纪到达庞贝。在这一世纪中叶，从意大利中部托斯卡纳地区来了埃特鲁利亚人，他们带来意大利本土最古老的埃特鲁利亚文明①。古庞贝就是在希腊文化和埃特鲁利亚文化共同哺育下成长起来的。这时，在庞贝已经建造了一座较小的圆形石头城。公元前五世纪中叶，萨尼梯人占领庞贝，扩建了一座方城。罗马人在公元前四世纪末三世纪初对萨尼梯人进行的多年大规模战争中取得胜利，庞贝又成了罗马

---

① 关于埃特鲁利亚人的来源，意大利史学界尚有争议。一般认为，他们也受过希腊文化的某些影响。

共和国的一个自治城市。

经过古罗马人从共和到帝制初期的三个多世纪的经营，庞贝成了相当繁华的商业城市和浏览胜地。公元前三二世纪，意大利各地手工业已相当发展。在南意大利一些城市里，相继建立青铜工人、首饰工人、化妆品工人、裁缝染色工人、漂洗呢绒工人、建筑工人等行会。各城市都有自己特别擅长的手工业。罗马著名政治家和著作家老加图（公元前 234—149 年）在他《论农业》的论文中，就曾提议罗马、卡曾阿、庞贝和其他意大利城市应该购买那些手工业产品。公元一世纪时，罗马帝国的内外贸易非常发达，往返沿海各地的许多船只在庞贝停泊装卸。庞贝背山面海，风景秀丽，罗马贵族和富豪纷纷在此建造别墅，前来游乐避暑。公元 63 年，古城人口增加到 25000 人。

有关庞贝末日降临的具体情况，没有留下多少文字记载。担任过罗马骑兵指挥和舰队司令的著名学者老普林尼（公元 23—79 年），当时正带着他的舰队驻守在那不勒斯湾西北角的米舍诺（Miseno）。火山爆发后，他亲自率领几艘大船前往察看，并组织救援，在庞贝海滨中毒窒息而死。他的外甥及继子、著作家小普林尼（约 61—113 年）那时也在米舍诺。后来，历史学家塔西佗询问小普林尼关于他舅父的死亡经过。小普林尼在两封回信中叙述了他所目睹和知悉的情景。这大概是仅有的可供后人参考的文字材料。随着时间的流逝，在湮没许多年以后，人们对于庞贝古城的毁灭也就渐渐淡忘了。

时隔 16 个半世纪，庞贝才又重新引起世人的关注。1739年，有位技术专家阿尔比勒考察地下隧道，发现了庞贝遗址所在迹象。当地农民偶尔也见到一些残垣断壁在碎裂碑像。于是，1748 年开始发掘，他靠人工和炸药先挖了一个洞，恰好掘到一条街道。随后，陆续发现了残存的剧院、广场、浴室、神庙等等。从 1860 年起，进行系统的发掘。至于埃尔格拉诺，早在 1709 年，奥地利亲王艾尔博夫就做过一些初步发掘的尝试。但真正以科学方法大规模进行发掘，则是 1928 年以后的事了。它在维苏威西侧，原有四五千居民。灌入这个小城的泥砂灰浆在高温下挤压成了岩石状的板层，特别坚硬难挖。但许多文物倒是由于严密封闭而保存得完好如初。

庞贝和埃尔格拉诺有一些房舍建筑，墙壁门窗，用物器皿，尤其壁画雕像，地面镶嵌，尽管受到严重损坏，还是大体上保存下来了。在发掘过程中，发现不少由火山灰和岩浆裹着人畜遗骸结成的礌石内有孔隙，起初未予注意，也无法处理。后来想出一种办法，把这些礌石里面掏空，灌注石膏泥灰，复原成当时形状。仅庞贝就掘出并制作成三百多具大小尸体，均保持猝然被掩埋里的姿态。俯仰侧卧都有，也有曲身坐着的，用手掩面而显出恐怖神情。动物残骸也有，我们就看到陈列的一匹四肢卷曲纠结的马。

经过两百多年长期努力，庞贝遗址大约已发掘五分之三以上，埃尔格拉诺已挖出卫城和主要街道。出土的珍贵文物大多保存在那不勒斯博物馆内。整个发掘工作仍在继续进行。我们在庞贝就去看了一处刚刚挖出尚待修整的房子，临时加盖了顶棚。

三　庞贝广场周围

庞贝离那不勒斯 25 公里，在维苏威东南方。它有好多座城门。我们从西面的玛丽娜门进入古城遗址。在意大利语中，玛丽娜门是通向大海之门的意思。城门及其两侧早已修复，位置较高，进了门洞斜着走一段下坡路，顺玛丽娜大街往前不远，就到了庞贝广场。

　　庞贝广场是城市公共生活、宗教活动和商业中心，南北长
142公尺，东西宽38公尺，四周原有带顶的走廊。广场周围一
带，当年都是重要的大型建筑。它的布局大致是：北端正中为罗
马主神朱庇特神庙，两边有提贝里乌斯皇帝以及盖尔玛尼可斯的
两座凯旋门。南边是市议会，还有奥古斯都、克劳狄乌斯、尼禄
等皇帝的塑像。广场东南位置，有一座公众集会场所，正东有威
士柏芗皇帝神庙和拍卖行，东北是市场。广场西侧南端有座长方
形的两层楼大厦，是谈判生意、进行诉讼的地方，它的最里面是
法官开庭的席位。大厦北邻就是有名的太阳神阿波罗的神庙。广
场西北，还有一所公共浴室。

　　广场于公元前二世纪开始修建，周围柱廊是仿大理石的，即
柱子里面砖砌，外面涂以石膏泥灰。据说是奥古斯都执政期间新
建或改建的。那时，在城市里大规模兴建公共建筑，成为风气。
但罗马元老院曾有规定，禁止外地城市建造纯大理石柱廊，而且
柱廊以至整个建筑的规模必须小于罗马同类建筑，以显示罗马的
主宰地位。公元62年，也就是维苏威火山大喷发前17年，庞贝
有过一次大地震。广场的主要建筑被震塌，有些未曾修复。现在
挖出的遗址，虽只剩下主要建筑的底座和残缺的柱廊、砖墙，但
仍可约略看出罗马时代外地城市中心广场的建筑格局和气派。

　　阿波罗神庙东廊靠南处，有座引人注目的青铜雕像。他站在
大理石座上，侧身朝北，一条披巾搭在手臂，斜垂腰间，两手伸
向前方，两腿左前右后，造型颇为优美。国内曾有人发图片介
绍，说他是阿波罗神，正准备张弓放箭。笔者对之存疑。导游图
上记载，阿波罗神庙内带箭的阿波罗在南端东侧，与南端西侧带
箭的月神狄安娜正好对应。二者雕像均已荡然无存。此地是阿波
罗神庙，为何他自己反而站到东厢？现在保留下来的系墨丘利的
塑像。他在希腊神话中叫赫耳墨斯，众神的使者；罗马神话中，

他是一位大名鼎鼎的多面手，掌管商业、交通、畜牧、竞技、演说，以至欺诈、盗窃，等等。他多才多艺，有很多发明，还能行走如飞。所以，现存这座雕像的神态，不妨也可以认为他正急急忙忙赶回来，有事向阿波罗禀告。

庞贝的大街宽约10公尺左右，小巷也有四五公尺，比埃尔格拉诺的街道宽阔。但建筑方式两地一样，街道全用大石块砌成，两边各有较高的人行道。大街上可以明显看出来往车辆磨成的两道车辙。我们在街上行走，不过遇到路口街心横置着两三块大石头，形状有点像砧板，与人行道差不多高。这是让过路行人雨天横越街道时走的。每个路口附近，有约一公尺高的石制方形公用水池。城市制高点引来的水，经输水管道送到这里，再分别中转流往各家住宅。沿街墙上，我们还看到一些用古老的萨尼梯人文字和拉丁文字写的竞选标语，红色或黑色的都有，多半是各个行会介绍候选人，要求人们投他的票。有一条是候选人自己写的："请投我一票！"

我们转到露天剧场。半圆形的阶梯式的看台可以容纳1200人，大体完好；另一端的舞台、乐池、化妆室却已仅存一道砖墙残迹。听说旁边还有一个能坐5000人的露天大剧场。在庞贝遗址最东侧，发掘出了可供1.2万人观看的竞技场。路程较远，我们只能在图片上领略它的面貌了。

四　住宅和公共浴室

我们在庞贝和埃尔格拉诺看了七户住宅，对当时富豪人家的住宅结构及其特色，得以了解一点大概轮廓。尤其可贵的是有机会欣赏存留的一些艺术珍品，尽管大多稀世之物已收藏在那不勒斯博物馆，我们在这里看到的仍然可称美不胜收。

　　两地遗址表明，古罗马时代的住宅建筑，大体上可以公元前一世纪为界，前后的布局和重点各不相同。早期住宅建筑特别注重前厅，它宽敞高大，正中砌有方形的储水池，屋顶是大天窗，不仅可以透进充足的光线，而且用于收集雨水。后来罗马人发明了输水道。城市从附近山上引水，用铅管输送到各家各户。至少到了屋大维当政时期之后，住宅前厅一般已不再修建储水池，它在整个住宅中的地位相应下降。罗马富豪转而以布置幽美的庭院，建造富丽堂皇的游廊，作为住宅的重要部分。

　　埃尔格拉诺的住宅有不少是木结构，经高温烧烤已经炭化。我们走进主人名叫波里斯底哥的住宅，地面由于遭受极大压力而呈波浪形，起伏不平。它的后院是两层楼房，奴隶们住楼上，以防止逃跑；主人住在楼下，有卧室、起居室、餐厅和浴室。餐厅面向大海，外有可供远眺的凉台，当初紧靠海边，如今距海已有数百米之遥。大商人波得格尧住宅有一间夏日餐厅，餐桌傍砌了三张床，称为三床式餐厅，供主人们按照古希腊的习俗躺着进餐。餐厅还专门修了一个呕吐洞，便于他们成天吃了吐，吐了睡，睡了再吃。这都可以作为当年罗马贵族豪富骄奢淫逸的实物见证。

　　我们在庞贝看的住宅，以富商凡弟之家最为阔绰。这家两兄弟做买卖发了大财，极力想要别人以绅士相待，在公元62年大地震之后，不惜以重金新修一所非常豪华的住宅。建筑模仿公元前四世纪的风格。力求古雅。前厅中央有一个五公尺见方的大理石储水池，两边各有一个存放钱币和银器的箱柜。大厅后面的庭院是一个美丽的花园，其中有喷泉以及小型的青铜和大理石雕像，四周由绘有壁画的带顶游廊所环绕。

　　这些住宅，房间里大多有壁画，有些还有小型雕像作摆设。地面则铺有黑白相间的碎石镶嵌，或为几何图案，或者拼成人和动物。埃尔格拉诺有一所住宅，主人姓名已无从查考，由于留存一座精美的大理石鹿雕，命名为"鹿之家"。石雕表现四条小狗在攻击一头牡鹿。牡鹿扬着头，抬起右前腿要往前走，四条小狗分别从四个部位与它纠缠。造型生动，雕刻精致，可称惟妙惟肖。壁画已使用多种颜料，不少基本上尚未褪色，有些画面依然鲜艳。题材则多种多样，有神话故事，也有静物、风景和人们劳作、狩猎的场面，生活气息浓重。比较起来，还是数凡弟之家最为丰富多彩。这家一进大门就可以看到丰收之神的画。家庙祭坛上绘有主人家族供奉的守护神、家神和一条大蛇。有些房间的墙壁全用红色涂饰。以希腊神话为题材的壁画特别多，无法一一列举。最有趣的是描绘小爱神丘比特同人们一起漂洗呢绒，制作香料、售花卖酒、驾车狩猎的情景，构成一组组连环画，实际上是再现古希腊罗马农村生活的一些场面，非常生动。

我们在庞贝和埃尔格拉诺还参观了两处公共浴室。这也是古罗马公众聚会的重要场所。不仅朋友们到此晤谈，演说家发表演说，作家诗人朗诵新作，还有阅览图书，以至进行体育活动的地方。建造公共浴室，力求舒适豪华，费用高昂，市政当局便吁请富裕公民出资捐助。我们看的一所浴室墙壁上，就镌刻着捐献者的姓名。

公共浴室用大石块砌成拱形屋顶，墙壁是磨光的凝灰岩，十分坚固，大部房间没有被火山喷发物压塌。每个浴室分男女两部分。各有更衣室、冷水浴室、温水浴室和热水蒸气浴室。温水浴室里安放着木炭炉子，需要时可生火送暖。热水蒸气浴室构造复杂。在屋外烧水，蒸气经由地面底下的空格，通过装在墙壁里面约十厘米口径的蒸气管道，从墙壁上端散发出来。由于屋顶温度低些，部分蒸气在顶上冷却，凝成水珠，沿着墙壁内侧淌下来，汇流到壁上一人身高处的凹槽里，然后注入浴池。浴池高于地面，三面靠墙，另一边也由石块砌好磨光，约长七八公尺，宽三公尺。整个浴室内部的陈设和装饰都很讲究，柱廊屋檐有浮雕，有壁画、雕像、喷水池、镶嵌，还做了石躺椅。女浴室有专门洗嘴唇的水喷泉。虽说浴室属于公共设施，然而如此讲究排场，正反映了古罗马崇尚奢侈、追求享乐的社会风气。那建造浴室乃至无数宏伟建筑的奴隶们的生活条件，与此该有天壤之别吧！

我们最后仍然从玛丽娜门走出庞贝遗址。站在城门附近未曾挖掘过的草坪上眺望庞贝全景，如同立在一座小山坡上俯瞰山谷盆地。远处楼房林立，现代的新庞贝在向我们致意。尽管维苏威说不定什么时候还会爆发，但人们并没有被这种危险所吓倒。人民在生活着，工作着，不懈地为争取美好的明天而努力。

新四军教导总队历史概述[*]

　　新四军教导总队是新四军创建时期由军部举办的一所"抗大"式的干部学校。从 1938 年 1 月到 1941 年 1 月，先后约有四、五千名干部、学员和战士曾是教导总队学习或工作。它是中国共产党及其领导的人民军队当年在华中和东南地区培育革命青年、训练军政干部规模和影响较大的一座革命熔炉，也是后来在苏北举办的中国人民抗日军政大学第五分校和华中总分校的前身。

　　新四军军部于 1937 年 12 月在武汉宣布成立，1938 年 1 月 6 日迁至南昌，随即调集干部，筹建教导队。2 月 15 日，教导队第一期正式开学，有军事队、政治队各一。四月，新四军江南三个支队开抵皖南岩寺集中改编。教导队随同军部移驻岩寺，扩建为教导营，营长刘世湘，教导员龙树林。六七月间，教导营随军部经太平进驻泾县云岭地区，扩大到四个队。10 月，扩编为教导总队后，迁往云岭西南的中村及沿中村河一带村庄。

---

　　* 原载薛暮桥主编：《奔向苏北敌后——新四军教导总队撤离皖南纪实》，江苏人民出版社 1988 年版。

教导总队一共办了五期。1939年9月，在国民党政府第三战区长官司令部一再无理干涉，责令缩编的情况下，教导总队一度改名为教导队。

1940年4月，恢复教导部队建制，总队长仍由周子昆兼任，冯达飞任副总队长兼教育长。此时，皖南新四军军部驻地周围形势恶化，军部开始疏散家属和非战斗人员。教导总队停办了上干队和家属学校。第五期还保留两个大队，八个队。10月，教导总队一部分参加了粉碎日寇进攻皖南南陵、泾县的反扫荡作战。11月，一部分学员毕业分配，全总队缩编为六个队。

1940年10月，国民党顽固派发动抗日战争期间第二次反共高潮，由正、副总参谋长何应钦、白崇禧发出给朱德、彭德怀、叶挺的电报、限令八路军、新四军于一个月之内全部撤至黄河以北。中共中央以团结抗日为重，在据理力争同时，决定新四军撤出皖南。12月，军直属队后方机关大部分人员分批先行撤离。教导总队亦抽调部分军政教育干部、机关干部和临时集中撤退的皖南地方干部，共约300人，编为一个大队，由训练处长薛暮桥率领，与军直后方机关第二批撤退人员编在一个支队，经由苏南转赴苏北、皖东敌后抗日民主根据地。其中大多数教育干部到达盐城后派往抗大五分校工作。

1941年1月4日，新四军军部及所属皖南部队撤离泾县云岭地区。行进时各战斗部队编为一、二、三三个纵队。教导总队改称教导团，由政治处主任余立金率领，编入二路纵队，随军部一起行动。皖南事变期间，教导总队在叶挺军长亲自指挥下，参加了1月9日高坦战斗，10日至12日东流山战斗，1月13日火云尖突围，一直战斗到最后时刻。突围出来的教导总队干部有不少人分配到抗大五分校工作，如余立金、陶白、唐炎等。

分散突围时不幸被捕的同志，在上饶集中营坚贞不屈，机智灵活地进行了多种方式的斗争。尤其是成功地举行了 1942 年 5 月 25 日茅家岭暴动和 1942 年 6 月 17 日赤石暴动。这两次暴动的组织者和参加者大多数是教导总队的干部或曾在教导总队学习过。

教导总队毕业学员分配到各部队以后的状况，教导总队在反扫荡作战和皖南事变期间作战的表现，以及它的干部和学员在上饶集中营所进行的斗争，都以事实证明了教导总队的教育质量是经得实践检验的。在新四军创建时期，教导总队在三年之内培养训练了几千名学员，大大充实和加强了新四军的干部队伍，提高了新老干部的素质。它对保障新四军各部队的发展壮大，以至华中各抗日民主根据地的建立和巩固，做出了一定的历史贡献。

概括地说，教导总队在新四军建军史上的历史作用，大体表现在以下几个方面：

第一，有计划地分批培训坚持三年游击战争的老红军干部，提高了他们对于新时期党的路线和政策的认识、他们的思想政治文化水平和工作能力。

新四军是抗日战争爆发以后，由湘、赣、粤、闽、浙、鄂、豫、皖八个省十三个地区的红军游击队改编组成的。这些游击队的指战员长时间与中央红军和其他革命根据地断绝了联系，处在艰苦残酷的斗争环境中各自独立作战，消息闭塞，对国内外形势的变化和党的任务的改变还缺乏正确全面的认识。老红军干部大多出身于工农，具有坚定的革命意志，较为丰富的实践经验，但没有系统学习的机会，文化水平较低，妨碍他们各方面的进一步提高。因此，重新教育干部，提高干部军政素质，成为新四军军队建设的重要环节。教导部队第一期学员绝大多数是老红军；以后四期，每期都有几个培训连排军事干部和政治工作干部的队，部分学员也是原来红军游击队的干部或战士。

从第三期起，教导总队还办了两期培训团营干部的上干队。以第三期的上干队为例，全队三十余人，其中有一团参谋长张藩、三团政治处主任钟国楚、四团团长卢胜、五团政委曾昭铭、六团参谋长黄元庆，还有四支队某团政委胡继亭、皖南事变期间任二纵队司令员的周桂生等同志。当时全军只有四个支队，辖九个团，几乎每个团都有一名团级干部到这一期上干队学习，可见军部和各支队领导对培养、提高老干部下了很大的决心。还有不少老红军干部调到教导总队一面工作，一面学习。如二支队政治部主任王集成在第四期担任指导员训练班的支部书记，四支队参谋长林维先短时间担任大队长后到上干队学习。这是他们不可多得的学习提高的机会。

第二，训练了大批新参军的青年，在很短时间内将他们培育成为合格的革命军人，为新四军的干部队伍补充了大量新鲜血液。

从第二期起，教导总队大部分学员是新参军的知识青年，也有少部分青年工人。学员来自四面八方，有上海等地党组织有计划地动员组织向新四军输送的，有亲眼目睹新四军进入苏皖敌后作战深受感动而要求参军的，有国民党统治区东南各省仰慕新四军而克服重重困难远道前来的，还有不少从菲律宾、马来亚等国漂洋过海回到祖国的爱国华侨青年。1938年下半年，仅上海的中共党组织就在"租界"的难民营里先后动员组织三批青年参加新四军，约近千人之多。他们中的绝大部分都曾在教导总队学习过。

这批新参军的青年刚到教导总队时，一般都具有高昂的爱国热情，决心献身抗日救国事业。但他们从来没有军队生活的体验，缺乏起码的军事常识，对于中国共产党的理论、纲领和历史，大多还没有深入的了解。因此，在教导总队学习的半年时间里，既要对他们进行基本的军事知识教育，从事各种军事动作的操练、演习，培养他们成为一名合格的军人，尤其要对他们进行基本的理论知识教育和无产阶级世界观的教育，帮助他们确立共产主义的远大理想。教导总队在这方面的工作是很成功的。经历过这一段学习的人多少年后还会亲切地回忆起当时的情景，回顾革命熔炉中的冶炼是何等强烈地促进人们思想上的巨大变化，把它看成是个人生活道路上的一次根本的转折。

教导总队的教育还为造就一批较为优秀的军事、政治干部和各种人材打下了初步的基础。如1939年三期二队它是一支由知识青年组成的军事队，学员从第二期、第三期几个知识青年队中考试选拔，政治文化素质较好，准备重点培养为部队的军事干部和教导总队自身的教育干部。他们原先已在各队学习过一段时间，又在二队学了整整半年，基础比较扎实，在以后的工作实践中大多表现出色。原装甲兵顾问严振衡、原南京军区副参谋长金冶、原江苏省军区参谋长周蔚昌、浙江省人大常委会常务副主任陈安羽、原上海同济大学党委副书记阮世炯、原23军政委夏光亚等人，都是这个队的学员。其他各期各队也都涌现出一大批较为优秀的干部，在军队和地方工作中，在各条战线上起着骨干作用。不少人新中国成立以后在中央各部门和各省市、在部队军以上单位担负着重要领导职务。

第三，积累了举办"抗大"式干部学校的经验，锻炼了从事教育工作的干部，为各部队举办教导队和抗大分校提供了有利条件。

教导总队是从无到有，从小到大，白手起家，逐步发展起来的。无论教育内容、课程设置、训练要求、教学方法以及管理制度，都是在教学过程中逐步改进，逐步完善。经过三年的教学实践，摸索出一套适合新四军部队实际的，在较短时间内将不同对象的学员按照不同的训练要求在政治思想和军事技术上提高一大步的办学经验。这是军队建设中的一项宝贵财富，对新四军各支队举办教导大队，以及后来各师举办军政干校和抗大分校都有积极的意义。

在教导总队工作的各级干部，有红军时代的老干部，有多年从事社会科学理论工作的老同志，有在延安抗大总校学习和工作过的同志，也有由教导总队自身培养成长的新干部，尽管斗争经验和知识水平各不相同，但都在教导总队的教学和战斗集体中得到锻炼，获得新的经验。他们之中很多人后来仍然从事干部教育工作。新四军各师举办的多数抗大分校都有不少原来在教导总队工作的干部。其中担任负责工作的同志就有：抗大五分校的教育长谢祥军、副教育长贺敏学、政治部主任余立金、训练部长薛暮桥（谢祥军、余立金和薛暮桥在抗大华中总分校继续担任上述职务）；八分校的训练处长杨采衡、副处长王淑明；抗大九分校的教育长杜屏（还曾担任新四军江南指挥部教导大队大队长）、政治部主任张崇文、副主任姚耐；七师抗大十分校的政治部主任阙中一，它的前身七师教导大队大队长袁大鹏，以及七师随营学校训练处长蔡园等。

由此可见，对于新四军各部队举办的许多培训干部的教育机构来说，教导总队在一定程度上起着"工作母机"的作用。

新四军教导总队之所以办得比较成功，除了客观形势的需要以外，在主观条件方面有几个重要的因素。

首先，是正确贯彻执行了延安抗大的教育方针："坚定正确的政治方向，艰苦朴素的工作作风，灵活机动的战略技术。"

教导总队的一切工作，包括训练教育、行政管理、政治工作等等，都是为了实现这一方针。其核心是坚持理论联系实际的原则，一切从实际出发，学习是为了应用。贯串整个教育过程，强调学用一致，教育内容要少而精，因材施教；教育方法要讲究实效，生动活泼。

队是基本的教育单位。按照培养方向的不同，分为军事队和政治队。军事队以军事教育为主，军政课程的比重为7∶3。政治队则反过来，以政治教育为主，军政课程的比重为3∶7。工农干部文化程度没有达到初中水平的要用相当时间补习文化，学习语文、算术和自然科学常识，基本做到能阅读书报、会写会算。一般的队有两门政治课。一门是社会发展史，讲解劳动在从猿到人过程中的作用，各种社会形态及其依次更替，指明人类社会必然要过渡到社会主义和共产主义的发展规律，帮助学员树立劳动观点、阶级观点、群众观点和历史观点。一门是中国革命问题，讲授中国革命和中国共产党的简要历史，中国革命的性质、任务、动力和特点，党在现阶段的任务和抗日民族统一战线政策，使学员坚定革命胜利的信心，理解党的路线和政策。文化程度比较低的队员只讲政治常识一门课。各队还根据情况增加一些课程和专题讲座。如以知识青年为主的队增加政治经济学、国际问题等课。培养连级政工干部的队增加政治工作、党的建设、民运工作等课。

政治教育以讲课为主，与集体讨论和个人自学相结合。军事教育除了讲课以外，特别强调操练和演习。教员讲课强调启发式，适当进行课堂讨论和课堂问答。讲课后由教育干事组织辅导和分班讨论。班里分成几个互助组。队里举办各种文娱活动，还有介绍学习心得的墙报，起复习作用的问答晚会、猜谜竞赛等等。

总之，积累了丰富的教学经验，逐渐形成一套切合实际的教学计划和行之有效的教学方法，这就保证了教育方针的贯彻，保证了教学质量。

　　其次，从总队、大队到各队都配备了较强的干部和教员，形成强有力的各级领导核心。

　　毛泽东同志曾经指出："一个军事学校，最重要的问题，是选择校长教员和规定教育方针。"① 在新四军教导总队也正是这样做的。总队长周子昆参加过北伐战争和南昌起义，是井冈山时代红军第一个教导队的副队长，曾任红三军军长，长征后在红军大学学习，留在延安抗大总校训练部担任负责工作。冯达飞是黄埔军官学校学生，曾去苏联学习，参加过百色起义，担任过湘赣军区红军学校第四分校校长、红八军代理军长，长征后到红军大学工作。政治处主任余立金是红军六军团的师政治部主任，参加过长征。训练处长薛暮桥是第一次国内革命战争时期的老党员，"四·一二"事变后坐牢三年，在狱中刻苦攻读经济学，出狱后从事中国农村经济的调查研究，著述甚多，是著名的学者。大队一级的负责干部，如谢祥军、贺敏学、刘文学、饶守坤、林维先、张日清、程业堂、孙闿初等同志都是红军时代的老干部。由这样一些富有斗争经验和教育工作经验的同志来主持全总队和各大队的工作，形成了坚强的领导集体。

　　教导总队拥有一批出色的军事和政治教员。起初，政治教员主要是原来在国民党统治区就已从事文化工作和社会活动，有较高理论修养和一定造诣的同志担任。如夏征农、张崇文、陶白、王淑明、罗琼、徐平羽、张孤梅、姚耐、董希白等。有的是兼任教员，如钱俊瑞、石西民。也有一些是曾在延安抗大学习调来新四军的，如龙树林、袁慕华、周乐生。1940 年，教导总队专门办了一期军政教员训练队，设军事、政治两个分队，学员近50人。这个队进行了比较系统的基础理论教育，开设了列宁主义基

―――――――――

　　① 《中国革命的战略问题》，见《毛泽东选集》第一卷，第170页。

础、政治经济学、统一战线、党的建设等课程，并有哲学辅导，培训了一批教员和教育干事。上海市人大常委会副主任舒文、全国科学未来学会会长杜大公，原上海音乐学院党委书记杨进，以及上面提到过的陈安羽等同志就在这个队学习过。

军事教员一部分由大队长和队长兼任，如杨采衡、樊道余、杜剑秋、蔡园、王羲亭。也有一些专职教员，有的是老红军干部，如陈铁军；有的还是叶挺军长从国民党军队聘请的。

教导总队还设置了强有力的政治工作机构，拥有一批具有丰富政治工作经验的优秀的政治工作干部。如担任过组织科长的刘先胜、邱一涵，担任过宣传科长的张崇文、夏征农、张孤梅、刘兴，担任过保卫科长的周林、梁国斌、张福标、丁公量等同志。

显而易见，教导总队军政负责干部和教中的强大阵容，当时在全国范围内也是屈指可数的。这是它能够取得成功，具有较高教学质量的一个重要因素。

第三，也是极为重要的一个条件，就是军部各级领导同志的关怀和重视。

新四军建军之初，首长在将各部队集中改编同时，就着手创办教导队，后来一直非常关心它的成长。叶挺军长不仅为教导总队聘请教员，还亲自到上干队做报告，讲"抗日战争经验和我们的学习任务"。他在香港和南洋华侨中为新四军募集了一笔捐款，购买了一批德国造的驳壳枪和军毯，其中一部分就拨给了教导总队。项英副军长向教导总队的干部进行军史教育，讲持久战。他还针对一度出现的个别工农干部对知识分子干部不够尊重的现象，在干部大会上提倡要"尊师重道"。1940年"三八"妇女节纪念大会上，项英同志代表军首长表扬和奖励了军直属队三对模范夫妻，其中一对就是教导总队的薛暮桥和罗琼。罗琼同志还被授予模范女干部的称号。陈毅同志从前线回来，作了

"江南敌后斗争形势与统一战线"的报告。军政治部主任袁国平亲自为上干队指导员队主讲政治工作。

军部的秘书长李一氓同志是教导总队的兼职教员。军政治部各部部长几乎都要教导总队来讲课。组织部长李子芳讲支部工作和党的建设。宣教部长朱镜我讲列宁主义基础、三民主义与共产主义、国际形势。敌工部长林植夫讲敌军工作。民运部副部长讲民运工作。秘书长黄诚讲青年工作。夏征农调军政治部担任统战部副部长以后也还到教导总队来讲统一战线课程。

正因为全军上下都对教导总队寄予厚望,从各方面支持、帮助和指导教导总队的工作,为教学提供了良好的气氛和可能的物质条件,特别是军部领导同志在政治思想上,在教育内容上所给予的具体指导,鼓舞着教导总队的全体同志,激励着大家决心把它办得更好。

新四军教导总队的成立和结束,已经是将近半个世纪的事了。除了新四军的老同志,知道它的人不是很多了。时至今日还要回顾它的历史,是想从一个很小的侧面反映出新四军是如何从刚建军时只有不到1.2万人的队伍在三年之内发展到10万人,而在1945年达到26.8万余人的大军;在这当中,教导总队起过什么样的历史作用。它有哪些特点应该记载下来,作为一笔值得珍惜的历史遗产。这对于当前社会主义精神文明的建设,亦将会是有益的。

到 苏 北 去*

　　皖南事变前夕，我们俩被编入新四军军部都导总队先行撤离的队伍，告别了皖南。这支队伍，时而大队人马，时而化整为零，穿越国民党军队驻区，行进于敌人后方，从山峦起伏的皖南山地走向一望无际的苏北平原。行程一个半月，千里迢迢，屡经艰险，我们在1941年1月中旬抵达新四军苏北指挥部所在地东台。这次长途跋涉，磨炼了我们的斗志，开拓了我们的视野，增长了应变的能力，坚定了胜利的信心，确实是一次难忘的经历。

退一步　进两步

　　1940年12月初的一天，军政治部通知召开军直属队排以上干部大会。我们教导总队的干部午后在中村总队部集合，便列队前往阳山会场。阳山离中村约四五里路，原来是教导总队上干队的驻地。从中村到汤村军政治部去的山间小路，就经过阳山旁

---

　　* 原载薛暮桥主编：《奔向苏北敌后——新四军教导总队撤离皖南纪实》，江苏人民出版社1988年版。本文原作者与严振衡合著。

边。会场在阳山附近一个山坳里，是用毛竹和稻草搭成的一所大茅棚。这里非常隐蔽。无论从哪个方向看它，稍微远一点就发现不了它的所在。过去，军部直属队开大会都以云岭陈家大祠堂作会场。1939 年 7 月 1 日，日本飞机轰炸云岭、中村之后，新四军指战员自己动手，突击盖成了这座"礼堂"，作为 7 月间召开的全军第一次党代表大会的会场。此后，有些会议就改到阳山"礼堂"开了。

我们走进会场的时候，有些单位的同志已经先到了。会场上的气氛比往常有些异样，不像平日开会前总要拉歌，充满热烈而欢乐的情绪。大概是军部决定北撤，有一批后方人员已经启程，大家听到了一些传闻的缘故，这一天，同志们的表情是严肃的，多少有点沉闷。一些人交头接耳在悄悄谈话，更多的人急切地期待着军首长的讲话。

会议由军政治部主任袁国平同志作撤离皖南的动员报告。袁主任早在十年内战初期就担任过红三军团的政治部主任，有丰富的政治工作经验。他的讲话，说理透彻，逻辑严密，而且富有鼓动性，很快就振奋了同志们的情绪。

袁主任有一段话，寓意深刻而又生动。我们至今记忆犹新。他说的大意是，列宁写过一本很有名的著作，叫《进一步，退两步》，是论述马克思主义建党学说的，现在可以把这本书名颠倒一下借用来打个比喻。这次中央决定新四军撤出皖南，也可以说是采取了退一步、进两步的策略。

他说，新四军军部及皖南部队撤离战斗了三年的皖南地区，是我党我军对国民党政府作出的重大让步。这是退一步。我们走了这一步，表明我党我军顾全大局，以团结抗日为重，而先前对国民党反共武装摩擦所进行的自卫作战是迫不得已的，有理有节的。这样做，有利于团结中间势力，孤立反共顽固派，打击投降派，可以巩固和扩大抗日民族统一战线，克服分裂、倒退和投降危险。这是进一步。我们的部队10月间在苏北反摩擦作战中打了大胜仗，从长江以北到陇海铁路，除了敌伪占据少数城镇据点，国民党江苏省主席韩德勤还有一小块地盘以外，大运河以东的广大地区大部分控制在我军手中。部队要扩大，新区要开辟，群众要我们去组织和发动。军部和皖南部队开进苏北以后，将大大加强我军的兵力，可以抽出大批干部去开辟工作，很快就能把华中敌后抗日民主根据地建立和巩固起来。所以，走这一步是为了获取更大的胜利，是很大一步棋。这就又进了一步。

听到这里，在与会者面前展现了光辉的胜利前景。会场顿时活跃起来。个个兴高采烈。大家越听越有劲，恨不得马上插翅飞往苏北。

动员大会以后，各单位立即宣布了先行撤退人员的名单。整个军直属队第二批撤退的有一千多人，组成一个支队。我们教导总队先走的有近300人，组成一个大队，由训练处长薛暮桥同志兼任大队长，他同时又是支队的负责人之一。这时，苏北已创办了中国人民抗日军政大学的第五分校，急需增加教育干部。教导总队除留下少数驻队教员和教育干事随同总队部和各学员队行动外，能抽调出来的教育干部尽量先走。训练处只留下政治教育科长陶白、军事教育干事解良美、技术干事袁彧夫三个人坚持工作，其余的人都派到先行撤离的干部队里。我们两个都在训练处工作，也就分到了先撤走的队伍里。皖南事变中，解良美、袁彧夫都牺牲了，陶白同志突围后到了苏北抗大五分校。

经宣布先行撤离人员名单到出发，只有三四天时间。我们原先都以为与大部队一起行动，没想到会单独编队先走，思想准备不足。需要清理文件，精简个人物品，准备行装，时间是很紧迫的。然而，大家情绪昂扬，还抽空学了《告别皖南》的新歌。

告别皖南的歌有两首，一首是著名音乐家任光谱曲，在整个军直属队都唱的；还有一首是教导总队俱乐部主任毛中玉谱曲。我们是"近水楼台"，教唱最早。两首歌的歌词稍有差别，大同小异。据说有一首是袁国平同志所作。歌词慷慨激昂，气势磅礴，该把它记述在这里。

《向敌后进军》

前进号响了，

大家准备好！

子弹要随时准备上膛，

刺刀要随时准备出鞘！

别了，三年的皖南，

目标，向敌后进军的大道！

顽固派滚开，

投降派打倒！

日本鬼子碰到了，

打完子弹拼刺刀。

不怕山又高，

不怕路又遥。

山高总没有雪山高，

路遥总不比长征遥！

敌后进军胜利了，

自由的中国在明朝！

向中村和亲人告别

12月9日拂晓，天才蒙蒙亮，我们教导总队后方人员大队就踏上通往军部所在地罗里村的小道。离别在这里学习和工作了两年的中村及其附近的村庄，不免涌起留恋惜别之情，心里想着总有一天我们还会回来的。

队伍起了七八里路，翻过几个山头，不远便到了汤村。军政治部宣教部住在村南头，迎着中村方向过来的小路。朱庭光的父亲朱镜我同志正伫立在村口，他在一个星期以前刚刚送走在军服务团二队工作的女儿朱伊伟，现在又来给长子送行了。前两天，薛暮桥同志到军部开会，朱镜我请薛暮桥带了伍元钱给朱庭光，以备途中不时之需。当时一般干部每月发三元津贴费，团以上干部才发伍元。这几元钱数目虽小，却表达了父亲对即将远行的孩子的关切之情。

队伍继续行进。朱庭光出列走到父亲跟前敬礼告别。尽管从中村到汤村不足十里路，但宣布撤退名单后父子还没有见过面。父亲默默端详着儿子，看看背的行装，觉得还满意，这才告诉儿子，妹妹已先走了，军部随后很快也要撤退。父亲一面叮嘱儿子路上小心，一面取出插在上衣口袋里的自己使用的自来水笔，让儿子带上。这是一支派克笔，美国进步作家史沫特莱到皖南后送给朱镜我的。不知是否出于某种预感，或者已经抱定了准备牺牲的决心，父亲把这一支笔留给了儿子。它的确成了一件珍贵的纪念品，被作为历史文物交给了故乡——浙江鄞县的党史资料征集机构。

那时，朱庭光虽然参军两年多了，毕竟还只有十六岁，不懂得生离死别的滋味。他一心向往着苏北的新天地，眼看队伍将要走远，急着要去追赶队伍，仿佛到苏北以后必定会有机会与父亲重逢似的。给父亲又敬了一个礼，转身上了小路。走出几丈路回头看时，父亲仍旧站在村头频频向他招手。谁能想到，这匆匆一面竟成永诀！在皖南事变中，我军突围的最后一天，朱镜我因连日胃病吐血，无力行走，已由担架抬了好几天。在突围到石山山腰的小树林边时，前面遇到国民党军队猛烈的火力扫射。他不愿意抬担架的同志为了他而被顽军火力杀伤，催着警卫员和抬担架的同志把他放下自行突围。最后在眼看敌军追兵迫近之时，他毅然跳崖，壮烈牺牲。

队伍到了罗里村口，听了军部周子昆副参谋长的讲话，军直后方人员就正式组成支队出发了。从皖南泾县云岭地区到苏南前线新四军江南指挥部驻地，不到四百里路程，却走了七天。因为我们这支队伍妇女和体弱同志多，开始几天每日只走四五十里，逐日增加行军的里程。

沿途经过国民党军队52师、108师和忠义救国军三支部队的驻防区。我们大多数人都没有武器，一路上小心戒备，随时准备应付国民党军队的袭扰。我们行军第二天经过国民党嫡系部队52师的防区，第六天经过在苏皖交界郎溪、溧阳一带活动的由军统控制的忠义救国军防区，气氛都比较紧张。国民党军队加派岗哨，荷枪实弹，如临大敌。他们在村头路口严密注视着我们行进，有几段路还遭到了破坏，我们每到宿营地都作了严密布置，睡觉时不脱衣服，不解背包，在老乡家借点稻草打铺；还预定了如果发生紧急情况后突围集合的地点。结果倒也没有出事。很显然，国民党顽固派的目标是要围歼我们的军部，如果攻击了后方支队，那就打不到它的主要目标了。所以，我们在这一段途中是有惊无险，还算平安无事。

行军的第三四天，途经宣城附近的杨柳铺、孙家埠，那一带是东北军108师的防区。这两天，我们的感受就大不一样。沿途村镇，有些东北军部队，特意为我们设了茶水站。一些士兵和老百姓站在街道两旁围观，以善意的目光迎送我们。双方都张贴了一些标语，还呼喊口号致意。那两天正好是12月11、12日，适逢西安事变纪念日。我们的标语口号强调"坚决抗战到底！"
"打到鸭绿江边！""打回老家去！""向坚决抗日的东北军致
敬！"他们也喊"欢送新四军开赴抗日前线！"

　　这两天有一件事是比较难处理的。不时有两三个，或者单个
的东北军士兵和下级军官要求我们收留，表示决心要跟新四军一
起去打日本。根据事先的统一交代，我们一律采取婉拒的态度。
这是因为我们不了解对方的情况，无法判别是真的决心参加新四
军还是一种伪装，借以刺探我军情报；即便出于真心，收容友军
官兵易于引起纠纷，会被国民党当局利用作为口实。严振衡是大
队收容组成员，走在队伍最后面，一位东北军下级军官缠住他跟
着走了几里路。苦苦请求准许参加新四军，说他在陕西参加过西
安事变，见过红军，知道新四军是红军改编的，是坚决抗日的。
他要参加新四军，打回老家去。对方态度很恳切，看来确有诚
意，但也只能耐心说服。严振衡一再对他说，如果我们收留了
他，在友军之间容易引起误会；现在是"地不分南北，人不分
老幼"，"抗日救亡，人人有责"，到处都可以打日本，劝他还是
回东北军去好。最后他看到我们决计不会同意他参军，才怏怏而
去。

　　第七天，我们进入苏南境内。走了一天，傍晚终于抵达溧阳
南渡以北约20公里水西村的新四军江南指挥部，走完第一阶段
路程。到了新四军驻地就像又回到了家，几天来的劳累和紧张心
情一扫而空。

越过敌人封锁线

　　到了江南指挥部，我们以为可以好好休整几天，不料第二天
中午就开动员会，当天就走，进入了敌后。

江南指挥部水西一带,在溧阳城西北方向,是接敌区。北面六七十华里,有从溧水到武进的溧武公路,那是日军控制的交通线,也是一道封锁线。南面一二十华里,是忠义救国军的驻地。南北两边都虎视眈眈盯着新四军。尤其是国民党方面有意散布新四军皖南部队即将撤到江北的消息以后,日军对苏南我军的动向加强了戒备和监视。我军江南主力部队已由陈毅、粟裕同志率领,于1940年7月渡江北上。留下归属江南指挥部建制的,只有两个新编的团和地方武装两个独立团。其中一个团人数较多,其余三个都是小团。在水西一带,只有两个团随江南指挥部行动。现在突然来了一千多人,大多数又是非战斗人员,目标很大。一旦日军扫荡或顽军发动袭击,没有多少部队可以掩护我们,而且很可能陷于两面夹击之中。

军部后方人员的支队首长宋裕和等同志与江南指挥部罗忠毅司令、廖海涛政委商量后,决定后方人员支队立即分成两路进入敌后,分批前往苏北。东面一路经长荡湖、滆湖之间,在常州附近过沪宁铁路。教导总队的干部走西路,过溧武路封锁线,经茅山地区转赴苏北。我们这个大队的皖南地方干部队,除队干部前往苏北外,学员统统留在苏南分配工作。走的人准备到茅山地区换装,穿便衣北上,要把武器和一切容易识别为新四军的物品全部留下。有些同志连自己的自来水笔也都"精简"了。

从溧阳地区到苏北江边,约有近三百里路,要经过三道日军封锁线。第一道是溧武路,第二道是沪宁铁路,第三道便是长江。其间几乎都是敌占区和游击区。

动员会后,当天下午四点多钟,西边的太阳还很高,我们教导总队的一百多干部就从水西附近出发。江南指挥部派了一个警卫连护送我们过溧武路。走着走着渐渐进了山区,这是茅山山脉的南端。我们乘着落日的余晖，沿着崎岖的羊肠小道前进。远远望去，左前方有一座顶端呈方形的山峰，后来知道这是茅山南端的主峰方山，海拔519公尺，在苏南也算得上是一座高峰了。天黑以后，过了一个叫大山子的山口，忽然乌云密布，随即下起雨来。天公不作美。雨越来越大，真可以说是滂沱大雨，倾盆而下，人人淋得成了落汤鸡。这时，我们走的是下坡路，山路泥泞，坎坷不平，天又黑得伸手不见五指，好些同志摔了跤。

夜半过后，我们靠近了溧武路。这条公路连着天王寺和薛埠两个敌人据点，相距约有三十华里。公路两侧有沟，路上不时有日军巡逻队，由装甲车为前导，乘着汽车来来去去。我们就从这两个据点之间过公路。虽说是封锁线，其实并不很严密，只是山路难走。幸好快过公路时雨停了。我们从山坡上小跑下来，跨过小沟，攀上公路。有的同志怀着好奇心，伏在地上听听有没有日军车队开过来的声音。公路上安静得很，我们大模大样地走了几十步，才转上向北的小路。

过了溧武路，还要走二三十里，才到这一站的目的地西旸镇。队伍从下午出发，走了整整一夜，途中又没有休息，大家走得累极了。一百几十个人的队伍，稀稀拉拉，拖了几里地。有些女同志实在走不动了，就歇歇再走。走在最前面的人到达西旸镇时，天已大亮，镇上有的商店已经开了店门。我们一面派人同当地组织取得联系，一面原地休息，等待掉队的同志。刚一坐下来，不少同志便睡着了。

过了不到半小时，四县总会的同志来接我们。四县总会是句容、丹阳、金坛、溧水四县抗敌救国总会的简称。它是茅山地区实际上的抗日民主政权，相当于专员公署，主任叫樊玉琳。我们下一步的行动计划，便由樊玉琳和地委书记陈洪他们负责安排。

过溧武路这一天，严振衡仍旧负责收容组。他同夏光亚走在最后，与大队拉开一段距离，循着前面留下的路标往前走。后来大雨把路标都冲掉了，只好顺着路前进，幸亏这一段山路没有岔道。他们在离公路还有四五里路的地方，果真"收容"了汪溪。她的脚扭了，痛得没法走路，前面传下话叫她留下等收容组。

严振衡和夏光亚架着汪溪，走一段，停一会。雨越来越大，汪溪又实在走不了，他们干脆就在路旁山沟躲雨。过了二三十分钟，护送我们过溧武路的警卫连唱着歌过来了，还带着破坏公路剪下的许多电线。他们求助于警卫连。连长说今晚过不去了，让他们到附近去找新四军的一位独立营营长许维新的家。他们好不容易找到了许营长的家，在他家里隐蔽下来，还用土方子治了汪溪肿得很高的脚。三天以后才设法过了溧武路。

这位许维新营长颇有点传奇色彩。他本来是当地一个小士绅，帮会头子。日本人打来，他带着帮会里的徒弟们，拉起了一支游击队。新四军开到溧阳、溧水地区，他坚决拥护共产党，拥护新四军，请求新四军对他的队伍进行改编。新四军接受了他的请求，将他的队伍编为一个独立营，由他当营长。他的队伍人数不多，但消息灵通，善于做情报工作和联络工作。后来，他还参加了共产党，在抗日战争中牺牲了。从他的经历中可以看出，民族革命战争高潮的到来，是多么巨大地改变着人们的思想面貌。

在茅山地区，四县总会给每人发了一点钱，让我们到西旸镇上去买便衣。各人都穿起了棉长袍，又当了老百姓。不过，只能远远望着像个当地人，走近一看就破绽百出了。在西旸附近几天，老是遇到敌人从据点里出来扫荡。我们同四县总会机关一起，向西北转移，到句容、宝堰、白兔之间的村庄里打埋伏。这里，四面都是敌人据点。我们每天晚上都换住宿的地方，白天常常要跟着老乡跑"汪派"。①

在这个地区活动了一个多星期。薛暮桥同志与四县总会主任樊玉琳、地委书记陈洪等同志商量，决定分批过铁路。我们第一批约有二十多人，往东到丹阳、金坛之间的延陵，过京杭大运河支线，到达金（坛）、丹（阳）、武（进）地区，在那里过铁路。延陵一带，已是平原水网地带，人民生活水平比西边句容那边好些。原来打埋伏时，老乡家吃的饭都掺了山芋干，或吃荞麦团子，卤咸菜团子，到东边就差不多全吃大米饭了。

1941年阳历新年，我们是在金丹武的李庄桥过的。十几个人挤在老乡家一间谷仓里，铺的盖的都是稻草。人多，倒也还暖和。房东知道我们过阳历年，特意做了糯米团子、年糕。我们在晚间，还在稻草堆里大声唱歌，迎接新的一年到来。

过了年不久，就准备过铁路了。根据交通站的安排，分成小批走。我们是第一组，共六个人，有姚耐、张西雷、张韵之、吴义琛和我们两个。三男三女，到有五个近视眼，戴着眼镜。姚耐是政治主任教员，他年纪最大，是我们的组长。严振衡是唯一的军事干部，负责联络、交涉。

从句容与四县总会的同志分手以后，我们的行动都由地方上的交通站安排。每一段都有交通员带路。到了每天的目的地。由这位交通员安排住处，找到下一段领我们继续前进的另一位交通员。他们都是当地的老百姓，熟悉当地的情况和道路。交通站网组织得非常严密，平时过往的干部都由他们接送。从皖南撤退的二三千后方人员，除了极少数人坐火车去上海的那一批以外，几乎全都靠着这分布江南各地的交通网一站一站接送，穿过敌占

---

① "汪派"是这一带群众对汪精卫伪军的称呼。跑"汪派"即指伪军从据点出来骚扰时，群众纷纷躲避之意。——作者注

区，前往苏北根据地。仅从这一点，也可以看出新四军在江南广大农村扎下了根，看出组织起来的人民的巨大力量。

我们从奔牛和昌城之间过沪宁铁路。事先每个人都准备好应付敌人岗哨盘问的回答，在棉袍上缝了一块盖有伪乡公所印章的白布条，上面写了"良民"两个字，就是良民证。因为敌人在沪宁铁路两侧都拉上电网，每隔二三里路才开一个路口，设了岗哨，既有日本兵，也有汪精卫伪军，查得比较严。要过铁路必须经过这些设了岗哨的路口，在敌军士兵鼻子面前通过。所以，必须准备好万一敌人盘查时怎么回答，要戴上那块写着"良民"两个字的白布条。

天刚刚亮，带路的交通员就来了。他是一位四十多岁的中年人，在头里领路。接着是严振衡、张西雷，一个一个跟着走。每个人之间拉开十几米距离，以目力能及为限度。我们戴眼镜的，准备靠近铁路时再摘下来。

走着走着离铁路不远了，忽然看见几个日本兵在向过路行人一边吆喝，一边打着手势，不知道干什么。向田里一望，趴着不少日本兵，面向南方。原来是日本人出来打野鸡，要催过路人快走，怕人们妨碍他们行猎，惊飞了野鸡。我们乘机随着拥挤的人流赶快走。到了碉堡下面的伪军岗哨，他们正顾不上详细盘查，挥手让过路的人快走，大概也是由于日军打猎的关系吧！这倒给我们造成了一个极好的机会，顺利地通过了铁路。沪宁路的封锁线，本来是有铁路、运河和公路三道，主要是铁路，两边有电网。过了铁路以后，过运河和公路就好办了。

我们在早晨过沪宁路，中午抵达西夏墅附近，下午就到了长江边的小河镇。在渡口碰到几个人，看来像是新四军的地方干部。我们就向他们打招呼，闲聊起来。原来他们也是刚从皖南过来的，是军部后方医院的干部。在小河的渡口等渡船，忽然传来消息，东南面魏村据点的敌伪军出动，向小河这边来了。大家注意观察了一阵，其实敌军并没有出来。我们就在快近黄昏的时候上了渡船。这时又来了一批同志，是军部修械所的。这样，我们有三个组近二十个人，同乘一条渡船过长江。这条渡船不算很小，坐满可容纳六七十人。船上还有几位当地干部，有事到小河对面沙洲去的。

离开小河渡口，船在夹江中逆水而上。船上没有帆，主要靠摇橹；夹江水浅，有时可以用篙撑。船行得很慢，往西北划了二三个小时，把地方干部送上夹江对岸，又划了一阵才绕过沙洲，从港汊里转向大江。船工们很小心，先观察一番江面有没有敌人的军舰，因为近日不时有日本舰船沿江巡逻。看清楚没有敌情之后，渡船进入长江主流。

长江真是宽阔啊！此时正是夜间，一眼望不到边，只见远处灯光闪烁，江水平静地流淌着。这时我们感到舒展开朗，心旷神怡。大家不禁想起赖少奇作词、何士德谱曲的《渡长江》，轻轻地哼起"薄雾迷漫着江面，浪涛敲击着堤岸，在这黑沉沉午夜，我们要渡过长江"来了。当然，有一阵心情稍微有点紧张。在江心，完全靠摇橹和顺水驶向对岸，总有点担心碰上敌人的兵舰。船在江上漂流得真慢，直到后半夜才算到了江北岸的七圩港。我们也都松了一口气。就在这时，看见上游来了一艘巡逻的日本军舰。我们赶紧上岸。在船上一共花了六七个小时，总算顺利渡过长江天堑。

我们找陈司令的队伍

过了长江，我们又一次把事情想得太简单了。我们原先以为，苏北已是新四军的天下，一过长江就等于到了根据地。谁知在七圩港又遇到一次小小的波折。

送我们过江的交通员，任务是把我们领到七圩港镇上一家兼卖烧饼、油条的茶馆，找一个联络的人。到镇上已临近拂晓，敲门敲了好久才总算敲开了。可是，交通员一说要找的那个人的姓名，开门的老板娘告诉他这个人早就不在这家做工了，而且不知道这个人到哪里去了。偏偏交通员只晓得这一个联络点，他让我们天亮以后自己设法找部队。我们人地生疏，两眼漆黑，从何处去找？就要求交通员留下住一天，帮我们一起找部队，或找找熟人。交通员却说，他们的任务是把我们送过江，当天一定要赶回去。没有办法，我们只好在茶馆里歇脚。跟我们同船过江的另外两个组，也想不出什么好的办法，就在附近找个人家休息，等待白天再说。

忽然，街上响起一阵嘈杂声，说是和平军①来了，不少人出去跑反。我们商量一下，外面漆黑一团，什么情况也不知道，究竟往哪里跑呢？如果人走散了，或者有同志出了事，更麻烦，于是，决心呆在茶馆里静观事态发展。好在天已渐渐发亮，再过一会儿，我们可以装成是在这里喝茶、吃早点的。过了一些时候，有人猛烈敲门。我们的心情随着紧张起来。老板娘开了门，进来两个人，身穿长袍，头戴礼帽，看样子是她熟识的。有一个人说，刚才吆喝来了和平军是谣传，根本没有这回事，是从江南过来的新四军。他一面说话，一面打量着我们，问道：你们是从哪里来的？老板娘忙对我们说，这两位是收税的。我们一听她讲的话就放了心，起码不是和平军，就告诉他们：我们就是刚从江南过来的新四军，想找陈司令的队伍。问他能否帮忙，告诉我们上哪里去找。

---

① 和平军是苏北人民对汪精卫伪军的称呼，跑反是出去躲避伪军。——作者注

我们说找陈司令，是指陈毅司令员。那两个收税的却以为我们找的是在当地有点名气的新四军陈玉生司令，一听说找陈司令就拍胸脯，这好办，等天亮带你们先去见张司令，他同你们陈司令交情很深，问到他一定可以找到陈司令。他家今天请客，新盖的大瓦房竣工，张太太又过生日，热闹哩！

他们说的陈玉生司令是泰兴人，"九一八"事变后进行抗日救亡斗争被国民党逮捕，抗战爆发后出狱，回到家乡泰兴、靖江一带组织抗日游击队。新四军主力过江以后，他的部队编为新四军东进支队，他任司令，在这一带很有威信。所说的张司令，叫张松山，是国民党游杂部队，当地一个保安总队的司令。张松山的家就在七圩港以北约十余里的地方。

一早，一位税所的人领我们到了张松山的家。那是独门独院。两进四合院的新瓦房。门口场院摆了好多桌子，准备大宴宾客。场边已站了许多群众在看热闹。一位副官让我们进入客厅以后，由保安总队的另一位司令陈正才陪同张松山出来接待我们。寒暄了几句，他们问我们：听说你们在安徽南面的军部最近受了损失，是不是有这么一回事？

当时我们根本不知道发生了皖南事变，几个人异口同声说，没有那么回事，我们就是从皖南过来的，是先遣部队，打前站的；大部队很快就要过江来。这时是一月十四五日，国民党游杂部队大概已经听到有关皖南事变的一些消息，不过还是半信半疑，所以问问我们，探听虚实。陈正才等见我们都神色坦然，不像故意掩饰的样子，也就不再问什么。听我们说找新四军部队，陈正才就说，这好办，你们靖江县政府就在新镇市，等会派两个兄弟送你们去就行了。他还客气了一番，留我们吃饭。我们却心里着急，希望赶快找到部队。这一回，双方情况不明，所以客客气气地分手。据说这条路过了几批人以后就不通了，因为皖南事变的消息一公布，这一带国民党游杂部队的态度随之发生了变化。

我们在新镇市找到靖江县政府，县政府一位姓储的科长热情地接待我们，但他们也不清楚皖南的情况。在新镇市吃了午饭，我们就随靖江县政府一起转移，到广陵镇住宿。广陵镇上有一所中学，它有一个大操场。县政府临时设在广陵中学。我们到的时候，看见学校正在开饭，有些学生就在操场上吃。他们吃的是黄白相间的二米饭，白的是大米，黄的是碎玉米，香喷喷的。我们原来没有看到过玉米这种吃法，感觉挺新鲜，戏称为"蛋炒饭"。

从广陵镇往北，因为黄桥已被日军占领，我们从季家市出发，经分界、古溪，到达海安。那天是下午进海安的，街上张贴着《江淮日报》的号外，证实了皖南事变的不幸消息。大家都沉浸在悲痛和气愤之中，怎么也想不到我们的军部，还有那么多久经沙场的将士，会被国民党军队所包围和歼灭。大家还非常担心战友和亲人的安危。朱庭光的父亲，张西雷的弟弟，都在皖南，生死不明，忧心如焚。

1月19日，我们从海安步行到东台。新四军苏北指挥部就驻在东台城外的二里桥。政治部主任钟期光见我们来到，欢迎我们留在苏北指挥部工作。姚耐同志解释了原来军部的意图，希望我们这一组六个人都到盐城抗大五分校去工作。后来确定，姚耐、张西雷、张韵之和吴义琛四人去盐城，我们俩人留在苏北指挥部司令部工作，严振衡到侦察科，朱庭光到人事教育科。

二月上旬的一天，粟裕同志率领着指挥部机关南下海安。2月15日，盘踞在泰州、姜堰地区的国民党苏鲁皖边游击军部队，在副司令李长江率领下公开投敌。粟裕同志指挥新四军第一师的主力于18日发起讨逆作战，至20日攻克泰州城，共歼李长江部五千余人，并争取了李部两个支队反正。在皖南事变之后不久，我们两人即能以第一师的成员参加了这次讨逆作战，亲眼看到我军沉重地打击了反共投降势力，伸张了民族正义，感到无比兴奋和欣慰。

三月初，薛暮桥同志从上海来到苏北，途经一师师部。陈毅代军长当时正亲率一师主力讨伐李长江叛军，并指挥反扫荡作战。部队转移到了李堡附近的唐家洋。经陈军长批准，朱庭光随薛暮桥再度北上，到抗大五分校训练部工作。严振衡仍留在一师司令部。

我们从皖南到苏北根据地东台，前后 42 天，一路上没有遇到太大的困难和危险。但这一段经历却发生在新四军的一个历史转折时刻。虽然我军在皖南事变中遭到了惨重的损失，但是，在华中广阔的地区，在刘少奇、陈毅同志的领导下，它又得到了更快的发展和进一步的壮大，威震大江南北，成为中国人民军队的一支坚强的主力。我们自己也从这次战略转移中受到锻炼和考验，因而，这是我们终生难忘的经历。

我的父亲朱镜我[*]

抗日战争时期震惊中外的皖南事变，已经过去整整 45 年。我的父亲朱镜我同志就是在那次皖南事变中牺牲的。父亲的一生是一个接受马克思主义的知识分子为了中国人民的解放事业和共产主义的伟大理想而奋斗的一生。他可以称得起是一位鞠躬尽瘁、死而后已的无产阶级革命战士。只可惜他牺牲的时候，我和弟妹们的年纪太轻，对他的生平事迹了解太少，很多事情还是近几年来依靠人们的回忆和收集才略有所知。

千秋永对黄山月

两列大山东西横亘，岗峦连绵，峰巅险峻。南面东流山，主峰海拔 870 米。北面石山，陡峭的主峰火云尖高 812 米，与东流山主峰遥遥相对。群山环抱中，有一条狭小的山谷地带，东西长约五六华里，南北最宽处不过三四华里。这就是石井坑，在皖南泾县茂林地区，离黄山不远。这里是皖南事变中战斗最激烈和最

---

*　原载《中华英烈》1986 年第 3 期。

终结束的地方。我的父亲就牺牲于火云尖的悬崖之下。

在抗日战争胜利四十周年参加泾县新四军军部陈列馆开馆典礼期间，我与一批新四军老战士一道前往茂林地区凭吊皖南事变的战场，向先烈们致以悼念之情的。实地看看我父亲的献身之处，证实他牺牲时的一些情况，也是我多年的一个心愿。

1940 年 10 月，国民党反动派掀起抗日战争时期第二次反共高潮，限令八路军、新四军在一个月内全部撤出黄河以南的广大地区。中共中央顾全团结抗日大局，在坚持原则斗争同时，决定将新四军皖南部队撤往长江以北。我父亲朱镜我从 1938 年 10 月起，在新四军政治部担任宣传教育部部长。他很久就有严重的胃溃疡，一直抱病工作，勉力支持。新四军军部决定北撤后，在 1940 年 12 月有后方机关人员约 3000 人分两批先后经苏南撤往江北。军首长曾安排我父亲和刚动过手术的组织部长李子芳同志与后方机关及老弱病残人员一起去苏南，再经上海前往苏北，他们坚决不肯。军政治部统战部长夏征农同志也曾劝我父亲先走，父亲说："我是宣教部长，怎么可以离开部队先走呢？"

1941 年 1 月 4 日，新四军军部及所辖皖南部队全部撤离泾县云岭地区，六日就与拦截我军的国民党军发生战斗。部队边打边走。除了新一支队一部先行突出重围以外，军部机关和其余战斗部队，包括教导总队在内，约有五千人左右，从 1 月 9 日夜间起，先后进入石井坑。

石井坑里只有大园、外王家、里王家三个小村庄，各有约二三十户人家。它的西北面茂林、凤村方向稍微开阔一些，我军就是从那个方向打进来的，后面已被敌人堵死。东面从里王家向上走，地势越来越高，山路越来越窄，大部队根本无从展开。双方都以全力争夺南北两列大山的制高点，尤其是东流山一线。一旦敌人控制南北高峰，就能居高临下，以火力大量杀伤我军。三支队五团和军部教导总队在东流山苦战，非常顽强。在付出重大代价后，十二日晚，教导总队组织最后一次反击，再次夺回三个高峰，点燃起三堆烽火。随后不久，这支英勇的突击队大多壮烈牺牲。

父亲的身体在行军和战斗的环境下毕竟支撑不住，八日胃病加剧，又吐起血来。由担架抬进石井坑。九日夜间，随同叶挺军长行动的钱俊瑞同志去看他，见我父亲瘦得不成样子，硬着心肠对他说，"叶军长说，局势十分困难，所以希望你能设法化装躲到农民家里。"父亲只是点了点头，眼睛闭着，眼圈却红了。当钱俊瑞劝他，大家正想法挽回局势，请他不必担心时，父亲只说了一句，"我们最后终是会成功的。"在那种情况下，父亲早已把生死置之度外，但他仍然具有坚定的信心，坚信革命必将胜利，并且关心着战局的发展。

1月13日，困守在石井坑的新四军各部队分散突围。当时军部直属队唯一有可能打开缺口突出去的是北面火云尖二尖峰西侧马鞍形山冈。冲过山脊之时，敌人火力严密封锁，机枪猛烈扫射，许多同志在突围中牺牲。军部机要科的女同志毛薇卿，五团的杨立平同志，先后在二尖峰山腰的小树林旁看见我父亲。当时，敌人已从山脚下放火烧山，火苗迅速随风蔓延。突围的人群奋力向前冲去。他们在人流中听见我父亲叫警卫员告诉民工放下担架，并对几位民工说，"不要再往前抬了！冲也冲不过去。不必为我多送上几条性命！你们走吧！"他还向警卫员恳求说："你们开枪吧！我决不当俘虏！"但是，警卫员怎么能对自己的同志和要保卫的首长开枪呢？

后来在重庆，许涤新同志在周恩来副主席那里，听一位皖南突围的同志向南方局汇报，说到我父亲最后是"中途遇敌，在敌人追逼下，朱坚决命两名战士急速离去，自己从高山跳下，堕崖牺牲"。父亲履行了他在入党时就决心为共产主义奋斗终生的誓言。

1966年1月，在皖南事变25周年之际，我曾填过一首《菩萨蛮》悼亡词，开头和结尾四句是："茂林峻岭埋忠骨，千秋永对黄山月。"又过了20年，就在我实地从一侧观看了火云尖之后，又写了一首悼亡词，调寄《踏莎行》，其中说，"毋宁玉碎献丹心，自甘骸骨埋黄土。"这能否表达父亲牺牲前的心情于万一呢？

后期创造社主要成员

我的父亲于1901年3月17日出生在浙江鄞县南部山区的朱家峰村。爷爷是教书先生，家里有二十几亩土地和山林。父亲幼失怙恃，10岁左右，双亲相继去世。我的大伯、叔叔和姑姑也都早夭。只有二伯父同父亲相依为命，寄居在他们外祖母家。在宁波师范讲习学校毕业后，父亲考入宁波甲种工业学校。这时，二伯父考取浙江留日公费生，他于1918年7月回国度假时将父亲带往日本。

父亲在东京东亚预备学校补习了一段时间日文，1920年7月被录取为浙江留日公费生。他先后在东京第一、名古屋第八高等学校学习，开始接触马克思主义的书籍。1920年，东京《朝日新闻》有一次发号外报道列宁逝世。对列宁满怀崇敬的父亲获知噩耗，悲痛不已，随即听说这一消息纯属谣传，他又高兴得跳了起来，买了啤酒与好友江圣逵共饮庆贺。

1924年，父亲考入东京帝国大学社会学系，1927年毕业，获文学学士学位。暑期，他同京都帝大的好友冯乃超、彭康结伴周游日本，以考察了解日本历史、现状和风貌，九月初，进入京都帝国大学大学院（即研究生院）。

1927年2月，"四一二"反革命政变前夕，创造社的郑伯奇从广东到了日本，他受创造社同人委托，去联络新的同志。冯乃超、李初梨、彭康等人在京都会见了他。父亲也从东京专程赶来聚会。他们几位都很关心创造社的前途。"希望创造社能转变方向，提倡无产阶级革命文学"。请郑伯奇带回国内，与创造社主要人物郭沫若、成仿吾、郁达夫等"商量具体办法，尽快地干起来"。

成仿吾在1927年5月初去了日本。他听过郑伯奇几次转述冯、李、彭和我父亲对创造社的批评和建议，"决定亲自去日本，请他们回国"。成仿吾在东京、京都两地访问了许多留日学生，就创造社今后的活动方针交换意见。父亲和冯乃超他们几位一致认为，"大革命失败后需要加强文化工作"，尤其"有必要加强马克思列宁主义的传播工作"。在成仿吾的盛情邀请下，他们决定放弃学业，回国参加战斗。

1927年10月，父亲与冯乃超启程回国。11月，李初梨、彭康、李铁声也回到国内。在此前后返国的，还有王学文、沈起予、许幸之等人。他们在上海都参加了创造社。李一氓、华汉（阳翰笙）在参加南昌起义后也到了上海，由郭沫若介绍加入创造社。这样，就开始了被我国思想界、文艺界通常称作"后期创造社"的时期。同时还有前期创造社仍然参加活动的郭沫若、成仿吾、郑伯奇、陶晶荪等。这个时候的创造社，阵容很强，颇有声势，犹胜往昔。

郭沫若在1927年11月到上海。他打算把原来由创造社办的《创造周刊》恢复起来，作为启发青年的思想阵地。他同郑伯奇、蒋光慈商量，想请鲁迅先生出来主持。郑、蒋等去见鲁迅。鲁迅答应了，认为还是可以用《创造周刊》的刊名。于是，在报上刊登了恢复《创造周刊》的启事，特约撰述员由鲁迅领衔。但是，成仿吾和刚回国的后期创造社的几位不很了解郭老与鲁迅携手合作的联系经过。他们急欲开展马克思主义的宣传，主张另办一个《文化批判》杂志。为此，《创造周刊》也就未能恢复，以致产生了一点误解。

1928年1月15日，《文化批判》月刊创刊出版。这份杂志，由父亲和冯乃超负责编辑，只出了五期就被国民党当局禁止，第五期封面改印《文化》的刊名。父亲当时集中精力为这份杂志撰稿、编稿。1927年10月刚回到上海，11月间就写了约1.2万多字的阐述历史唯物主义基本原理的《科学的社会观》一文，刊登在《文化批判》第一期上。同期还发表了他写的《理论与实践》（署名朱磐）和《满蒙侵略底社会的根源》两文。此后四期，每期都有一篇论文，继第一期论述社会经济基础及其作用之后，分别考察了阶级起源及其与生产方式的关系。国家的起源和消亡，民主的历史演变，社会意识与社会存在的相互关系诸问题，对历史唯物主义的根本问题作了比较系统的阐述和传播。《科学的社会观》续篇批判了资产阶级社会学家费觉天、郭任远等人的错误理论，曾为瞿秋白同志所肯定。

《文化批判》停刊后，父亲负责编辑新创刊的《思想》月刊，从1928年8月15日到1929年1月，也出了五期。这时，他已开始注意到研究中国的历史和现状对中国革命事业的现实意义，希望这份杂志能够以"科学的方法去研究及解剖中国底过去的及现存的社会现象，指出一个正确的答案给青年们做参考。"他为《思想》月刊撰写过《社会与个人底关系》、《中国社会底研究》两篇文章，还组织了剖析中国历史和中国社会的稿件。

据不完全的统计，父亲在回国后的一年零三个月时间里，即在创造社被封闭之前，大约写作了十二篇论文和时评。他在1928年5月翻译出版了恩格斯《社会主义从空想到科学的发展》一书，这是大革命失败后我国出版的第一部马恩专著，也是这本经典著作首次在我国以单行本形式全部翻译出版。他还为《创造月刊》翻译了卢那察尔斯基关于文艺批评的理论文章。

经过一段革命实际斗争的锻炼和考验，经在上海的中共中央决定，他在1928年5月参加了中国共产党。同时入党的还有彭康、冯乃超、李初梨、李铁声四人。入党仪式是在一家僻静的饭馆里举行的。

1929年2月7日，创造社及其出版部被国民党当局查封。父亲负责主持筹办合法的出版机构江南书店。它出版了不少马恩原著和宣传马克思主义的书籍。如吴亮平译的《反杜林论》第一个全译本，李一氓译的《马克思恩格斯合传》等。

自1928年秋季开始，父亲与创造社同人先后在上海艺术大学、上海法政学院、中华艺术大学和华南大学等校任兼职教授，讲授社会科学课程。同年秋，父亲到杭州探亲期间，对江闻道等开办书店，出售进步书刊，组织读书会的一些活动给予鼓励和支持。

10月，党中央指示筹建中国著作者协会，以便尽可能多地团结广大的进步作家。父亲参与了发起工作，注意联系原语丝社和文学研究会的成员。12月30日，中国著作者协会成立，发起者有一批享有较高声望的著名学者，如郑振铎、张崧年、周谷城、周予同等，共42人。出席成立大会的约近百人。1929年1月，父亲主持的《思想》月刊报道了协会成立消息，发表了《中国著作者协会宣言》，痛斥国民党的文化专制，号召作家们团结起来建设新文化，争得言论出版自由。协会虽然后来夭折，但它是我党建立文化统一战线的一次有效的努力。

后期创造社的活动，就其主流而言，是大力宣传马克思主义理论，提倡确立无产阶级的世界观和人生观，批判资产阶级的意识形态；在文艺方面，响亮地倡导无产阶级革命文学，公开宣称它是阶级斗争的文学，驳斥了代表中国买办资产阶级思想的"新月派"文人对无产阶级新兴文学的攻击。因而，它在思想文化界，特别是在青年中有很大的影响。在大革命失败后白色恐怖笼罩下的上海，它无疑是一道划破长空黑暗的闪电，大大激励了革命者的斗志，在中国思想界和文艺界开拓了马克思主义的阵地，锻炼和培育了相当一批马克思主义的理论工作者和文艺战士。

郭沫若在当时就指出，"到了1928年，中国社会呈现出了一个'剧变'，创造社也就又来了一个'剧变'。新锐的斗士朱、李、彭、冯由日本回来，以清醒的辩证唯物论的意识，划出了一个《文化批判》的时期。"他还说，"后期创造社的几位主要的成员，如彭康、朱磐（即朱镜我——作者）、李初梨、冯乃超诸人，他们以战斗的唯物论为立场对于当前的文化作普遍的批判。他们几位在最近的新运动上的成绩是不能否认的"。

无疑，后期创造社诸人有着"左"的错误。他们受到日本共产党内福本和夫的"左"的影响，也受到中国党内开始滋长的"左"倾思想的影响。更重要的是他们本来就是处在小资产阶级的革命民主主义者到共产主义者的转变过程之中，免不了犯有"左"倾幼稚病，因而照搬书本，脱离实际的情形是有的。初生之犊，咄咄逼人，矛头指向了革命营垒内部，把鲁迅先生当作批判对象而进行了"围攻"。《文化批判》成了发起这种"批判"的主要阵地之一。

也许是父亲的专长和分工，使他的注意力较多地集中在阐述革命理论，分析国际局势方面，他并没有发表论文参加这场论战。当然，创造社后期的四位主要成员在思想观点方面诸多一致，父亲又是《文艺批判》的编者，在他写的《编辑后记》中也有过指责鲁迅的话。但是，鲁迅先生自己也说过，"我有一件事要感谢创造社的，是他们'挤'我看了几种科学底文艺论"。这说明，对后期创造社的某些"左"的错误还是应该采取分析的态度。

左翼文化运动的战士

第二次国内革命战争时期，国民党反动派在对工农红军进行军事"围剿"同时，对左翼文化运动也进行了持续10年的文化"围剿'"。在思想文化领域，当时敌我双方斗争的中心地区是上海。从后期创造社开始，到30年代中，父亲一直作为左翼文化运动的一名战士，从事理论工作和领导工作，活跃于上海的思想界。

20年代末和30年代初，父亲积极参与了上海思想文化界的两件具有深远影响的大事。第一件是中国左翼作家联盟，中国社会科学家联盟以及由左翼文化团体联合组成的中国左翼文化总同盟的成立。第二件是关于中国社会性质和中国社会史的论战。

创造社、太阳社与鲁迅之间的论战，到了1928年下半年渐渐平静下来，但芥蒂依然存在，参与论争的已扩大到其他左翼文艺团体的成员，彼此不时仍会发生一些龃龉。尽管双方都在探索中国革命和中国革命文艺运动的问题，注重马克思主义理论的研究和传播，却未能形成联合作战的力量。创造社与太阳社一些成员之间，也有不尽融洽之处。那时，创造社、太阳社的出版部以及它们的不少成员住在北四川路一带，党员编入闸北区第三街道支部，后来改名文化支部，由江苏省委直接领导。当年，文化支部由黄耀任书记，我父亲为组织委员，彭康为宣传委员。为了消除创造社、太阳社党员之间的隔阂，文化支部作了不少工作，开了几次有两个社的党员参加的会议。父亲也参加了太阳社党小组的一些会议，以沟通思想。

1929年秋，党中央关注左翼文化运动的状况，要求加强党的领导，把各方面的力量，首先是创造社、太阳社同鲁迅先生联合起来。十月，中央宣传部成立文化工作委员会（简称文委），由中央宣传部的潘汉年任书记，成员有我父亲、吴亮平、李一氓、王学文、冯乃超、林伯修（杜国庠）、杨贤江、彭康和他的弟弟彭芮生等。

也是在1929年秋天，中央宣传部长李立三、江苏省委宣传部长李富春分别找吴亮平（即吴黎平）、阳翰笙谈话。他们讲了中央的一些意见，批评创造社、太阳社与鲁迅争论不对，要求立即停止论战，与鲁迅团结起来，并要充分认识鲁迅的地位和作用。随后，由冯雪峰、夏衍和冯乃超会见鲁迅，把中央的意见告诉他。经过多次联系、酝酿，在改善关系、团结一致的基础上，几个方面都同意组织中国左翼作家联盟。

成立左联的筹备工作，由以鲁迅为首的十二人筹备小组进行。党内由文委领导，文化支部具体负责这项工作。我父亲参与了左联的发起，出席了1930年3月2日在中华艺术大学召开的中国左翼作家联盟成立大会。他在去开会的路上遇到李初梨，那时李已调离文艺界从事别的工作，父亲还是拉着李初梨一道赴会。

参加左联的有不少社会科学家。经中央同意，社会科学家单独组织自己的团体。在酝酿成立左联的时候，也对社联进行了酝酿。由李一氓、熊德山、邓初民、吴亮平、王学文和我父亲等人为发起人。左联成立后两个多月，1930年5月20日，中国社会科学家联盟举行了成立大会。本来是打算在 5 月 5 日马克思诞辰那一天开成立会的，因准备不及而推迟。社联成立大会有邓初民，宁敦伍、杨贤江、杜国庠，王学文、柯柏年和我父亲约三十余人参加。会议通过了社联的纲领，产生了领导机构，选举邓初民为主席。社联成立了党团，我父亲是第一任党团书记，成员有王学文、潘梓年、彭康和杜国庠。

中国社会科学家联盟的纲领指出，马克思主义是"贯通社会科学与自然科学思想的唯一正确的基础"，强调理论和实际运动相联系。纲领提出社会科学家联盟的主要任务，是以马克思主义的观点分析中国及国际的政治经济，促进中国革命；研究并介绍马克思主义理论，使它普及于一般，严厉驳斥一切非马克思主义思想和假马克思主义理论；领导中国新兴社会科学运动，并努力参加无产阶级解放运动的实际斗争。

继社联成立之后，还有几个左翼文化团体的联合组织先后成立。这些组织是：左翼剧团联盟（1931 年改为中国左翼戏剧家联盟），中国左翼美术家联盟，以及音乐小组和电影小组（1933 年后还有教育工作者联盟与新闻工作者联盟）。1930 年 7 月，上述已建立的左翼文化联合团体，连同左联和社联在内，组成共同的领导机构——中国左翼文化总同盟（简称文总）。文总是群众团体，由党团领导。党团隶属于中宣部的文委。实际上，文委与文总党团成员常常是兼任的。我父亲从 1930 年 3 月起担任文委书记，文总成立后兼任文总党团书记。1931 年 10 月，由王学文接任文委书。

1931 年"九一八"事变后，为了推动抗日反蒋的群众运动，文总决定创办政论性周刊。创刊号命名《九·一八》，由成仿吾主编。出版两期后改名《公道》由潘梓年主编。出了三期又改名《中国与世界》，由瞿秋白、潘梓年和我父亲合编，到 1932

年3月，共出版十七期。有人这样回忆我父亲为这家周刊的撰稿情况："他是根据党对时局的决议和主张，代表人民群众发言的。所写的文章都是社论性的，篇幅不过一二千字，而词气昂扬，笔锋凌厉，简明扼要地指出了政治方向，并随形势的发展，从正面表达了人民的意志和要求"。

在社联成立前后，父亲负责主编《新思潮》月刊。这份杂志原来是后期创造社主办的，社联成立后改为社联的机关刊物。它从1929年11月15日创刊到1930年7月1日，共出版七期，第七期改名《新思想》。在《新思想》停刊后，又出了一期《新兴文化》。在思想理论界展开关于中国社会性质和中国社会史的论战时，《新思潮》是马克思主义者主要的思想理论阵地。

这场论争，实际上从1928年已经开始。1929年8月陈独秀上书中央，年底提出81人意见书后，关于中国社会性质问题的论争就在思想理论界全面展开。论争的起因还是在于对大革命失败的反思。坚持马克思主义路线的共产党人怀着沉重的心情，严肃地总结并汲取历史教训，批判了陈独秀的右倾机会主义路线，也批评了开始出现的第一次"左"倾错误，在实际斗争中集中表现为在农村开展武装斗争，走以农村包围城市的革命道路。托洛茨基陈独秀取消派则否认中国社会经济的半殖民地半封建性质，断言资本主义经济已经在中国社会经济中占据统治地位，由此引申出中国所应进行的是社会主义革命，而这种革命必须等待资本主义的发展和世界革命高潮的到来，也就是主张取消中国的资产阶级民主革命。国民党的御用文人陶希圣、顾孟余等则从旁帮腔，但是他们的面貌较易被人识破，又提不出较完整的理论观点，因而只能充当配角。

由此可见，关于中国社会性质的论战，既是学术问题，又是当时政治斗争的理论表现。它关系到对中国革命的性质、对象、任务和动力等一系列基本问题的判断，以及党的纲领、路线和策略的制定。因此，这场论争，对中国革命人民来说，是至关重要的，对国内外的思想理论界来说，也是引人注目的。

父亲认为，对于托洛茨基陈独秀取消派的观点。"必须坚决地由实践来克服他们，来证明其理论底谬误，同时，分析中国经济之实状，阐明经济生活之本质，指摘他们底错误之来源去向，也为当前必不可少的工作。"他组织了一批有分量的文章，在1930年4月出版的《新思潮》第五期上刊登，这一期即为《中国经济研究专号》。专号发表的文章有潘东周的《中国经济的性质》，吴亮平的《中国土地问题》，向省吾的《帝国主义经济》和《中国的商业资本》，王学文的《中国资本主义在中国经济中的地位，其发展及其前途》，李一氓的《中国劳动问题》等，其中王、潘俩人的文章被认为是马克思主义观点的代表作。王学文回顾这一段历史时写道："朱镜我同志主编《新思潮》时，曾就社会性质问题组织文章和托派进行论战，发起了对托派（任曙、严灵峰之流）的进攻。"也正因为如此，当时曾把论争中持马克思主义观点的一方称作"新思潮派"。

父亲在《新思潮》先后以谷荫的笔名发表了《什么是"民生史观"?》、《民族解放运动之基础》等四篇论文，还翻译了多篇经典作家的文稿，评介了《家族私有财产及国家之起源》和《国家与革命》等经典著作。他还在左联刊物《世界文化》第一期发表《中国目前思想界底解剖》、《巴尔底山》发表《徘徊在十字街头的，究竟是谁?》、《新兴文化》发表《法底本质》等一系列论文，就中国社会性质、中国革命的性质、对象、任务和动力，大革命失败的原因，以及托陈取消派的谬误，等等，作了多方面的阐述。

1931年秋天，父亲调到中央宣传部以后，忙于实际工作。

除了确知他在1932年，"一·二八"事变后主编过进行抗日宣传的《白话小报》以外，还不知道他究竟用了什么笔名，写过什么文章。但他的确参与了中国现代革命史和文学史上可称为佳话的一件事情。

那是1932年，陈赓同志在红四方面军任参谋长时负了重伤，到上海治疗休养。他曾对上海地下党的同志讲过一些红军在反"围剿"中的战斗故事、谈到战斗的艰苦和激烈，红军战士们的忠诚和勇敢。在中央宣传部工作的父亲把这些事情都记录下来，在那年夏天把油印材料请冯雪峰送给鲁迅看看，并且让冯与鲁迅谈谈，能否把红军的事迹和苏区的斗争写成作品？过了几天，鲁迅请陈赓到他家去，由父亲和冯雪峰陪同，谈了一个下午。鲁迅请许广平准备了许多菜，他们共进晚餐后又谈了一阵。鲁迅提了很多问题，最关心的是苏区群众的生活。询问了苏区的土地改革。他们直到夜深才分手。鲁迅还与陈赓相约第二次再谈。

到了秋天，冯雪峰通知楼适夷，鲁迅要找从苏区到上海养病的负责同志谈话，宣传部决定由楼陪去。第二天下午，我父亲到北四川路公益坊已停业的水沫书店楼上找到楼适夷。同去的有一位楼适夷陌生的同志。按照地下党的纪律，楼并未问他是何人。我父亲走了以后，楼就陪了这位同志去鲁迅寓所。这次又谈了整整一个下午，在鲁迅家吃晚饭。谈到鄂豫皖军事形势时，鲁迅请他在桌上绘了一张草图。这就是鲁迅遗物中一直保存到现在的那张鄂豫皖苏区形势图。楼适夷在解放后参观博物馆时才知道原来当年他陪的就是陈赓。

鲁迅虽然没有动笔写作红军的小说，但对那些油印材料保存了许久。他曾问过冯雪峰，"那些东西要不要还给你？"冯说"不必还了，如藏着不便，就烧了吧！"鲁迅还是把那些材料郑重其事地藏来藏去。可惜终于没有能流传下来。

在敌人狱中战斗

1933年春，党的临时中央迁往江西苏区，在上海成立了中央局。父亲仍留上海，在中央局宣传部工作。同年12月，他继李少石之后担任江苏省委宣传部长。

1934年10月，父亲担任上海中央局宣传部长。那个时候，白色恐怖非常严重。因敌人经常搜捕，父亲有一段时间干脆住在宣传部机关。他每天一早出门，邻居问起就说是上班去了，其实是整日奔忙，找人谈话，联系和布置工作，解决问题。晚上回来，就伏案写作，还编辑一种《捷报》。中央局宣传部的代号是"震旦大学"，机关设在法租界的福煦路（今延安中路）。

翌年2月19日，上海局遭到第三次、也是最严重的一次破坏，中央局负责人、秘书处、宣传部，几乎全部人员被捕；组织部、文委、江苏省委和共青团中央机关也遭到破坏，许多同志被捕。那天上午，父亲到古拔路（今富民路）许涤新家，把一千元钱交许转送给共青团江苏省委。中午，李宇超送来警报。父亲便清理手头文件，有些不能销毁的让交通员带回秘书处。他只留下准备发给陕北红军第二十五军、二十六军的密写信和中国民族武装自卫纲领，以及两千元现钞。到晚饭时，李宇超送来紧急警报，说敌人就要对我们机关动手了。父亲立刻决定，机关只留朱大妈一人留守，约定了警号。他自己拿上要发出去的信件马上离开福煦路住所。

这时，父亲与宣传部的罗晓红同志同行。他们本来想去许涤新家，一出门不久就发现有人跟踪。罗晓红即从父亲手里接过文件。为了摆脱特务，他们坐上人力车往南，接连转了三个弯，跟踪的人仍然像影子一样紧随后面。父亲就在蒲石路（今长乐路）

一条小弄堂口下车，想乘着黑暗甩掉特务。但那些家伙跑步追上要动手绑架。父亲一面同特务扭打起来，一面大声喊叫，说那些特务抢劫。附近有些住户闻声出来观看。特务们边打边走，引来法租界的巡捕，就把父亲和罗晓红押送到卢家湾巡捕房。

这几天，连同中央局书记黄文杰在内，有三十多人被捕后分别关在巡捕房地下室的几间牢房里。夜深时，父亲和黄文杰等负责人设法向被捕的同志传送口信，要大家坚定立场，抓紧准备应付敌人的口供，在任何情况下都不能泄露党的机密；也不要承认是共产党，除非是到了刑场，才喊共产党万岁。

3月6日，法租界特别地方法院开庭审讯父亲和同案的人。经叛徒秦曼云出庭指证，法国巡捕房同意将他们引渡给国民党上海市公安局。18日夜间，黄文杰、我父亲、杜国庠、田汉、阳翰笙、白成湘夫妇，以及杨子烈共八人，被国民党作为要犯在大雨滂沱中解往南京，关进国民党宪兵司令部看守所。

宪兵司令部看守所靠近秦淮河，原名"东花园"，地方不大，分甲、乙、丙三所。父亲先被关在乙所，后转至甲所。乙所有十个号子，各号子间只有一条不能两人并排行走的狭窄通道，所内犯人可以自行往来。甲所是所谓新式监狱，每个号子上下铺原定关两人，因政治犯太多，改关四人。睡的地方太挤，睡上铺的人常常跌下来。一个号子好像一口井，光线从屋顶透进来，上面隔着铁栏、铁丝网；门口有四五寸的小方洞，只能由看守往里看，不准犯人看外面。

1935年9月，父亲被判处十二年徒刑，关在南京郊外的国民党中央军人监狱。这是中国最大的监狱，按八卦图形修建。当中是八卦形的高亭，四周有高墙和堡垒包围。墙外是很深的水沟，还布满一道道铁丝网。里面一切门窗全部用铁栏杆隔离开。父亲开始一段被关在单人牢房，恰好隔壁牢房住的是他的好友江闻道。有一段时间，他与刘宁一同住一间牢房。

　　无论在宪兵司令部看守所，还是在中央军人监狱，父亲在狱中始终保持革命乐观主义精神和旺盛的斗争意志，鼓励战友坚持战斗。他面对敌人的威胁诱降，大义凛然，坚贞不屈。

　　在宪兵司令部看守所，父亲有一段时间与陈同生关在一起。父亲曾问陈同生"会做诗吗？"劝他"学着做吧！反正无书看，无事可做，我给你改。"父亲说，"孔夫子说过'诗言志'，'有志者事竟成'。韵律是小技，读多了，写多了便行。"有一次，同牢的陈哲生送了一首诗给前来探监的黄小姐，其中有"自知处世无媚骨，相怜犹幸有娥眉"这样两句。父亲说，"壮士只求肝胆照，英雄何须娥眉悯。"

　　在看守所里，国民党中央党部的所谓代表不断找犯人谈话。一次，在与阮啸仙（杜国庠被捕后用的化名）谈话时，所谓的代表大发脾气。阮仍不慌不忙地说，"我被你们抓来，由你们怎样便怎样。将来，你们被我们抓到了，则由我们要怎样便怎样。政治斗争，靠道理，靠人心，靠谁的办法能正确解决全民族全国人民的大问题，发脾气既无用处，且不卫生。"一番话弄得那个官员哭笑不得。陈同生告诉父亲，"啸仙的太极拳打得很不错，完全采取四两拨千斤的办法，使疯狗似的敌人无法下口。"父亲称赞说，"应当采用多种多样的方式来与敌人作斗争，只要坚持住立场。"

　　不久，中央局特别勤务科的孟华亭、赵轩等同志英勇就义。被关押的同志显得很沉闷。爱说话的沉默了，喜欢做诗的也停笔了。敌人察觉这种情况陆陆续续调动了号子，指望各个击破。父亲与陈同生先后从乙所调到甲所。他很注意激励战友们的斗志。敌人在牢房里放置了书籍和一些叛徒的自首宣言。父亲指着几本用宣纸仿宋精印的蒋介石的《力行哲学》和陈立夫的《唯生论》

等对陈同生说，"这些东西对我们有很大用处。"陈问，"做什么用？"父亲回答说，"我们不是缺解手纸吗？这些都可以用，而且比草纸好些。"

父亲利用同牢房的自首分子去"过堂"（向敌人汇报）的时机，与陈同生作了一次详细的谈话。他说明党组织被破坏的情况，指出："事实证明，内奸打入了我们的组织内。这一次破坏是空前的。共青团和左翼团体，几无幸免。全部秘密组织，只有很小一部分可能还保存着。"父亲告诉他，红军主力确实已离开江西，并且说，"中国革命已到了最困难的时候，黑暗到了顶点，光明也快来到。正如雪莱说过的：冬天到了，春天还会远吗？我们必须坚持下去，找出新的道路。"父亲还说，"我们要在惊涛骇浪中成为中流砥柱，何况现在出现的不过是一股逆流。革命的巨浪总有一天要高涨起来的。今天我们必须在最黑暗的年月、最黑暗的地方坚持战斗。"

父亲一向有胃病，在看守所里知道有老朋友动摇了，非常难过，又吐起血来。同牢的难友都担心父亲支撑不住。为了不让敌人发觉，有可乘之机，他吐血时不给同号子的叛徒看见。有个叫做陈焯的（亦名陈空如）是北伐时期国民党 26 军军长，这时任国民党军事委员会第二厅厅长，搞特务工作的，与我们家有点亲戚关系。有一次，陈焯给父亲写信，答应保释父亲出狱，条件是必须"办手续"。父亲看后说："这些人真是以小人之心，度君子之腹。谁理他！"

国民党的要员雷震与父亲是日本名古屋第八高等学校的先后同学，比父亲高一两级。这个时候，雷震已经是国民党中央党部的委员，CC 派负责人，也来找父亲谈话，妄想劝降。两人在接见室里用日语对话，辩论很激烈。父亲理直气壮地指出，反对帝国主义何罪之有？！

父亲被关进国民党中央军人监狱之后，与江闻道的牢房只隔一墙，墙上有个小洞，悬着黯淡的电灯。他们俩人利用这个小洞自由谈话，并互相提供亲友探望时送来的食物和书籍。父亲与刘宁一同住一间牢房时，曾教刘宁一学习日文。他自己坚持阅读仅有的马克思主义著作，斯大林的《论列宁主义问题》。后来，他在新四军教导总队讲《列宁主义基础》课程。斯大林这本著作，他几乎能够背诵出来，据说就是在监狱中熟读的结果。

长期的狱中生活，父亲被折磨得骨瘦如柴，胃溃疡越来越重。我母亲赵独步为此非常着急，多次通过亲友关系，要求狱方准予保释出狱就医。监狱的"教诲室"曾三次找父亲单独谈话，条件仍是要在印好的自首书上签名。然后就可以马上获释。父亲早已视死如归，每次都予严辞驳斥，坚决拒绝。

正是在最黑暗的年月，最黑暗的地方，坚持斗争，父亲终于迎到了全国团结抗日新局面的来临。"七七"抗战前夕，在党中央坚持要求，经周恩来副主席多次与国民党当局谈判交涉，南京国民政府被迫同意释放我党提出名单的政治犯。1937年6月底，父亲和黄文杰、江闻道、张贵卿等一同释放出狱，踏上新的征途。

同年秋，父亲受党中央负责同志委托，在浙江进行恢复党组织的活动。他在杭州建立了党的浙江省临时工委，并建立了宁波临时特别支部。1938年2月，父亲前往江西南昌，在新四军南昌办事处和东南分局宣传部工作。十一月，他到达皖南云岭地区，致力于新四军军内外的宣传教育工作，直到生命的最后时刻。

父亲的一生太短促了，他牺牲的时候还没有满四十周岁。

作者附记：在写本篇文章时，我得到了各个方面的支持和帮助。在此特向浙江省鄞县党史资料征集办公室的同志们，特别是冯明、朱时雨同志表示感谢，同时也向上海复旦大学历史系年轻的硕士王慕民同志表示谢意。

作者主要著作目录

专 著

巴黎公社史（合著） 中国社会科学出版社 1982 年版

法西斯主义与第二次世界大战（合著） 华夏出版社 1988 年版

国际共产主义运动历史（与张鸿儒合著） 《中国大百科全书》（外国历史卷），1990 年版

法西斯新论（合著） 重庆出版社 1991 年版

第二次世界大战史（合著） 军事科学出版社 1995 年版

法西斯体制研究（合著） 上海人民出版社 1995 年版

文 章

访庞贝和埃尔格拉诺遗址 《世界历史》1980 年第 5 期

访问费尔特利耐里基金会 《世界史研究动态》1980 年第 8 期

努力开创我国世界史研究的新局面 《世界史研究动态》1983 年第 11 期

没有必要作茧自缚 《世界历史》1984 年第 4 期

《外国历史大事集》前言 《世界历史》1984 年第 6 期

1980—1984 年中国世界史研究的基本情况（与陈之骅合著） 《第十六届国际历史科学大会——中国学者论文集》，中华书局 1985 年版

世界史领域评述历史人物之我见 ——读《托洛茨基评传》所想到的 《世界历史》1985 年第 7 期

布哈林研究与社会主义的再认

识　——《布哈林传》序言　《世界历史》1988 年第 6 期

新四军教导总队历史概述　收入薛暮桥主编《奔向苏北敌后——新四军教导总队撤离皖南纪实》,江苏人民出版社 1988 年版

到苏北去(合著)　收入薛暮桥主编《奔向苏北敌后——新四军教导总队撤离皖南纪实》,江苏人民出版社 1988 年版

我的父亲朱镜我　《中华英烈》1986 年第 3 期

法西斯主义与第二次世界大战的爆发　收入《三十年代世界主要国家的战略与军备》,军事科学出版社 1990 年版

作者年表

1924 年 5 月 26 日

生于日本东京，取名朱未央，参加革命后改名朱庭光。祖籍浙江省鄞县朱家峰村。

1925 年

随母回国。

1929 年 9 月至 1935 年秋

在浙江吴兴县县立霅溪小学、浙江杭州私立蕙兰小学读书。

1935 年秋

在浙江杭州市立中学读书。

1938 年春

在浙江宁波省立鄞县中学读书。

1938 年 8 月

进江西吉安省立吉安中学读书。

1938 年 10 月

在新四军南昌办事处参军。

1938 年 12 月

在新四军军部教导总队（抗日军政大学）学习。

1939 年 3 月至 1940 年 12 月

先后在新四军军部教导总队训练处任技术干部、技术书记、技术股长等职。

1940 年 3 月

由解良美、张西雷介绍加入中国共产党。

1940 年 12 月

随教导总队撤离皖南到苏北。

1941 年 1—3 月

在新四军一师参谋处苏北指挥部任技术书记。

1941 年 3 月至 1942 年 3 月

在苏北抗大五分校、总分校训练部任政治教育干事，被评为模范工作者。在新四军三师政治部《先锋》杂志上发表《斯大林论检查工作》一文。

1942年3—8月

在中共华中局党校学习。

1942年8—12月

任江淮银行印钞厂政治科副科长。

1943年1月至1945年6月

任苏北盐东县区委组织委员、区委书记。

1945年6—9月

参加苏北区党委整风运动。

1945年10月至1949年7月

在山东渤海区党委宣传部任教育干事、宣传干事、教育科副科长、科长；撰写过4—5本有关国际形势、党的政策和任务的教材；曾负责编辑区党委党刊《渤海通讯》。

1950年6月至1955年2月

在华东局宣传部宣传处宣传科先后任副科长、科长、副处长；曾任华东局宣传部《宣传员手册》主编；在《展望》杂志、《解放日报》发表多篇文章，出版多种有关时事政策讲话的丛书，如《土地改革问题讲话》、《抗美援朝爱国增产节约讲话》等。

1955年2月至1957年1月

在中央宣传部主编《宣传通讯》。

1957年1月至1966年6月

在中宣部国际宣传处任副处长；从事起草中央宣传提示的文件和提纲工作；1958年参加《红旗》杂志创刊后的国际评论写作班子，发表过多篇文章。

1960—1966年

参加中央关于中苏论战和国际共产主义运动大论战写作班子。曾参与起草1960年4月纪念列宁同志诞辰90周年的文章《列宁主义万岁》；1960年中共中央致苏共中央答复信；1960年9月中苏两党会谈、1960年10月莫斯科声明起草委员会、1960年11月各国共产党和工人党代表会议、1961年10月苏共二十二大等会议上中共中央代表团的有关文稿；1963年中苏两党会谈时的有关文件；1963年至1964年中共中央关于国际共产主义运动总路线的建议等文章。

1960年11月至1963年6月

四次随刘少奇、周恩来、邓小平、彭真等中央领导同志率领的代表团出访苏联。

1965 年

参加撰写纪念世界反法西斯战争胜利 20 周年《人民日报》社论（执笔人）

1965 年 5 月

随彭真率领的中共代表团参加印尼共产党建党 45 周年活动。

1966 年 6 月至 1967 年 4 月

在中宣部工作。

1967 年 4—9 月

在"中央文革"宣传组工作。

1967 年 9 月至 1969 年 8 月

中宣部军管，入毛泽东思想学习班。

1969 年 8 月至 1973 年 7 月

中宣部五七干校。

1973 年 7 月至 1978 年 5 月

中宣部留守处。

1978 年 5 月以来

中国社会科学院世界历史研究所。

1979 年 4 月至 1982 年 10 月

主持《巴黎公社史》课题研究，主编《巴黎公社史》。

1979 年 7 月

组织召开首次全国二战史研究学术讨论会，提议并着手筹备成立中国第二次世界大战史研究会。

1979 年 8 月 17 日

任世界历史研究所副所长。

1980 年 1 月

主持召开成立中国第二次世界大战史研究会的联席会议，决定是年 6 月在昆明召开"第二次二战史全国学术讨论会暨中国第二次世界大战史研究会成立大会"。

1980 年

任《中国大百科全书·外国历史卷》副主编。

1980—1985 年

主持《外国历史名人传》课题研究，任该项研究最终成果《外国历史名人传》主编。

1981 年夏

提出从二战史的角度开展对法西斯主义的研究。

1981 年

组织开展关于苏联过渡时期历史的专题研究，先后撰写《没有必要作茧自缚》、《世界史领域评述历史人物之我见》、《布哈林研究与社会主义的再认识》等文章，支持研究人员和相关课题组进行专题研究。

1982 年

主持国家社科基金"六五"规划重点项目《外国历史大事集》（十卷本专著）课题，任该项目最终成果《外国历史大事集》主编。

1982 年 12 月 21 日

任世界历史研究所所长、中国社会科学院院学术委员会委员

1983 年

主持国家社科基金"七五"规划重点项目"关于法西斯主义思潮、运动和制度研究",任该项目最终成果《法西斯主义与第二次世界大战》主编。

1985 年 7 月至 1988 年 6 月

任世界历史研究所顾问。

1985 年 6 月 23 日至 7 月 15 日

率中国历史学家代表团访问德意志民主共和国,先后与民主德国科学院中央历史研究所、经济史研究所、洪堡大学、耶拿大学、莱比锡大学的专家学者进行了学术交流。

1985 年 7 月

参与《华中抗日革命熔炉》一书的撰写和定稿工作。

1985 年

任中国苏联东欧史研究会学术顾问。

1985 年年底

任中国第二次世界大战史研究会顾问。

1987 年 10 月

出访德意志联邦共和国,会见了原联邦德国历史学协会主席汉斯,莫姆森教授,波恩大学卡尔·迪特利希·布拉赫教授,马堡大学莱恩哈德·库恩尔教授、弗莱堡大学哈·阿·温克勒教授和伯尔特·马丁教授。

1988 年

由其主编的我国第一部关于法西斯主义与二战的专题论文集《法西斯主义与第二次世界大战》出版。

1988 年 7 月

评为编审。

1988 年 12 月 28 日

离休。

1991 年

主持国家社科基金项目"德意日法西斯体制",任该项目最终成果《法西斯体制研究》主编。

由其主编的《法西斯新论》出版。

1992 年

参与《薛暮桥回忆录》的修改和改写上作。

1995 年

由其主编的《法西斯体制研究》出版。

2000 年

出版《风雨吟——朱庭光诗词选》。